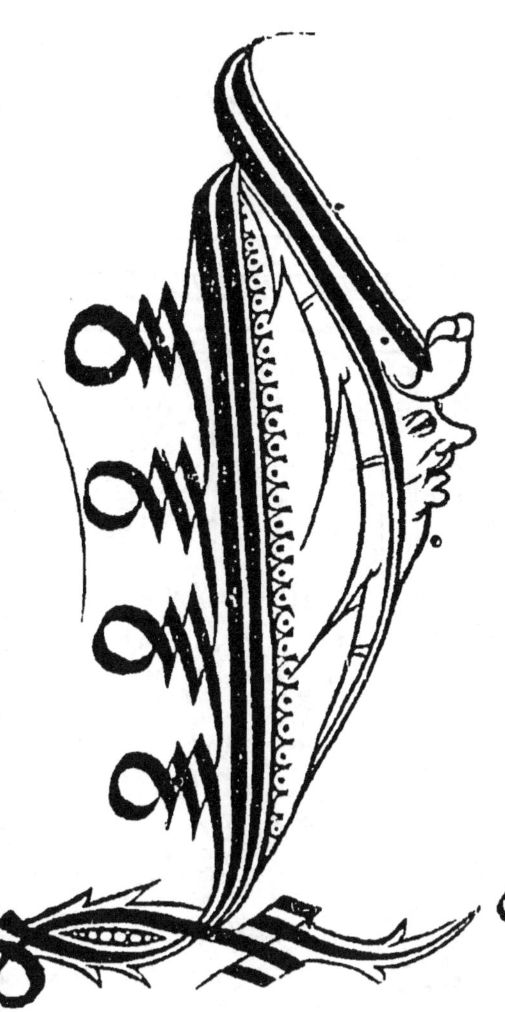

Es cent nouuelles nouuelles.

¶ Sensuit la table de ce present liure intitule des Cent nouuelles nouuelles / lequel en soy contient cent chapitres ou histoires / ou pour mieulx dire nouueaulx comptes a plaisance.

La premiere nouvelle traicte dung q̃ trouua facon de iouir de la fẽme de son voisin leq̃l il auoit enuoie dehors pour plus aisiement en iouyr/et luy retourne de son voyage le trouua q̃ se baignoit auec sa femme/⁊ non saichant que ce fust elle la voulut veoir/et permis luy fut de seulement en veoir le derriere/⁊ a lors iugea que ce lui sembla sa femme / mais croire ne losa/et sur ce se partit ⁊ vint trouuer sa femme a son hostel que on auoit boutee hors par vne poterne de derriere/et luy compta limaginacion quil auoit eu sur elle dont il se repentoit.

¶ La secõde nouvelle traicte dune ieune fille qui auoit le mal des broches/laquelle creua a vng cordelier qui la vouloit medeciner vng seul bon oeil quil auoit/ et aussi du proces qui sensuiuit puis apres.

¶ La troisiesme nouuelle de la trõperie que fist vng cheualier a la femme de son musnier a laquelle il bailloit a entendre que son con luy cherroit sil nestoit recoigne/et ainsi par plusieurs fois le luy recoigna. Et le musnier de ce aduerty pescha puis apres dedãs le corps de la femme dudit cheualier vng dyamãt quelle auoit perdu en soy baygnant ⁊ pescha si bien ⁊ si auãt quil le trouua comme bien sceut depuis ledit cheualier leq̃l appella le musnier pescheur de dyamans / et le musnier luy respondit en lappellant recoigneur de cons.

¶ La quatriesme nouuelle dũg archier escossois qui fut amoureux dune belle ⁊ gente damoiselle femme dung eschoppier/laquelle par le commandement de son mary assigna iour audit escossois /et de fait garny de sa grande espee y cõparut et besongna tant quil voulut present ledit eschoppier qui de paour cestoit caiche en la ruelle de son lit et tout pouoit veoir et ouyr plainement /et la complainte que fist apres la femme a son mary.

¶ La. v. nouuelle racomptee de deux iugemens de monseigneur thalebot/cestassauoir dũg frãcois q̃ fut pris p̃ vng anglois soubz son saufconduit disant que esguillettes estoient habillemens de guerre et ainsi le fist armer de ses esguillettes sans autre chose encontre le francois/lequel dune espee le frap poit present thalebot. Et lautre qui leglise auoit robee auquel il fist iurer de iamais plus en leglise entrer.

¶ La. vi. nouuelle dung yurongne qui par force au prieur des augustins de la haye en hollande se voulut confesser/et apres sa confession disant ql estoit en bon estat voulut mourir et cuida auoir la teste trenchee et estre mort ⁊ par ses compaignons fut emporte lesquelz disoient quilz le portoient en terre.

¶ La. vii. nouuelle dung orfeure de paris qui fist coucher vng charreton lequel luy auoit amene du charbon auec luy et sa femme. Et comment ledit charreton par derriere se iouoit auecques elle dont lorfeure sapperceut et trouua ce q estoit et des parolles qui dist au charreton.

¶ La. viii. nouuelle parle dung compaignon picart demourant a bruxelles lequel engrossa la fille de son maistre/et a ceste cause print congie de haulte heure et vint en picardie soy marier/et tost apres son partement la mere de la fille sapperceut de lencolseure de sadicte fille/laquelle a quelque meschief que ce fut confessa a sa mere le cas tel quil estoit et sa mere la renuoya deuers ledit compaignon pour luy deffaire ce quil luy auoit fait. Et du refus que la nouuelle mariee fist audit compaignon et du compte quelle luy compta a loccasion duquel delle se departit incontinent et retourna a sa premiere amoureuse laquelle il espousa.

¶ La. ix. nouuelle racompte ⁊ parle dung cheualier de bourgongne lequel estoit tant amoureux dune des chamberieres de sa femme que cestoit merueille/et cuidant couchier auecques ladicte chamberiere coucha auec sa femme laquelle se estoit couchee au lit de sadicte chamberiere. Et aussi comment il fist vng autre cheualier son voisin par son ordonnance couchier auec sadicte femme cuydant veritablement que ce fust la chamberiere de laqlle chose il fut depuis bien mal content iasoit ce que la dame nen sceust oncques riens et ne cuidoit auoir eu que son mary comme ie croy.

¶ La. x. nouuelle dung cheualier dangleterre lequel depuis quil fut marie voulut que son mignon comme par auant son mariage faisoit de belles filles luy fist finance la=

quelle chose il ne voulut faire/car il se pensoit quil lui souffisoit bien dauoir vne femme/mais ledit cheualier a son premier train le ramena par le faire tousiours seruir de pastez danguilles au disner et au soupper.

¶ La.xi.nouuelle dung paillart ialoux qui apres plusieurs offrandes faictes a plusieurs saints po^r le remede de sa maladie de ialousie lequel offrit vne chandelle au dyable que on paint communemẽt dessoubz saint michel/⁊ du songe quil songea ⁊ de ce ql luy aduint au reueiller.

¶ La douziesme nouuelle parle de vng hollãdois q̃ nuyt ⁊ io^r a toute heure ne cessoit de assaillir sa fẽme au ieu damours/et comment dauãture il la rua par terre en passant par vng bois soubz vng grant arbre sur lequel estoit vng laboureur q̃ auoit perdu son veau. Et en faisant inuentoire des beaulx membres de sa femme dist quil veoit tãt de belles choses ⁊ quasi tout le mõde a qui le laboureur demanda sil veoit point son veau quil cherchoit duquel il disoit quil luy sembloit en veoir la queue.

La

¶ La.xiii.nouuelle cõmẽt le clerc dung procureur dãgleterre deceut son maistre pour luy faire acroire quil nauoit nulz coillons et a ceste cause il eut le gouuernement de sa maistresse aux champs ⁊ a la ville ⁊ se donnerent bon temps.

¶ La.xiiii.nouuelle de lermite qui deceut la fille dune poure femme et lui faisoit acroire que sa fille auroit vng filz de luy qui seroit pape/⁊ adonc quant vint a lenfanter ce fut vne fille/et ainsi fut lembusche du faulx hermite descouuerte qui a ceste cause sen fouyt du pays.

¶ La.xv.nouuelle dune nonnain que vng moyne cuydoit tromper/lequel en sa cõpaignie amena son compaignon qui deuoit bailler a taster a elle son instrument comme le marchie le portoit/⁊ comme le moyne mist son compaignon en son lieu ⁊ de la response q̃ elle fist.

¶ La.xvi.nouuelle dung cheualier de picardie lequel en prusse sen alla et tandis ma dame sa femme dung autre saccointa/et a lheure que son mary retourna elle estoit couchee auecq̃s son amy lequel par vne gracieuse subtillete elle le bou ta hors de sa chambre sans ce que son mary le cheualier sen donnast garde.

¶La.xvii.nouuelle par monseigneur dung president de parlemēt q̄ deuint amoureux de sa chāberiere laquelle a force en buletāt la farine cuyda violer/mais par beau parler de luy se desarma et lui fist affubler le bulleteau de quoy elle tamissoit/puis alla querir sa maistresse qui en cest estat son mary et seigneur trouua comme cy apres vous orrez.

¶La.xviii.nouuelle racōptee par monseigneur de la roche dung gentil homme de bourgongne lequel trouua facon moyennāt dix escus quil feist bailler a la chamberiere de coucher auec elle/mais auant quil voulsist partir de sa chambre il eust ses dix escus/et se feist porter sur les espaulles de ladicte chāberiere par la chambre de loste/ & en passant p ladicte chambre il fist vng sonnet tout de fait aduise qui tout leur fait encusa comme vous pourrez ouyr en la nouuelle cy dessoubz.

¶La.xix.nouuelle par phelippes vignieu dung marchant dangleterre duquel la fēme en son absence fist vng enfant et disoit quil estoit sien et cōment il sen despescha gracieusement comme elle luy auoit baille a croire quil estoit venu de neige aussi pareillement au soleil comme la neige sestoit fondue.

¶La.xx.nouuelle p phelippe de laon dung lourdault champenois lequel quant il se maria nauoit encores iamais monte sur beste crestienne dōt sa femme se tenoit bien de rire/ & de lexpedient que la mere delle trouua/et soubdain pleut du dit lourdault a vne feste et assemblee qui se feist depuis apres quon lui eut mōstre lamoureux mestier comme vous pourrez ouyr plus a plain cy apres.

¶La.xxi.nouuelle racomptee p phelippe de laon dune abbesse q̄ fut malade par faulte de faire cela q̄ vous scauez ce q̄lle ne vouloit faire doubtant de ses nonnains estre reprouchee/et toutes luy accorderent de faire comme elle/et ainsi sen firent toutes dōner largemēt

¶La.xxii.nouuelle racōptee dūg gentil hōme qui engroissa vne ieune fille/et puis en vne armee sen alla et auant son retour elle dung autre saccointa auquel son enfant elle donna/et le gentil homme de la guerre retourne son enfant demanda/et elle lui pria q̄ a son nouuel amy le laissast promettāt que le premier quelle feroit sans faulte lui donneroit cōme cy dessoubz vous sera recorde.

¶ La .xxiii. nouuelle dung clerc de q̄ sa maistresse fut amoureuse laq̄lle a bon esciēt si accorda pour tant quelle auoit passe la roye que ledit clerc lui auoit faicte/ce voyant son petit filz deist a son pere quāt il fut venu q̄l ne passast poīt la raye/car sil la passoit le clerc lui feroit cōme il auoit fait a sa mere.

¶ La .xxiiii. nouuelle dicte et racomptee par monseigneur de fiennes dung conte qui vne tresbelle ieune et gente fille lune de ses subiectes cuida decevoir par force/et comment elle sen eschappa par le moyen de ses houseaux/mais depuis len prisa tresfort et laida a marier comme il vous sera cy apres declaire.

¶ La xxv. nouuelle racōptee et dicte par monseigneur de saint yon de celle q̄ de force se plaignit dung compaignon lequel elle auoit mesmes adrecie a trouuer ce quil queroit/et du iugement qui en fut fait

¶ La .xxvi. nouuelle racomptee et mise en terme par monseigneur de foquessoles des amours dung gētil homme et dune damoiselle laquelle esprouua la loiaulte du gentil homme par vne merueilleuse et gente facon et coucha troys nuytz auec lui sans aucunement scauoir que ce fust elle/mais pour homme la tenoit ainsi comme plus a plain pourrez ouyr cy apres.

¶ La .xxvii. nouuelle racomptee par monseigneur de beauuoir des amours dung grant seigneur de de ce royaulme et dune gente damoiselle mariee/laquelle affin de bailler lieu a son seruiteur fist son mary bouter en vng bahu par le moien de ses chamberieres et leās le fist tenir toute la nuyt tandis q̄ auec son seruiteur passoit le temps et des gaigeures qui furent faictes entre elle et sondit mary comme il vous sera recorde cy apres.

¶ La .xxviii. nouuelle dicte et racomptee par messire michault de changy de la iournee assignee a vng grant prince de ce royaulme p̄ vne damoiselle seruante de chambre de la royne/et du petit exploit darmes que fist ledit prince/et des faintises que ladicte damoiselle di soit a la royne de sa leuriere laql le estoit tout a prepos enfermee de hors de la chambre de ladicte royne comme vous orrez cy apres.

¶ La. xxix. nouuelle racomptee p monseigneur dung gētil homme qui des la premiere nuyt qui se maria ꝛ apres ql eut heurte vng coup a sa femme elle lui rendit vng enfant/et de la maniere quil en tint et des paroles quil en dist a ses cōpaignons q lui apportoiēt le chaudeau comme vous orrez cy apres.

¶ La. xxx. nouuelle racomptee p mōseigneur de beauuoir francois de trois marchans de sauoye alās en pellerinaige a sainct anthoyne en viennois qui furent trompez et deceuz par trois cordeliers lesqlz coucherent auec leurs femmes cōbien quelles cuidoient estre auecqs leurs mariz/et comment par le raport quelles firent leurs marys le sceurent/et de la maniere quilz en tindrent comme vous orrez cy aps.

¶ La. xxxi. nouuelle mise en auāt par monseigneur de lescuyer qui trouua la mulette de son compaignon et monta dessus laquelle le mena a luis de la dame de son maistre ꝛ fist tant lescuier quil coucha leans ou son compaignon le vint trouuer et pareillement des paroles qui furent entre eulx cōme pl9 a plain vo9 sera declaire cy dessoubz

¶ La. xxxii. nouuelle racomptee p monseigneur de villiers des cordeliers dostelleric en castelongne qui prindrent le disme des femmes de la ville et comment il fut sceu et quelle punicion par le seigneur et ses subietz en fut faicte comme vous orrez cy apres.

¶ La. xxxiii. nouuelle racomptee par monseigneur dung gentil seigneur qui fut amoureux dune damoiselle dont se donna garde vng autre grant seigneur qui lui deist et lautre tousiours plus lui celoit et en estoit tout affolle/ꝛ de lentretenemēt depuis deulx deux enuers elle comme vous pourrez ouyr cy apres.

¶ La xxxiiii. nouuelle racomptee par monseigneur de la roche dune femme mariee qui assigna iournee a deux compaignons lesquelz vindrent et besongnerēt et le mary tātost apres suruint/et des parolles qui apres en furent/et de la maniere quilz tindrent comme vous orrez cy apres.

¶ La trente ⁊ cinquiesme nouvelle par monseignr de villiers dung chevalier duquel son amoureuse se maria tandis quil fut en voyaige ⁊ a son retour dadvanture la trouva en mesnaige laquelle pour couchier avec son aymant mist en son lieu coucher avec son mary vne ieune damoiselle sa chamberiere / et des paroles dentre le mary ⁊ le chevalier voyageur côme plus a plain vous sera recorde cy apres.

¶ La .xxxvi. nouvelle racomptee par monseigneur de la roche dung escuier quil vit sa maistresse dont il estoit moult feru entre deux autres gentilz hômes ⁊ ne se donnoit garde quelle tenoit chascun deulx en ses latz / et vng autre chevalier qui scavoit son cas le luy bailla a entendre comme vous orrez cy apres

¶ La trente et septiesme nouvelle par monseigneur de la roche dung ialoux qui enregistroit toutes les facôs quil pouoit ouyr ne scavoir dont les femmes ont deceu leurs marys le têps passe / mais a la fin il fut trôpe par lorde eaue que laymant de sadicte femme getta par vne fenestre sur elle en venant de la messe comme vous orrez cy apres

¶ La .xxxviii. nouvelle racomptee par monseigne le seneschal de guyenne dung bourgois de tours qui acheta vne lêproye qua sa femme envoya pour apposter affin de festoier son cure / et ladicte femme lenvoia a vng cordelier son amy / ⁊ comment elle fist coucher sa voisine avec son mary qui fut batue dieu scait comment / et de ce quelle fist accroire a sondit mary comme vous orrez cy dessoubz.

¶ La .xxxix. nouvelle racomptee par monseigneur de saint pol du chevalier qui en attêdant sa dame besongna trois fois avec la chamberiere quelle avoit envoyee pour entretenir ledit chevalier affin que trop ne lui envyast / et depuis besongna trois fois avec la dame / et comment le mary sceut tout par la chamberiere comme vous orrez.

¶ La .xl. nouvelle par messire michault de changy dung iacobin q habandonna sa dame par amour vne bouchere pour vng autre plus belle et plus ieune / et comment la dicte bouchiere cuyda entrer en sa maison par la cheminee.

¶ La .xli. nouvelle par monsr de la roche dung chevalier qui faisoit vestir a sa femme vng haubregon quant il lui vouloit faire ce q vous scavez ou compter les dens / et du clerc qui luy aprint autre maniere de faire dont elle fut a pou pres p sa bouche mesmes encusee a son mary se neust este la glose qlle cōtrouua subitement.

¶ La.xlii.nouuelle p meriadech dung clerc de villaige estant a rōme cuydant que sa fēme fust morte deuint prestre & impetra la cure de sa ville/et quant il vint a sa cure la premiere personne quil rēcontra ce fut sa femme.

¶ La.xliii.nouuelle p monseigñr de fiennes dung labouteur q̄ trouua vng hōme sur sa femme et laissa a le tuer pour gāigner vne somme de ble/et fut la femme cause du traictie affin que lautre parfist ce qui auoit commence.

¶ La.xliiii.nouuelle par monseigneur de la roche dung cure de villaige qui trouua facon de marier vne fille dont il estoit amoureux laquelle luy auoit promis quāt elle seroit mariee de faire ce ql vouldroit/laquelle chose le iour de ses nopces il luy ramenteust ce que le mary delle oyt tout a plaī a quoy il mist prouision cōme vous orrez

¶ La.xlv.nouuelle p monseigñr de la roche dung ieune escossoys q̄ se maintint en habillemēt de femme lespace de quatorze ans/et par ce moien couchoit auec filles & femmes mariees dont il fut puny en la fin comme vous orrez cy apres

¶ La.xlvi.nouuelle racōptee par monseigneur de thienges dung iacobin et de la nonnain qui sestoiēt boutez en vng preau pour faire armes a plaisance dessoubz vng poirier ou sestoit cache vng q̄ scauoit leur fait tout a propos qui leur rōpit leur fait pour ceste heure comme plus a plain vous orrez cy apres

¶ La.xlvii.nouuelle par monseigneur de la roche dung president saichant la deshonneste vie de sa femme la feist noyer par sa mulle laqlle il fist tenir de boire par lespace de huyt iours et pendant ce temps lui faisoit bailler du seel a manger comme il vous sera recorde plus a plain.

¶ La.xlviii.nouuelle racomptee par monseigneur de la roche de celle qui ne vouloit souffrir quon la baisast/mais bien vouloit que on lui rembourrast son bas et haban dōnoit tous ses membres fors la bouche/& de la raison quelle y met toit.

¶La.xlix.nouuelle racomptee p pierre dauid de celui qui vit sa femme auec vng hõme auquel elle dõnoit tout son corps entieremẽt excepte son derriere quelle laissoit a son mary leql la fist habiller vng iour presens ses amys dune robbe de bureau et fist mectre sur son derriere vne belle piece descarlate/et ainsi la laissa deuant toꝰ ses amis

¶La.l.nouuelle racomptee ⁊ dicte par anthoyne de la salle dung pere qui voulut tuer son filz pour ce quil auoit voulu monter sur sa mere grant/⁊ de la responce dudit filz.

¶La.li.nouuelle racomptee par lacteur de la femme qui departoit ses enfans au lit de la mort en labsence de son mary qui siens les tenoit/et comment vng des plus petis en aduertit son pere.

¶La.lii.nouuelle racomptee par monseigneur de la roche de troys enseignemẽs que vng pere bailla a son filz lui estãt au lit de la mort lesquelz ledit filz meist a effect au contraire de ce quil lui auoit enseigne/et comment il se deslia dune fille quil auoit espousee pour ce ql la vit couchier auecques le prestre de la maison la premiere nuyt de leurs nopces.

¶La.liii.nouuelle racomptee par monseigneur lamant de brucelles de deux hommes ⁊ de deux fẽmes qui attendoient pour espouser a la premiere messe bien matin/et pour ce q̃ le cure ne veoit pas trop cler il print lune pour lautre et changea a chascun hõme la femme quil deuoit auoir comme vous orrez.

¶La.liiii.nouuelle racomptee p mahiot dune damoiselle de maubeuge qui se habandõna a vng chareton et refusa plusieurs gens de bien/et de la responce quelle fist a vng cheualier pour ce ql lui reprochoit plusieurs choses comme voꝰ orrez.

¶La lv.nouuelle par monseigñr de villiers dune fille qui auoit le pidimie qui fist mourir trois hommes pour auoir la cõpaignie delle/et ꝯment le quatriesme fut saulue et elle aussi.

¶La.lvi. nouuelle p monseigñr de villiers dung gentil homme q̃ attrappa en vng piege ql fist le cure sa fẽme et sa chamberiere ⁊ vng loup auec eulx et brula tout la de dans pour ce que ledit cure mainte noit sa femme.

¶ La. lvii. nouuelle p monseignr de villiers dune damoyselle qui espousa vng bergier et de la maniere du traictie du mariage/et des parolles quen disoit vng gentil homme frere de ladicte damoyselle.

¶ La. lviii. nouuelle par monseigneur le duc de deux cōpaignons q cuidoient trouuer leurs dames pl9 courtoises vers eulx et iouerēt tant du bas mestier que plus ne pouoient/et puis dirent pource quelles ne tenoient cōpte deulx qlles auoient cōme eulx ioue du cymier comme vous orres cy apres.

¶ La. lix. nouuelle par Poncelet dung seigneur qui contrefist le malade pour couchier auec sa chābeneriere auec laqlle sa fēme le trouua.

¶ La. lx. nouuelle par poncelet de trois damoiselles de malines q accointees sestoient de trois cordeliers q leur firent faire couronnes et vestir labit de religion affin quelles ne fussent apperceues/et comment il fut sceu.

¶ La. lxi. nouuelle par Poncelet dung marchant qui enferma en sa huche lamoureux de sa fēme et elle y mist vng asne secretement dont le mary eut depuis bien a souffrir et se trouua confus.

¶ La. lxii. nouuelle p monseigneur de commessuram de deux compaignons dont lung deulx laissa vng dyamāt au lit de son hostesse et lautre le trouua dont il sourdit entre eulx vng grant debat que le mary de ladicte hostesse appaisa par tres bonne facon.

¶ La. lxiii. nouuelle dūg nomme montbleru lequel a vne foire denuers desroba a ses compaignons leurs chemises et couurechiefz qlz auoient baillez a blanchir a la chāberiere de leur hostesse/et cōme depuis ilz pardonnerent au larron/et puis ledit montbleru leur cōpta le cas tout au long.

¶ La. lxiiii. nouuelle par messire michault de changy dung cure qui se vouloit railler dung chastreur nomme trēchecouille/mais il eut ses genitoires couppez par le consentement de loste.

¶ La. lxv. nouuelle par monseigneur le preuost de vuatenes de la femme qui ouyt compter a son mary que vng hostellier du mōt saint michel faisoit raige de ronciner / si y alla cuidāt lesprouuer / mais son mary len garda trop bien dont elle fut trop mal contēte comme vous orrez cy apres.

¶ La. lxvi. nouuelle par phelippe de laon dūg tauernier de sait omer qui fist vne question a son petit filz dōt il se repētit apres quil eut ouy la respōce de laqlle sa fēme en fut treshonteuse cōme vous orrez plus a plain cy apres.

¶ La. lxvii. nouuelle racomptee par phelippe de laon dung chapperon fourre de paris qui vne cordouenniere cuida tromper / mais il se trompa luymesmes bien lourdemēt / car il la maria a vng barbier cuidāt delle estre despesche se voulut marier ailleurs / mais elle len garda bien cōe vous pourrez veoir cy dessoubz a plus a plain.

¶ La. lxviii. nouuelle dung homme marie q̄ sa femme trouua auec vng autre ⁊ puis trouua maniere dauoir delle son argēt / ses bagues ses ioyaulx ⁊ tout iusques a la chemise / et puis lenuoya paistre en ce point cōe cy apres vo⁹ sera recorde.

¶ La. lxix. nouuelle racōptee par monseigneur dung gentil cheualier de la conte de flandres marie a vne tresbelle et gente dame leql fut prisonnier en turquie par longue espace durant laquelle sa bonne ⁊ loyalle femme par lamonnestement de ses amys se remaria a vng autre cheualier / ⁊ tātost apres quelle fut remariee elle ouyt nouuelles que son mary q̄ son premier mary reuenoit de turquie dōt par desplaisance se laissa mourir pour ce qlle auoit fait nouuelle aliāce.

¶ La. lxx. nouuelle racōptee par monseigneur dung gētil cheualier dalemaigne grant voyager en son temps leql apres vng certain voyage par luy fait fist veu de iamais faire le signe de la croix par la tresferme foy ⁊ credence quil auoit au saint sacrement de baptesme en laquelle credence il combatist le dyable comme vous orres.

¶ La. lxxi. nouuelle racōptee par monseigneur dung cheualier de picardie q̄ en la ville de saint omer se logea en vne hostellerie ou il fut amoureux de lostesse de leans auec laquelle il fut tresamoureusemēt mais en faisant ce que scauez le mary de ladicte hostesse les trouua lequel tīt maniere telle que cy apres pourres ouyr

¶ La.lxxii. nouuelle par monseigneur de commessuram dung gentil hõme de picardie qui fut amoureux de la femme dung cheualier son voisin/lequel gentil hõme trouua facon par bons moyens dauoir la grace de sa dame auec laquelle il fut assiege dont a grant paine trouua maniere den yssir cõme vo⁹ orres cy apres.

¶ La.lxxiii.nouuelle par maistre iehan lambin dung cure qui fut amoureux dune sienne parroissienne auec laq̃lle ledit cure fut trouue par ledit mary de la gouge par laduertissement de ses voisins / et de la maniere comment ledit cure eschappa cõme vous orres cy apres.

¶ La.lxxiiii.nouuelle par phelippe de laon dung prestre boulenois qui leua par deux fois le corps de nostre seigneur en chantant vne messe pource quil cuidoit que monseigneur le seneschal de boulõgne fust venu tart a la messe/et aussi cõment il refusa de prendre la paix deuant monseigneur le seneschal cõme vous pourres ouyr cy apres.

¶ La.lxxv. nouuelle racomptee p monseigneur de thalemas dung gentil galant demy fol et non gueres saige qui en grant aduanture se mist de mourir ⁊ estre pendu au gibet pour nuyre ⁊ faire desplaisir au baillif/a la iustice et autres plusieurs de la ville de troyes en champaigne desquelz il estoit hay mortellement comme plus a plain pourres ouyr cy apres.

¶ La.lxxvi.nouuelle comptee par phelippe de laon dung prestre chappellain a vng cheualier de bourgõgne lequel fut amoureux de la gouge dudit cheualier et de laduãture qui luy aduint a cause de sesdictes amours comme cy dessoubz vous orrez.

¶ La.lxxvii.nouuelle racomptee par alardin dung gentil hõme des marches de flandres lequel faisoit sa residence en france/mais durant le temps que en france residoit sa mere fut malade esdictes marches de flandres lequel la venoit tressouuent visiter cuidãt quelle mourust et des parolles quil disoit et de la maniere quil tenoit comme vous orrez cy dessoubz.

¶ La septante ⁊ huitiesme nouuelle par iehan martin dung gẽtil hõme marie lequel sa voulent a de faire plusiers et loingtains voyages durant lesquelz sa bonne et loyalle preudefemme de trois gentilz compaignons saccointa que cy apres pourres ouyr/et commēt elle confessa son cas a son mary quant desditz voyages fut retourne cuydant le confesser a son cure/et de la maniere comment elle se saulua cōme cy apres orres.

¶La.lxxix. nouuelle par messire michault de changy dung bon hōme de bourbonnois lequel alla au cōseil a vng saige hōme dudit lieu pour son asne quil auoit perdu / et comment il croioit que miracalement il retrouua sondit asne cōme cy apres pourres ouyr.

¶La .lxxx.nouuelle p messire michault de changy dune ieune fille dalemaigne qui de laage de.xv.a xvi.ans ou enuiron se maria a vng gentil galant/laquelle se complaignit de ce que son mary auoit trop petit instrument a son gre/pour ce quelle veoit vng petit asne qui nauoit q̄ demy an et auoit plus grāt oustil que son mary q̄ auoit.xxiiii. ou.xxvi.ans.

¶La.lxxxi. nouuelle racomptee par monseigneur de vauldrain dung gentil cheualier q̄ fut amoureux dune tresbelle ieune dame mariee/lequel cuida bien paruenir a la grace dicelle/et aussi dune autre sienne voisine/mais il faillit a toutes deux comme cy apres vous sera recorde.

¶La.lxxxii.nouuelle par monseigneur de launoy dung bergier qui fist marchie auec vne bergiere quil monteroit sur elle affin quil vist plus loing par tel si quil ne lembrocheroit non plus auāt que le signe quelle mesmes fist de sa main sur linstrument dudit bergier comme cy apres plus a plain pourrez ouyr.

¶La.lxxxiii.nouuelle par monseigneur de vauldrain dung carme q̄ en vng vilage prescha/et comment apres son preschemēt il fut prie de disner auec vne damoyselle/et comment en disnant il mist grāt paine de fournir et emplir son prepoint comme vous orrez cy apres.

¶La.lxxxiiii.nouuelle par monseigneur le marquis de rothelin dung sien mareschal qui se maria a la plus doulce et amoureuse femme qui fut en tout le pays dalemaigne/sil est vray ce que ie dy sans en faire grant serment affin que par mon escript menteur ne soye repu te vo' le pourrez veoir cy dessoubz plus a plain.

¶ La huitante et cinquiesme nouvelle dung orfeure marie a vne tres belle doulce et gracieuse femme & auecqs ce tresamoureuse, par especial de son cure leur prouchain voisin auec lequel son mary la trouua couchee par ladvertissement dung sien seruiteur et ce par ialousie cõme vous pourrez ouyr.

¶ La.lxxxvi. nouvelle racompte et parle dung ieune homme de rouen qui print en mariage vne belle gẽte et ieune fille de laage de quinze ans ou enuiron lesquelz la mere de ladicte fille cuida bien faire desmarier par monseigneur lofficial de rouen et de la sentence que ledit official en donna apres les parties par lui ouyes comme vous pourrez veoir cy dessoubz plus a plain en ladicte nouvelle.

¶ La.lxxxvii. nouvelle racompte et parle dung gentil cheualier leql sen amoura dune tresbelle ieune & gente fille et aussi comment il luy print vne moult grãde maladie en vng oeil pour laqlle cause lui conuint auoir vng medecin lequel pareillement deuint amoureux de la dicte fille comme vous orrez & des paroles qui en furent entre le cheualier et le medecin pour lemplastre quil lui mist sur son bon oeil.

¶ La.lxxxviii. nouvelle dug bon simple hõme paysant marie a vne plaisante & gente femme laquelle laissoit bien le boire et le mangier pour aymer par amours, & de fait pour plus asseureement estre auec son amoureux enferma son mary au coulombier par la maniere que vous orrez.

¶ La.lxxxix. nouvelle dung cure q̃ oublia p negligence ou faulte de sens a annuncer le karesme a ses perroissiens iusques a la vigille de pasques fleuries comme cy apres pourrez ouyr, et de la maniere cõment il sexcusa deuers ses paroissiens.

¶ La.lxxxx. nouvelle dung bon marchãt de braibant q̃ auoit sa fẽme tresfort malade doubtant qlle ne mourust apres plusieurs remõstrãces et exortacions quil lui fist pour le salut de son ame luy crya mercy laquelle lui pardonna tout ce quil pouoit lui auoir meffait, excepte tant seulement ce quil auoit si peu besongne en son ouurouer cõ me en ladicte nouuelle pourrez oyr plus a plain.

¶ La .lxxxi. nouuelle parle dung homme qui fut marye a vne fême laq̃lle estoit tant luxurieuse ⁊ tant chaulde sur potaige que ie cuide q̃lle fut nee es estuues ou a demye lieue pres du soleil de midy/car il nestoit nul tât bon ouurier fust il. qui la peust refroidir/et comme il la cuida chastier/et de la responce q̃lle lui bailla

¶ La .lxxxii. nouuelle dune bourgoise mariee qui estoit amoureuse dūg chanoyne laquelle pour plus couuertement aller vers ledit chanoyne saccointa dune sienne voisine/et de la noyse et debat qui entre elles sourdit pour lamour du mestier dont elles estoient comme vous orrez cy apres.

¶ La .lxxxiii. nouuelle dune gente fême maryee qui faignoit a son mary daller en pellerinaige pour soy trouuer auec le clerc de la ville son amoureux auec leq̃l son mary la trouua/et de la maniere quil tint quant ensemble les vit faire le mestier que vous scauez.

¶ La .lxxxiiii. nouuelle dung cure qui portoit courte robbe comme font ces galans a marier pour laquelle cause il fut cite deuant son iuge ordinaire ⁊ de la sentence qui en fut donnee/aussi la deffense qui lui fut faicte/et des autres tromperies quil fist apres comme vous orrez plus a plain.

¶ La .lxxxv. nouuelle dūg moyne q̃ faignit estre tresfort malade et en dangier de mort pour paruenir a lamour dune sienne voysine par la maniere qui cy apres sensuit

¶ La .lxxxvi. nouuelle dung simple et riche cure de villaige q̃ par sa simplesse auoit enterre son chiē ou cymitiere pour laquelle cause il fut cite par deuant son euesque ⁊ comme il bailla la somme de cinquante escus dor audit euesque/ et de ce que leuesque lui en dist cōme pourrez ouyr cy dessoubz.

¶ La .lxxxvii. nouuelle dune assemblee de bons compaignons faisans bonne chiere a la tauerne et beuuans dautant et dautel dont lung diceulx se combatit a sa femme quant a son hostel fut retourne comme vous orrez cy dessoubz

¶ La .lxxxviii. nouuelle dūg cheualier de ce royaulme leq̃l auoit de sa femme vne belle fille et tres gente damoiselle aagee de. xv. a xvi. ans ou enuiron/mais pour ce q̃ son pere la voulut marier a vng riche cheualier ancien lequel estoit son voisin elle sen alla auecq̃s vng autre ieune cheualier son seruite^r en amours en tout bien et en tout honneur/et comment par merueilleuse fortune ilz finerẽt leurs io^rs tous deux piteusemẽt sans iamis en nulle maniere auoir habitacion lung auec lautre comme vous orrez cy apres.

¶La. lxxxxix. nouuelle racompte dung euesque despaigne q̃ par deffaulte de poisson mengea deux perdris en vng vendredy/et comment il dist a ses gens quil les auoit conuerties par polles de chair en poisson comme cy dessoubz plus aplain vous sera recorde et compte.

¶La Centiesme et derreniere de ces presentes nouuelles dung riche marchant de la cite de gennes q̃ se maria a vne belle et gente fille laq̃lle par la longue absence de son mary et p son mesme aduertissement manda q̃rir vng sage clerc ieune et royde pour la secourir de ce dont elle auoit mestier/et de la ieusne quil lui fist faire cõme vous orrez cy apres plus aplain.

Comme ainsi soit q̃ entre les bons et prouffitables passe temps le tresgracieux exercice de lecture et destude soit de grande et sumptueuse recommandacion duquel sans flaterie mon tres redoubte seigneur vous estes haultement et largement doue / ie vostre tresobeissant seruiteur desirant complaire cõme ie doy a toutes vos haultes et tresnobles intencions en facon a moy possible ose ce present petit oeuure a vostre commandement et aduertissemẽt mis en terme et sur piedz vous presenter & offrir. Suppliãt treshumblement que aggreablemẽt soit receu q̃ en soy contient & traicte cent hystoires assez semblables en matiere sans attaindre le subtil & tres orne langaige du liure de cent nouuelles. Et se peut intituler le liure de cent nouuelles nouuelles. Et pour ce que les cas descriptz et racomptez oudit liure de cẽt nouuelles aduindrent la pluspart es marches & mettes des ytalies ia long temps a / neantmoins toutesfoys portans & retenãs tousiours nom de nouuelles / se peut tresbien et p raison fondee conuenablement en assez apparente verite ce present liure intituler de cẽt nouuelles nouuelles / ia soit ce quelles soient aduenues es parties de france / dallemaigne / dangleterre / de haynault / de flandres / de braibant. &c. Aussi pour ce que lestoffe taille et facon dicelles est dassez fresche memoire et de myne beaucoup nouuelle

¶ Et notez q̃ par toutes les nouuelles ou il est dit par monseigñr il est entendu par monseigneur le daulphin lequel depuis a succede a la couronne / et est le roy loys unziesme / car il estoit lors es pays du duc de bourgongne.

La premiere nouvelle.

En la ville de Valenciennes eut nagueres ung notable bourgoys en son temps receveur de Henault / lequel entre les aultres fut renomme de large et discrete prudence. Et entre ses louables vertus celle de liberalite ne fut pas la maindre / car par icelle vint en la grace des princes seigneurs et aultres gens de tous estaz. En ceste eureuse felicite fortune le maintint et soustint iusques en la fin de ses iours. Devant et apres ce que mort leust destachie de la chaine qui a mariage laccouploit le bon bourgois cause de ceste histoire nestoit pas si mal logie en la dicte ville que ung bien grant maistre ne sen tint pour content et honnoure davoir ung tel logis. Et entre les desirez et louez edifficees sa maison descouvroit sur plusieurs rues: et la avoit une petite poterne vis a vis pres de la / en laquelle demouroit ung moult bon compaignon qui tresbelle femme et gente avoit et encores en meilleur point. Et cōme il est de coustume les yeulx delle archiers de cueur descocherent tant de flesches en la personne dudit bourgois q̄ sans prochain remede son cas ne estoit pas maladre que mortel. Pour laquelle chose seurement obvier trouva par plusieurs et subtiles facons que le compaignon mary de ladicte gouge fut son amy tresprive et familier et tant que peu de disners / de soupers / de bancquetz de bains destuves: et aultres passetemps en son hostel et ailleurs ne se feissent iamais sans sa compaignie. Et a ceste occasion se tenoit ledit compaignon bien fier et encores autant eureux. Quant nostre bourgois plus subtil que ung regnard eust gaignie la grace du cōpaignon bien peu se soussia de parvenir a lamour de sa femme / et en peu de iours tāt et si tresbien laboura que la vaillant femme fut contente douyr et entē

dre son cas pour y baillier remede
conuenable/ ne restoit plus que
temps et lieu: et fut a ce menee quel
le luy promist: tantost que son ma
ry yroit quelque part dehors pour
seiourner vne nuyt elle incontinēt
len aduertiroit. A chief de piece
ce desire iour fust assigne et dit
le compaignon a sa femme quil
sen alloit a vng chasteau loingtaī
de valenciennes enuiron trois li/
eues et la chargea bien de soy te/
nir a lostel et garder la maison pour
ce q̄ ses affaires ne pouoient souf
frir que celle nuyt il retournast.
Celle en fut bien ioyeuse sans en
faire semblāt ne maniere en parol
les ne aultrement Il ne le fault ia
demander, car il nauoit pas en/
cores chemine vne lieue dassez q̄t
le bourgois sceut ceste aduenture
de pieca desiree. Il fist tantost
tirer les baings/ chauffer les estu
ues/ faire pastez/ tartes/ ypocras
et le surplus des biens de dieu
si largement que lappareil sem/
bloit vng droit desroy. Quant
vint sur le soir la posterne fut des
serree: et celle qui pour la nuyt y
deuoit le guet saillit dedens/ et
dieu scait quelle fut doulcement
receue/ ie men passe en brief et es/
poire plus: quilz firent plusieurs
deuises daucunes choses quilz
nauoiēt pas en ceste eureuse iour
nee a leur premiere voulente. Ap̄s
ce que en la chambre furent des/
cendus tantost se bouterēt au bai
deuāt lequel beau souper fut en
haste couuert et seruy. Et dieu
scait quon y beut dautant large
ment et souuent. De vins et vian
des parler nen seroit que redicte/ et
pour faire le cōpte brief faulte ny
auoit que du trop. En ce tresgra
cieux estat se passa la plus part de
ceste doulce et courte nuyt/ bai/
siers donnez/ baisiers rendus/ tāt
et si longuemēt que chascun ne de
siroit que le lit. Tandis que ceste
grant chiere se faisoit vecy bō ma
ry ia retourne de son voyage non
querant ceste sa bonne aduenture
qui heurte bien fort a luys de sa
chambre: et pour la compaignie q
y estoit lentree de prinsault lui fut
reffusee iusques a ce quil nōmast
son parain. Adoncques se nōma
hault et cler et tresbien lentendi/
rent et recongneurent sa bonne fē
me et le bourgois. La gouge fut
tant fort effrayee a la voix de son
mary q̄ a peu que son loyal cueur
ne failloit: et ne scauoit ia plus sa
contenance se le bon bourgoys et
ses gens ne leussent reconfortee.
Mais le bon bourgoys tant as/
seure/ et de son fait tresaduise la
fist bien en haste couchier: et au
plus pres delle se bouta et lui char
gea que elle se ioingnist pres de
luy et caichast le visaige quon nē

peult rien appercevoir: et cela fait
au plus brief que on peult sãs soy
trop haster il commanda ouvrir
la porte: et le bon cõpaignon sault
dedens la chambre pensant en soy
que aucun mistere y avoit quant
devant luy lavoyent retenu si
longuement. Et quant il vit la
table tant chargee de vins et de
grans viandes: ensemble le beau
bain tresbien pare: et le bourgoys
ou tresbeau lit encourtine avec sa
seconde personne / Dieu scait se il
parla hault et blasõna les armes
de son bon voisin. Lors lappella
ribault loudier / apres putier / apꝛs
yvronne / et tant bien le baptiza q̃
tous ceulx qui estoient a la cham
bre et luy avecques sen rioient biẽ
fort Mais sa femme a ceste heure
navoit pas ce loisir tant estoyent
ses levres empeschees de soy ioin
dre pres de son amy nouvel. Ha
ha dist il maistre houliet vous me
avez bien celee ceste bonne chiere.
Mais par ma foy si ie nay este a
la grant feste si fault il bien que
len me monstre lespousee Et a ce
coup tenãt la chandelle en sa maĩ
se tira pres du lit: et la se vouloit
avancier de haulcier la couver-
ture / soubz laquelle faisoit moult
grant penitence et silence sa tres-
parfaicte et bonne femme / quant
le bourgois et ses gens len garde-
rent / Dont le compaignon ne sen

cõtentoit pas trop et a force maul
gre chascun tousiours avoit la
maĩ au lit mais il ne fut pas mai
stre pour lors ne creu de faire son
vouloir: et pour cause Sur quoy
ung appointement tresgracieux
et bien nouveau fut fait de quoy
assez se contenta qui fut tel. Le
bon bourgois fut content que on
luy monstrast a descouvrir le der
riere de sa femme les rains et les
cuisses qui blanches et grosses es-
toient et le surplus bel et honneste
sans riens descouvrir ne veoir le
visaige. Le bon compaignon tous
iours la chandelle en sa main fut
longuement sans dire mot. Et
quant il parla ce fut en louant be
aucoup la tresgrande beaulte de
ceste femme: et afferma par ung
bien grant serment que iamais ne
avoit veu chose si bien ressembler
au cul de sa femme: et sil ne feust
bien seur quelle feust en son hostel
a ceste heure il diroit que ce seroit
elle / mais elle fut tantost recou-
verte / et adoncques se tira arrie-
re assez pensif. Et dieu scait se
on luy disoit bien / puis lũg / puis
lautre que cestoit de luy mal con
gneu / et a sa femme pou dõneur
porte / et que cestoit biẽ aultre cho
se que cy apres assez il pourroit ve
oir. Pour reffaire les yeulx abu-
sez de ce povre martir le bourgois
commanda quon le feist seoir a la

table/ou il reprint nouuelle yma ginacion par boire et mengier lar gement du soupper de ceulx qui entretant au lit se deuisoient a sõ grant preiudice. Puis leure vint de partir et donna la bõne nuyt au bourgois et a sa compaignie/ et pria moult doulcement que on le boutast hors de leãs par la po-terne: pour plus tost trouuer sa maison. Mais le bourgois lui res pondit quil ne scauroit a ceste heu re trouuer la clef/pẽsoit aussi que la serreure feust tant enrouillie q̃ on ne la pourroit ouurir/pource q̃ nulle fois ou peu souuẽt souuroit Il fut au fort contraint de saillir par la porte de deuant et daler le grant tour a sa maison. Tan-dis que les gens au bourgois le cõ duisoyent vers la porte tenant le hoc en leaue par deuises: et la bõ ne femme fut incontinẽt mise sur piez et en peu de heure habillee ꝛ lacee sa cotte simple son corset en son bras et venue a la poterne/ puis ne fist que vng sault en sa maison ou elle attendoit son ma-ry qui le long tour venoit/tresad-uisee de son fait et des manieres que elle auoit a tenir/ Vecy nostre homme voyant encores la lumie-re et la clarte en sa maison heurte assez rudement: et sa bõne femme qui mesnageoit par leans/en sa main tenant vng ramon deman de ce quelle bien scait/qui est ce la Et il respondit: cest vostre mary. Mon mary dist elle/mon mary nest ce pas/il nest pas en la ville et il heurte de rechief et dit/ou-urez ouurez ie suis vostre mary. Je congnois bien mon mary dist elle: ce ne est pas sa coustume de soy enclorre si tart quant il seroit en la ville/allez ailleurs vous ne estes pas bien arriue/ce nest point ceans que on doit heurter a ceste heure. Et il heurte pour la tierce fois et lappella par son nom: vne fois deux fois. Adonc fist elle au cunemẽt semblant de le congnoi stre: en demandant dont il ve-noit a ceste heure: ꝛ pour response ne bailloit autre chose que ouurez ouurez. Ouurez dist elle: enco-res ny estes vous pas meschant houllier. Pa la force saincte ma-rie ie aimeroie mieulx vous veoir noyer que ceans vous bouter. Al lez coucher en mal repos dont vo' venez/et lors le bon mary de soy courroucer: et fiert tant quil peut de son pie contre la porte et sem-ble quil doiue tout abatre/et me-nassa sa bonne fẽme de la tãt ba tre que cest raige dont elle nague res grãt paour/mais au fort po' apaisier la noyse: et a son aise mi-eulx dire sa pẽsee elle ouurit luis et a lentree que il fist dieu scait quil fut seruy dune chiere bien re

chinee: et vng agu et enflambe
visaige. Et quant la langue del
le eut pouoir sur le cueur chargie
tres fort dyre et de courroux / p
semblant les parolles quelle des
rocha ne furent pas mains tren-
chantes q rasoirs & guingant biẽ
affillez / et ẽtre aultres choses fort
lui reprouchoit quil auoit par ma
lice conclut ceste faincte allee pour
lesprouuer: et que cestoit fait dũg
lasche et recreu couraige: indigne
destre alie a si preude femme cõe
elle. Le bon compaignon ia soit ce
q fust fort courroucie et malmeu
par auant / toutesfois pource quil
veoit sõ tort a loeil et le rebours &
sa penser: restraint son yre: et le co
roux quen son cueur auoit conceu
quant a sa porte tant heurtoit fut
tout a coup en courtois parler con
uerty. Car il dist pour soy excu-
ser et pour sa femme contenter / ql
estoit retourne de son chemin po
ce quil auoit oublie la lettre princi
pale qui touchoit plus le fait de
son voyage. Sans faire semblant
de le croirre elle recommence sa le
gende doree luy mettant sus que
il venoit de la tauerne: et de lieux
deshonnestes et dissoluz: et quil
se gouuernoit mal en homme de
bien: mauldissant leure que onc-
ques elle eut son accointance / son
amour et sa tresmauldicte alian-
ce. Le poure desole congnoissant
son cas: voyant sa bonne femme
trop plus qlne voulsist troubler:
helas et a sa cause ne scauoit que
dire. Si se prent a penser / et a
chief de penser ou meditacion se
tire pres delle / ployãt ses genoulz
tout en bas sur la terre: et dit les
beaulx motz quilz sensuyuent.

Ma treschiere compaigne et tres-
loyale espouse: ie vous prie et re-
quier que ostez vostre cueur & to9
ces courroux que auez vers moy
conceuz / et me pardonnez au sur-
plus ce que vous puis auoir mef
fait ne mesdit. Je congnois mon
cas et viens naguetres dune pla-
ce ou len faisoit bien bonne chiere.
Si vous ose bien dire que cõgnoi
stre vous y cuiday dont ie estoye
tresdesplaisant. Et pource que a
tort et sans cause ie le confesse /
vous ay suspeconne destre aul-
tre que bonne dont me repens a-
merement. Je vous supplie a de
rechief que tous aultres passez co
roux et cestuy cy oubliez / vostre
grace me soit dõnee a me pdõne z
ma folie. Le mautalent de nostre
bonne gouge / voiant son mary en
bon ploy a a son droit ne se mon-
stra meshui si aspre ne si vehemen
se. Comme dit elle villain putier
se vous venez de voz tresdeshon-
nestes lieux et infames: est il d ie
pourtãt q vous deuez oser pẽser
ne en qlle facon croire q vostre bõ

ne preudre femme les daignast regarder. Nenny par dieu. Helas ce scay ie bien ma mye nen parlōs plus pour dieu dist le bon hōme Et de plus belle vers elle sencli-ne faisant la requeste ie piera que trop dicte. Elle ia soit ce que encores marrye et pres que enraigee de ceste suspection Voyāt la parfonde contricion du bon homme cessa son parler/ et petit a petit son trouble cueur se remist a nature et luy pardonna/combien q̄ a grant regret: apres cent mille sermons et autant de promesses que celuy q̄ tant lauoit greuee Et par ce poīt a mains de crainte et de regret/ elle passa maintesfois depuis la poterne sans que lambasche fust iamais descouuerte/a celui a qui plus touchoit Et ce souffise quāt a la premiere histoire.

Seconde nouuelle Monseigneur

EN la maistresse ville du royaulme dangleterre nōmee londres assez hantee et cōgneue de plusieurs gens/na pas long tēps demouroit vng riche et puissant homme qui marchāt et bourgois estoit/qui entre ses riches bagues et innumerables tresors sesiouyssoit et se tenoit plus enrichy dune belle fille que dieu luy auoit enuoiee/que du bien grant surplus de sa cheuāce/car de bonte/beaulte /et gentete passoit toutes les filles de sie plus aagees. Et ou tēps que ce treseureux bruit et vertueuse renommee delle sourdoit en son quinziesme an ou enuiron / Dieu scait se plusieurs gens de bien desiroiēt et pourchassoiēt sa grace par plusieurs et toutes facons en amours acoustumees q̄ nestoit pas vn plaisir petit au pere et a la mere Et a ceste occasion de pl⁹ en pl⁹ croissoit en eulx lardante et paternelle amour que a leur tresaymee fille portoient. Aduint toutesfois ou q̄ dieu le permist ou que fortune le voulut et commanda/enuieuse et mal cōtente de la prosperite de celle belle fille: de ses parens/ou de tous deux ensemble ou espoir de vne secrete cause et raison naturelle dont ie laisse linquisicion aux philosophes et medecis

quelle cheut en vne dangereuse et
desplaisante maladie qui cōmu-
nemēt on appelle broches La doul
ce maison fut treslargement trou
blee/quant en la garēne que plus
chiere tenoient lesditz parens / a-
uoit ose laschier ses leuriers et li-
miers ce desplaisant mal / et qui
plus est touchier sa proye en dan
gereux et dommageable lieu. La
poure fille de ce grant mal toute
affolee ne scait sa contenance que
de plourer et souspirer. Sa tres-
dolente mere est si tres fort trou-
blee que delle il nest rien plus des
plaisant. Et son tresennuye pere
detort ses mais/et detire ses che
ueux pour la raige de ce nouueau
courroux. Que vous diray ie/
toute la grant triumphe que cest
hostel souloit tant comblement a
bonder/est par ce cas flappie et ter
nie et en amere et subite tristesse a
la male heure conuertie. Or vien
nent les parēs amys et voisins de
ce dolent hostel/ visiter et confor-
ter la cōpaignie/ mais pou ou riē
prouffitoit/car de plus en plus est
aggressee et oppressee la bonne fil
le de ce mal. Adoncques vient vne
matrone q̄ moult et trop enquiert
de ceste maladie/et fait virer et re
uirer puis cy/puis la/la tresdolen
te et poure paciente a grant regret
dieu le scait/et puis lui baille me
decines de cēt mille facons der-
bes/mais riens/plus vient auant
et plus empire Si est force que les
medecins de la ville et du pays
enuiron soient mādez/et que la po
ure fille descouure et monstre son
trespiteux cas. Or sont venuz/
maistre pierre/maistre iehā/mai-
stre cy/maistre la tant de phisi-
ciens que vous vouldrez qui veu
lent veoir la paciente ensemble/et
les parties du corps a descouuert
ou ce mauldit mal de broches se
stoit helas longuement embusche
Ceste poure fille fut plus surpri
se et esbahie que se a la mort fust
adiugee/et ne se vouloit accorder
quon la mist en facon que son mal
fust apperceu mesmes aimoit plꝰ
chier mourir q̄ vng tel secret fust
a vng homme descouuert. Ceste
obstinee voulēte ne dura pas grā
ment/quant pere et mere vindrēt
qui plusieurs remonstrances luy
firent/comme de dire quelle poꝰ
roit estre cause de sa mort qui nest
pas vng petit peche/ et plusieurs
aultres y eut trop longs a racom
pter. Finablemēt trop plus pour
pere et mere que pour crainte de
mort vaincue/la poure fille se lais
sa ferrer/et fut mise sur vne cou-
che les dēs dessoubz et son corps
tant et si tresauant descouuert q̄
les medecins virent apertement le
grant meschief q̄ fort la tourmen
toit Ilz ordōnerēt son regime faire

aux appoticquaires/clisteres poul
dres/oygnemens/ et le surplus q̃
bon sembla elle print et fist tout ce
que on voulut pour recouurer sã-
te. Mais tout rien ny vault/car il
nest tour ne engin que lesditz me-
decins saichent pour alleger quel
que peu de ce destresseux mal/ne
en leurs liures nont veu ne acou-
stume que riẽ si tres fort la poure
fille empire mais que lennuy quil
le sen donne / car autant semble
estre morte que viue. En ceste as
pre langueur et douleur forte se
passerent beaucoup de iours Et
comme le pere et la mere parens ꝛ
voisins senqueroient par tout pour
lalegeance de la fille /si rẽcontre
rent vng tresancien cordelier q̃ bor
gne estoit/ꝛ en son tẽps auoit veu
moult de choses: et de sa princi-
pale science se mesloit fort de me
decine dont sa presence fut plus
aggreable aux parens de la pa-
ciente laquelle helas a tel regret q̃
dessus regarda tout a son beau loi
sir: et se fist fort de la guarir/pen
sez quil fut tres voulentiers ouy/
et tant que la dolente assemblee q̃
de lyesse pieca banie estoit / fut a
ce point quelque peu consolee/ es-
perãt le fait sortir tel que sa parol
le le touchoit. Adonc maistre cor-
delier se partit de leans et print io
a demain de retourner/fourny ꝛ
pourueu de medecine si tres ver-
tueuse quelle en peu deure efface
ra la grant douleur qui tant mar
tire et debrise la poure paciente.
La nuyt fut beaucoup longue/at
tendãt le iour desire./ neantmoins
passerent tant deures a quelque
peine que ce fut que nostre bon cor
delier fut acquitte de sa promesse
pour soy rendre deuers la pacien
te a leure assignee. Sil fut iouyeu
sement receu pensez que ouy. Et
quant vint leure quil voulut beso
gner ꝛ la paciente medeciner on la
print comme lautre fois: ꝛ sur la
couche tout au plꝰ bel quon peust
fust a bougons couchee et son der
riere descouuert assez auant/leq̃l
fut incontinent des matrones dũ
tresbeau blanc drap linge garny
tapisse et arme/ꝛ a lendroit du se
cret mal fut fait vng beau pertuis
par leq̃l maistre cordelier pouoit a
pertement le choisir Et il regarde
ce mal puis dung coste puis dau
tre/maintenant le touche du doy
tant doulcement/vne aultre fois
prent la pouldre dont medeciner
la vouloit. Or regarde le tuyau
dont il deust souffler icelle poul-
dre par sus et dedens le mal. Or
retourne arriere et iecte loeil de re
chief sur ce dit mal / et ne se scait
saouler dassez le regarder. A chief
de piece il prent sa pouldre a la
maĩ gauche/mise en vng beau pe
tit vaisseau plat/et de lautre son

tuyau quil vouloit emplir de la dicte pouldre: et cōme il regardoit tresententiuement et de tresprès par ce pertuys: et a lenuyron le destresseux mal de la poure fille: et elle ne se peut contenir voyant lestrange facon de regarder a tout vng oeil de nostre cordelier/ que force de rire ne la surprint: quelle cuida bien longuement retenir/ mais si mal helas lui aduint que ce riz a force retenu fut cōuerty en vng sonnet dont le vent retourna si tresapoint la pouldre/que la plus part il fist voler contre le visaige et seul bon oeil de ce bon cordelier lequel sentāt ceste douleur habandonna tantost et vaisseau et tuyau et a peu quil ne cheut a la reuerse tant fort fut effraie: et quāt il eut son sang il met tost en haste la main a son oeil soy plaingnant durement: disant quil estoit hōme deffait et en dangier de perdre vng seul bon oeil quil auoit. Il ne mentit pas / car en peu de iours la pouldre q̄ corrosiue estoit luy gasta et mengea trestout loeil et par ce point lautre qui ia estoit pdu aueugle fut: et ainsi demoura ledit cordelier. Si se fist guider et mener vng certain iour apres ce iusques a lostel ou il cōquist ce beau butin/et parla au maistre de leans auquel il remonstra son piteux cas: priant et requerant ainsi que droit le porte quil lui baille et assigne ainsi qua son estat appartient sa vie honnorablement. Le bourgois respondit que de ceste son aduenture beaucoup luy desplaisoit/combien quen riens il nē soit cause: ne en quelque facō que ce soit chargie ne sen tient. Trop bien est il contēt lui faire quelque gracieuse ayde dargent pource q̄ il auoit empris de guarir sa fille ce ql nauoit pas fait: et que a luy ne veult estre tenu en riens: luy veult bailler autāt en somme que sil luy eust sa fille en sante rendue non pas comme dit est quil soit tenu de ce faire. Maistre cordelier non content de ceste offre demande quil lui assignast sa vie remonstrant comment sa fille lauoit aueugle en sa presence: et a ceste occasion priue estoit de la digne et tressaincte consecracion du precieux corps de iesus du sainct seruice de leglise et de la glorieuse inquisicion des docteurs qlz ont escript sur la saincte theologie / et par ce point de predicacion plus ne pouoit fuir le peuple qui estoit sa totale destruction/car il est mēdiant et nō fonde sinon sur aumosnes que plus conquerre ne pouoit Quelque chose quil allegue ne remonstre il ne peult finer daultre response que ceste precedente. Si se tira par deuers la iustice du parlement dudit londres / deuāt lequel fist bailler iour a nostre hōme dessus dit. Et quant il vint heure de plaider sa cause par vng bon aduocat bien informe de ce ql deuoit dire: dieu scait que plusieurs se rendirent au consistoire pour ouyr ce nouueau proces qui beaucoup pleust aux seignrs du dit parlement / tāt pour la nouuellete du cas que pour les allegacions et argumens des parties & uant eulx debatās qui non acoustumees mais plaisantes estoient. Ce procez tant plaisant et nouuel affin quil feust de plusieurs gēs congneu fut tenu et maintenu assez ꝛ longuement: non pas qua sō tour de rgule ne fust bien renuoie ꝛ mis en ieu / mais le iuge le fit differer iusques a la facon de cestes Et par ce point celle qui estoit au pargnant par sa beaulte / bonte ꝛ gentete congneue estoit de plusieurs gens: deuint notoire a tout le monde par ce mauldit mal de broches / dont en la fin fut garie ainsi que depuis me fut compte:

La.iii. nouuelle par Monseigneur de la roche.

En la duchie de bourgoigne eust nagueres vng gentil cheualier dont listoire passe le nom qui marie estoit a vne belle ꝛ gente dame et assez pres du chasteau ou ledit cheualier faisoit residence demouroit vng musnier pareillement a vne belle gente et ieune femme marie. Aduint vne fois entre les aultres que comme le cheualier pour passer temps et prendre son esbatemēt se pourmenast entour son hostel / et du long de la riuiere sur laquelle estoit assise la maison ꝛ moulin dudit musnier qui a ce coup nestoit pas a son hostel mais a dijon ou a beaune ledit cheualier apperceut la fēme dudit musnier portant deux cruches et retournant de la riuiere q̄rir de leaue Si se auanca vers elle et doulcement la salua: et elle comme saige et biē aprinse lui fist honneur et reuerence qui lui appartenoit. Nostre bon cheualier voyant ceste musniere tresbelle et en bō point/mais de sens assez escharssement hourdee. Se pensa de bōnes et luy dist. Certes mamie ia percoy bien que vous estes malade et en grant peril. A ces parolles la musniere sapprocha de lui et lui dist. Helas monseigneur et que me fault il. Vraiement mamie ia percoy bien se vous cheminez gueres auant: que vostre deuant est en grant dangier de cheoir et vous ose bien dire que vous ne le porterez gueres longuement quil ne vous chee tant my congnois ie. La simple musniere oyant les parolles de monseigneur deuint tresesbahie et courroucee/esbahie commēt monseigneur pouoit scauoir ne veoir ce meschief aduenir/et courroucee douyr la pte du meilleur mēbre de son corps: et dōt elle se seruoit mieulx et son mary aussi. Si respondit. Helas monseigneur et a quoy congnoissez vous que mon deuant est en dangier de cheoir il me semble quil tient tant bien. Dea mamie souffise vous a tant et soyez seure que ie vous dis la verite: et ne seriez pas la premiere a qui le cas est aduenu Helas dist elle mō seigneur/or suis ie femme deffaicte deshonnoree et perdue et que dira mon mary/nostre dame quant il scaura ce meschief/il ne tiendra plus compte de moy. Ne vous desconfortez que bien a point mamie dist monseigneur/encores nest pas le cas aduenu/aussi ya il bon remede. Quant la ieusne musniere oyt que on trouueroit biē remede en sō fait le sāg luy commenca a reuenir et ainsi quelle sceut pria monseigneur pō dieu qui de sa grace luy voulsist enseignier quelle doit faire pour garder ce poure deuāt de cheoir Monseigneur qui trescourtois et gracieux estoit/mesmement tousiours vers les dames: luy dist. Mamie pource que vous estes belle et bonne et que iayme bien vostre mary il me prent pitie et compassion de vostre fait si vous enseigneray comment vous garderez vostre deuant de cheoir. Helas mon seigneur ie vous en mercie et certes vous ferez vne oeuure bien meritoire/car autāt me vauldroit non estre que de viure sans mon deuant. Et que dois ie donchques faire mōnseigneur. Mamie dist il affin de garder vostre deuāt de cheoir/le remede si est que au plus tost que pourrez le fort et souuent faire recoingnier. Recoingnier monseigneur: et qui le scauroit faire: a q̄ me fauldroit il parler pour bien faire ceste besoingne Je vous diray mamie dist mō-

seigneur/pource que ie vous ay a
uertie de vostre meschief qui tres
prouchain ⁊ grief estoit/ensemble
aussi et du remede necessaire po[ur]
obuier aux inconueniens qui sour
dre en pourroient: ie suis contēt af
fin de plus en mieulx nourrir a-
mour ētre nous deux vous recon
gnier vostre deuant: et le vous rē
dray en tel estat q̄ par tout le pour
rez tout seurement porter / sans a
uoir craite ne doubte que iamais
il puisse cheoir / et de ce me fais ie
bien fort. Se nostre musniere fut
bien ioyeuse il ne se fault pas de-
mander: qui mettoit si tresgrant
peine du peu de sens quelle auoit
de souffisamment remercier mō
seigneur. Si marcherēt tant mō
seigneur et elle quilz vindrent au
moulin/ou ilz ne furēt gueres sās
mettre la main a leuure / car mon
seigneur par sa courtoisie dung
houstil quil auoit recoigna en peu
dentre trois ou quattre fois le de
uant de nostre musniere: qui tres
ioyeuse et lyee en fut. Et apres q̄
leuure fut ployee et de deuises
vng millier et iour assigne denco
res ouurer a ce deuant. Monsei-
gneur part et tout le beau pas sen
retourna vers son hostel/ et au io[ur]
nōme se rendit monseigneur vers
sa musniere en la facō que dessus
⁊ au mieulx quil peut il semploia
a recoingner ce deuant: et tant ⁊
si bien y ouura par cōtinuacion ⁊
temps que ce deuant fut tout as
seure et tenoit ferme et bien. Pen
dant le temps que mōseigneur re
coingnoit le deuant de ceste mus
niere: le musnier retourna de sa
marchandise: et fit grant chiere: ⁊
aussi fist sa femme Et comme ilz
eurent deuise de leurs besoignes
la tressaige musniere va dire a son
mary. Par ma foy sire nous som
mes bien obligez a mōseigneur de
ceste ville. Voire mamie dist le
musnier/en q̄lle facon Cest bien
raison q̄ le vous die/affin q̄ lē mer
ciez/car vo[us] y estes tenu/il est vray
que tandis que auez este dehors/
monseigneur passoit par cy droit
a la court ainsi que a tout deux
cruches ie alloie a la riuiere/ il me
salua si fis ie lui/⁊ comme ie mar
choie il apperceut que mon deuāt
ne tenoit comme rien/⁊ quil estoit
en trop grant aduēture de cheoir
et le me dist de sa grace dont ie
fuz si tresesbahie/ voire par dieu
autant courroucee que se tout le
monde fust mort. Le bon seigneur
qui me veoit en ce point lamenter
en eut pitie et de fait menseigna
vng beau remede pour me garder
de ce mauldit dangier. Et enco
re me fist il bien plus q̄l neust poīt
fait a vne aultre/car le remede dōt
il me aduertit que estoit faire re-
coigner et recheuiller mon deuāt

affin de le garder de cheoir luy-mesmes le mist a execucio qui luy fut tresgrant peine, et en sua plusieurs fois/ pource que mo cas requeroit destre souvet visite Que vous diray ie plus: il sen est tant bien acquitte q iamais ne lui scauriez desservir. Par ma foy il ma tel iour de ceste sepmaine recoingnie les troys/ les quattre foys/ vng aultre deux/ vng aultre trois il ne ma ia laissee tat que iaye este toute guarie/ et si ma mis en tel estat que mon devant tient a ceste heure tout aussi bie et aussi fermement que cellui de femme de nostre ville. Le musnier ouyant ceste aduenture ne fist pas semblat par dehors tel que son cueur au par dedens portoit/ mais comme il fut bien ioyeux dist a sa femme. Or ca mamie ie suis bien ioyeux que monseigneur nous a fait ce plaisir et se dieu plaist quant il sera possible ie feray autant pour luy/ mais pource q vostre cas nestoit pas honneste gardez vo9 bien den riens dire a personne/ et aussi puis que vous estes guarie il nest ia mestier que vous travaillez plus monseigneur. Vous navez garde dist la musniere que ie die iamais vng mot / car aussi le me deffendit bien monseigneur. Nostre musnier qui estoit gentil compaignon a q les crignos de sa teste ramentevoiet souvet et trop la courtoisie q moseigneur lui avoit faicte Et si saigemet se coduisit quoques mo dit seigneur ne sapercuet quil se doubtast de la troperie ql lui avoit faicte/ et cuidoit en soymesmes ql nen sceust rien. Mais helas si faisoit et navoit ailleurs son cueur/son estudie/ne tous ses pensees que a soy vengier de lui sil scavoit/en facon telle ou semblable qui lui deceut sa femme. Et tant fit par son engin qui poit oyseux nestoit: ql advisa vne maniere par laqlle bien lui sembloit q sil en pouoit venir a chief q monsgnr auroit beurre pour oeufz. A chief de piece pour aucus affaires q survindret a mosgnr il mota a cheval et print de ma dame cogie bie pour vng mois: dot le musnier ne fut pas ioyeux. Vng iour etre les aultres ma dame eut voulente de soy baingnier et fist tirer le bain et chauffer les estuves en son hostel apt/ce q nre musniere sceut tresbie po9ce q assez familier estoit de leas si sadvisa de pedre vng beau brochet quil avoit en sa fosse et vit ou chasteau po9 le psèter a ma dame. Aucues des femes de ma dae vouloiet pedre le brochet et de p le musnier en faire pset/ mais il dist q luymesmes il le presenteroit ou/ vraimet il le reporteroit. Au fort pource ql estoit come de leas et ioy

eur hōme/ ma dame le fist venir
q̄ d. dens son bain estoit. Le gra/
cieux musnier fist son present dōt
ma dame le mercia (et) fist porter en
la cuisine le beau brochet (et) mettre
a point pour le soupper. Et entre
tant q̄ ma dame au musnier de
uisoit il apperceut sur le bort de la
cuue ung tresbeau dyamant q̄l/
le auoit oste de son doy/doubtāt
de leaue le gaster. Si le croqua si
soupplement ql ne fut de ame ap
ceu/et quant il vit son point il dō
na la bonne nuyt a ma dame (et) a
sa cōpaignie (et) sen retourne en son
moulin pensant au surplus de son
affaire. Ma dame q̄ faisoit grāt
chiere auec ses fēmes / voyāt quil
estoit ia biē tart (et) heure de souper
habandonna le bain (et) en son lit se
bouta/ (et) comme elle regardoit ses
bras (et) ses mains elle ne vit point
son dyamāt. Si appella ses fem
mes (et) leur demāda apres ce dya
mant (et) a laquelle elle lauoit bail
le. Chascune dit ce ne fut pas a
moy/ na moy/ ne a moy aussi. On
cherche hault et bas dedens la cu
ue/ sur la cuue/ mais riēs ny vault
on ne le scait trouuer. La queste de
ce dyamant dura beaucoup sās
quon en sceust quelque nouuelle/
dont ma dame sen dōnoit bien
mauuais tēps/ pource quil estoit
meschāment perdu/ (et) en sa chābre/
et aussi mōseigneur son mary luy
donna au iour de ses espousail/
les si len tenoit beaucoup pl' cher
On ne scait qui mescroire ne a q̄
le demander dōt grāt deul sourt
par leās. Lune des fēmes sadui/
sa et dist/ ame nest ceās entre que
nous q̄ y sōmes / et le musnier / se
me sembleroit bon quil fust māde
On le manda et il vint. Ma da
me si trescourroucee et desplaisāte
estoit q̄ plus ne pouoit / demāda
au musnier sil auoit poīt veu son
dyamant/ (et) lui asseure autāt en
bourdes q̄ ung aultre a dire verite
sen excusa tres haultemēt. Et mes
mes osa bien demander a ma da
me selle le tenoit pour larron. Cer
tes musnier dist elle nēny. Aussi
ce ne seroit pas larrecin si vous la
uiez par esbatemēt emporte. Ma
dame dist le musnier ie vous pro
metz q̄ de vostre dyamāt ne scay
ie nouuelle. Adōc fut la cōpaignie
bien simple et ma dame especiale
ment q̄ en est si tresdesplaisante q̄
elle nen scait sa cōtenance q̄ de iet
ter larmes a grant abondance tāt
a regret de ceste verge. La triste
compaignie se met a conseil pour
scauoir quil est de faire/ lune dist
il fault ql soit en la chābre/ lautre
respond q̄lle a cherchie par tout. Le
musnier demāde a ma dame sel
le lauoit a lentree du bain/ et elle
dit que ouy. Sainsi est certaine/
mēt ma dame veu la grāt diligēce

quoy a fait de le querir sãs en sca
uoir nouuelle la chose est biẽ estrã
ge. Toutesfois il me semble bien
que sil y auoit homme en ceste vil
le qui sceust dõner conseil pour le
recouurer que ie feroie cellui/ et po^r
ce que ie ne vouldroie pas que ma
sciẽce feust diuulguee il seroit bõ
que ie parlasse a vous a part. A ce
la ne tiendra pas dist ma dame
si fist partir la compaignie / et au
partir que firẽt les fẽmes/ disoiẽt
dame iehanne/ ysabeau/ et katthe
rine. Helas musnier que vous se
riez bon homme se vous faisiez re
uenir ce dyamant. Je ne mẽ fais
pas fort dist le musnier/ mais io
se bien dire que sil est possible de
iamais le trouuer que ien appren
dray la maniere Quant il se vit a
part auecques ma dame il luy
dist quil se doubtoit beaucoup
et pensoit pris quen larriuer du
bain elle auoit son dyamant quil
ne feust sailly de son doy et cheu
en leaue et dedẽs sõ corps cest bou
te. Attẽdu quil ny auoit ame qui
le voulsist retenir. Et la diligẽce
faicte pour le trouuer / se fist ma
dame monter sur son lit / ce quel
le eust voulentiers refuse se neust
este pour mieulx faire. Et apres
quil leust assez descouuerte fist cõ
me maniere de regarder/ ca/ et la
et dist. Seurement ma dame le
dyamãt est entre en vostre corps

Et dictes vous musnier q̃ vous
lauez apperceu. Ouy vraiment.
Helas dist elle et cõment len po^r
ra len tirer/ tresbien ma dame/ ie
ne doubte pas q̃ ie nen viẽne bien
a chief sil vous plaist. Se maist
dieux il nest chose q̃ ie ne face po^r
le rauoir dist ma dame/ or vous
auancez beau musnier. Ma da-
me ẽcores sur le lit couchee fut mi
se par le musnier tout en telle facõ
que monseigneur mettoit sa fem
me quant il lui recoingnoit son de
uant/ et dung tel houstil la tente
pour querir et peschier le dyamãt
Apres les reposees de la premiere
et secõde queste que le musnier fist
du dyamant/ ma dame demã
da sil lauoit point sentu/ et il dist
que ouy dont elle fut bien ioyeu
se: et lui pria quil peschast encore
tant quil leust trouue. Pour abre
gier tant fist le bõ musnier quil rẽ
dit a ma dame son tresbeau dya
mant dont la tresgrant ioye vint
par leãs et neust iamais musnier
tant dhonneur ne dauancement
que ma dame et ses femmes luy
donnerent Ce bon musnier en la
tresbõne grace de ma dame part
de leans et vint a sa maison sans
soy vanter a sa femme de sa nou
uelle aduenture/ dont il estoit pl^9
ioyeux que sil eust tout le mon-
de gaigne. Lu dieu mercy petit
de tẽps apres mõseigneur reuint

en sa maison ou il fut doulcement receu et de ma dame humblement bien venu laquelle apres plusieurs deuises qui au lit se font luy compta la tresmerueilleuse aduenture de son dyamant et comment il fut par le musnier de son corps repeschie. Pour abregier tout du long lui compta le proces en la facon et maniere que tint le dit musnier en la queste dudit dyamant dont il neut gueres grant ioye / mais pensa que le musnier luy auoit baille belle. A la premiere foys quil rencontra le musnier il le salua haultement et lui dist / dieu gard dieu gard ce bon pescheur de dyamans A quoy le musnier respondit / dieu gard ce recoigneur de cons / par nostre dame tu dis vray dist le seigneur / tays toy de moy et si feray ie de toy. Le musnier fut content et iamais plus nen pla / nen fist le seigneur que ie saichie

La quarte nouuelle Mőseignr.

Le roy naguerres estant en sa ville de tours vng gētil cōpaignon escossois archier de son corps et de sa grāt garde senamoura tresfort dune belle et gente damoiselle mariee et merciere. Et quāt il sceut trouuer tēps et lieu le mains mal quil sceut cōpta son gracieux et piteux cas dōt il nestoit pas trop cōtent ne ioyeux / neantmoins car il auoit la chose trop a cueur ne laissa pas a faire sa poursuite / mais de plus en plus tresaigremēt pourchassa tāt que la damoiselle le voulut enchassier et dōner total cōgie et lui dist quelle aduertiroit sō mary du pourchas deshōneste et dānable quil sefforcoit de acheuer ce quelle fist tout au long. Le mary bō et saige preux et vaillāt cōme apres vous sera cōpte se courrouca amerement encōtre lescossois qui deshonnourer le vouloit et sa tresbōne femme aussi. Et pour biē se vengier de lui a son aise et sans reprinse commanda a sa femme que sil retournoit plus a sa queste quelle lui baillast et assignast iour. Et sil estoit si fol que de y cōparoir la blasme quil pourchassoit luy seroit chier vendu. La bonne fēme pour obeir au bon plaisir de son mary dist que si feroit elle. Il ne demoura gueres que le poure amoureux escossoys fist tant de tours quil vit en place nostre merciere q̃ fut par lui humblement saluee/et de rechief damours si doulcemẽt priee que les requestes du parauãt deuoient bien estre enterinees par la confusion de ceste piteuse et derniere priere/ꝛ q̃lle les voulsist ou ia iamais ne seroit femme plus loyalement obeye ne seruie quelle seroit se de grace vouloit accepter sa treshumble et raisonnable reqͣste. La belle merciere soy recordãt de la lecon que son mary luy bailla/voyant aussi leure propice entre aultres deuises et plusieurs excusacions seruans a son propos bailla iournee a lescossois a lendemain au soir de cõparer personnellemẽt en sa chambre pour en ce lieu lui dire plus celeement le surplus de son intẽcion ꝛ le grant bien quil lui vouloit. Pensez quelle fut haultemẽt merciee/doulcement escoutee/ꝛ de bon cueur obeye de celui q̃ apres ces bõnes nouuelles laissa sa dame le plus ioyeux q̃ iamais il nauoit este. Quant le mary vint a lostel il sceut cõment lescossois fut leans despolles ꝛ des grans offres quil fist/et cõment il se rendra demain au soir deuers elle en sa chambre. Or le laissez venir dist le mary il ne fist iamais si fole entreprinsi que bien ie lui cuyde monstrer auant quil parte/voire et faire son grant tort confesser pour estre exẽple aux aultres folz oultrecuidez et enraigez cõme luy. Le soir du lendemain approucha tresdesire du poure amoureux escossois/pour veoir et iouyr de sa dame tresdesiree/du bon mercier pour acõplir la tresceriminelle vengance quil veult executer en la psonne de celuy escossois qui veult estre son lieutenãt tresdoubte/aussi de la bonne femme qui pour obeir a son mary attend de veoir vng grant hutin. Au fort chascũ sapreste le mercier se fait armer dung grant lourt et vieil harnoys/prent sa salade ses ganteletz/ꝛ en sa main vne grant haiche. Or est il bien en point dieu le scait ꝛ semble bien que aultresfois il ait veu hutin. Comme vng vray champion venu sur les rens de bonne heure et attendant son ennemy en lieu de pauillon se va mettre derriere vng tapis en la ruelle de son lit ꝛsi biẽ se cacha q̃ ne po'roit estre apceu lamoureux malade sentãt leure tresdesiree se met en chemin deuers lostel a la merciere/mais il ne oublia pas sa tresgrande bonne et forte esper a deux mains. Et comme il fut venu leãs la dame monte en sa chambre sans faire effroy/et il la suyt tout doulcement Et quant il se est trouue leans il demanda a sa dame sen sa chambre y auoit ame quelle.

A quoy elle respondit assez legiere
ment et estrangement ⁊ cõme non
trop asseuree que non. Dictes de
rechef dist lescossois vostre mary ny
est il pas. Nenny dist elle. Or le
laissez venir. Par sainct engnan
sil vient ie luy fendray la teste ius
ques aux dens / voire par dieu
silz estoient trois ie ne les crains /
ie seray biẽ maistre. Et apres ces
criminelles paroles vo⁹ tire hors
sa grande ⁊ bõne espee et si la fait
brãdir troys ou quatre fois / ⁊ a
pres de luy sur le lit la couche / et
se fait incontinent baiser et accol-
ler et le surplus quapres sensuit
tout a son bel aise et loisir acheua
sans ce que le poure coux de la ru
elle sosast oncques mõstrer / mais
si grãt paour auoit qua pou quil
ne mouroit. Nostre escossois apres
ceste haulte aduenture prent de
sa dame congie iusques a vne aul
tre fois et la mercie comme il doit
et scait de sa grant courtoisie / et
se met a chemin. Quant le vaillãt
homme darmes / sceut lescossoys
yssu hors de luys ainsi effraie ql
estoit sans a peine scauoir parler
sault dehors de son pauillon et
commence a tencier sa femme de
ce que elle auoit souffert le plaisir
de larcher. Et elle respondit que
cestoit sa faulte ⁊ sa coulpe / ⁊ que
enchargie luy auoit de lui bailler
iour. Je ne vous commãday pas
dist il que lui laississiez faire sa
voulente ne son plaisir. Cõment
dist elle le pouais ie reffuser voy
ant sa grande espee dõt il meust
tuee en cas de reffuz. Et a ce coup
vecy bon escossois qui retourne et
monte arriere les degrez de la chã
bre et sault dedẽs ⁊ dit tout hault
quest ce cy: et le bon homme de soy
sauuer / et dessoubz le lit se boute
pour estre plus seurement beau-
coup plus esbahy que parauant.
La dame fut reprise et derechief
enferree a son beau loisir et en la
facon que dessus tousiours lespee
au plus pres de lui. Apres ceste
recharge et plusieurs lõgues de
uises dentre lescossois et la dame
leure vint de partir / si lui donna
la bonne nuyt et picque et sen va.
Le poure martir estant dessoubz
le lit a peu silse osoit tirer de la
doubtant le retour de son aduer
saire ou pour mieulx dire son cõ-
paignon. A chief de piece il print
couraige / et a layde de sa femme
la dieu mercy il fut remis sur piez
Sil auoit bien tense sa femme au
parauant encores recommenca il
plus dure legende. Car elle auoit
consenty apres sa deffense le des
honneur de luy et delle. Helas
dist elle et ou est la femme si asseu
ree qui osast desdire vng homme
ainsi eschauffe et enraige comme
cestuy estoit quant vous qui estes

arme embastonne et si vaillant a qui il a trop plus meffait q̄ a moy ne lauois pas ose assaillir ne moy deffendre. Ce nest pas responce dist il dame se vous neussiez voulu iamais ne fust venu a ses attaites vous estes mauuaise et desleale/mais vo⁹ dist elle lasche meschant et reprouchie homme pour qui ie suis deshonnouree, car po^r vous obeir ie assignay le mauldit iour a lescossois. Et encores nauez eu en vo⁹ tant de couraige dē treprendre la deffense de celle en qui gist tout vostre bien et vostre honneur. Et ne pensez pas que ie eusse trop mieulx ayme la mort q̄ dauoir de moymesmes consenty ne accorde ce meschief. Et dieu scait le dueul que ien porte et porteray tanque ie viuray: quant celuy de qui ie dois auoir et tout secours attendre en sa presence ma biē souffert deshōnourer. Il fait assez a croire et penser q̄lle ne souffrit pas la voulente de lescossois pour plaisir quelle y print / mais elle fut a ce contraincte et forcee p nō resister laissant la resistence en la prouesse de son mary qui sen estoit tresbien chargie dont chascun deulx laissa son dire et sa q̄relle apres plusieurs argumens et repliques dung coste et daultre mais en son cas euident fut le mary deceu et demoura trompe de lescossois en la facon quauez ouye

. Nouuelle .v. par Phelipe de la on.

Monseigneur thalebot que dieu pardoit capitaine anglois si eureux cōme chascū scait/ fist en sa vie deux iugemens dignes destre recitez et en audience et memoire perpetuelle amenez. Et affin que de chascun diceulx iugemens soit faicte mencion ien vueil racōpter en briefz motz ma premiere nouuelle/et ou renc des aultres la cinqiesme iē fourniray et diray ainsi. Pendant le temps que la mauldicte et pestilencieuse guerre de france et dangleterre regnoit et que encores na pas prīs fin comme souuent aduient/ vng francoys homme darmes fut a vng aultre anglois prisonnier: et puis quil fut mis a finance soubz le saufcōduit de mōseigneur thalebot / deuers son capitaine retournoit pour faire finance de sa rencon / et a son maistre lenuoyer ou apporter, et comme il estoit en chemin fut par vng anglois sur les champs encontre / lequel le voyāt francoys tantost lui demāda dōt il venoit et ou il alloit / lautre respondit la verite Et ou est vostre saufconduit dist langlois Il nest pas loing dist le francoys. Lors tire vne petite boete pendant a sa ceinture ou son saufconduit estoit et a lenglois le tendit qui de bout a aultre le leut: et comme il est de coustume mettre en toutes lettres de saufconduit / reserue to⁹ vrais habillemens de guerre / lenglois note sur ce mot: et voit encores les esguillettez a armer pendātes au parpoint du francois Si va iugier en soymesmes quil auoit enfraint son saufconduyt: et que esguillettes sont vrais habillemens de guerre Si lui dist ie vo⁹ fays prisonnier / car vous auez rompu vostre saufconduit. Par ma foy non ay dist le francois saulue vostre grace / vous voyez en q̄l estat ie suis. Nenny nenny dist lēglois par sainct iouen vostre saufconduyt est rompu / rendez vous ou ie vous tueray. Le poure francoys q nauoit que son paige: et qui estoit tout nu et de ses armeures desgarny / voyant lautre / et de trois ou quattre archiers acompaignie pour le mieulx faire a lui se rendit Langlois le mena en vne place assez pres de la et en prison le boute Le francois se voyant ainsi malmene a grant haste a son capitaine le manda lequel ouyant le cas de son homme fut trestout a merueilles esbahy / si fist tātost escripre lettres a monseigneur thalebot et par vng herault les enuoya biē et suffisāment informe de la matiere que lomme darmee prisonnier auoit au lōg au capitaine rescript. Cest assauoir comment vng tel de ses gens auoit pris vng tel des siens soubz son saufconduyt Ledit herault bien informe et apris de ce quil deuoit dire et faire de son maistre partit / et a monseignr thalebot ces lettres presenta / il les leut / et par vng sien secretaire en audiēce deuant plusieurs cheualiers et escuiers et autres de sa route de rechief les fist lire Si deuez scauoir que tantost il monta sur son cheualet / car il auoit la teste chaulde et fumeuse, et nestoit pas content quāt on faisoit aultremēt qua point / et par especial en matiere de guerre et denfraindre sō saufconduit il enraigeoit tout vif Pour abbregier le compte il fist

venir devant lui et langlois et le
francoys/ et dist au francois quil
contast son cas. Il dist comment
il avoit este prisonnier dung tel de
ses gens et sestoit mis a finance.
Et soubz vostre saufconduit mō
seigneur ie men aloie devers ceulx
de nostre party pour querir ma ren
con ie rencontray ce gentil homme
icy lequel est aussi de voz gens q
me demāda ou ialoye et se iavoie
saufconduyt/ ie lui dis que ouy le
quel ie lui monstray: et quant il leust
leu il me dist que ie lavoie rompu
et ie lui respondis que non avoye et
quil ne le scauroit monstrer / brief
ie ne peuz estre ouye et me fut for
ce se ie ne me vouloie faire tuer sur
la place de me rendre / et ne scay
cause nulle parquoy il me doye a
voir retenu/ si vous en demande
iustice. Monseigneur thalebot oy
ant le francois ne estoit pas bien
a son aise / neantmoins quant il
eut ce dit: il dist a langlois que
respons tu a cecy. Monseigneur
dist il: il est bien vray comme il a
dit que ie le rencontray et vouluz
veoir son saufconduit/ lequel de
bout en bout et tout du long ie le
leuz/ et apperceu tantost quil la-
voit rompu et enfraint: et aultre-
ment iamais ie ne leusse arreste.
Comment la il rompu dist mon
seigneur thalebot dist tost. Mon
seigneur pource que en son sauf-
conduit sont reservez tous habille
mens de guerre/ et il y avoit et a
encores vrais habillemēs de guer
re cest assavoir a son parpoint ses
esguillettes a armer qui sōt ungz
vrais habillemens de guerre/ car
sans elles on ne se peult armer.
Voire dist thalebot et esguillet-
tes sont ce doncques vrais habil
lemens de guerre. Et ne scaiz tu
aultre chose parquoy il puisse a-
voir enfraint son saufconduit.
Vrayement monseigneur nenny
respondit langlois Voire villain
de par vostre dyable: dist mon
seigneur thalebot/ avez vous rete
nu ung gentil hōme sur mō sauf
conduit pour ses esguillettes par
sainct george ie vous feray mon-
strer se ce sont habillemēs de guer
re. Alors tout eschauffe et cour
roux bien fort esmeu vint au fran
cois: et de son parpoint deux es-
guillettes en tira: et en langloys
les bailla: et au francoys une bon
ne espee darmes fut a la main li
vree/ et puis la sienne belle et bon
ne hors du fourreau va tirer et la
tint en sa main et a langlois va di
re/ deffendez vous de cest habil-
lement de guerre que vous di-
ctes se vous scavez Et puis dist
au francois/ frappez sur ce villain
qui vous a retenu sās cause et sās
raison/ on verra comment il se def
fendra de vostre habillement de

guerre/se vous lespargnez ie frap peray sur vous par sainct george Alors le francois voulsist ou non fut contraint de frapper sur langlois de lespee toute nue quil tenoit/et le poure ãglois se couuroit le mieulx ql pouoit et couroit par la chambre/et thalebot apres qui tousiours faisoit ferir par le francois sur lautre/et lui disoit deffendez vous villain de vostre habillement de guerre. A la verite langlois fut tant batu ql fut pres iusques a la mort: et cria mercy a thalebot et au francoys/lequel ꝑ ce moyen fut deliure de sa rencõ et par mõseigneur thalebot acquitte. Et auecq̃s ce son cheual et son harnois et tout son bagaige quau iour de sa prinse auoit: lui fist rẽdre et bailler. Vela le premier iugement que fist monseigneur thalebot Reste a compter lautre q̃ est tel. Il sceut que lung de ses gens auoit desrobe en vne eglise le tabernacle ou len met corpus domini: et a bons deniers contens vendu. Je ne scay pas la iuste somme mais il estoit grant et beau et dargent dore tresgentement esmaille. Monseigneur thalebot quoy ql fust trescruel/et en la guerre trescriminel si auoit en grant reuerence tousiours leglise/et ne vouloit que nul a monstier ne eglise le feu boutast ne desrobast quelque chose/et ou il scauoit quon le fist il en faisoit merueilleuse discipline de ceulx q̃ en ce faisant trespassoient son commandement. Or fist il deuant lui admener et venir cellui q̃ ce tabernacle auoit en leglise robe Et quant il le vit dieu scait quelle chiere il luy fist. Il le vouloit a toute force tuer se ne eussent este ceulx qui entour lui estoiẽt qui tãt lui prierent que sa vie lui fust sauuee/mais neantmoins si le voulut il punir et lui dist. Traistre ribault (et comment auez vous ose rober ceste eglise oultre mon commandement et ma deffence. Ha mõseigneur pour dieu dist le poure larron ie vous crie mercy/iamais ne maduiẽdra. Venez auãt villain dist il Et lautre aussi voulentiers quon va au guet: deuers monseigneur thalebot daller sauance. Et ledit monseigneur thalebot de chargier sur ce pelerin de son poig qui estoit gros et lourt et pareillement frape sur sa teste en lui disant. Ha larron auez vous robe leglise/et lautre de crier mõseignr ie vous crie mercy/iamais ie ne le feray/le ferez vous. Nenny mõseigneur Or iures doncques que iamais tu nentreras en eglise nulle quelquelle soit/iure villain. Et bien monseigneur dist lautre Lors lui fist iurer q̃ iamais en eglise pie ne mettroit/dõt tous ceulx qui la estoient et qui louyrent eurent grant riz / quoy quilz eussent pitie du larron pource que monseigneur thalebot lui deffendoit leglise a tousiours/ et lui faisoit iurer de nō iamais y entrer/ et croiez quil cuidoit bien faire et a bōne intencion lui faisoit. Ainsi auez vous ouy de monseigneur thalebot les deux iugemens qui furent telz cōme comptez les vous ay.

La. vi. nouvelle comptee par Monseigneur de lamoy.

En vne ville de hollande cōe le prieur des augustins nagueres se pourmenast en disant ses heures sur le serain assez pres de la chappelle de sainct anthoyne situee au bois de ladicte ville il fut rencontre dung grāt lourt hollādois si tresyure qua merueilles/ lequel demouroit en vng villaige nomme steuelghes a deux lieues pres dillec/ le prieur de loig le voyant venir congneut tantost son cas par les lourdes desmarches et mal seures quil faisoit tyrant son chemin. Et quant ilz vindrent pour ioindre lung a lautre liurongne salua premier le prieur/ qui lui rendit son salut tantost/ et puis passe oultre continuant son seruice sans en autre propos larrester ne interroguer. Mais liuroigne tant oultre que plus ne pouoit se retourne et poursuit le prieur et lui requist confession Confessiō dist le prieur/ va ten va ten tu es bien confesse. Helas sire respond lyuroingne pour dieu confessez moy iay assez tresfresche memoire de tous mes pechiez/ et si ay parfaicte contriction. Le prieur desplaisant destre ēpesché a ce coup par cest yuroingne/ respond va tō chemin il ne te fault confesser/ car tu es en tresbō estat. Ha dea dist lyuroingne Par la mort beu vous me confesserez maistre prieur/ car ien ay a ceste heure deuocion/ et le saisit par la manche et le voulut arrester. Le prieur ny vouloit entendre/ mais auoit tant grant fait que merueilles destre eschappe de lautre/ mais riens ny vault/ car il est ferme en la deuotion destre cõfesse/ce que le prieur tousiours reffuse: et si sen cuide desarmer mais il ne peult. La deuotion de lyurõgne de plus en plus sefforce/ Et quant il voit le prieur reffusant de ouyr ses pechez il met la main a sa grande coustille et de sa gayne le tire et dit au prieur quil le tuera se bien il nescoute sa confession. Le prieur doubtant le cousteau et la main perilleuse qui le tenoit si demande a lautre/ que veulx tu dire. Je me vueil confesser dist il. Or auant dist le prieur ie le vueil auance toy Nostre yuroingne plus saoul que vne grive parlant dune vigne/cõmenca sil vous plaist sa deuote confession laquelle ie passe/car le prieur point ne la reuela/ mais vous pouez pẽser quelle fut bien nouuelle et estrange Quant le prieur vit son point il couppa le chemin aux lõgues et lourdes polles de nostre yuroingne et labsolucion lui donne/et en congie luy donnant lui dist. Va ten tu es bien confesse Dictes vous sire respond il Ouy vraiement dist le prieur/ta confession est tresbonne Va ten tu ne peulz mal auoir Et puis que ie suis bien confesse et que iay labsolucion receue se a ceste heure ie mouroie nyroie ie pas en paradis dist lyuroingne Tout droit sans faillir respond le prieur/ nen fais nulle doubte. Puis que ainsi est ce dist lyuroingne que maintenant ie suis en bon estat et en chemin de paradis/ et quil y fait tãt bel et tãt bon ie vueil mourir tout maintenant: affin que incontinẽt ie y alle. Si prent et baille son cousteau a ce prieur en lui priant et requerant quil lui trenchast la teste affin quil allast en paradis. Ha dea dist le prieur tout esbahy/ il nest ia mestier dainsi faire/ tu yras bien en paradis par aultre voye. Nenny respond lyuroingne/ Je y vueil aller tout maintenant et icy mourir par voz mains Auancez vous et me tuez. Non feray pas dist le prieur: vng prestre ne doit personne tuer. Si ferez sire par la mort bieu et se bien tost ne me despeschiez et me mettez en paradis moymesmes a mes deux mains vous occiray/et a ces motz brandit son grãt cousteau et en fait mõstre aux yeulx du poure prieur tout espouente et assimply. Au fort apres quil eut vng peu pense, affin destre de son yuroingne despesche/lequel de plus en plus laggresse et par force quil lui oste la vie/ il saisit et prent le cousteau et si va dire. Or ca puis que tu veulx finer par mes mains affin daller en paradis metz toy a genoulz cy deuant moy. Lyuroingne ne sen fist gueres p̃schier/mais tout a coup du hault de lui tomber se laissa et a chief de piece a quelque meschief que ce fut sur les genoulz se releua et a mains ioinctes le coup de lespee cuidant mourir attendoit. Le prieur du dos du cousteau fiert sur le col de lyurongne vng grant et pesant coup et p terre le abat bien durement. Mais vous nauez garde quil se relieue/ mesmes cuyde vrayement estre mort et estre ia en paradis. En ce poĩt le laissa le prieur qui pour sa seurte noublia pas le cousteau.

Et comme il fut vng peu auant il rencõtra vng chariot charge de gens au mains de la pluspart.

Si bien aduint que ceulx q̃ auoiẽt este presens ou nostre yurongne se stoit chargie y estoient ausquelz il racõta bien au long le mistere dessusdit en leur priant quilz le leuassent: ⁊ quen son hostel le voulsissẽt rendre et cõduire/ ⁊ puis leur bailla son cousteau. Ilz promirent de lemmener et chargier auecq̃s eulz et le prieur sen va. Ilz neurẽt gueres chemine quilz apperceurent ce bon yurongne couchie ainsi comme sil fust mort les dens cõtre terre. Et quant ilz furent pres de lui tous a vne voix par son nom lappellerẽt mais ilz ont beau huchier il nauoit garde de respondre. Ilz recommencerent a crier/ mais cest pour neant. Adoncques descendirent aucuns de leur chariot / si le prindrẽt par la teste par les piez et par les iambes/ ⁊ tout en lair le leuerent et tant hucherent quil ouurit ses yeulx: et incontinent parla et dist. Laissez moy laissez moy ie suis mort. Non estes non dirent ses compaignõs/ il vous fault venir auec nous. Non feray dist lyurongne ou iray ie/ ie suis mort. et desia en paradis. Vous vous en viendrez dirent les aultres / il nous fault aller boire. Boire dist il. Voire dist laultre. Jamais ie ne boiray dist il/ car ie suis mort. Quelque chose que ses compaignons lui dissent ne fissent il ne vouloit mettre hors de sa teste quil ne fust mort. Ces deuises durerẽt beaucoup/ ⁊ ne scauoient trouuer les compaignons facon ne maniere de mener ce fol yurongne / car quelque chose quilz dissent tousiours respondoit ie suis mort. En la fin vng entre les aultres se aduisa et dist. Puis q̃ vous estes mort vous ne voulez pas demourer icy/ ⁊ cõe vne beste aux chãps estre enfouy. Venez venez auec nous si vous porterons enterrer sur nostre chariot ou cymitiere de nostre ville ainsi quil appartient a vng crestien / aultremẽt nyrez pas en paradis/ Quãt lyurongne entendit quil le failloit enterrer ains quil montast en paradis il fut content de obeir / si fut tantost trousse et mis dedens le chariot ou gueres ne fut sãs dormir. Le chariot estoit bien hastele si furent tãtost a steuelinghes/ ou ce bon yurongne fut descẽdu tout deuant sa maison. Sa femme et ses enfans furent appellez et leur fut ce bon corps sainct rendu qui si fort dormoit que pour le porter du chariot en sa maison et en son lit le iecter iamais ne sesueilla/ et la fut il enseuely entre deux linceux sans sesueiller biẽ deux io'rs apres.

La.vij.nouuelle par Monseigneur.

Ung orfeuure de paris nagueres pour despeschier plusieurs besongnes de sa marchandise a lencontre dune foire du lendit et denuers fist large et grant prouision de charbon de saulx.

Aduint ung iour entre les autres que le charreton qui ceste denree liuroit pour la grant haste de lorfeuure fist si grant diligence quil amena deux voitures/ plus quil nauoit fait es iours par auãt/ mais il ne fut pas si tost en paris a sa derniere charretee q̃ la porte a ses talõs ne fut fermee/ toutesfois il fut tresbien venu et biẽ de lorfeuure receu. Et apres que son charbõ fut descendu et ses cheuaulx mis en lestable il voulut soupper tout a loisir et firent tresgrant chiere/ qui pas ne se passa sans boire dautãt et dautel. Quant la brigade fut bien repeue la cloche va sõner douze heures dont ilz se dõnerẽt grãt merueille tant plaisãment sestoit le temps passe a ce soupper/ chascun rendit graces a dieu faisans trespetis eulx et ne demandoient q̃ le lit/ mais pource quil estoit tãt tart lorfeuure retint au coucher sõ charreton doubtant la rencontre du guet qui leust boute en chastelet se a ceste heure leust trouue.

Pour celle heure nostre orfeuure auoit tant de gens qui pour lui ouuroient que force lui fut le charreton auec lui et sa fẽme en son lit heberger: et cõme saige et non suspeconneux il fist sa fẽme entre luy et le charreton couchier. Or vous fault il dire que ce ne fut pas sãs grant mistere/ car le bon charretõ

reffusoit de tous poins ce logis:&
a toute force vouloit dessus le bãc
ou dedẽs la grange couchier/for
ce lui fut dobeyr a lorfeure. Et a
pres quil fut despouille dedens
le lit se boute/ouquel estoiẽt ia lor
feure et sa fẽme en la facon q̃ iay
dicte. La fẽme sentẽt le charretõ
a cause du froit et de la petitesse
du lit delle approuchier/tost se
vira devers son mary/et en lieu
dorillier se mist sur la poitrine de
sondit mary/et ou geron du char
reton son derriere reposoit. Sãs
dormir ne se tindrent gueres lor-
feure et sa fẽme sans en faire le sẽ
blant mais nostre charretõ ia soit
q̃l fust lasse et travaillie/nẽ avoit
garde Car comme le poulain ses
chauffe sentent la iument;& se dres
se et se demaine: aussi faisoit le siẽ
poulain levant la teste contremõt
si tresprouchain de ladicte fẽme
Et ne fut pas en la puissance du
dit charreton qua elle ne se ioignit
et de pres:et en cest estat fut lon-
gue espace sans q̃ la fẽme sesveil
last voire ou au moins q̃lle en fist
semblant. Aussi neust pas fait le
mary se ce neust este la teste de sa
fẽme q̃ sur sa poitrine estoit repo-
sant:q par lassault et hurt de ce
poulain lui dõnoit si grãt branle
q̃ assez tost il se resveilla Il cuidoit
bien q̃ sa fẽme songeast/mais po'
ce q̃ trop longuemẽt duroit:et q̃l

ouyoit le charreton soy remuer et
tresfort souffler tout doulcemẽt
leva sa main en hault:& si tresbiẽ
a point en bas la rabatit/quen dõ
maige et en sa garenne le poulain
au charreton trouva/dont il ne
fut pas bien content,& ce pour la-
mour de sa fẽme il len fist en haste
saillir et dist au charreton/q̃ fai-
ctes vous meschãt quoquart/vo'
estes par ma foy biẽ enraige qui a
ma fẽme vous prenez. Nẽ faictes
plus. Je vo' iure par la mort bieu
q̃ selle se fust a ce coup esveillee q̃t
vostre poulain ainsi la harioit/ie
ne scay moy penser q̃ vous eussiez
fait/car ie suis tout certain tãt ie
congnois/quelle vous eust tout le
visage esgratine:& a ses mains les
yeulx de vostre teste esrachez:vo'
ne scavez pas comme elle est mer
veilleuse depuis quelle entre en sa
malice/et si nest chose ou monde q̃
plus tost luy boutast. Ostez vo'
ie vous en supplie pour vostre biẽ
Le charreton peu de motz sexcu-
sa quil ny pensoit pas/et comme
le iour fut prochain tantost il se le
va/et apres le bon iour donne a
son hostesse part et sen va & a char
rier se met. Vous devez pen-
ser que la bonne femme selle eust
pense le fait du charreton que el
le leust beaucoup plus greue que
son mary ne disoit. Combien
que depuis il me fut dit que assez

defois le charreton la rencontra en la propre facon et maniere quil fut trouve de lorfeure sinon qlle ne dormoit pas. Non point que ie le vueille croire/ne en riens ce rapport faire bon.

La.viii.nouvelle par Monseigneur de la roche.

En la ville de brucelles ou maintes adventures sot en nostre temps advenues demouroit na pas long temps vng ieune compaignon picart qui servit tres bien et loyaulment son maistre assez logue espace Et entre aultres services a quoy il obligea sodit maistre vers lui/il fist tat par son tres gracieux parler/maintien/⁊ courtoisie q si avant fut en la grace de sa fille ql cou. ha avec elle ⁊ p ses euvres meritoires elle devint grosse et encainte. Nostre copaignon voyat sa dame en cest estat ne fut pas si fol q dattendre leure q son maistre le pourroit scavoir ⁊ apercevoir. Si prit de bone heure vng gracieux cogie pour peu de iours cobien ql neust nulle envye dy iamais retourner/faignant daller en picardie visiter son pere ⁊ sa mere et aucus de ses parens. Et qnt il eut a son maistre ⁊ a sa maistresse dit a dieu/le trespiteux fut a la fille sa dame/a laqlle il pmist tantost retourner/ce ql ne fist point ⁊ pour cause. Lui estant en picardie en lostel de son pere/la povre fille de son maistre devenoit si tres grosse q son piteux cas ne se povoit plus celer/dont entre les aultres sa bonne mere q au mestier se cognoissoit sen dona garde la premiere Si la tira apart et lui dema da coment assez on peult penser dot elle venoit en cest estat et qui lui avoit mise. Selle se fist beaucoup presser et admonnester avant que elle en voulsist rien dire ne recongnoistre il ne le fault ia demader mais en la fin elle fut a ce menee quelle fut contrainte de congnoistre ⁊ cofesser son piteux fait ⁊ dist que le picart varlet de son pere lequel nagueres sen estoit alle/lavoit seduitte: et en ce trespiteux point laissee Sa mere toute enragee forcenee ⁊ tat marrie quo ne pour

oit plus/la voiât ainsi deshon-
noree se prent a la tenser/et tât din
ures lui va dire que la pacience
que elle eut de tous coustez sans
mot sõner ne riens respõdre/estoit
assez suffisante destaindre le crime
quelle avoit commis par soy lais-
ser engroissier du picart/ Mais
helas ceste pacience ne esmeut en
riens sa mere a pitie/mais lui dist
Vaten vaten arriere de moy et
fais tant que tu treuves le picart
qui ta faicte grosse et lui dis quil
desface ce quil ta fait/et ne reto'
e iamais vers moy iusques a ce
quil aura tout deffait ce que par
son oultraige il ta fait. La poure
fille en lestat que vous oyez mar
e et desolee par sa fumeuse et cru
lle mere/se met a la queste de ce
picart qui lengroissa Et croiez cer
tainemẽt q̃ avant quelle en peust
avoir aucunes nouvellesce ne fut
pas sans endurer grât peine et du
mal aise largement En la parfin
comme dieu le voulut/apres main
s gistes quelle fist en picardie/el
arriva par vng iour de dimen
le en vng gros villaige ou pays
d'artois. Et si tresbien lui vint a
propre iour:q̃ son amy le picart
quel lavoit engroissee faisoit ses
nopces/de laquelle chose elle fut
merveilleusement ioyeuse. Et ne
it pas si peu asseuree pour a sa
mere obeir quelle ne se boutast y

la presse des gens/ainsi grosse cõ
me elle estoit/ et fist tant q̃lle trou
va son amy et le salua/lequel tan
tost la congneut: et en rougissant
son salut lui rendit:et lui dist vo'
soiez la tresbien venue/qui vous a
maine a ceste heure mamie. Ma
mere dist elle mẽvoye vers vous
et dieu scait que vous mavez biẽ
fait tenser. Elle ma chargie et cõ
mande que ie vous die que vous
me deffaciez ce que vous mavez
fait/et se ainsi ne le faictes que ia
mais ie ne retourne vers elle. Lau
tre entend tantost la folie et au pl'
tost quil peut il se deffist delle et
lui dist par telle maniere Mamie
ie feray voulentiers ce que me re-
querez/et que vostre mere veult q̃
ie face/car cest bien raison. Mais
a ceste heure vous voiez que ie ny
puis bonnement entendre/si vous
prie tant comme ie puis que ayez
pacience pour meshuy/ et demaĩ
ie besongneray a vous. Elle fut
contente. Et alors il la fist guider
et mettre en vne belle chambre et
commanda que elle feust tresbien
pensee/car aussi bien elle en avoit
bon mestier a cause des grans la
beurs et travaulx que elle avoit
euz en son voyage faisât ceste que
ste. Or vous devez scavoir et en
tendre que lespousee ne tenoit pas
ses yeulx en son sain/mais se don
na tresbiẽ garde/et appercevt son

mary parler a nostre fille grosse/
dont la pusse lui entre en loreille/
et nestoit en rien cōtente/mais tres
troublee et marie en estoit. Si gar
da son courroux sās mot dire ius
ques a ce que son mary se vit cou
chier. Et quant il la cuida accol-
ler et baiser:et au surplus faire sō
deuoir et gaingnier le chaudeau
elle se vire puis dung couste puis
daultre / tellement quil ne peult
parvenir a ses attaintes / dont il
est tresesbahy et courrouce et luy
va dire Mamie pourquoy faictes
vous cecy Jay bien cause dist elle
et aussi quelque chiere que vo9 fa
cez il ne vous chault gueres de
moy/vous en auez bien daultres
dont il vous est plus que de moy
Et non ay par ma foy ma dame
dist il/ne en ce mōde ie nayme au
tre femme que vous. Helas dist
elle et ne vous ay ie pas bien veu
apres disner tenir voz longues pol
les a vne femme en la sale / ouy
voioit trop bien que cestoit vous/
et ne vous en scauriez excuser. Ce
la dist il/nostre dame vous na-
uez cause en rien de vous en ialou
ser. Et adonc lui va tout au long
compter comment cestoit la fille a
son maistre de brucelles et coucha
auec elle et lengroissa/et que a ce-
ste cause il sen vint par deca/ com
ment aussi apres son partemēt el
le deuīt si tresgrosse quon sen ap
perceut : et comment elle confessa
a sa mere quil lauoit engroissee/et
lenuoyoit vers lui affin quil lui de
fist ce quil lui auoit fait/ aultremēt
iamais vers elle ne sen retournast
Quant nostre hōme eut tout au
long compte sa ratelee/ sa femme
ne reprint que lung de ses pointz
et dist. Cōment dist elle/dictes
vous quelle dist a sa mere que vo9
auiez couchie auecques elle Ouy
par ma foy dist il elle lui cōgneut
tout. Par mon serment dist elle/
elle mōstra bien quelle estoit beste
Le charreton de nostre maison a
couchie auecqs moy plus de qua-
rāte nuytz/mais vous nauez gar
de que ien deisse oncques vng seul
mot a ma mere / ie men suis bien
gardee Voire dist il de par le dya
ble/le gibet y ait part. Or allez a
vostre charreton se vous voulez/
car ie nay cure de vous. Si se le
ua tout a coup et sen vint rendre a
celle quil engroissa/et abandonna
lautre. Et quant lendemain on
sceust ceste nouuelle dieu scait le
grant riz daucūs/et le grant des-
plaisir de plusieurs:especiallemēt
du pere et de la mere de ceste es
pousee.

La.ix.nouuelle par Monsei-
gneur.

Pour côtinuer le ppos des nouvelles histoires comme les adventures adviennent en divers lieux et diversement / on ne doit pas taire comment ung gentil chevalier de bourgoingne faisant residêce en ung sien chasteau beau et fort fourny de gens et dartillerie comme a son estat appartenoit / devint amoureux dune belle damoiselle de son hostel voire et la premiere apres ma dame sa fême / et par amours si fort la contraingnoit q̃ iamais ne scavoit sa maniere sans elle / et tousiours lentretenoit et la requeroit / et brief nul biê sans elle il ne povoit avoir tât estoit au vif feru de lamour delle. La damoiselle bonne et saige voulant garder son honneur que aussi chier elle tenoit que sa ppre ame voulant aussi garder la loyaulte que a sa maistresse elle devoit ne prestoit pas lorcille a sô seigneur toutesfois quil eust biê voulu. Et se aucune force lui estoit de lescouter dieu scait la tresdure responce dont il estoit servy / luy remonstrant sa tresfole entreprinse et la grant laschete de son cueur. Et au surplus biê lui disoit que se ceste queste il côtinue plus qua sa maistresse il seroit descouvert Quelque maniere ou menace q̃lle face il ne veult laisser son entreprinse mais de plus en plus la pourchasse: et tant en fait que force est a la bonne fille den advertir bien au long sa maistresse ce quelle fist La dame advertie des nouvelles amours de monseigneur sans en monstrer semblant en est tresmal contente / mais non pourtant elle sadvisa dung tour aincoys q̃ rien lui en dire: qui fut tel. Elle enchargea a sa damoiselle que la premiere foys que monseigneur viêdroit pour la prier damours / que treslous reffuz mis arriere elle luy baillast iour a lendemain de soy trouver dedens sa chambre et en sô lit Et sil accepte la iournee dist ma dame ie vêdray tenir vostre place: et du surplus laissez moy faire. Pour obeir comme elle doit a sa maistresse elle est contente et promet dainsi le faire. Si ne tarda gueres apres que môseigneur ne retournast a louvraige / et sil a

uoit au parauant bien fort menty
encores a ceste heure il sen efforce
beaucoup plus de laffermer/ di
sant que se a ceste heure elle nen-
tend a sa priere trop mieulx lui vau
droit la mort ꝛ que sans prouchai
remede viure en ce monde plus ne
pouoit. Quen vauldroit le long cō
pte/la damoiselle de sa maistres
se bien conseillee si biē a point que
mieulx on ne pourroit bailla a de
main au bon seigneur leure de be
songnier/dont il est tant content
que sō cueur tressault tout de ioye
et dit bien en soymesmes quil ne
fauldroit pas a sa iournee. Le iour
des armes assigne suruint au
soir vng gentil cheualier voisin de
mōseigneur et son tresgrant amy
qui le vint veoir/auquel il fist tres
grande ꝛ bonne chiere: comme biē
le scauoit faire / si fist ma dame
aussi: et le surplus de la maison
sefforcoit fort de lui cōplaire sai-
chant estre le bon plaisir de mon
seigneur et de ma dame. Apres
les tresgrandes chieres et du soup
per et du bancquet: et quil fut heu
re de retraire/la bonne nuyt don
nee a ma dame et a ses femmes/
les deux cheualiers se mettent en
deuises de plusieurs et diuerses
matieres. Et entre autres propos
le cheualier estrange demande a
mōseigneur sen son villaige auoit
rien de beau pour aller courir les
gaillette/car la deuocion lui en est
prinse apres ces bonnes chieres/et
le beau temps quil fait a ceste heu
re. Monseigneur qui rien ne luy
vouldroit celer pour la grāt amo'
quil lui porte lui va dire cōment
il a iour assigne de couchier anuyt
auec sa chamberiere. Et pour lui
faire plaisir quāt il aura este auec
elle vne espace de temps il se leue
ra tout doulcement et le viendra
querir pour le surplus aler parfai
re. Le compaignon estrange mer-
cia son compaignon/et dieu scait
quil lui tarde biē que leure soit ve
nue. Loste prent congie de lui ꝛ se
retrait dedens sa garde robe com
me il auoit decoustume pour soy
deshabiller. Or deuez vous sca
uoir que tādis que les cheualliers
se deuisoient ma dame sen alla
mettre dedens le lit ou mōseignr
deuoit trouuer sa chamberiere/ꝛ
droit la attend ce q̄ dieu luy voul
dra enuoier. Mōseigneur mist as
sez longue espace a soy deshabil-
lier tout a propos pensant que des
ia ma dame fust endormie/cōme
souuent faisoit pource que deuāt
se couchoit monseigneur donne
congie a son varlet de chambre /
et a tout sa longue robe sen va ou
lit ou ma dame lattendoit / cuy-
dāt y trouuer aultruy/et tout coie
mēt de sa robe se desarme ꝛ puis
dedens le lit se bouta. Et pource

que sa chandelle estoit estaincte/ et que ma dame mot ne sõnoit il cuide auoir sa chamberiere. Il ny eut gueres este sans faire son deuoir et si tresbien sen acquitta que les trois les quatre fois gueres ne lui cousterent: que ma dame print biẽ en gre/laquelle tost apres pẽsant que ce fust tout sendormit. Monseigneur trop plus legier que par auant voyant que ma dame dormoit et se recordant de sa promesse tout doulcemẽt se lieue/et puis vient a son compaignon qui nattendoit q̃ leure daller aux armes et lui dist quil allast tenir son lieu mais quil ne sonnast mot / et que retournast quant il auroit bien besongnie et tout son saoul. Lautre plus esueille que vng rat et viste comme vng leurier part et sen va et au pres de ma dame se loge sãs quelle en saiche rien. Et quant il fut tout rasseure se mõseigneur auoit bien besongnie voire et en haste encores fist il mieulx/dont ma dame nest pas vng peu esmerueillee/laq̃lle ap̃s ce beau passe tẽps/ qui aucunement trauail lui estoit arriere sendormit/et bon cheualier de labandonner et a mõseigneur sen retourne/lequel comme par auant se vint relogier ẽpres ma dame:et de plus belle aux armes se rallie tant lui plaist ce nouuel exercice. Tant deures se passerẽt tant en dormant cõme aultre chose faisant que le iour sapparut. Et comme il se retournoit cuydãt virer loeil sur la chamberiere et il voit et congnoist que cest ma dame/laquelle a ceste heure lui va dire Nestez vous pas bien putier recraint lasche et meschant qui cuydant auoir ma chamberiere tãt de fois et oultre mesure mauez accollee pour acomplir vostre desordõnee voulente/vous estes la dieu mercy bien deceu/car aultre que moy pour ceste heure naura ce qui doit estre mien. Se le bon cheualier fut esbahy et courrouce ce nest pas merueilles: et quant il parla il dist/mamye ie ne vous puis celer ma folye dont beaucoup il me poise q̃ iamais lentrepris/si vous prie que vous en soyez contente et ny pensez plꝰ/ car iour de ma vie plus ne maduiendra/cela voꝰ prometz par ma foy Et affin q̃ nayez occasion dy penser ie donneray congie a la chamberiere q̃ me bailla le vouloir de faire ceste faulte Ma dame plus contente dauoir eu lauenture de ceste nuyt que sa chamberiere: et ouyant la bõne repentance de monseigneur assez legierement se contenta/mais ce ne fut pas sans grans langaiges et remonstrances. Au fort trestout va bien/et monseigneur qui a des nouuelles en sa quenoille apres ql est leue sen vient deuers son compaignō auquel il compte tout du long son aduenture luy priant de deux choses. La premiere ce fut quil celast tresbien ce mistere et sa tresplaisant aduenture/ lautre si est q̄ iamais il ne retourne en lieu ou sa femme sera. Lautre tresdesplaisant de ceste male aduenture conforte le cheualier au mieulx q̄l peult/ ꝛ promist dacomplir sa tres raisonnable requeste et puis monte a cheual et sen va. La chamberiere qui coulpe nauoit au meffait dessus dit en porta la pugnicion par en auoir congie. Si vesquirēt depuis long temps mōseigneur et madame ensemble sans quelle le sceust iamais auoir eu affaire au cheualier estrange.

La. x. nouuelle par Monseigneur de la roche.

Plusieurs haultes diuerses dures et merueilleuses aduentures ont este souuēt menees et a fin cōduittes ou royaulme dāgleterre / Dont la recitacion a present ne seruiroit pas a la cōtinuacion de ceste presente hystoire/ neantmoins ceste presente hystoire pour ce propos continuer: et le nōbre de ces hystoires acroistre fera mencion comment vng bien grāt seigneur du royaulme dangleterre entre les mieulx fortunez riche puissant ꝛ conquerant/ lequel entre les autres de ses seruiteurs auoit parfaicte confiance / confidence et amour a vng ieune gracieux gentilhōme de son hostel pᵒ plusieurs raisons/ tant par la loyaulte/ diligence/ subtilite/ et prudence/ et pour le bien que en luy auoit trouue ne lui celoit pas riē de ses amours/ mesmes par succession de temps tant fist ledit gracieux gentilhomme par son habilite quil fut tellement en sa grace que tous les parfaitz secretz et adventures de ses amours/ mesmement les affaires embassades ꝛ diligences menoit et conduisoit. Et ce pour le temps que son dit maistre estoit encores a marier Aduit certaine espace apres q̄ par le conseil de plusieurs de ses parens/ amis ꝛ bien vueillans monseignr̄ se maria a vne tresbelle/ noble/ bō ne et riche dame dont plusieurs furent tresioyeux et entre les aul-tres nostre gentil homme qui mi-gnon se peult bien nommer ne fut pas mains ioyeux/ disant en soy que cestoit le bien et honneur de so maistre/et quil se retireroit a ceste occasion de plusieurs menues fo lies damour quil faisoit. Ausquel-les ledit mignon trop se donnoit despoir. Si dist vng iour a mon seigneur quil estoit tresioyeux de luy pource quil auoit si tresbelle et bonne dame espousee/ car a ceste cause plus ne seroit empeschie de faire queste ca ne la pour luy com me il auoit de coustume. A quoy monseigneur respondit que ce nō obstant nentendoit pas du tout a mours habandonner: et ia soit ce quil fust marie si nestoit il pas pour tant du gracieux seruice damours oste/mais de bie en mieulx si vou loit emploier. Son mignon non cō tent de ce vouloir luy respondit q̄ sa queste en amours deuroit estre bien finee quant amours lont par ty de la nompareille/ de la plus belle/de la plus saige de la plus loyale et bonne par dessus toutes aultres. Faictes dist il monseignr ce ql vous plaira/car de ma part a aultre femme iamais parolle ne porteray au preiudice de ma mai stresse. Je ne scay ql preiudice dist le maistre mais il vous fault trop bien remettre en train daller a tel le et a telle:et ne pensez pas que en cores delles ne men soit autant q̄ quant vous en parlay premier. Ha dea monseigneur dist le mi gnon/il fault dire que vous pre-nez plaisir dabuser femmes la ql le chose nest pas bien fait/ car vous scauez bien que toutes celles q̄ ma uez icy nommees ne sont pas acō parer en beaulte ne aultrement a ma dame/a qui vous feriez mor tel desplaisir selle scauoit vostre deshonneste vouloir: et qui plus est vous ne pouez / ygnorez quen ce faisant vous ne damnez vostre ame. Cesse ton preschier dist mō seigneur et va faire ce que ie com mande. Pardonnez moy monsei gneur dist le mignon/iaymeroye mieulx mourir que par moy sour dist noise entre ma dame et vous Si vous prie que soyez contet de moy/car certes ie nen feray plus. Monseigneur qui voit son mignō en sō opiniō aheurte pour ce coup plus ne le pressa/mais certaine pie-ce cōme de troys ou quatre iours sans faire en rien semblant des parolles precedentes entre autres deuises a son mignon demanda quelle viande il mengeoit plus vou lentiers/et il lui respondit que nul le viande tant ne luy plaisoit que pastez danguille. Sainct iehan cest bonne viande dist le maistre vous nauez pas mal choisi. Cela se passe et monseigneur se trait arriere et mande vers lui venir ses maistres dostel/ausquelz il e͂chargea si chier quilz le vouloie͂t obeir que son mignon ne fust seruy daultre chose que de pastez danguilles pour riens quil die. Et ilz respondire͂t promettans dacomplir son commandement: ce quilz fire͂t tresbien, car comme ledit mignon fut assis a table pour mengier en sa chambre le propre iour du commandement/ses gens luy apporterent largeme͂t de beaulx et gros pastez danguilles quon leur deliura en la cuisine/dont il fut bie͂ ioyeux. Si en mengea tout son saoul. A lendemain pareillement/cinq ou six iours ensuiuans tousiours ramenoie͂t ces pastez en ieu dont il estoit desia tout ennuye. Si demanda ledit mignon a ses gens se on ne seruoit leans que de pastez. Ma foy monseigneur dirent ilz/on ne vo⁹ baille aultre chose/trop bien voyo͂s nous seruir en sale et ailleurs daultre viande// mais pour vous il nest memoire q̃ de pastez. Le mignon saige q̃ iamais sans grant cause po^r sa bouche ne faisoit plainte/passa encores plusieurs iours usant de ces ennuieux pastez do͂t il nestoit pas bien conte͂t. Si sadvisa ung iour entre les aultres daller disner a uerques les maistres dostel qui le firent seruir comme par auant de pastez danguilles. Et quant il vit ce il ne se peut plus tenir de dema͂der la cause pourquoy on le seruoit plus de pastez danguilles que les aultres: et sil estoit paste. Par la mort bieu dist il ien suis si bourde que plus nen puis. il me semble que ie ne vois que pastez. Et pour vous dire il ny a poi͂t de raison vous la mauez faicte trop longue: il y a ia plus dung moys que vous me faictes ce tour dont ie suis tant maigre que ie nay force ne puissa͂ce. Si ne scauroie estre content destre ainsi gouuerne.

Les maistres dostel lui dirent q̃ vraiement ilz ne faisoient chose q̃ monseigneur neust commande/et que ce nestoit pas par eulx. Nostre mignon plain de pastez ne porta gueres sa pensee sans la descouurir a monseigneur/et lui dema͂da a quel propos il lauoit fait seruir si longuement de pastez danguille/et deffendu comme disoie͂t les maistres dostel que on ne luy baillast aultre chose. Et monseigneur pour responce lui dist. Ne mas tu pas dit que la via͂de que en ce monde tu plus aymes ce so͂t pastez danguilles. Par sainct iehan ouy monseigneur dist le migno͂ Et pourquoy do͂cq͂s te plais tu maintenant dist monseigneur se ie te fais bailler ce que tu aimes Ce que iayme dist le mignon: il ya maniere. Jayme voiremēt tresbien pastez danguilles pour vne fois/ou pour deux/ou pour trois ou de fois a aultre/et nest viande que deuāt ie prinse. Mais de dire que tousiours les voulsisse auoir sans mengier aultre chose par nostre dame non feroye: il nest homme qui nen fust rompu et reboute mō estomac en est si trauaille que tantost qui les sent il a assez disne Pour dieu monseigneur commādez quon me baille aultre viande pour recouurer mon appetit / aultrement ie suis homme perdu Ha dea dist monseigneur et te semble il que ie ne soye/qui veulx que ie me passe de la chair de ma fēme/tu peulx penser par ma foy q̄ ien suis aussi saoul que tu es de pastez/et que aussi voulētiers me renouuelleroie/ia soit ce que point tāt ne laymasse que tu feroys dautre viande qui pourtant naymes que pastez. Et pour tout abreger tu ne mengeras iamais daultre viāde iusques a ce que me serues ainsi que souloys / et me feras auoir des vnes et des aultres po' moy renouueler comme tu veulx changier de viandes. Le mignon quant il entent le mistere et la subtille comparaison que son maistre lui baille/fut tout confuz et se rendit/promettant a son maistre de faire tout ce quil vouldra po' estre quitte de ces pastez/voire embassades et diligences comme par auant. Et par ce point monseigneur voire et pour ma dame espargnier ainsi que pouons penser au pourchatz du mignon passa le temps auecques les belles et bonnes filles/et nostre mignon fut deliure de ses pastez et a son premier mestier reatelle et restably.

La.xi.nouuelle par monseigneur

Ung lache paillart recraint ialoux/ie ne dis pas coux/ viuant a laise ainsi que dieu scait que les entaichez de ce mal peuent sentir/et les aultres peuent apperceuoir et ouyr dire/ne scauoit a q̄ recourre et soy rēdre pour trois

uer garison de sa douleur misera
ble ⁊ biē peu plaĩte maladie Il fai
soit huy vng pelerinaige / demain
vng aultre / ⁊ aussi le plus souuēt
par ses gēs ses deuociōs ⁊ offren-
des faisoit faire tāt estoit assote de
sa maison / voire au mains du re-
gard de sa fēme laq̄lle miserable
mēt son tēps passoit auec son tres
mauldit mary le pl⁹ suspeçōneux
hongnart q̄ iamais fēme acointast
Vng iour cōme il pēsoit q̄l auoit
fait ⁊ fait faire plusieurs offrēdes
a diuers sainctz de paradis / ⁊ en
tre aultres a mōseigneur sainct mi
chel. Il saduisa quil en feroit vne
a lymage q̄ est soubz les piez du-
dit sainct michel: ⁊ de fait cōmāda
a lung de ses gēs q̄l lui alumast et
fist offre dune grosse chādelle de
cire: en le priāt pour son intencion
Tātost son cōmandemēt fut acō
ply ⁊ lui fut fait son rapport. Or
ca dist il en soymesmes ie verray
se dieu ou dyable me pourroit ga
rir. En son acoustume desplaisir
sen va coucher au pres de sa bonne
et preude fēme / ⁊ iacoit ce q̄l eust
en sa teste des fātasies ⁊ pēsers lar
gemēt si le cōtraingnit nature q̄l-
le eust ses droiz de repos: ⁊ de fait
biē fermemēt sendormit / ⁊ ainsi q̄l
estoit au plus parfōt de son sōme
celluy a q̄ ce iour la chādelle auoit
este offerte par vision a lui sappa
rut / q̄l le remercia de loffrende que
naguerês lui auoit enuoiee / affer-
mant q̄ pieca telle offrende ne luy
fut dōnee. Dist au surplus q̄l na
uoit pas perdu sa peine: ⁊ q̄l obten-
droit ce dōt il auoit requis / ⁊ cōme
lautre tousiours perseueroit a son
sōme lui sembla q̄ a vng doy de sa
main vng aneau lui fut boute en
lui disāt q̄ tant q̄ cest aneau en sō
doy seroit iamais ialoux y ne se-
roit / ne cause aussi venir lui en po
roit q̄ de ce le tēptast. Apres le ua-
nouyssemēt de ceste visiō / nostre ia
loux se resueilla ⁊ cuida a lung de
ses doys ledit aneau trouuer ain
si q̄ semble luy auoit / mais au der
riere de sa femme biē auāt boute
lung de sesditz doys ce trouua de
quoy luy et elle furent tresesbahis
mais du surplus de la vie aux ia
loux / de ses affaires et maintiēs
ceste hystoire se taist.

La .xij. nouuelle par monsei-
gneur de la roche.

En marches du pais de hol
lande vng fol naguères sad
uisa de faire du pis quil pourroit
cestassauoir soy marier: et tantost
quil fut affublé du doulx man-
teau de mariage / ia soit ce q̃ a lors
il fust yuer il fut si tresfort eschau
fe quõ ne la scauoit tenir de nuyt
encore bien q̃ les nuytz q̃ pour ceste
saison duroient neuf ou dix heu
res nestoient point assez souffisan
tes ne dassez longue duree pour
estaīdre le tresardãt desir ql auoit
de faire lignee / et de fait quelque
part ql rencõtrast sa fẽme il la a-
batoit / fust en la chãbre / fust en le
stable / ou en quelq̃ lieu q̃ ce feust
tousiours auoit vng assault. Et
ne dura ceste maniere q̃ vng mois
ou deux seulement / mais si tres-
longuement q̃ pas ne le vouldroie
escripre pour linconuenient q̃ sour
dre en pourroit se la folie de ce grant
ouurier venoit a la congnoissance
de plusieurs fẽmes. Que vous
en diray ie plus. Il en fist tãt que
la memoire iamais estaincte nẽ se
ra ou dit pays. Et a la verite la
fẽme qui naguères au bailly da
miens se complaignit nauoit pas
si bien matiere de soy complaīdre
que ceste cy / mais quoy quil feust
non obstant que de ceste plaisan
te peine se fust tresbien aucunesfois
passee / pour obeir cõme elle deuoit
a son mary iamais ne fut rebours
see a lesperon. Aduint vng iour a
pres disner que tresbeau tẽps fai
soit et q̃ le soleil ses raies enuoioit
et departoit dessus la terre pain
cte et brodee de belles fleurs. Si
leur print voulente daler iouer au
bois eulx deux tantseulemẽt et si
se misdrent au chemin. Or ne vo⁹
fault il pas celer ce qui sert a listoi
re. A leure droictemẽt que noz bõ
nes gens auoient ceste deuotion
daler iouer au bois aduint q̃ vng
laboureux auoit perdu son veau
quil auoit mis paistre dedẽs vng
pray en vng pastiz oudit bois / leq̃l
le vint cherchier mais il ne le trou
ua pas dont il ne fut point trop
ioyeux. Si se mist en la queste tãt
par le bois cõme es prez / terres et
places voisines de lenuiron pour
trouuer sondit veau / mais il nen
scait auoir nouuelle. Il sadui sa q̃
par aduenture il se seroit boute en
quelq̃ buisson pour paistre / ou de
dens aucune fosse herbue dont il
pourroit bien saillir quãt il auroit
le ventre plain. Et a celle fin quil
puisse mieulx veoir et a sõ aise sãs
aller courir ca ne la / se son veau
estoit ainsi cõme il pensoit / il choy
sist le plus hault arbre et mieulx
houchie de bois q̃ peut trouuer et
mõte sus / et quant il se treuue au
plus hault de cest arbre q̃ toute la
terre denuirõ couuroit il lui fut biẽ
aduis q̃ son veau estoit a moitye

trouue. Tãdis q̃ ce bõ laboureux
gettoit ses yeulx de tous coustez a
pres son beau decy nostre hõme ⁊
sa fẽme q̃ se boutent ou bois chan
tans iouans diuisans et faisans
feste cõme font les cueurs gaiz q̃t
ilz se treuuent es plaisans lieux.
Et nest pas merueilles se vouloir
luy creust et se desir lenorta dac
coller sa fẽme en ce lieu si plaisant
et propice. Pour executer ce vou-
loir a sa plaisance ⁊ a son beau loi
sir. Tant regarda vng coup a de
stre lautre a senestre ql apperceut
le tresbel arbre dessus lequel estoit
le laboureux dõt il ne scauoit riẽs
et soubz cest arbre se disposa ⁊ cõ
clud ses gracieuses plaisances a-
complir Et quant il fut au lieu il
ne demoura gueres apres la semõ
ce de son dit desir mais tãtost mist
la main a la besoingne et vous cõ
menca a assaillir sa fẽme ⁊ la get
te par terre, car a lentre il estoit biẽ
en ses gogues ⁊ sa fẽme aussi dau
tre part Si la voulut veoir par de
uant et par derriere et de fait prẽt
sa robe et la lui osta et en cotesim-
ple la met. Apres il la haulsa biẽ
hault maulgre delle ainsi comme
efforcee/et ne fut pas content de ce
mais encores pour le bien veoir a
son aise et sa beaulte regarder la
tourne et reuire: et a la fin sur son
gros derriere sa rude main p̃ trois
ou quattre foys il fait descendre.

Puis daultre part la retourne/ ⁊
cõme il eust son derriere regarde/
aussi fait il son deuant ce q̃ la bõ
ne simple fẽme ne veult pour rien
consentir/mesmes auec la grãt re
sistence quelle fait dieu scait q̃ sa
langue nestoit pas oyseuse. Or
lappelle maulgracieux / mainte-
nant fol et enraige/lautre fois des
honneste / et tant lui dist que cest
merueille / mais rien ny vault: il
est trop plus fort quelle ⁊ si a con-
clud de faire inuentoire de ce q̃lle
porte / si est force quelle obeisse mi
eulx amant cõme saige le bõ plai
sir de son mary/q̃ par reffus son
desplaisir/toute deffense du co
ste delle mis arriere/ce vaillãt hõ
me va passer tẽps a son deuãt re
garder/⁊ se sãs hõneur on le peust
dire il ne fut pas cõtẽt se ses mains
ne descouurerẽt a ses yeulx les se
cretz dont il se deuoit biẽ passer
denquerre ⁊ cõme il estoit en ceste
parfonde estude il disoit mainte-
nant ie voy cecy ie voy cela ẽcores
cecy ẽcores cela et q̃ loyoit il veoit
tout le monde ⁊ beaucoup pl⁹. Et
apres vne grãde ⁊ lõgue pose estant
en ceste gracieuse contemplacion
dist derechief Saincte marie que ie
voy de choses. Helas dist lors le
laboureur sur larbre/ bõnes gens
ne veez vous point mon beau Si
re il me sẽble q̃ ie voy la cueue/lau
tre ia soit ql fut bien esbahy subi-

tement fist la respõse et dist: ceste queue nest pas de ce veau/ et a tât part et sen va et sa femme apres. Et q̃ me demanderoit q̃ le laboureur mouuoit de faire ceste questiõ le secretaire de ceste hystoire respond q̃ la barbe du deuant de ceste fême estoit assez et beaucoup longue cõme il est de coustume a celles de hollande/ si cuidoit bien que ce fust la queue de son veau attendu aussi q̃ le mary delle disoit quil veoit tant de choses voire a pou pres tout le monde/ si pensoit en soy mesmes que le veau ne pouoit gueres loing estre eslõgne et que auec daultres choses leãs pourroit estre embuschie.

La.xiii. nouuelle par monseigneur lamant de brucelles.

A Londres en angleterre auoit nagueres vng procureur de parlement qui entre les autres de ses seruiteurs auoit vng clerc habille et diligent et bien escripuãt qui tresbeau filz estoit et que on ne doit pas oublier pour vng hõme de son aage il nestoit point de pl9 soubtil. Ce gentil clerc et vigoureux fut tantost picque de sa maistresse qui tresbelle gête et gracieuse estoit/ et si tresbien lui vint que aincoys quil lui osast oncques dire son cas le dieu damours lauoit a ce mene quil estoit le seul hõme ou monde qui plus lui plaisoit. Aduint quil se trouua en place ramonnee et de fait toute craite mise arriere a sadicte maistresse son tresgracieux et doulx mal racõta laquelle pour la grant courtoisie q̃ dieu en elle nauoit pas oubliee desia ainsi attaincte cõme dessus est dit ne le fist gueres languir/ car apres plusieurs excusacions et remonstrances quen brief elle luy toucha que elle eust a aultre plus aigrement et plus longuement demenees: elle fut contente quil sceust quil lui plaisoit bien. Lautre qui entendoit son latin plus ioyeux que iamais il nauoit este sadiuisa de batre le fer tandis quil estoit chault et si tresfort sa besoigne poursuyuit que en peu de têps iouyst de ses amours: lamour de la maistresse au clerc et du clerc a elle estoit et fut lõg têps si tresardât q̃ iamais gens ne furent plus emprins/ car en effect le plus souuent en pdoiet le boire et le mengier. Et ne estoit pas en la puissance de male bouche. de danger ne daultres tel/les maulidictes gens de leur bailler ne donner destourbier. A ce tresioyeux estat et plaisant passe temps se passerent plusieurs iours qui gueres aux amans ne durerent qui tant donnez lung a lautre sestoient qua peu ilz eussent quitte a dieu leur part de paradis po^r viure au mode leur terme en ceste facon. Et comme vng iour aduit que ensemble estoient et des tres/haulx biens quamours leur souffrit predre se deuisoient entre eulx en eulx pourmenant par vne sale coment ceste leur ioye non pareil/le continuer seurement pourroient sans que lembuche de leur dan/gereuse entreprinse feust descou/uerte au mary delle qui du renc des ialoux se tiroit trespres et du hault bout. Pensez que pl^9 dung aduis leur vint au deuant que ie passe sas plus au long le descripre. La finale conclusion et derniere resolucion que le bon clerc print fut de tresbien conduire et a seure fin mener son entreprinse a quoy point ne faillit/ vecy comment. Vous deuez scauoir que laccointance et aliance que le clerc eust a sa maistresse laquelle diligemet seruoit et lui complaisoit/ qui aussi nestoit pas moins diligent de seruir et complaire a son maistre et tout po^r tousiours mieulx son fait couurir et aueugler les ialoux yeux qui pas tant ne se doubtoient que on lui enforgeoit bien la matiere. Vng certain iour apres nostre bo clerc voiant son maistre assez content de luy/ entreprint de parler et tout seul treshumblement doulcement et en grande reuerece a lui et luy dist quil auoit en son cueur vng secret que voulentiers lui declairast silosast: et ne vous fault celler que tout ainsi comme plusieurs femmes ont larmes a com/mandement quelles espandet/ au moins aussi souuet quelles veillent. Si eust a ce coup nostre bon clerc qua grosses larmes en plant des yeulx lui descendoient en tres grant abondance: et nestoit home quil ne cuidast quelles ne feussent de cotricion/ de pitie/ ou de tres bonne intencion Le poure maistre abuse oyant son clerc ne fut pas vng peu esbahy ne esmerueille/ mais cuidoit bien quil y eust aultre chose que ce que apres il sceust Si dist et que vous fault il mon filz et que auez vous a plorer maintenant. Helas sire et iay bien cause plus que nul aultre de me douloir/ mais helas mon cas est tant estrange: et non pas mois piteux ne moins fut tous requis destre tele que non obstant q iaye eu voul loir de le vous dire/ si me a este tou te crainte quant iay au long a mō maleur pense. Ne plorez plus mō filz respond le maistre: et si me dictes quil vous fault et ie vous asseure: sen moy est possible de vous aidier: ie my employeray voulentiers comme ie dois. Mon maistre dit le regnart clerc ie vo⁹ mercie mais quāt iay bien tout regarde ie ne pense pas q ma langue eust la puissance de descouvrir la tres grant infortune que iay si longuement portee. Ostez moy ces propos et toutes ces doleances respond le maistre: ie suis celui a qui riens ne devez celer. Je vueil scavoir que vous avez avancez vous et le me dictes. Le clerc saichant le tour de son baston sen fist beaucoup prier et a tresgrant crainte p semblant et a tresgrant abondance de larmes et a voulente se laisse ferrer et dit quil lui dira mais quil lui vueille promettre que par lui iamais psonne ne scaura nouvelle car il aimeroit autant ou pl⁹ chier mourir q son maleureux cas fust congneu. Ceste promesse par le maistre accordee/ le clerc mort et descoulore comme vng homme iugie a pendre si va dire son cas. Mon tresbon maistre il est vray q a soit ce que plusieurs gens et vo⁹ aussi pourroient penser q ie feusse homme naturel comme vng aultre ayant puissance davoir compaignie avec femme et de faire lignie vous oseray bien dire et mōstrer que point ie ne suis tel/ dont helas trop ie me deul/ et a ses polles trop asseurement tira son mēbre a perche et lui fist monstre de la peau ou les coullōs se logent lesquelz il avoit par industrie fait mōter en hault vers son petit ventre et si bien les avoit cachiez quil sembloit qlnen eust nulz. Or luy va dire. Mon maistre vous voyez bien mon infortune dont ie vous prie de rechief que elle soit celee. Et oultre plus treshumblement vous requier pour tous les services que iamais vous feis q ne sōt pas telz que ien eusse eu la voulente se dieu meust donne le pouoir que me faciez avoir mon pain en quelque monastere devot ou ie puisse le surplus de mon temps ou service de dieu passer. Car au monde ne puis de riens servir. Le abuse et deceu maistre remōstra a son clerc lasprete de religion/ le peu de merite qui lui en viendroit quant il se veult rendre cōme par desplaisir de son infortune et foyson daultres raisons luy amena trop longues a compter tēdans a fin de loster de son propos/ scavoir vo⁹ fault aussi que pour riēs ne leust voulu abandonner/ tant

pour son bien escripre et diligence
que pour la france que doresena-
uant a luy adioustera Que vous
diray ie plus: tant lui remonstra
que ce clerc au fort pour vne espa
ce en son estat et en son seruice de
mourer lui promect. Et cõme biẽ
ouuert luy auoit son secret le clerc
aussi le maistre le sien luy voulut
desceler: et dist Mon filz de vo
stre infortune ne suis ie point ioy-
eux/mais au fort dieu q̃ fait tout
pour le mieulx et scait ce qui nous
duit et vault mieulx/vo⁹ me por
rez doresenauant tresbien seruir
a mon pouoir vous le meriteray/
iay ieune femme assez legiere et vo
laige et suis ainsi comme vo⁹ veez
desia ancien et sur aage/qui au-
cunemẽt peult estre occasiõ a plu
sieurs de la requerre de deshon
neur et a elle aussi selle estoit aul-
tre que bõne me bailler matiere de
ialousie et plusieurs aultres cho-
ses. Je la vous baille et donne en
garde et si vous en prie que a ce te
nez la main que ie naye cause den
elle trouuer nulle matiere de ia-
lousie. Par grande deliberacion
fist le clerc sa response Et quant il
parla dieu scait si loua biẽ sa tres
belle et bonne maistresse disant q̃
sur tous autres il lauoit belle et bõ
ne/et quil sen deuoit tenir seur.
Neantmoins quẽ ce seruice et dau
tres il est celui qui si veult de tout
son cueur employer/ et ne la laisse
ra pour riẽs quil y puisse aduenir
quil ne le aduertisse de tout ce que
loyal seruiteur doit faire a sõ mai
stre. Le maistre lye et ioyeux de la
nouuelle garde de sa femme/lais
se lostel et en la ville a ses affaires
va entẽdre/ et bon clerc incontinẽt
sault a sa garde et le plus longue
ment que lui et sa dame bien ose-
rent nespargnerent pas les mem-
bres qui en terre pourriront/ et ne
firent iamais plus grant feste de
puis que laduenture fut aduenue
de la facon subtille et que son ma
ry abuseroient. Assez et longue es
pace durant le ioly passetemps de
ceulx qui tant bien sentraymoient
Et se aucunesfois le bon mary al
loit dehors il nauoit garde dem
mener son clerc plus tost eust em-
prunte vng seruiteur a ses voisins
que laultre neust garde lostel. et se
la dame auoit congie daller en
aucun pelerinaige plus tost alast
sans chamberiere que sans le tres
gracieux clerc: et faictes vostre cõ
te iamais clerc venter ne se peult
dauoir eu meilleur aduenture/ q̃
point ne vint a congnoissance/voi
re au mains que ie saiche a celluy
qui bien sen fust desespere sil en
eust sceu le demaine.

La .xiiii. nouuelle Par mon-
seigneur de crequy.

LA grande et large marche de bourgoigne nest pas si despourueue de plusieurs aduentures dignes de memoire et descripre qua fournir les hystoires qa present courēt nen puisse et doiue faire sa part en renc des aultres ie ne ose quant mettre ne en bruit ce q nagueres y aduint assez pres dung gros et bon villaige seant sur la riuiere dousche. La auoit et encores a vne montaigne ou vng hermite tel quel dieu scait faisoit sa residēce/lequel soubz vmbre du doulx manteau dypocrisie faisoit des choses merueilleuses qui pas ne vindrent a congnoissance nen la voix publique du peuple/ iusques a ce que dieu plus ne voulut son tresdānable abus permettre ne souffrir. Ce sainct hermite qui de son coup a la mort se tiroit nestoit pas mains luxurieux ne malicieux que seroit vng vieil cinge/ mais la maniere du cōduire estoit si subtille quil fault dire qlle passoit les aultres cautelles communes: decy quil fist. Il regarda ētre les aultres femmes et belles filles la plus digne de estre aymee et desiree / si se pensa que ce estoit la fille a vne simple femme vefue tresdeuote et bien aulmosniere et de cōclure en soymesmes que se son sēs ne luy fault quil en cheuira bien.

Vng soir ēuiron la mynuyt quil faisoit fort et rude temps il descēdit de sa montaigne et vint a ce villaige et tant passa de voyes et sentiers que a lenuiron de la mere et la fille sās estre oyseux se trouua/lostel nestoit pas si grant ne si pou de luy hante tout en deuocion quil ne sceust bien les engins Si va faire vng pertuis en vne paroy non gueres espesse / a lendroit de laquelle estoit le lit de ceste siple femme vefue et prent vng lōg baston perce et creux/ dōt il estoit bourde/et sans la vefue esueiller au pres de son oreille le mist/et dist en assez basse voix par trois foys/ escoute moy fēme de dieu ie suis vng ange du createur qui deuers toy menuoye toy annoncer et commander que pour les haulx biens quil a voulu en toy ētrer ql veult par vng hoir de ta chair/cestassauoir ta fille/leglise sō espouse reu nir/ reffozmer et en son estat deu remettre:et vecy la facon. Tu te yras en la montaigne deuers le sainct hermite et ta fille luy mene ras et bien au long lui compteras ce qua pzesēt dieu par moy te mā de/il congnoistra ta fille:⁊ de eulx viendza ung filz esleu de dieu ⁊ destine au sāct siege de romme qui tant de biens fera que a sāct pierre ⁊ sāct pol lon le pourra biē comparer/a tant men vois obey a dieu. La simple femme desue tres esbahye:surpzinse aussi et a demy rauye cuida vraiement et de fait que dieu luy enuoyast ce messai/ger. Si dist bien en soymesmes quelle ne desobeira pas/ et puis la bonne femme se rendozt vne gran de piece apzes non pas trop ferme ment attendant et beaucoup de/sirant le iour/⁊ entretāt le bon her mite pzent le chemin deuers son hermitaige en la montaigne. Ce tresdesire iour tantost se monstra et fut par les raiz du soleil maul gre les verrieres des fenestres a coup descendu emmy la chambze de ladicte desue:⁊ la mere ⁊ la fil le se leuerent a tresgrant haste. Quant elles furent pzestes et sur piez mises et leur peu de mesnai ge mis a point la bonne mere si de manda a sa fille selle auoit riens ouy en ceste nuyt. Et la fille luy respōd:certes mere nēny. Ce nest pas a toy dist elle aussi q̄ de pzins sault ce doulx messaige sadzesse/ combien quil te touche beaucoup. Lors luy va dire et racōpter tout au long langelicque nouuelle que en ceste nuyt dieu lui manda / de mande aussi quelle en veult dire la bonne fille comme sa mere sim ple et deuote respond: dieu soit loüe. Tout ce quil vo⁹ plaira ma mere soit fait. Cest tresbien dit res pond la mere. Oz nous en allons a la montaigne a la semonce du bon ange deuers le sainct pzeudō me Le bon hermite faisant le guet quāt la deuote femme sa simple fille ameneroit:la voit venir. Si laisse son huys entreouuert et en pziere se va mettre emmy sa cham bze affin quen deuocion fust trou ue:et comme il desiroit il aduint car la bonne femme et sa fille aus si voyās luys entreouuert sans de mander quoy ne comment dedās entrerent:et comme elles apperceu rent lermite en cōtemplacion com me sil feust dieu lonnourerent. Lermite a voix humble en caichāt les yeulx et vers la terre enclinez dist/dieu salue la compaignie. Et la poure vieillote desirant ql sceust la chose qui lamenoit la ty/ra a part et lui va dire de chief en bout tout le fait quil scauoit trop mieulx quelle/et comme en grāde reuerēce faisoit son rappozt / le bō

hermite gettoit les yeulx en hault
ioygnoit les mains au ciel/ et la bō
ne vieille plouroit tant auoit de
ioye et de pitie. Et la poure fille
aussi plouroit quant elle veoit ce
bon et sainct hermite en si grande
deuocion prier et ne scauoit pour
quoy. Quant ce rapport fut tout
au long acheue dont la vieillote
attendoit la response/cellui qui la
doit faire ne se haste pas/au fort
certaine piece apres quāt il parla
e fut en disant dieu soit loue/
mais mamye dist il vous semble
a la verite et a vostre entende-
ment que ce que droit cy vo' me
dictes ne soit point fantasie ou il
usion/que vous en iuge le cueur
aichez que la chose est grāde / cer
ainement beau pere ientendis la
voix qui ceste ioyeuse nouuelle me
apporta aussi plainement q̄ ie fais
vous/et creez que ie ne dormoye
pas. Or bien dist il non pas que
e vueille contredire au vouloir de
mon createur/se me semble il bon
que vous et moy dormirons en-
cores sur ce fait et si vous appert
derechief vo' reentendrez icy vers
moy et dieu nous donnera bon
conseil et aduis. On ne doit pas
trop legierement croire ma bonne
mere / le dyable est aucunesfoys
enuieux daultruy biē:treuue tāt
de cautelles et se trāsforme en an
e de lumiere/creez creez ma me-
re que ce nest pas peu de chose de
ce fait cy:et se ie y metz vng peu de
reffus/ce nest pas merueilles / ne
ay ie pas a dieu voue chastete et
vous mapportez la rompeure de
par lui/retournez en vostre maisō
et priez dieu: et au surplus demaī
nous verrons que ce sera et a dieu
soyez. Apres vng grant tas de a
gyos se part la compaignie de ler
mite et vindrent en lostel tout de-
uisant. Pour abregier nostre her
mite a leure acoustumee et deue
fourny du baston creux en lieu de
pbtence reuiēt a loreille de la sim
ple femme disant les pro-
pres motz ou en substance de la
nuyt precedente / et ce fait inconti
nent sans autre chose faire retour
ne a son hermitaige. La bōne fem
me emprinse de ioye cuydāt dieu
tenir par les piez se lieue de haulte
heure et a sa fille racompte toutes
ces nouuelles sans doubte/et con
fermant la vision de lautre nuyt
passee, il nest que dabregier. Or
allons deuers le sainct homme.
Elles sen vont:et il les regarde a
proucher. Si va prendre son bre-
uiaire faisant de lypocrite:et pen
ses que il le faisoit en grant deuo
cion dieu le scait. Et puis apres
son seruice print a recommencer et
en cest estat deuāt luys de sa mai
sonnette se fait des bōnes fēmes
saluer. Et penses que se la vieille

luy fist hyer vng grant prologue de sa vision: celuy de maintenāt nest de riens maindre/dont le preu dōme se signe du signe de la croix faisant grans admiracions a merueilles disant. Mon dieu mon createur quest ce cy/ fais de moy tout ce quil te plaist: combien que ce nestoit ta large grace ie ne suis pas digne descouter vng si grāt oeuure. Or regardes beau pere dist lors la bonne femme abusee et folement deceue / vous voyez bien que cest a certes quant dere chief sest apparu lange vers moy En verite mamye ceste matiere est si haulte et si tresdifficile et nō acoustumee/ q̃ ie nen scauroye bailler que doubteuse responce / non mie affin que vous entendez seure ment que en attendant la tierce apparicion ie vueille que vous tēptez dieu/mais on dit de coustume a la tierce fois vas la luyte/ si vo9 prie et requier que encores se puisse passer ceste nuyt sans autre chose faire attēdant sur ce fait la grace de dieu/et se par sa grāde misericorde il lui plaise nous demonstrer ānuyt cōme les autres nuytz precedentes nous ferons tant quil en sera loue. Ce ne fut pas du bō gre de la simple vieille quon tardast tant dobeir a dieu/mais au fort lermite est creu comme le pl9 saige Comme elle fut couchee ou parfond des nouuelles qui en teste lui viennent lypocrite peruers de sa montaigne descendu luy met son baton creux a loreille ainsi cōe il auoit de coustume: en lui commandant de par dieu/cōme son ange vne fois pour toutes quelle maine sa fille a lermite po9 la cause que dit est. Elle noublia pas tā tost quil fut iour ceste charge/ car apres les graces a dieu de par elle et sa fille rendues se mettent au chemin par deuers lermitaige ou lermite leur vint au deuant q̃ de dieu les salue et begnie. Et la bōne mere trop plus que nulle autre ioyeuse ne luy cela gueres sa nouuelle apparicion dont lermite qui par la main la tient en sa chappelle la conuoye et la fille aussi va apres: et leans font leurs tresdeuotes oraisons a dieu le tout puissant qui ce treshault mystere leur a daigne demōstrer. Apres vng peu de sermō que fist lermite touchant songes/ visions/ apparicions qui souuent aux gens aduiennent: et il cheut en propos de toucher leur matiere po9 laqlle estoiēt assemblez: et pēses que lermite les prescha bien et en bonne deuocion dieu le scait. Puis q̃ dieu veult et commande que ie face lignie papale/et le daigne reueler non pas vne fois ou deux seulemēt mais la tierce dabondance: il fault dire croire et concluire q̄ cest vng hault bien qui de ce fait sen ensuyuera. si mest aduis q̄ mieulx on ne peult faire que dabregier lexecucion en lieu de ce que trop iay differe de bailler foy a la saincte apparicion vous dictes bien beau pere Comment vous plaist il faire respond la vieille. Nous laisserez ceans dist lermite vostre belle fille et elle et moy en oraisons nous mettrons ꝛ au surplus ferons ce q̄ dieu nous aprendra. La bōne fēme veſue en fut cōtente/ et aussi fut sa fille po͛ obeir Quāt nostre hermite se treuue a part auecques la belle fille cōme sil la voulsist rebaptiser toute nue la fait despouiller/ et pensez que lermite ne demoura pas vestu. Quen vauldroit le long compte/il la tint tant et si longuement auecques lui en lieu daultre clerc tant alla aussi et vint a lostel delle pour la doubte des gēs ꝛ aussi pour hōte quelle nosoit partir de la maison/car bien tost apˢ le ventre si lui cōmenca a bourser dont elle fut si ioyeuse quon ne le vous scauroit dire/mais se la fille sesiouyssoit de sa portee la mere delle en auoit a cent doubles ioyes. Et le mauldit bigot faignoit aussi sen esiouyr mais il en enrageoit tout vif Ceste poure mere abusee cuidant de vray q̄ sa fille deust faire vng tresbeau filz po͛ le tēps aduenir de dieu esleu pape de rōme ne se peult tenir qua sa pl͛ priuee voisine ne le comptast/q̄ aussi esbahie en fut cōme se cornes luy venoiēt non pas toutesfois q̄lle ne se doubtast de tromperie/elle ne cella pas longuement aux autres voisins et voisines cōment la fille dune telle estoit grosse par les euures du sainct hermite dūg filz qui doit estre pape de rōme/et ce que ien scay dist elle la mere delle le ma dit a qui dieu la voulu reueler: ceste nouuelle fut tantost espandue par les villes voisines Et en ce temps pendant la fille sacoucha qui a la bōne heure dune belle fille se delitira dōt elle fut esmerueillee ꝛ courroucee et sa tressimple fille et les voisines aussi qui attendoient vraiement le sainct pere aduenir receuoir. La nouuelle de ce cas ne fut pas mains tost sceue que celle p̄cedente: et entre aultres lermite en fut des premiers aduertis: q̄ tantost sen fouyt en vng autre pays ne scay quel vne autre fēme ou fille deceuoir/ ou es desers degipte de cueur contrit la penitence de son pechie satiffaire Quoy que soit ou fut la poure fille en fut deshonnoree dont ce fut grant dōmaige/car belle bonne ꝛ gente estoit.

La.xvii. nouuelle par monseigneur de la roche.

La .xv. nouv. par Monseigneur de la roche.

Au gentil pays de breban
apres dung monastere de
blans moynes ꝛ situe ung aultre
monastere de nonnains qui tres-
devotes et charitables sont / dont
listoire tait le nō ꝛ la marche ꝑticu
liere. Ces deux maisons cōme on
dit de coustume estoiēt voisines
la grāge ꝛ les bateurs. Car dieu
mercy la charite de la maison aux
nōnains estoit si tresgrande q̄ peu
de gēs estoiēt escōdis de lamou
reuse distribucion voire se dignes
estoiēt diccelle recepuoir. Pour ve
nir ou fait de ceste hystoire / ou cloi
stre des blans moynes auoit ung
ieune ꝛ beau religieux q̄ fut amou
reux dune des nōnains: ꝛ de fait
eust biē le couraige aꝑs les ꝑmis-
ses de lui demāder a faire pour la-
mour de dieu: ꝛ la nōnain q̄ biē cō
gnoissoit ses outilz ia soit q̄lle fast
biē courtoyse lui bailla dure et as
pre respōse. Il ne fut pas pourtāt
enchasse / mais tāt cōtinua sa tres
hūble req̄ste q̄ force fut a la tresbel
le nōnain / ou de ꝑdre le bruit de sa
treslarge courtoisie / ou daccorder
au moyne ce q̄lle auoit a plusieurs
sans gueres prier accorde. Si luy
va dire en verite vo9 poursuyuez
ꝛ faictes grāt diligēce dobtenir ce
q̄ a droit ne scauriez fournir. Et
pēsez vo9 q̄ ie ne saiche biē ꝑ ouyr
dire q̄lz oustilz vo9 portez / creez q̄
si fais: il nya pas pour dire grāt
mercy. Je ne scay moy quon vous
a dit respōd le moyne / mais ie ne
doubte poīt q̄ vous ne soyez bien
cōtente de moy / et que ie ne vous
mōstre que ie suis homme comme
ung aultre. Homme dist elle.
Cela croy ie assez bien / mais vo-
stre chose est tant petit comme lon
dit que se vous lapportez en quel
que lieu a peu son sapercoit quil y
est / il va bien aultrement dist le
moyne: et se iestoye en place ie fe-
roye et par vostre iugement men-
teurs to9 ceulx ou celles q̄ ceste re-
nōmee me dōnent. Au fort apres
ce gracieux debat la courtoise non
nain affin destre quitte de lennuy
ante poursuyte q̄ le moyne faisoit
affin aussi q̄ elle saiche quil vault
et quil scait faire: et aussi q̄lle nou
blie le mestier q̄ tant luy plaist / el
le luy baille iour a .xii. heures de
nuyt deuers elle venir ꝛ heurter a

sa traille/dont elle fut haultemēt mercíee. Toutessois vous ny en trerez pas que ie ne saiche dist elle a la verite quelz oultilz vous portez et se ie men scauroye ayder ou non. Comme il vous plaira respond le moyne. A tāt sen va et lais se sa maistresse et vint tout droit deuers frere couards lung de ses cōpaignons qui estoit outillé dieu scait cōment/et pour ceste cause a uoit vng grant gouuernemēt ou cloistre des nōnains. Il lui cōpta son cas tout du long/cōment il a prie vne telle/la responce et le refus que elle fit doubtāt ql ne soit pas bien soulier a son pie: et en la parfin cōment elle est contente ql entre vers elle mais qlle sēte et sai che premier de quelle lance il voul droit iouster cōtre son escu. Or est aīsi dist il que ie suis mal fourny dune grosse lance telle q iespoire et voy qlle desire destre rencōtree Si vous emprie tāt cōme ie puis q anuyt vous venez auecqs moy a leure q ie me dois vers elle ren dre: et vous me ferez le plus grant plaisir que iamais hōme fist a au tre. Je scay tresbien qlle voul dra la moy venu sentir et taster la lance dont ie attēs a fournir mes ar mes/et en la fin me fauldra ce faire vous serez derriere moy sans di re mot: et vous mettrez en ma pla ce: et vostre gros bourdon en son poīg lui mettrez: elle ouurera luis ie nen doubte point. Et puis cela fait vous vous en yrez et dedens ientreray et puis du surplus lais sez moy faire. Frere couards est en grant soucy cōment il pourra fai re et complaire a son compaignon mais toutesfois se met a laduētu re: et tout ainsi q lui auoit dit sen va et lui accorde ce marchie/et a leure assignee se mect auec luy en chemin par deuers la nonnain.

Quāt ilz sont a lendroit de la fe nestre maistre moyne plus eschauf fe q vng estalon de son baton vng coup heurta: et la nōnain nattēdit pas lautre heurt/mais ouurit la fenestre et dist en basse voix/q est ce la: cest moy dist il ouurez tost luys q on ne vous oye. Ma foy dist elle vous ne serez ia en mō liure en registre nescript q premieremēt ne passez a monstre et que ie ne saiche quel harnois vous portez. Approu chez vous pres et me mōstrez q cest Tresvoulētiers dist il. Alors ty re frere couards/lequel sauancoit pour faire son personnaige qui en la main de ma dame la nonnain mist son bel et trespuissant bourdō qui gros long et rond estoit/et tan tost qlle sentit cōme se nature luy en baillast la cognoissance elle dist Nenny nenny dist elle ie cōgnois bien cestuy cy. Cest le bourdon de frere couards. Il ne y a nom nain ceans q̃ bien ne le congnoisse Vous navez garde que ien soye de certe ie le congnois trop / allez querir vostre adventure ailleurs / ⁊ atant sa fenestre referma bien courroucee ⁊ mal contente nõ pas sur frere courard mais sur lautre moine lesquelz aps̃ ceste adventure sen retournẽt vers leur hostel tout devisant de ceste aduenue.

La.xvi.nouvelle par monseigneur le duc.

En la conte dartoys nagueres vivoit ung gentil chevalier riche ⁊ puissant lye par mariage avec une tresbelle dame ⁊ de hault lieu. Ces deux ensemble p lõgue espasse passerent plusieurs iours paisiblemẽt ⁊ doulcement. Et pource q̃ alors le trespuissant duc de bourgoigne conte dartoys ⁊ leur seigneur estoit en paix avec tous les grãs princes crestiẽs. Le chevalier q̃ tresdevot estoit/ delibera faire a dieu sacrifice du corps ql lui avoit preste bel et puissant / assouvy de taille destre autant et plusq̃ persõne de sa cõtree/excepte que perdu avoit ung oeil en ung assault Et pour faire son obligaciõ en lieu esleu et de lui desire. Apres les congiez a ma dame sa femme pris ⁊ de plusieurs ses parẽs / sen va devers les bõs seigneurs de prusse vrais deffenseurs de la tres saincte foy crestiẽne. Tant fist et diligẽta que prusse aps̃ plusieurs adventures q̃ ie passe sain ⁊ sauf se trouva/ou il fist largemẽt de grãs prouesses en armes dõt le grant bruit de sa vaillãce fut tantost espãdu en plusieurs marches/tãt a la relaciõ de ceulx q̃ven lavoiẽt en leurs pais retournez q̃ par lettres q̃ les demeurez escripvoiẽt a plusieurs qui tresgrant gre leur en scavoient. Or ne fault pas celer que ma dame qui estoit demeuree ne fut pas si rigoureuse qua la priere dung gẽtil escuier q̃ damours la requist elle ne fust tantost contẽte ql fust lieutenãt de mõseigneur q̃ aux sarrazins se cõbatoit. Tandis que monseigneur ieusne ⁊ fait penitẽce ma dame fait bõne chiere avecques lescuier / le plus des fois monseigñr se disne ⁊ souppe

de biscuit et de la belle fontaine
a ma dame a de tous les biens de
dieu si treslargemēt q̄ trop mon-
seignr au mieulx venir se couche
en la paillade: et ma dame en vng
tresbeau lit auec lescuier se repose
Pour abregier tandis q̄ monsei-
gneur aux sarrazins fait guerre/
lescuier a ma dame se cōbat. Et
si tresbien si porte/ q̄ se monseignr
iamais ne retournoit elle sen pas-
seroit tresbien: et a peu de regret/
voire quil ne face aultrement quil
a cōmence. Monseigneur voyant
la dieu mercy que leffort des sar
rasins nestoit point si aspre q̄ par
cy deuant a este/ sentant aussi q̄
assez longue espace a laisse son ho
stel et sa tresbōne fēme qui moult
la desire et regrete cōme par plu
sieurs de ses lettres elle luy a fait
scauoir: dispose son partement et
auec le peu de gens quil auoit se
mect en chemin: et si bien se exploi
ta a laide du grant desir quil a
de soy trouuer en sa maison et es
bras de ma dame quen peu de
iours si trouua. Celluy a q̄ ceste
haste plus touche q̄ a nul de ses
gēs est tousiours des p̄miers des-
couchiez et p̄mier prest et le deuāt
au chemin: et de fait sa trop grā-
de diligence le fait bien souuent
cheuaucher seul deuāt ses gēs au
cunesfois vng quart de lieue ou pl⁹
Aduint vng iour q̄ mōseignr estāt
au giste enuiron a six lieues de sa
maison ou il doit trouuer ma da-
me/ se leua bien matin et monta a
cheual q̄ bien lui semble q̄ son che
ual le rendra a sa maison auant q̄
ma dame soit descouchee q̄ riēs
de sa venue ne scait/ ainsi comme
il le proposa il aduint: et comme il
estoit en ce plaisant chemin dist a
ses gens venez tout a vostre aise et
ne vous chaille ia de moy suyr. ie
men iray tout mon beau train po⁹
trouuer ma femme au lit/ ses gēs
tous hordez et trauaillez et leurs
cheuaulx aussi ne cōtredirent pas
a monseigneur/ mais sen vienent
tout a leur aise apres lui sās eulx
trauailler aucunement/ mais po⁹
tant si doubtoient ilz de mondit
seigneur lequel sen alloit ainsi de
nuyt tout seul et auoit si grant ha
ste. Il sen va et fait tant quil est
en brief en la basse court de son ho
stel descēdu ou il trouua vng var
let qui le desmonta de son che-
ual. Tout ainsi et house et esperō
ne quant il fut descendu sen va
tout droit sans rēcontrer p̄sonne
car encores matin estoit deuers sa
chābre ou ma dame encores dor-
moit/ ou espoir faisoit/ ce q̄ tant a
fait mōseigneur trauailler Creez
q̄ luys nestoit pas ouuert a cause
du lieutenāt qui tout esbahy fut
et ma dame aussi quant monsei
gnr heurta de son baston vng tres

hourt coup. Qui est ce la ce dit ma dame, cest moy ce dit monseignr Ouurez/ouurez. Ma dame qui tantost a congneu monseigneur a son parler ne fut pas des plus asseurees. Neantmoins fait habiller incontinẽt son escuier qui met peine de sabiller le plus quil peult pensant comment il pourra eschapper sans dangier. Ma dame qui faint destre encores toute endormie et non recongnoistre mõseigneur apres le secõd heurt quil fait a luys/demande encores qui est ce la. Cest vostre mary dame Ouurez bien tost ouurez. Mon mary dist elle/helas il est biẽ loĩg de cy: Dieu le ramaine a ioye et brief. Par ma foy dame ie suis vostre mary:et ne me congnoissez vous au parler/si tost que ie vous ay ouy respondre ie congneuz bien que cestiez vous. Quant il viendra ie le scauray beaucoup deuãt pour le receuoir ainsi comme ie dois ⁊ aussi pour mander messeigneurs ses parens ⁊ amis pour le festoier et conuoier a sa biẽ venue Allez allez et me laissez dormir. Saĩct iehan ie vous en garderay bien dist monseigneur: il fault q̃ vo⁹ ouurez luys/ et ne voulez vo⁹ congnoistre vostre mary. Alors lappelle par son nom/⁊ elle q̃ voit que sõ amy est ia tout prest le fait mettre derriere luys/ et puis va dire a mõseigneur estes vous ce. Pour dieu pdonnez moy/⁊ estes vous en bon point. Ouy dieu mercy ce dist monseigneur. Or loue en soit dieu ce dist ma dame Je vien incontinent vers vous et vous mettray dedens mais que ie soye vng peu habillee et q̃ iaye de la chandelle. Tout a vostre aisece dist monseigneur. En verite ce dit ma dame tout a ce coup que vous auez heurte monseignr iestoye bien empeschee dung songe qui est de vous. Et quel est il mamye. Par ma foy monseigne^r il me sembloit a bon esciẽt q̃ vous estiez reuenu et que vous parliez a moy et si voyez tout aussi cler dũg oeil cõme de lautre. Pleust ores a dieu ce dist monseigneur. Nostre dame ce dist ma dame ie croy que aussi faictes vous. Par ma foy dist monseigneur vous estes bien beste:et comment ce pourroit il faire. Je tiens moy dist elle quil est ainsi. Il nen est riens non dist mõseigneur:estes vous bien si folle de le penser. Dea mõseigneur dist elle ne me creez iamais sil nest ainsi et pour la paix de mõ cueur ie vous requier que nous lesprouuõs. Et a ce coup elle ouura luys tenant la chandelle ardant en sa main:et monseigneur qui est content de ceste espreuue et si accorde par les parolles de sa femme.

Et ainsi le povre homme endura bien que ma Dame luy bouchast son bon oeil dune main: et de lautre elle tenoit la chandelle devant loeil de monseigneur: qui creue estoit: et puis lui demanda monseigneur ne vez vous pas bie par vostre foy Par mon serment non ce dist monseigneur / et entretant que ces devises se faisoient le lieutenant de mondit seigneur sault de la chambre sans quil fust apparceu de luy. Or attendez monseigneur se dist elle: et maintenat vous me voyez bie ne faictes pas Par dieu mamye nenny respod monseigneur. Comment vo⁹ verroy ie vous avez bouchie mon destre oeil / et lautre est creue passe plus de dix ans. Alors dist elle or voy ie bie que cestoit songe voyrement q ce rapport me fist / mais quoy que soit dieu soit loue ꝛ gracie que vous estes cy Ainsi soit il ce dist monseigneur. Et atant se tracolerent et baiserent par plusieurs fois et firet grant feste ꝛ noublia pas monseigneur a conter coment il avoit laisse ses gens derriere: et que pour la trouver au lit il avoit fait telle diligence. Et vrayement dist ma dame encores estes vous bon mary / et atant vindret femmes et serviteurs qui bien vingnerent monseigneur et le deshouserent: et de tous pointz deshabillerent: et ce fait se bouta ou lit avec ma dame qui le repred du demourant de lescuier q sen va son chemin lye et ioyeux destre ainsi eschappe. Comme vo⁹ avez ouy fut le chevalier trompe ꝛ nay point sceu combien que plusieurs gens depuis le sceurent ql en fut iamais advertý.

La .xvij. nouvelle par monseigneur le Duc.

Aguetes qua paris psidoit en la chambre des coptes ung grat clerc chevalier assez sur aage / mais tresioyeux et tresplaisant estoit / tant en sa maniere destre comme en devises / ou quil les adrecast fust aux hommes ou aux femmes Ce bon seigneur avoit feme espousee desia ancienne ꝛ maladive dont il avoit belle lignie /

et entre les aultres damoiselles/ chamberieres et seruantes de son hostel/celle ou nature auoit mis son entente de la faire tresbelle estoit meschine faisante le mesnaige commun/cōme les litz/ le pain et aultres telz affaires. Monseigneur qui ne ieusnoit iour de lamoureux mestier tant ql trouuast rencontre ne cela guerres a la belle meschine le grant bien ql lui veult et lui va faire vng grāt prologue des amoureux assaulx que incessamment amours pour elle lui enuoie/continue aussi ce propos luy promettant tous les biens du mōde/monstrant comment il est bien en luy de lui faire tāt en telle maniere et tant en telle/et tant en telle. Et qui ouyoit le cheualier iamais tāt dheur nadvint a la meschine que de lui accorder son amo'. La belle meschine bōne et saige ne fut pas si beste que aux gracieux motz de son maistre baillast response en riens a son auantaige/ mais se excusa si gracieusement que monseigneur en son couraige tresbien len prisa. Cōbien quil aymast mieulx quelle tint aultre chemin: motz rigoureux vindrent en ieu par la bouche de mōseigneur quant il apperceut que par doulceur ne feroit rien / mais la tresbōne fille aymant plus chier mourir que perdre son honneur ne sen esfroia guerres ains asseuremēt respondit: die et face ce quil lui plaist mais iour qlle viue de plus pres ne lui sera. Monseigneur q la voit aheurtee en ceste opinion apres vng gracieux a dieu laissa ne scay q̄tz iours ce gracieux pourchas de bouche seullement/mais regars et autres petis signes ne luy coustoient gueres/qui trop estoient a la fille ennuyeux/et selle ne doubtast mettre male paix entre monseigneur et ma damoiselle ne lui celeroit gueres la desloyaulte de son seigne'. mais au fort elle conclud le deceler tout le plus tart quelle pourra La deuocion que monseigneur auoit aux faictz de sa meschine de iour en iour croissoit: et ne lui souffisoit pas de lymer et huir en cue' seulement / mais doraison cōme il a fait cy deuant la veult arriere resseruir. Si vient a elle et de pl' belle recommenca sa harengue en la facon que dessus: laquelle il cōfermoit par cent mille seremens et autant de promesses. Pour abbregier riēs ne lui vault et ne peut obtenir vng seul mot: et encores mais de semblans quelle lui baille quelque peu despoir de iamais paruenir a ses attaintes Et en ce point se partit/ mais il noublia pas de dire que sil la rencōtre en quelque lieu marchant quelle lobeyra ou elle fera pis. La meschine gue-

res ne sen effroya : et sans plus y
penser va besoigner en la cuisine/
ou aultre part. Ne scay quãs io's
apres vng lũdi matin la belle mes
chine pour faire des pastez bule
toit de la farine. Or devez vo⁹
scavoir que la chambre ou se fai
soit ce mestier nestoit pas loing de
la chambre de monseigneur et ql
oyoit tresbien le bruyt ⁊ la noyse q̃
si faisoit ⁊ encores scavoit aussi tres
bien que cestoit sa meschine q̃ du
tamis iouoit. Si sadvisa quelle
naura pas seule ceste peine/ mais
lui viendra ayder/ voire ⁊ fera au
surplus ce quil luy a bien promis
car iamais mieulx ne la pourroit
trouver dist aussi en soymesmes
quelque refus que de la bouche el
le mait fait si en chevirav ie biẽ se
ie la puis a gre tenir/ il regarda q̃
bien matin estoit et que ma dame
nestoit pas esveillee / dont il fut
bien ioyeux et affin quil ne lesveil
le il sault tout doulcement hors
de son lit a tout son couvrechief
et prent sa robe longue et ses boti
nes et descend de sa chambre si
celeement quil fut dedens la chã
bre ou la meschine dormoit sãs
quelle oncques en sceut riens ius
ques a tant quelle le vit tout de
dens qui fut bien esbahye ce fut la
povre chamberiere/ qui a pou trẽ
bloit tant estoit effree/ doubtant
que monseigneur ne luy ostast ce
que iamais rendre ne luy scavroit
Mõseigneur qui lavoit effree sãs
plus parler lui baille vng fier as
sault ⁊ tant fist en peu deure ql a
voit la place emportee silneust es
te content de parlementer. Si luy
va dire la fille. Helas monseignr
ie vo⁹ cry mercy. Je me rens a vo⁹
ma vie et mon honneur sont en vo
stre main / ayez pitie de moy. Je ne
scay quel hõneur dist monseignr
qui tres eschauffe et esprins estoit
vous passerez par la. Et a ce mot
recommence lassault plus fier q̃
devant. La fille voyant q̃ eschap
per ne povoit sadvisa dung bon
tour et dist. Monseigneur iayme
mieulx vous rendre ma place par
amours que par force/ donez fin
sil vous plaist aux durs assaulx
que me livrez et ie feray tout ce ql
vous plaira. Jen suis contẽt dist
monseigneur/ mais creez que aul
trement vous neschapperez. Du
ne chose vous requier dist lors la
fille. Monseigneur ie doubte be
aucoup que ma dame ne vo⁹ oye
et se elle venoit daventure ⁊ droit
cy vous trouvast ie seroye femme
perdue et deshõnouree/ car elle me
feroit du mains batre ou tuer.
Elle na garde de venir non dist
mõseigneur/ elle dort au pl⁹ fort
Helas mõseigneur ie doubte tãt
que ie ne scay estre asseuree/ si vo⁹
prie et requier pour la paix de mon

cueur et plus grande seurte de no
stre besoigne que vous me laissez
aller veoir selle dort ou quelle fait
Nostre dame tu ne retourneroies
pas dist monseigneur. Si feray
dist elle par mon sermēt trestout
tantost. Or te le vueil dist il a
uance toy. Ha monseigneur dist
elle se vous vouliez bien faire voꝰ
prendriez ce tamis et besoigneriez
comme ie faisoie affin dauenture
se ma dame estoit esueillee quelle
oye la noyse que iay deuant le ioꝰ
encommencee. Or monstre ca ie
feray bon deuoir et ne demeure
gueres/nenny non monseigneur.
Tenez aussi ce buleteau sur vo
stre teste / voꝰ semblerez tout a bō
escient estre vne femme. Or ca de
par dieu dist il. Il fut affuble de
ce buleteau: et puis commēce a ta
miser tant que cestoit belle chose q̃
tant bien luy seoit. Et entretant
la bonne chamberiere mōta en la
chambre et esueilla ma dame / et
luy compta comment monseigneꝰ
par cy deuant damours lauoit
priee ql lauoit assaillie a ceste heu
re ou elle tamisoit/ et sil voꝰ plaist
venir veoir comment ien suis es
chappee et en quel point il est/ve
nez en bas vous le verrez. Ma da
me tout a coup se lieue et prent sa
robe de nuyt et fut tantost deuāt
luy de la chambre ou mōseignr
diligemment tamisoit/ et quant

elle le voit en cest estat et affuble
du buleteau elle luy va dire/ha
maistre et quest cecy ou sont voz
lettres/voz grans honneurs/ voz
sciences et discretions. Et mon
seigneur qui louyt et deceu se voit
respōdit tout subitemēt Au bout
de mon vit dame/la ay ie tout a
masse au iourduy. Lors tres mar
ry et courrouce sur la meschine se
desarma de lestamine et du bu
leteau: et en sa chambre remonte et
ma dame le suyt qui son presche
ment recommence dont monsei
gneur ne tient gueres de compte
Quant il fut prest il mãda sa mu
le et au palais sen va ou il cōpta
son aduenture a plusieurs gens
de bien quilz sen rirent bien fort et
me dist on depuis quelque cour
roux que le seigneur eust de prin
sault a sa meschine/se luy ayda il de
puis de sa parolle et de sa cheuā
ce a marier.

La .xviij. nouuelle par monseigneur de la roche.

Ung gentil homme de bour
goigne naguerres pour au-
cuns de ses affaires sen alla a pa
ris et se logea en ung tresbon ho-
stel/car telle estoit sa coustume de
tousiours querir les meilleurs lo-
gis. Il neust gueres este en son lo
gis lui qui bien congnoissoit mou
che en lait quil naperceust tantost
que la chamberiere de leans estoit
femme qui devoit faire pour les
gens / si ne lui cela gueres ce quil
avoit sur le cueur/et sans aller de
deux en troys il demanda laumos
ne amoureuse: il fut de prinsault
bië rechasse des meures/voire dist
elle est ce a moy q̃ vo⁹ deuez adres
ser telles poles. Je vueil bië q̃ vo⁹
sachez q̃ ie ne suis pas celle q̃ fera
tel blasme a lostel ou ie demeure
& pour abreger qui loroit elle ne le
feroit pour aussi gros dor. Le gen
tilhomme tantost congneust que
toutes ses excusacions estoient ce
res pour besoigner si lui va dire
mamye se ieusse tëps et lieu ie vo⁹
diroie telle chose que vous seriez
bien contente/et ne doubtez point
q̃ ce ne fust gardement vostre bië
mamye pource que devät les gës
ne vous vueil gueres araisonner
affin que ne soyez de moy souspe
connee/croiez mon homme de ce q̃
par moy vous dira / et se ainsi le
faictes vous en vauldrez mieulx/
ie nay dist elle na vo⁹ na luy que
deviser/ el sur ce point sen va/ et
nostre gentil homme appella son
varlet qui estoit ung galant tout
esueille puis lui compta son cas/
et le charge de poursuyr sa besoi
gne sans espargner bourdes. Le
varlet duyt a cela dist quil fera
bien son personnaige: il ne loublia
pas/ car au plus tost quil la trou
va: pensez quil ioua bien du bec
Et se elle neust este de paris & pl⁹
subtille que foison daultres son
gracieux langaige et les promes-
ses ql faisoit pour sö maistre leus
sent tout en haste abbatue / mais
aultrement alla: car apres plusi-
eurs parolles et devises dentre
elle et lui: elle lui dist ung mot trë
chë ie scay bien que vostre maistre
veult/mais il ny touchera ia se ie
nay dix escus. Le varlet fist son
rapport a son maistre qui nestoit
pas si large voire au mains en tel

cas que donner dix escus pour iouyr dune telle damoiselle. Quoy que soit elle nen fera autre chose dist le varlet/ encores ya il bien maniere de venir en sa chambre / car il fault passer parmy celle a loste. Regardez que vous vouldriez faire. Par la mort bieu dist il mes dix escus me font biē mal den ce point les laisser aller/ mais iay si grāt deuociō au fait et si en ay fait tant de poursuyte quil fault que ie besoigne/ au dyable soit chichete elle les aura pourtant vous dis ie dist le varlet/ voulez vous que ie lui die quelle les aura. Ouy de par le dyable ouy dist il. Le varlet trouua la bone fille et lui dist quelle aura ces dix escus voire et encores mieulx cy apres. Trop bien dist elle po' abregier leure fut prinse q̄ lescuier doit venir coucher auec elle/mais auāt que oncques le voulsist guyder par la chambre de son maistre en la sienne: il baille tous les dix escus contant/qui fut bien mal cōtent ce fut nostre homme qui se pēsa en passāt par la chambre/ et cheminant aux nopces qui trop chier a son gre lui coustoient quil iouera dung tour. Ilz sont venus si doulcement en la chambrete que maistre ne dame rien nen sceurēt Si se vont despouiller et dist nostre escuyer quil emploiera son argent sil peult. Il se met a louurage et fait merueilles darmes/ et espoire plus que bon ne lui fut, tant en deuises que aultrement se passerent tant deures que le io' estoit voisin et prouchain a celui q plus voulentiers eust dormy que nulle aultre chose fait/mais la tresbōne chamberiere lui va dire. Or ca sire le tresgrant bien honneur et co'toisie que iay ouy et veu de vous iay este contente mettre en vostre obeissance et iouyssāce la chose en ce mon[de] que plus dois chier tenir. Je vous prie et requier que incontinent vous vueillez apprester habillier et de cy partir / car il est desia haulte heure/et se dauenture mon maistre ou ma maistresse venoit cy: comme assez est leur coustume au matin et vous trouuassent: ie seroye perdue et gastee et vous espoire ne serez pas le mieulx party du ieu. Je ne scay moy dist lescuier quel biē ou quel mal mais ie me reposeray et si dormiray tout a mon aise et a mon beau loisir auant que ien parte/et aussi ie vueil employer mon argent/pēsez vous auoir si tost gaigne mes dix escus/ilz ne vous coustēt gueres a prēdre / mais p la mort bieu affin que ie naye paour et q̄ point ie ne me espante vous me ferez cōpaignie sil vous plaist. Ha monseigneur dist elle il ne si peut aisi faire/par mon sermẽt il vous conuiẽt partir:il sera iour trestout en haste:et se on vous trouuoit icy q̃ seroit ce de moy/iaimeroie mieulx estre morte que ainsi en aduenist. Et se vous ne vous aduãcez ce q̃ trop ie doubte en aduiẽdra / il ne me chault moy ql aduiengne dist lescuier. Mais ie vous dis bien q̃ se ne vous me rẽdez mes dix escus ia ne men partiray aduiẽgne ce q̃ aduenir peult: voz dix escus dist elle/et estes vous tel se vo⁹ mauez dõne aucune courtoisie ou gracieusete que vous le me voulez apꝛes retollir par ceste facõ/ sur ma foy vous monstrez mal que vo⁹ soyez gẽtil homme. Tel que ie suis dist il:ie suis celui qui de cy ne ptiray ne vous aussi tant que me ayez rẽdus mes dix escus/vous les auriez gaignez trop aise. Ha dist elle si mayt dieu quoy que vous disiez ie ne pense pas q̃ vous soyez si mal gracieux/ attendu le bien qui est en vous:le plaisir que ie vous ay fait que fussiez si peu courtois que vous ne aidissiez a garder mõ hõneur. Et pource derechief vo⁹ supplie que ma queste passez ꝛ accordez et que de cy vous partez/ lescuyer dist quil nen fera rien.

Et pour abbregier force fut a la bonne gentil femme a tel regret que dieu scait de desbourser les dix escus/affin que lescuier sen alast. Quant les dix escus refurẽt en la main dont ilz estoiẽt partis celle qui les rendit cuida bien enrager tant estoit mal contente:et celluy qui les a leur fait grant chiere Or auant dist la courroucee et desplaisante qui se voit aĩsi gouuerner. Quant vous vous estes bien ioue et farse de moy/au mois aduãcez vous et vous suffise que vous seul congnoissez ma folie/ et que par vostre tarder elle ne soit congneue de ceulx qui me deshonnoreront silz en voient lapparrence. A vostre honneur dist lescuier point ie ne touche/ gardez le autant que vous laymez/vo⁹ mauez fait venir icy ꝛ si vous somme que vous me rendez ꝛ remettez ou lieu dõt ie partis/car ce nest pas mon intencion dauoir les deux peines de venir et retourner. La chamberiere voyant que riens nauoit eu sinon le courroucer/voyãt aussi que le iour commencoit a apparoir auecqs tout le desplaisir ꝛ crainte que son ennuye cueur poꝛtoit dudit escuyer. Se hourde & cest escuier ꝛ a son col le charge/ꝛ cõme a tout ce fardeau le plus souef quelle oncques peust le courtois gentil homme poꝛtoit tenant lieu de bahu sur le dos de celle q̃ sur son ventre lauoit soustenu/ laissa couler vng gros pet dont le son ꝛ le bꝛuit firent loste esueiller/ et de monda assez effreement qui est la. Cest vostre chamberiere sire dist lescuyer qui me porte rёdre ou elle mauoit emprunte. A ces motz la poure gentil femme neust plꝰ cuẽ puissance ne vouloir de soustenir son desplaisãt fardeau. Si sen va dung couste et lescuier de lautre coste qui bien congnoissoit q̃ cest et aussi auecques ce sen doubtoit bien parla tresp bien a lespousee q̃ toute demoura deceue et scandalisee/et tost apres se partit de leans et lescuyer en bourgoigne sē retourna qui aux galans et cõpaignons de sorte ioyeusement ꝛ souuent raconta ceste son aduenture dessusdicte.

La.xix. nouuelle par phelippe vignier.

Ardant desir de veoir pais congnoistre/et scauoir plusieurs experiences qui par le monde vniuersel de ioꝰ en iour aduiennēt/nagaires si fort eschauffa lattrempe cueur et vertueux couraige dung bon ꝛ riche marchant de londres en angleterre q̃ abandõna sa tresbelle et bonne fēme/sa belle maignie denfans/parens, amis heritaiges/ꝛ la pluspart de sa cheuance/ꝛ se partit de ce royaulme assez bien fourny dargent contēt et de tresgrande abõdance de marchandises dont ledit pays de angleterre peult daultres pays seruir/cõme destain de rio/ꝛ foison daultres choses q̃ pour cause de briefuete ie passe/en ce p̃mier voiage vacqua le bon marchant lespace de cinq ans:pendãt lequel tēps sa tresbonne femme garda tresbiē son corps fist son prouffit de plusieurs marchandises et tant et sy tresbien le feist que son mary au bout desditz cinq ans retourne beaucoup la loua et plus que parauãt ayma. Le cueur audit marchant non encores content/tant dauoir veu et congneu plusieurs choses estranges et merueilleuses/ cõme dauoir gaigne largemēt dargēt se fist arriere sur la mer bouter cīq ou six moys puis son retour/ꝛ sen reua a laduenture en estrange terre tant de crestiēs comme de sarrasins:et ne demoura pas si peu q̃ les dix ans ne feussent passez:ains que sa femme le reuist: trop bien

luy escripuoit et assez souuēt/ a cel
le fin quelle sceust quil estoit enco
res en vie. Elle qui ieune estoit et
en bon poīt et qui faulte nauoit de
nulz biens de dieu fors seulemēt
de la presence de son mary fut
cōtrainte par son trop demeurer de
prendre vng lieutenāt qui en peu
deure luy fist vng tresbeau filz/
ce filz fut nourry et conduit auec
les aultres ses freres dung coste
et au retour du marchāt mary de
sa mere auoit ledit enfant enuirō
sept ans. La feste fut grande a se
retour dentre le mary et la fēme/
et comme ilz furent en ioyeuses de
uises et plaisans propos/ la bonne
femme a la semonce de son mary
fait venir deuāt eulx tous leurs
enfans sans oublier celuy qui fut
gaigne en labscence de cellui qui
en auoit le nom. Le bon marchant
voyant la belle compaignie de ses
enfans recordant tresbien du nō-
bre deulx a son partement le voit
creu dung/ dont il est esbahy et
moult esmerueille. Si va deman
der a sa femme qui estoit ce beau
filz le derrenier ou renc de leurs
enfēs: qui il est dist elle. Par ma
foy sire il est nostre filz: et q̄ seroit
il. Je ne scay dist il/ mais pource
que plus ne lauoie veu / aurez vous
merueille se ie le demande. Sainct
iehan nenny dist elle: mais il est
nostre filz. Et comment se peut il
faire dist le mary/ vous nestiez pas
grosse a mō partement/ non vraie
mēt dist elle que ie sceusse/ mais
ie vous ose bien dire a la verite q̄
lēfant est vostre et que aultre que
vous a moy na touchie. Je ne le
dis pas aussi dist il/ mais toutes
fois il ya dix ans que ie partis/ et
cest enfant se monstre de sept/ cō
ment donques pourroit il estre
mien: lauriez vous plus porte que
vng aultre. Par mon sermēt dist
elle ie ne scay/ mais tout ce que ie
dis est vray / se ie lay plus porte
que vng aultre il nest chose q̄ ien
saiche. Et se vous ne le me feistes
au partir ie ne scay moy pēser dōt
il peult estre venu sinon que assez
tost apres vostre departemēt vng
iour iestoye par vng matin en no-
stre grāt iardin ou tout acoup me
vint vng soudain desir et appe-
tit de menger vne fueille dosille
qui pour icelle heure estoit couuer
te et soubz la neige tapie. Jen choi
sis vne entre les aultres belle et lar
ge que ie cuiday aualler/ mais ce
nestoit que vng peu de neige blā
che et dure: et ne leuz pas si tost a-
uallee q̄ ne me sentisse en tretout
tel estat que ie me suis trouuee q̄t
mes aultres enfans ay portez. Ce
fait a certaine piece depuis ie vous
ay fait ce tresbeau filz. Le mar-
chant congneut tantost quil en
estoit noz amis/ et nen voulut fai

re aucũ semblant/ aincois sen vit adioindre par parolles a cõfermer la belle bourde que sa femme luy bailloit: et dist. Mamye vous ne dictes chose qui ne soit possible et qua aultre que vous ne soit aduenu/ loue soit dieu de ce quil nous enuoye. Sil nous a donne ung enfant par miracle ou par aucune secrete facon dont nous ignorõs la maniere il ne nous a pas oublie denuoier cheuance pour lentretenir. Quant la bonne femme vit que son mary vouloit condescendre a croire ce quelle luy dist/ elle nest pas moyennement ioyeuse. Le marchant saige et prudent en dix ans ql fut depuis a lostel sans faire ses loingtains voiages ne tint oncques maniere enuers sa femme en parolles ne aultrement parquoy elle peust penser quil entendist riens de son fait tãt estoit vertueux & pacient. Il nestoit pas encores saoul de voiager/ si voulut recommencer et le dist a sa fẽme qui fist semblãt den estre tres marrie & mal contente. Appaisez vous dist il sil plaist a dieu & mõ seigneur saict george ie reuiẽdray brief. Et pource que nostre filz ꝗ feistes en mõ aultre voiage est desia grant habile et en bon point de veoir et daprendre se bon vous sẽble ie lemmeneray auecques moy et par ma foy dist elle vous ferez biẽ & ie vo⁹ en prie: il sera fait dist il. A tant se part & auec lui emmaine le filz dont il nestoit pas pere/ a qui il a pieca garde une bonne pensee. Ilz eurent si bon vent quilz sõt venus au port dalexandrie ou le bon marchant tresbien se deffist de la pluspart de ses marchandises: et ne fut pas si beste affin ql neust plus de charge de lenfant de sa femme et dung aultre & ꝗ apres sa mort ne susedast a ses biẽs comme ung de ses aultres enfãs quil ne le vendist a bons deniers contens pour en faire une esclaue Et pource quil estoit ieune & puissant/ il en eust pres de cẽt ducas Quant ce fut fait il sen reuint a londres sain et sauf dieu mercy/ & nest pas a dire la chiere que sa fẽme luy fist quant elle le vit en bon point/ mais elle ne voit point son filz dont ne scait que penser. Elle ne se peust gueres tenir quelle ne demãdast a son mary quil auoit fait de leur filz. Ha ma dame dist il/ il ne le vous fault ia celer/ il lui est tresmal prins. Helas commẽt dist elle: est il noye nenny certes/ mais il est vray ꝗ fortune de mer nous mena par force en ung pais ou il faisoit si chault que no⁹ cuydions tous mourir par la grant ardeur du soleil qui sur nous ses rais espãdoit/ et comme ung iour nous estiõs saillis de nostre naue pour faire en terre chascũ une fosse a soy tapir pour le soleil/ nostre bon filz q̃ de neige cõme vous scauez estoit/ en nostre presence sur le grauier par la grant force du soleil fut tout a coup fōdu ⁊ en eaue ressolu: ⁊ neussiez pas dit une sept pseaume q̃ nous ne trouuasmes rien de luy tout ainsi en haste que au monde il vit tout ainsi soudaĩ en est party: ⁊ pensez que ien fus ⁊ suis bien desplaisant: ⁊ ne vis iamais chose entre les merueilles q̃ iay veues dont ie fusse plus esbahy. Or auant dist elle: puis quil plaist a dieu le nous oster comme il le nous auoit donne loue en soit il: selle se doubtast q̃ la chose alast aultrement lystoire sen taist ⁊ ne fait mēcion fors que son mary lui rendist telle comme elle lui bailla: combien q̃uil en demoura tousiours le cousin.

La.xx.nou. par phelippe de laõ

Ce nest pas chose nouuelle que en la conte de champagne on a tousiours eu bon a recouurer de gens lours en la taille: cõbien quil sembleroit assez estrange a plusieurs pourtant quilz sõt si pres a ceulx du pays du mal engin/ assez ⁊ largement dystoires a ce propos pourroit on mettre/ cõfermant la bestise des champenoys mais quant a present celle q̃ sensuyt pourra souffire. En ladicte conte auoit ung ieune homme orphenin qui bien riche ⁊ puissant demoura puis le trespas de ses pere ⁊ mere/ iasoit que il feust lourt/ trespeu saichant et encores aussi mal plaisant si auoit il une industrie de bien garder le sien et conduire sa marchandise. Et a ceste cause assez de gēs voire de gēs de bien lui eussent bien voulu dōner en mariage leur fille. Une entre les aultres pleut aux parens ⁊ amys de nostre champenoys tãt pour la beaulte/ bonte/ ⁊ cheuance. ⁊c. Et lui dirent q̃l estoit tēps quil se mariast et que bonnement il ne pouoit conduyre son fait. Vous auez aussi dirent ilz desia xxiiii. ans/ si ne pourriez en meilleur aage prendre cest estat Et se vous y voulez entendre nous auons regarde ⁊ choisy pour vous une belle fille ⁊ bonne qui nous sẽble tresbien vostre fait. Cest vae telle vous la congnoissez bien. Lors la luy nommerent / et nostre homme a qui nen challoit quil fist fust marie ou non / mais quil ne tirast point darget: respondit quil feroit ce quilz vouldroient / puis ql vous semble que cest mon bien / cõduisez la chose au mieulx que vo9 scaurez / car ie vueil faire par vostre conseil ꝛ ordonnance / vous dictes bien dirent ces bonnes gens nous regarderons ꝛ penserons. cõme pour no9 mesmes ou pour lũg de noz enfans. Pour abreger certaine piece apres / nostre champenois fut marie de par dieu ce fut mais tantost quil fut au pres de sa fẽme couchie la premiere nuyt / lui qui oncques sur beste crestienne nauoit monte / tantost lui tourna le dos. Qui estoit mal contẽte cestoit nostre espousee / non obstãt quelle nen fist nul semblant: ceste mauldicte maniere dura plus de dix iours et encores durast se la bõne mere a lespousee ny eust po9ueu de remede. Il ne vous fault pas celer que nostre homme neuf en facon et en mariage du temps de ses feu pere et mere auoit este bien court tenu / et sur toutes choses luy estoit et fut deffẽdu le mestier de la beste aux deux dos doubtant que sil sy esbatoit quil y despendroit toute sa cheuance / et bien leur sembloit et a bõne cause quil nestoit pas homme que on deust aimer pour ses beaulx yeulx lui qui pour riens ne courroucast pere ꝛ mere: ꝛ qui nestoit pas trop chault sur potaige: auoit tousio9s garde son pucellaige que sa fẽme eust voulẽtiers desrobe selle eust sceu par ǭlque hõneste facon / vng iour se trouua la mere de nostre espousee deuers sa fille et lui demãda de son mary / de son estat / de ses condiciõs / de son mariage / et cent mille choses ǭ fẽmes scaiuẽt dire / a toutes choses bailla et rendit nostre espousee a sa mere respõse: et dist que son mary estoit tres bon homme / ꝛ quelle ne doubtoit point quelle ne se conduisist bien auec lui. Et pource quelle scauoit bien par elle mesme quil fault en mariage aultre chose que boire et mẽgier elle dist a sa fille. Or vienca et me dis par ta foy et de ces choses de nuyt comment ten est il. Quant la poure fille ouyt parler de ces choses de nuyt a peu que le cueur ne lui faillit tant fut marrie et desplaisante: et ce que sa lãgue nosoit respondre monstrerent ses yeulx dont saillirent larmes en tresgrande abondance / si entendit tantost sa mere que ces larmes vouloiẽt dire: si dist / ma fille ne plorez plus dictes moy hardimẽt ie suis vostre mere a qui ne deuez riẽs celer: et de qui ne deuez estre honteuse / vous a il encores riens fait La poure fille revenue de pau moison et ung peu rasseuree et de sa mere reconfortee cessa la grant flote de ses larmes / mais navoit encores force ne sens de respondre. Si linterrogua arriere sa mere et lui dist. Dy moy hardimet et oste tes larmes. Ta il riens fait., A voix basse et de pleurs entremeslee respondit la fille et dist. Par ma foy mere il ne me toucha oncques / mais du surplus ql ne soit bon homme et doulx par ma foy si est. Or dis moy dist la mere et scez tu point sil est fourny de to9 ses membres / Oy hardiment se tu le scez. Sainct iehan si est tresbie dist elle Jay plusieurs fois sentu ses denrees dauenture ainsi que ie me tourne et retourne en nostre lit quat ie ne puis dormir / il souffist dist la mere laisse moy faire du surplus / Vecy que tu feras. Au matin il te conuiet faindre de estre malade tres fort: et monstrer semblant destre oppressee quil seble que lame sen parte. Ton mary me viendra ou mandera querir ie nen double point et ie feray sy bien mon personnage que tu scauras tantost comment tu fus gaignie car ie porteray to vrine a ung tel medecin qui donnera tel conseil que ie vouldray. Come il fut dit il fut fait / car lendemain si tost que on vit le iour nostre gouge se comenca a plaindre et faire la malade que il sembloit que vne fieure continue lui rongeast corps et ame Noz amys son mary estoit bien esbahy et desplaisant si ne scauoit que faire ne que dire. Si manda tantost querir sa belle mere qui ne se fist gueres attendre / tantost ql la vit / helas mere dist il vostre fille se meurt / ma fille dist elle. Et que lui fault il. Lors tout en plat marcherent iusques en la chambre de la paciente. Si tost que la mere voit sa fille elle luy demande quelle faisoit et elle comme bien aprinse ne respondit pas la premiere foys mais a petit de piece apres dist. Mere ie me meurs / non faictes fille se dieu plaist: prenez couraige / mais dont vous vient ce mal si en haste. Je ne scay / ie ne scay dist la fille: vous me perasfolez a me faire parler. Sa mere la prent par la main / si lui taste so poux et son chief: et puis dist a so beau filz. Par ma foy croyez qlle est malade / elle est pleine de feu / si y fault pourueoir de remede / ya il point icy de son vrine / celle de la minuyt y est dist vne des meschines. Baillez la moy dist elle. Quat elle eust ceste vrine fist tat qlle eust vng vrinal et dedens la bouta et dist a son beau filz quil la portast monstrer a vng tel medeci pour scauoir quon pourra faire a sa fille:et se on lui peult ayder po' dieu ny espargnons riens dist elle. Jay encores de largent que ie naymne pas tant que ie fais ma fille:espargnier dist noz amis.croiez son lui peult ayder pour argentq̃ ie ne luy fauldray pas. Or vous auancez dist elle/et tandis quelle se reposera vng peu ie men iray iusques au mesnage tousiours treuuedray ie bien son a mestier de moy Or deuez vous scauoir que nostre bonne mere auoit le iour de deuant au partir de sa fille forgie le medecin qui estoit bien aduerty de la responce quil deuoit faire/decy nostre gueux qui arriue deuers le medecin a tout lurine de sa femme:et quant il y eut fait la reuerence il luy va compter comment sa femme estoit deshaitee et merueilleusement malade:et vecy son vrine que vo' apporte affin q̃ mieulx vous informez de son cas:et que plus seurement me puissez conseiller. Le medecin prent lurinal et contremont le lieue et tourne et retourne lurine et puis va dire / Vostre femme est fort agrauee de chaulde maladie et dangier de mort se elle nest prestement secourue/decy son vrine q̃ le monstre. Ha maistre po' dieu mercy/vueillez moy dire et ie vous paieray biẽ q̃ on y pourra faire pour recouurer sante et sil vous semble quelle nait garde de mort. Elle na garde se vo' lui faictes ce que ie vo' diray dist le medecin/mais se vo' tardez gueres tout lor du monde ne la garderoit de la mort. Dictes pour dieu dist lautre et on le fera. Il fault dist le medecin quelle ait cõpaignie a homme ou elle est morte Compaignie domme dist lautre et que est ce a dire cela. Cela dire dist le medecin que il fault q̃ vous montez sur elle et que vous la rochinez tresbien trois ou quattre fois tout en haste: et le plus a ce premier que vo' en pourrez faire sera le meilleur: aultrement ne sera point estaincte sa grant ardu' qui la seiche et tire a fin/Voire dist il et seroit ce bon. Elle est morte et nya point de respit dist le medecin se ainsi ne le faictes. Voire et biẽ tost encore Sainct iehan dist lautre iassaieray commẽt ie pourray faire. Il se part de la et vient a sostel et treuue sa femme qui se plaignoit et doulousoit tres fort. Cõmẽt va dist il mamye. Je me me's mon amy dist elle: Vous nauez garde se dieu plaist dist il. Jay parle au medecin qui ma ẽseigne vne medecine dont vous serez garie:et durant ces deuises il se depoille et au lit pres de sa fẽme se boute:et comme il approuchoit pour executer le cõseil du medeci tout en bourdois: que faictes vous dist elle: me voulez vous partuer mais ie vous gariray dist il/ le medecin la dit. Et si dist ainsi que nature lui monstra: et a laide de sa pacience il besoigna tresbiē deux ou trois foys. Et comme il se reposoit tout esbahy de ce que advenu lui estoit il demande a sa femme comment elle se porte: ie suis vng peu mieulx dist elle que par cy devant nay este loue soit dieu dist il/ iespoire que vous navez garde et que le medecin aura dit vray. Alors recommēce de plus belle: et pour abregier tant ⁊ si biē le fit que sa femme reuit en sante dedens peu de iours dont il fut tresioyeux/ si fut la mere quant elle le sceut. Nostre champenois apres ces armes dessusdictes devient vng peu plus gentil cōpaignon quil nestoit paravant et luy vint en couraige puis que sa femme restoit en sante quil semōdroit vng iour au disner ses parens et amis: et les pere et mere delle/ ce quil fit: et les servoit grandement en son patoys/ a ce disner faisoit tresbonne et ioyeuse chiere/ on beuvoit a lui: il beuvoit aux aultres/ cestoit merveilles quil estoit gētil compaignon. Or escoutez qui lui advint: au fort de la meilleure chiere de ce disner il commenca tresfort a plorer: et sembloit que tous ses amis/ voire tout le monde fussent mors/ dont ny eust cellui de la table qui ne sen donnast grant merveille dōt ces soubdaines larmes precedoiēt: les vngs et les autres lui demandent quil avoit/ mais a peu sil povoit ou scavoit respondre tant le contraignoyent ses folles larmes/ il parla au fort en la fin et dist. Jay bien cause de plorer Et par ma foy non avez ce dist sa belle mere/ que vous fault il: vous estes riche et puissāt ⁊ biē logie et si avez de bons amis/ ⁊ q ne fait pas a oublier: vous avez belle et bonne femme que dieu vous a ramenee en sante qui nagueres fut sur le bort de sa fosse/ si mest advis q̄ vous devez estre lye et ioyeux. Helas nō fais dist il/ cest par moy q̄ mon pere ⁊ ma mere q̄ tant maymoient ⁊ me ont assemblez et laissez tāt de biēs qlz ne sont encores en vie/ car ilz ne sont mors tous deux que de chaulde maladie et se ie les eusse aussi bien ronchinez quant ilz furent malades que iay fait ma femme ilz fussent maintenant sur piez. Il ny eut celluy de la table qui apres ces motz a peu se peut tenir de rire mais nō pour tāt il sen garda q̄ peut/ les tables furēt ostees/ chascū sen ala ⁊ le bō chāpenois demoura avec sa fēme laq̄lle affin quelle demourast en sante fut souvent de luy racolee.

La .xxi. nouvelle par phelippe de laon.

Sur les metes de normendie ya vne bône abbaye de dames dont labbesse qui belle et ieune et en bon point fors estoit/ nagueres sacoucha malade: ses bonnes seurs deuotes et charitables tantost la vindrent visiter en la cõfortant et administrant a leur loyal pouoir de tout ce q̃lles sentoiēt que bon lui fust/ et quant elles apperceurēt quelle se disposeit a garison elles ordonnerēt que lune delles yroit a rouen porter son vrine et compteroit son cas a vng medecin de grāt renommee. Pour faire ceste ambassade a lēdemain lune delles se mist en chemin et fist tant quelle se trouua deuers ledit medecin auquel apres quil eust visite lurine de ma dame labesse/ elle compta tout au long la facon et maniere de sa maladie comme de son dormir / daller en chambre/ de boire et de menger. Le saige medecin vraiement du cas de ma dame informe tant par son vrine comme par la relacion de la religieuse voulut ordonner le regime/ et ia soit ce quil eust de coustume bailler a plusieurs vng recipe par escript/ toutesfoys il se fia biē de tant en la religieuse que de bouche luy diroit ce quauoit a faire/ et lui dist. Belle seur pour recouurer la sante de ma dame labesse il lui est mestier et de necessite quelle ait compaignie domme et brief/ aultrement elle se trouuera en peu despace si de mal entrechee et surprinse que la mort lui sera le derrain remede/ qui fut bien esbahye dour ces tresdures nouuelles ce fut nostre religieuse qui dadire Helas maistre iehan ne voyez vous autre facon pour la recouurance de la sante de ma dame Certes nenny dist il/ il nē ya poīt daultre: et si vueil biē que vous saichez quil se fault aduancer de faire ce que iay dit/ car se la maladie par faulte dayde peult prēdre son cours comme elle sefforce iamais homme a temps ny viendra. La bonne religieuse a peu sel le osa disner a son aise tant auoit grant haste dandcer a ma dame ces nouuelles. Et a layde de sa bonne haquenee et du grant de sir quelle a desire a lostel sauan ca si tresbien que ma dame labes se fut toute esbahie de si tost la re ucoir. Que dit le medecin belle ce dist labesse / ay ie garde de mort Vous serez tantost en bon point se dieu plaist ma dame dist la re ligieuse messaigiere. Faictes bon ne chere et prenez cueur: commet ne ma le medecin point ordonne de regime dist ma dame. Si a dist elle. Lors lui va dire tout au log comment le medecin auoit veu so vrine et les demandes quil fist de son aage / de son menger / de son dormir &c. Et puis pour conclu sion il a dit et ordonne quil fault que vous ayez compaignie char nelle a quelque hõme, ou brief aul tremet vous estes morte / car a vo stre maladie na point daultre re mede. Compaignie domme dist ma dame / iaymeroie plus chier mourir mille fois sil mestoit possi ble. Et alors va dire: puis que ainsi est que mon mal est incura ble et mortel se ie ny pourvoie de tel remede / loue soit dieu: ie prens bien la mort en gre. Appellez bien tost tout mon couuent: le tymbre fut sonne / si vindrent a ma dame toutes ses religieuses et quant el les furet en la chambre ma dame qui auoit encores la langue a cõ mandemet quelq mal quelle eust commenca vne grande et longue harengue deuant ses seurs remõ strant le fait et estat de son eglise en quel point elle la trouua et en ql estat elle est au iourduy: et dit des cendre ses parolles a parler de sa maladie qui estoit mortelle et in curable comme elle bien sentoit et congnoissoit: et au iugemet aus si dung tel medecin elle sarrestoit qui morte lauoit iugee. Et pour tant mes bonnes seurs ie vous re commande nostre eglise: et en voz plus deuotes prieres ma poure a me / et a ces parolles larmes en grãt abondance saillirent de ses yeulx qui furet compaignees daultres sans nombre sourdans de la fon taine du cueur de son bon couuet Ceste plorerie dura assez longue met et fut la le mesnaige lõg tẽps sans parler. Assez long temps a pres ma dame la prieure qui sai ge et bonne estoit print la parolle pour tout le couuent et dist. Ma dame de vostre mal quel il est dieu le scait a qui nul ne peult ri ens celer: il nous desplaist beau coup et ny a celle de nous qui ne se vouldroit emploier autant que possible est / et seroit a personne vi uant pour la recouurance de vo stre sante. Si vous prions toutes ensemble que vous ne nous espar gnez en rien ne chose qui soit des biens de vostre eglise/car mieulx nous vauldroit et plus chier de perdre la plus part de noz biens temporelz que le prouffit espiritu el que vostre presence nous done Ma bonne seur dist ma dame ie nay pas tant desseruy que vous me offrez/mais ie vous en mercie tant que ie puis: en vous aduisãt et priant de rechefief que vous pensez comme ie vous ay dit aux affaires de nostre eglise qui me touchent pres du cueur dieu le scait en acompaignant aux prie/res q̃ ferez ma poure ame q̃ grant mestier en a. Helas ma dame dist la prieure et nest il possible par bõ gouuernement ou par soigneuse diligence de medecine que vous puissez rẽpasser: nenny certes ma bõne seur dist elle: il me fault met tre ou rẽc des trespassez/car ie ne vaulx gueres mieulx quelque lan gaige que encores ie prononce. A/ donc saillit auãt la religieuse qui porta son vrine a rouen et dist. Ma dame il y a bõ remede sil vo⁹ plaisoit / creez q̃l ne me plaist pas dist elle/vecy seur iehanne qui re uient de rouen et a monstre mon vrine et compte mon cas a vng tel medecin qui ma iugee morte voire se ie ne me vouloie abandonner a aucun homme et estre en sa cõpai gnie: ⁊ par ce point esperoit il com me il trouuoit par ses liures que ie nauroye garde de mort / mais se ainsi ne le faisoie il ny a poĩt de res source en moy Et quant a moy ie loue dieu qui me daigne appel/ ler aincoys que iaye fait plus de pechez: a lui me rens ⁊ a la mort ie presente mon corps / viẽgne quãt elle veult. Comment ma dame dist lenfermiere vous estes de vo⁹ mesmes homicide: il est en vous de vous sauuer et ne fault que tẽdre la main et requerre aide ⁊ vous la trouuerez preste: ce nest pas bien fait et vous ose bien dire que vo/ stre ame ne partiroit point seure/ ment sen cest estat vous mouriez. Ha ma belle seur dist ma dame quãteffois auez vo⁹ ouy preschier que mieulx vauldroit a vne persõ ne sabandõner a la mort que com mettre vng seul pechie mortel / et vous scauez q̃ ie ne puis ma mort fuyr ne eslongier sans faire ⁊ com mettre pechie mortel: et qui biẽ au tant au cueur me touche sen ce fai sant ma vie eslongeroie nen ven/ rois ie pas deshõnouree et a tous iours mais reprouchee: et diroit on vela la dame. ⁊c. Mesmes vo⁹ toutes quelque conseil que me dõ nez men auriez en irreuerence ⁊ en maine damour et vous semble/ roit et a bõne cause que indigne se roie dentre vous presider et gou/ uerner. Ne dictes et ne pensez ia mais cela dit ma dame la tre/

sorciere: il nest chose que on ne doi ne entreprendre pour eschever la mort. Et ne dit pas nostre bon pe re sainct augustin quil ne loist a p sonne de soy oster la vie ne tollir vng sien membre/et ne yriez vous pas directement encontre sa sen tence se vous laissez a escient ce ql vous peult de mal garder. Elle dit bien respondit le couvēt en ge neral. Ma dame pour dieu obeis sez au medecin et ne soyez en vostre opinion si aheurtee que par faulte de soustenāce vous perdez corps et ame/et laisser vostre povre cou uent qui tant vous ayme desole et despourueu de pastoure/mes bonnes seurs dist ma dame iay me mieulx voulentairement a la mort tendre les mains/submettre mon col et honnorablement lem brasser/que par la fuyr ie viue des honnouree. Et ne diroit on pas vela la dame qui fist ainsi et ainsi Ne vous chaille quon dye ma da me: vous ne serez ia reprochee de gens de bien/si seroie se dist ma dame. Le couvent se alla esmou uoir et firent les bonnes religieu ses entre elles vng consistoire dōt la conclusion sensuyt/et porta les parolles dicelle la prieure. Ma da me vecy vostre desole couvent et tresdesplaisant q̄ iamais maison ne fut plus troublee quelle est dōt vous estes cause/et creez se vous estes si mal conseillee de vous a bandonner a la mort que fuyr vo° pouez ien suis bien seure Et affin que vous entendez que nous vo° aimons dentiere et lealle amour nous sommes contentes et auōs cōclud et delibere meuremēt tou tes ensēble generallement en saul uant vous et nous/auoir compai gnie secretemēt daucun homme de bien: nous pareillement le fe rons comme vous affin que vous nayez pensee ne ymaginacion que ou temps aduenir vous en soyt dist reproche de nulle de nous. Nest ce pas ainsi mes seurs/ouy dirent elles toutes de tresbō cue. Ma dame labesse ouyant ce que dit est et portant au cueur vng grant fardeau dennuy pour la mour de ses seurs se laissa ferir et sacorda/combien que le conseil du medecin a grant regret seroit mis en euure. Adonc furent mandez moynes prestres et clercs qui trou uerent bien a besoigner/et la ou urerent si tresbien que ma dame labbesse fut en peu deure rapaisee dont son couvent fut tresioyeux qui par honneur faisoit ce que par honte oncques puis ne laissa.

La.xxii. nouvelle par Caron

Naguerres que vng gētil hōme demourant a bruges tant et si longuemēt se trouua en la cōpaignie dune belle fille quil lui fist le ventre leuer/et droit au coup quelle sen apparceust et dōna garde monseigneur fist vne assemblee de gens darmes / si fut force a nostre gentil homme de la bandonner et auec les aultres aller ou seruice de mondit seigneur ce que de bon cueur et bien il fist/ mais auant son partement il fist garnison et pourueance de parrins et marrines et de nourrice po' son enfant aduenir. logea la mere auecques de bonnes gens lui laissa de largent et leur recommanda. Et quāt au mieulx quil sceust et le plus brief quil peust ces choses furent bien disposees. Il ordōna son partement et print congie de sa dame:et au plaisir de dieu promist de tantost retourner pensez que selle neust iamais ploze ne se tenist elle pas a ceste heure puis quelle veoit delle eslongier la riē en ce monde dont la presence plus lui plaist. Pour abregier tāt luy desplreust ce dolent departir que oncq̃s mot ne sceust dire tant empeschoient sa doulce langue les larmes sourdantes du parfond de son cueur/ au fort elle sapaisa quāt elle vit que aultre chose estre nen pouoit. Et quant vient enuiron vng moys apres le partement de son amy desir lui eschauffa le cue' et si lui vint ramenteuoir les plaisans passetemps quelle souloit auoir/ dont la tresdure et trismaul dicte absence de son amy helas la uoit priuee:le dieu damours qui nest iamais oyseux lui mist en bouche et en termes les haulx biens/ les nobles vertus et la tresgrant beaulte dung marchant son voysin qui plusieurs fois auant et depuis le departement de son amy lui auoit presente la bataille:et cōclure lui fist que sil retourne plus a sa requeste ql ne sen yra pas escōdit/mesmes si la voroit es rues el le tiendra telles et si bonnes manieres ql entendra biē quelle en veult a lui. Or vint il si bien qua lendemain de ceste conclusion a la premiere oeuure amours enuoya nostre marchant deuers la pacienre et lui presenta cõme aultreffois chiens et oyseaulx son corps / ses biens / et cent mille choses que ces abateurs de fẽmes scaiuent tout courant et par cueur: il ne fut pas escondit car sil auoit bonne vou- lente de combatre et faire armes elle nauoit pas mains de desir de lui fournir de tout ce ql voul dra. Et durant que nostre gentil hõme est en guerre nostre gentil fẽ me fournit et acõplist au bon mar chant tout ce dont la requist / et se plus eust ose demander elle estoit preste de lacomplir: et trouua en lui tant de bonne cheualerie / de proesse et de vertu quelle oublia de tous poins son amy par amours q̃ a ceste heure guerres ne sẽ doub toit. Beaucoup pleust aussi au bõ marchant la courtoisie de sa nou uelle dame et tant furent conioin ctes les voulentez / desirs et pen- sees de lui et delle quilz nauoiẽt pour eulx deux que vng seul cue. Si se penserẽt que pour le bien lo gier et a leur aise il souffiroit bien dung hostel pour leur deux / si troussa vng soir nostre gouge ses bagues auec elle et en lostel du marchãt sen alla en abãdõnant le premier sõ amy / son hoste / son ho stesse et foison daultres gens de bien / ausquelz il lauoit recommã dee. Et elle ne fut pas si fole quãt elle se vit si biẽ logee quelle ne dist incontinent a son marchant quel- le se sentoit grosse qui en fut tres- ioyeux cuidant bien que ce fust de ses euures. Au chief de sept mois ou enuiron nostre gouge fist vng beau filz dont le pere adoptif sa- cointa grandement et de la mere aussi. Aduint certaine espace aps que le bon gentil hõme retourna de la guerre et vint abruges / et au plus tost quil peust honneste- ment print son chemin vers le lo- gis ou il laissa sa dame et luy ve nu leans la demanda a ceulx qui en prindrent la charge de la pen- ser / garder et aider en sa gesine. Comment dirent ilz esse ce q̃ vo⁹ en scauez / et nauez vous pas eu les lettres qui vous furent escrip- tes. Nenny par ma foy dist il. Et quelle chose y a il quelle chose saincte marie dirent ilz. Nostre dame cest bien raison q̃ on le vo⁹ dye / vous ne feustes pas party dung mois apres quelle ne trous sast pygnes et miroirs / et sen alla bouter cy deuant en lostel dung tel marchant qui la tient a fer et a clou et de fait elle a porte vng be au filz et a geu leans et la fait le marchant crestienner / et si le tient a sien. Sainct iehan vecy aultre chose de nouueau dist le bon gẽ tilhomme / mais au fort puis qlle est telle au dyable soit elle. Je suis bien content que le marchant layt et la tienne/mais quant est de lẽfant ie suis seur quil est mien si le vueil rauoir Et sur ce mot part ⁊ sen va heurter biẽ rudemẽt a luis du marchant/ de bonne aduenture sa dame q̃ fut vint a ce heurt et ouure luys comme toute de leans quelle estoit/quant elle vit sõ amy oublie / et q̃l la cõgneust aussi chascun fut esbahy. Mon pourtant lui demanda dõt elle venoit en ce lieu:et elle respõdit que fortune lui auoit amenee/fortune dist il:et fortune vous y tienne / mais ie vueil rauoir mon enfant/Vostre maistre aura la vache mais iauray le veau. Or le me rendez bien tost/car ie le vueil rauoir quoy q̃l en aduienne. Helas ce dist la gouge que diroit mon homme/ie seroye deffaicte. Car il cuyde certainement quil soit sien. Il ne mẽ chault dist lautre/die ce q̃l vouldra / mais il naura pas ce qui est mien. Ha mon amy ie vous reqer que vous laissez et baillez cest enfant icy a mon marchant et vous me ferez grant plaisir et a lui aussi. Et pardieu se vous laviez veu vous ne feriez ia presse de lauoir/ cest vng lait ⁊ ort garson tout rongneux et contrefait. Dea dist lautre tel quil est il est miẽ ⁊ si le vueil reauoir / et parlez bas pour dieu ce dist la gouge ⁊ vous apaisez ie vous en supplie et vous plaise cEans laissier cest enfant / et ie vous prometz se ainsi le faictes de vo donner le premier enfant que iamais iauray. Le gentil homme a ces motz ia soit quil fust courrouce ne se peult tenir de soubzrire/⁊ sans plus dire de sa bonne dame se partit, ne iamais ne redemãda ledit enfant / et encores le nourrist celluy q̃ la mere engranga en labsence de nostre dit gẽtil hõme

La.xxiij.nouuelle par monseigneur de commesuram

NAguerres quen la ville de mõs en haynault vng procureur de la court dudit mõs assez surage ⁊ ia anciẽ/entre ses aultres clercz auoit vng tresbeau filz ⁊ gẽtil cõpaignõ duq̃l sa fẽme a certaine espace de tẽps sẽ amoura fort ⁊ biẽ lui sẽbloit q̃l estoit mieux taille de faire la besoigne q̃ nestoit son mary: ⁊ affin q̃lle esprouuast se sõ cuider estoit vray elle cõclud en soymesmes q̃lle tiendra telz ter mes que sil nest pl' beste que vng asne il se donra tãtost garde quel le en veult a luy. Pour executer ce desir ceste vaillant femme ieune/ fresche et en bon point venoit souuẽt et menu coustre et filer au pres de ce clerc et deuisoit a luy de cent mille besoignes/ dont la pluspart tousiours en fin sur amours retournoient/ et deuãt ces deuises elle noublia pas de le seruir daubades assez largement/ vne fois le boutoit du couste en escripuant/ vne aultre fois lui gettoit des pierrettes tant quil brouilloit ce quil faisoit et lui failloit recõmencer/ vng aultre iour recommẽcoit ceste feste et lui ostoit papier & parchemin tant quil failloit quil cessast leuure/ dont il estoit tresmal content doubtant le courroux de son maistre: quelque semblãt que la maistresse long temps luy eust monstre qui tiroit fort au train de derriere/ si lui auoient ieunesse et crainte les yeulx si bendez quen riẽ il ne sapercevoit du bien quon lui vouloit: neantmoins en la fin il apercceut quil estoit bien en grace/ & ne demoura gueres apres ceste deliberacion que le procureur estant hors de lostel sa femme vint au clerc bailler lassault quelle auoit de coustume/ voire trop plus aigre & plus fort que nulle foys deuãt tant de ruer/ tant de bouter/ de parler/ mesmes pour le plus empescher et bailler destourbier elle respãdit sur buffet sur papier sur robe son cornet a lencre. Et nostre clerc plus congnoissant et mieulx voiant que cy dessus/ saillit sur piez et assault sa maistresse & la reboute arriere de lui/ priant quelle le laissast escripre: et elle qui demãdoit estre assaillie et combatre ne laissa pas pourtant lemprinse encommencer. Scauez vous que lui a dit le clerc/ ma damoiselle cest force que ie acheue lescript que iay encommẽce. Si vous requier que vous me laissez paisible ou par la mort beu ie vous liureray ca si ille. Et que me feriez vous beau sire dist elle la moe: nenny par dieu. Et quoy dõc. Quoy/ voire quoy pource dist il que vous auez respandu mon cornet a lencre & auez brouille mon escripture. Je vous pourray bien brouiller vostre parchemin/ & affin que faulte dencre ne mempesche descripre ien pourray bien pescher en vostre cornet. Par ma foy dist elle vo' en estes bien lõme/ et croiez que ien ay grãt paour/ ie ne scay quel homme dist le clerc/ mais ie suis tel que se vo' vous y esbatez plus vous passerez par la: et de fait veez vne roie que ie vo' fais: et par dieu se vo' la passez tant peu que ce soit se ie vous faulx ie vueil quõ me tue. &

par ma foy dist elle ie ne vous en crains / et si passeray la roye / et puis verray que vous ferez. Et disãt ces parolles marcha la dureau faisãt le petit sault oultre la roye bien auant: et le bon clerc la prent aux grifz sans plus enquerre / et sur son banc la rue: et creez quil la pugnit bien / car selle lauoit broullee il ne lui en fist pas mains / mais ce fut en aultre facon / car elle le broulla par dehors et a descouuert: et il la broulla a couuert et par dedens. Or est il vray que la present y estoit vng ieune enfant de enuiron deux ans filz de leans. Il ne fault pas demander sapres ces premieres armes de la maistresse et du clerc il y eust plusieurs secretz rẽmõstrez a mains de polles que les premieres. Il ne vous fault pas celer aussi que peu de iours apres ceste aduenture ledit petit enfant ou comptoir estãt ou nostre clerc escripuoit / le procureur et maistre de leans suruint et marche auant pour tirer vers son clerc pour regarder quil escripuoit ou pour espoir daultre chose: et comme il aprouchа la roye q̃ son clerc auoit faicte pour sa femme qui encores nestoit pas effacee / son filz q̃ crye et dist Mon pere gardez bien que vous ne passez ceste roye / car nostre clerc vous abatroit et houspilleroit ainsi ql fist na gueres ma mere. Le procureur ouyãt son filz et regardãt la roye si ne sceust que penser / car il luy souuint que folz yures et enfans ont de coustume de verite dire / mais non pourtãt il nen fist pour ceste heure nul semblant: et nest encores point venu a ma congnoissance se il differa la chose / ou par ignorance / ou par doubte desclandre. &c.

La.xxiiij.nouuelle par monseigneur de fiennes.

IA soit ce q̃ es nouuelles dessusdictes les noms de ceulx et celles a qui elles ont touchie ou touchent ne soient mis et escrips / si me donne appetit grant vouloir de nommer en ma petite talee le conte vualeran en son temps conte de sainct pol et appelle le beau conte. Entre aultres seigneu-

ties il estoit seigneur dung villa
ge en la chastellenie de lisle nom-
me drelenchem pres dudit lisle en
uiron dune lieue. Ce gentil conte
de sa bõne et doulce nature estoit
et fut tout son temps amoureux/
oultre lenseigne il sceust au rap-
port daucuns ses seruiteurs qui
en ce cas le seruoient que audit dr
lenchin auoit vne tresbelle fille gẽ
te de corps et en bon point. Il ne
fut pas si paresseux que assez tost
apres ceste nouuelle il ne se trou-
uast en ce villoige/et firent tãt les
ditz seruiteurs que les veulx de le
maistre confermerẽt de to' poītz
leur rapport touchant ladicte fille
Or ca quest il de faire dist lors
le gentil conte cest que ie parle a el
le entre noz deux seulement et ne
me chault quil me couste. Lung de
ses seruiteurs docteur en son me
stier lui dist. Monseigneur pour
vostre honneur et cellui de la fil-
le aussi il me sẽble q̃ mieulx vault
que ie luy descouure lembusche de
vostre voulente:et si lon la respon
se iauray aduis de parler et pour
suyure. Comme lautre dist il fut
fait/car il vint deuers la belle fil
le et tressourtoisement la salua/et
elle qui nestoit pas mains saige ne
bonne que belle courtoysemẽt luy
rendit son salut. Pour abregier a
pres plusieurs parolles dacointãn
ces le bon macqreau va faire vne
grãt premisse touchant les biens
et les hõneurs que son maistre lui
vouloit:et de fait se a elle ne tenoit
elle seroit cause denrichir et hon-
nourer tout son lignaige. La bon-
ne fille entendit tantost quelle heu
re il estoit. Si fist la responce telle
quelle estoit / cest assauoir belle et
bonne/car au regard de monsei-
gneur le cõte elle estoit celle son hõ
neur sauue qui lui vouldroit obeir
craindre et seruir en toutes choses
mais qui la vouldroit requerir cõ
tre son honneur quelle tenoit aussi
chier que sa vie/elle estoit celle qui
ne le congnoissoit: et pour qui elle
feroit non plus que le cinge pour
les mauuais. Qui fut esbahy et
courrouce ceste response ouye ce
fut nostre valuidire qui sen reuiẽt
deuers son maistre a tout ce quil
auoit de poisson/car a chair auoit
il failly. Il ne fault pas deman-
der se le conte fut mal contẽt quãt
il sceust la tres fiere et dure respõ
se de celle dont il desiroit lacoin
tance et ioyssance et autãt et plus
que nulle du monde. Tantost a
pres si va dire. Or auant laissõs
la la pour ceste fois/il men souuiẽ
dra quãt elle cuydera quil soit ou
blie. Il se partit de la tantost apres
et ny retourna que les six sepmai
nes ne fussent passees. et quant il
reuint se fut si tressecretemẽt que
nulle nouuelle nen fut tãt simple

ment et en tapinaige si trouua. Il fist tant par ses espies quil sceust que nostre belle fille soyoit de serbe au coing dung bois asseulee de toutes gens: il fut bien ioyeux / et tout house encores ql estoit se met au chemin deuers elle en la compaignie de ses espies. Et quant il fut pres de ce quil queroit il leur donna congie et fist tant quil se trouua au pres de sa dame sās ce quelle en sceust nouuelle sinon quant elle le vit. Selle fut esprinse et esbahye de se veoir saisie et tenue de monseigneur le cōte / ce ne fut pas merueilles / mesmes elle en chāgea couleur / mua semblāt et a bien peu en perdit la parolle / car elle scauoit par renōmee quil estoit perilleux et noyseux entre fēmes. Ha da ma damoyselle dist lors le gentil conte qui se trouua saysi / vous estes a merueilles fiere. On ne vous peult auoir sans siege. Or penses bien de vo9 deffendre / car vous estes venue a la bataille: et auant que de moy partez vous en ferez a mon vouloir et tout a ma deuise des paines et trauaulx que iay soufferts et endurez tout pour lamour de vous. Helas monseigneur ce dist la ieune fille toute esbahie et surprinse quelle estoit / ie vous crye mercy: se iay dit ou fait chose qui vous desplaise vueillez le moy pardonner: combien q̄ ie ne pense auoir dit ne fait chose dont me doyez scauoir malgre: ie ne scay moy quō vous a raporte. On ma requise en vostre nō de deshonneur ie ny ay point adiouste de foy / car ie vous tiens si vertueux que pour riens ne voudriez deshonnourer vne vostre si pse subgecte comme ie suis / mais la vouldriez bien garder. Ostez ce propos dist monseigneur et soyez seure que vous ne meschapperez. Je vous ay fait monstrer le bien q̄ ie vous vueil: et ce pourquoy ie enuoiay deuers vous. Et sans pl9 dire la trousse et prent entre ses bras et dessus vng peu de ber mise en vng tas quelle auoit assemblee soudainement la coucha et fort et roide la colla: et vistement faisoit toutes ses preparatoires daccomplir le desir quil auoit de piera. La ieune fille qui ce veoit en ce dangier et sur le point de perdre ce q̄ en ce monde plus chier tenoit sadduisa dung bon tour et dist. Ha monseigneur ie me rens a vous / ie feray ce quil vous plaira sans nul reffus ne contredit / soiez plus content de prēdre de moy ce que vouldriez par mon accord et voulente / que par force et malgre moy voz parolles et vostre vouloir de ordonne soient acomplis. Ha da dist monseigneur que vous meschappez non ferez / que voulez vo9 dire Je vous requier dist elle puis quil fault que vo⁹ obeisse que vo⁹ me faictes cest honneur que ie ne soie pas soullie de voz houseaulx qui sont gras et ors et vous suffise du surplus. et comment en po³ roie ie faire ce dist monseigneur. Je les vous osteray ce dist elle tres bien sil vo⁹ plaist / car par ma foy ie nauroye cueur ne couraige de vous faire bonne chiere auec ces paillars houseaulx. Cest peu de chose des houseaulx ce dist mon seigneur / mais non pourtāt puis quil vous plaist ilz seront ostez. et alors il abandonna sa prinse ⁊ sassist dessus lerbe et tend sa iambe et la belle fille lui osta lesperon et puis lui tire lung de ses houseaux qui bien estrois estoiēt: et quant il fut enuiron a moitye / a quoy faire elle eut moult de peine pource que tout a propos le tira de mauuais biays: elle part ⁊ sen va tant que piez la peurent porter aidez ⁊ soustenus de bō vouloir et la laissa le gentil conte et ne fina de courre tant quelle fust en lostel de son pere. Le bon seigneur qui se trouua ainsi deceu si enrageoit ⁊ pl⁹ nen pouoit / et q̄ a ceste heure leust veu rire iamais neust eu les fieures. A quelque meschief q̄ ce fut se mist sur piez cuidant par marchier sur son houseau loster de sa iābe / mais cest pourneant il estoit trop estroit / si ny trouua aultre remede que de retourner vers ses gens de sa bonne aduenture. Il ne fut pas loing alle q̄ tost ne trouua ses bons disciples sur le bort dung fosse qui lattendoiēt / quilz ne sceurent que penser quant ilz le veirent ainsi atourne. Il leur cōta tout son cas et se fist rehouser / ⁊ q̄ loyoit celle qui la trompe ne seroit pas seurēmēt en ce mōde tant lui cuide et veult bien faire de desplaisir mais quelque vouloir quil eust pour lors et tant malcontent quil ful pour vng tēps toutesfois quāt il fut vng peu refroidie tout son courroux fut conuerty en cordiale amour. Et quil soit vray de puis a sō pourchas et a ses chiers coustz et despens il la fist marier tresrichement et bien a la contemplacion seulement de la franchise et loyaulte quen elle auoit trouue dont il eust la vraie congnoissance par le reffus icy dessus cōpte.

La.xxv.nouuelle par phelippe de sainct yon.

La chose est si fresche et si nouuellemēt aduenue dōt ie vueil fournir ma nouuelle que ie ny puis ne taillier/ne rōgier/ne mettre ne oster. Il est vray que au quesnoy vint vne belle fille nagueres au preuost soy complaindre de force et violence en elle perpetree et commise par le vouloir desordonne dung ieune compaignon. Ceste complainte au preuost faicte le cōpaignon encuse de ce crime fut en leure prins et saisy et au dit du commun peuple ne valoit gueres mieulx q̄ pēdu au gibet/ou sās teste sur vne roe mis ēmy les chāps La fille voyant et sentāt celuy dōt elle se douloit emprisonne/poursuyuoit rudement le preuost quil lui en fist iustice disāt que oultre son gre et vouloir violentement et par force lauoit deshonnouree/et le preuost homme discret et saige et en iustice tresexpert fist ensēbler les hommes et puis manda le prisonnier et aincois quil le fist venir deuant les hommes desia tous prestz pour le iugier sil confessoit par gehaine ou aultrement lorrible cas dont il estoit chargie/ parla a luy a part et si ladiura de dire verite. Decy telle femme dist il q de vous se complaint tres fort de force. est il ainsi: gardez vous efforcee gardez que vous dictes verite/ car se vous faillez vous estes mort/mais se vous dictes verite on vous fera grace. Par ma foy monseigneur le preuost dist le prisonnier ie ne vueil pas nyer ne celer que ie ne laie piecea requise de sō amour/et de fait deuant hyer apres plusieurs parolles ie la ruay sur vng lit pour faire ce que vous scauez et lui leuay robe pourpoint et chemise et mon furō qui nauoit iamais hāte leurier ne sauoit trouuer la duyere de son connil/et ne faisoit que aller ca et la mais elle par sa courtoisie luy dressa le chemin et a ses propres mains le bouta tout dedens: ie croy trop bien quil ne ptit pas sans proye/ mais quil y eust aultre force par mō serment non eust. Et il ainsi dist le preuost: ouy par mon fermēt dist le bon compaignon: or bien dist il nous en ferons tresbiē. Apres ces parolles le preuost se vient mettre en siege pontifical a dextre nuironne de ses hommes/et le bon cōpaignon fut mis et assis sur le petit banc ou parquet. Ce voyant tout le peuple et celle qui laccusoit aussi. Or ca mamie dist le puost que demandez vous a ce prisonnier/monseigneur le preuost dist elle ie me plains a vous de la force que il ma faicte. Car il ma violee oultre mon gre et voulente/ et malgre moy dont ie vous demāde iustice. Que respondez vous mon amy dist le preuost au prisōnier. Monseigneur se dist il ie vo9 ay ia dit comment il en va et ie ne pense pas quelle dye au contraire. Mamie dist le preuost regardez bien que vous dictes et q̄ vo9 faictes de vous plaindre de force/cest grant chose: veey qui dit quil ne vous fist oncq̄s force/ mesmes auez este consentante et a peu pres requerante de ce quil a fait. Et quil soit vray vous mesmes adressastes et mistes son furon qui sesbatoit a lentour de vostre terrier/et a voz deux mais ou a tout lune tout dedens vostredit terrier le mistes. Laquelle chose il neust peu faire sās vostre ayde: et se vo9 y eussiez tant soit peu resiste iamais nen fust venu a chief. Se sō furon a fouraige lostel il nen peut mais/ car des lors quil est au terriers ou dupers il est hors de son chastoy. Ha monseigneur le preuost dist la fille plaintiue: cōmēt lentendez vous. Il est vray ie ne vueil pas nyer que voirement iedressay son furon et le boutay en mō terrier/ mais pourquoy fut ce Par mon sermēt monseigneur il auoit la teste tant roide et le muse au tant dur que ie scay tout vray quil neust fait vng grant pertuis ou deux/ ou trois ou ventre se ie ne leusse bien en haste boute en cellui qui y estoit dauentaige/ et de la pourquoy ie le feis Pensez quil y eust grande risee apres la cōclusion de ce procez de ceulx de la iustice et de tous les assistens /et fut le compaignō deliure promettant de retourner a ses iournees quant somme en seroit: et la fille sen alla biē courroucee quon ne pēdoit tresbien hault et en haste cellui qui auoit pendu a ses basses fourches/ mais ce courroux ne sa rude poursuite ne dura gueres/ car a ce quon me dit tantost apˢ par bons moyēs la paix entre eulx se fut trouuee et fut abandōnee au bon compaignon garenne/conniniere et terriere toutesfois que chasser y vouldroit.

La.xxvi.nouuelle par monseigneur de foquessoles.

En la duchie de breban na pas long temps que la memoire nen soit fresche et presente a ceste heure. Advint ung cas digne de reciter et pour fournir une nouvelle ne doit pas estre reboute/ et affin quil soit enregistre et en appert congneu et declare/il fut tel. A lostel dung grant baron dudit pais demouroit et residoit ung ieune/gent et gracieux gentil hōme nomme girard : qui sen amoura tres fort dune damoiselle de leans nommee katherine. et quāt il vit son coup il lui osa bien dire son gracieux et piteux cas. La response quil eust de prinsault plusieurs la peuent scauoir et penser laquelle pour abreger ie trespasse et viens a ce que girard et katherine par succession de temps sentreaymerent tant fort et si leallemēt que ilz nauoient que ung seul cuer et ung mesmes vouloir. Ceste entiere lealle et parfaicte amour ne dura pas si peu que les deux ans ne furēt accomplis et passez/puis apres certaine piece amours qui bende les yeulx de ses seruiteurs les boucha si tresbien que la ou ilz cuidoient le plus secretement de leurs amoureux affaires cōclure et deuiser/chascun sen appareeuoit:et ny auoit hōme ne femme a lostel qui tresbien ne sen dōnast garde/ mesmes fut la chose tāt escriee que on ne parloit par leans q̄ des amours girard et katherine mais helas les poures aueugles cuidoiēt biē seulz estre empeschez de leurs besoignes et ne se doubtoient gueres quon tenist cōseil ailleurs quen leur presēce ou le troisiesme de leur gre neust pas este receu sans leur propos changier et transmuer. Tant au pourchas daulcuns mauldits et detestables enuieux que pour la continuelle noise de ce qui rien ou peu ne leur touche / vit ceste matiere a la congnoissance du maistre et de la maistresse de ceulx amans et di ceulx sespandit et saillit en audience du pere et de la mere de katherine. Si lui en cheust si tresbien q̄ par une damoiselle de leans sa tresbonne compaigne et amye elle fut aduertie et informee du long et du large de la descouuerture des amours de girard et delle: tant a mõseigneur son pere et ma dame sa mere que a mõseigneur et a ma dame de leans. Helas quest il de faire ma bonne seur et mamie dist katherine/ie suis fẽme destruicte puis que mon cas est si magnifeste que tant de gẽs le scaiuent: et en deuisent. Conseillez moy/ou ie suis fẽme pdue et plus q̃ vng aultre desolee et mal fortunee. Et a ces motz larmes a grans tas saillirent de ses yeulx et descendirent au long de sa belle et clere face iusques bien bas sur sa robe. Sa bonne compaigne ce voiant fut tresmarrie et desplaisante de son ennuy et pour la conforter lui dist. Ma seur cest follie de mener tel deul et si grant/car on ne vous peult dieu mercy reprouchier de chose q̃ touche vostre bonneur ne cellui de voz amis/se vous auez entretenu vng gentil hõme en cas damours ce nest pas chose deffendue en la court donneur/mesmes est la sente et vraie adresse de y puenir: et pource voz nauez cause de douloir/et nest ame viuant qui a la verite vous en puisse ou doibue chargier / mais touteffois il me sembleroit bõ poꝛ estaindre la noise de plusieurs poꝛ les qui courent au iourduy a loccasion de vosdictes amours que girard vostre seruiteur sans faire semblant de riens print vng gracieux congie de monseigneur et de ma dame coulourant son cas/ou daller en vng loingtain voyage, ou en quelque guerre apparente/et soubz ceste vmbre sen alast quelque part soy rendre en vng bõ hostel attendant que dieu et amours auront dispose sur voz besoignes et lui arreste vous face scauoir de son estat, et par son mesmes messaige lui ferez scauoir de voz nouuelles; et par ce point sappaisera le bruit q̃ court a present/et vous entraymerez et entretiendrez lung laultre par lians en attendant que mieulx vous vienne et ne pensez poīt que vostre amour pourtant doiue cesser mesmes de bien en mieulx se maintiendra/car par longue espace voꝰ nauez eu rapport ne nouuelle chascun de sa partie q̃ par la relacion de voz yeulx q̃ ne sont pas les plus eureux de faire les plus seurs iugemens / mesmes a ceulx qui sõt tenus en lamoureux seruaige: le gracieux et bon conseil de ceste gentil femme fut mis en euure et a effect / car au plus tost que katherine sceust trouuer la facon de parler a girard son seruiteur//elle en brief lui cõpta cõmẽt lembusche de leurs amours estoit descouuerte et venue de ia a la cõgnoissance de monseigñr son pere

de ma dame sa mere et de mõsei
gneur et de ma dame de leans.
Et creez dist elle auant quil soit
venu si auant ce na pas este sans
passer grans langaiges au pour-
chas des rapporteurs deuãt to⁹
ceulx de ceãs et de plusieurs voi
sins Et pource que fortune ne no⁹
est pas si amie de nous auoir par
mis longuement viure si glorieu-
sement en nostre estat encommen
ce: et si nous menace/aduise forge
et prepare encores plusgrans de
stourbiers se ne pouruoyons a len
contre. Il nous est mestier vtile et
necessite dauoir aduis bon et ha-
tif: et pource que le cas beaucoup
me touche et plus q̃ a vous quant
au dangier qui sourdre en pour-
roit: sans vous desdire ie vous di
ray mon opinion. Lors lui va com
pter de chief en bout ladvertisse-
ment et conseil de sa bonne com-
paignie Girard de sia vng peu ad
uerty de ceste mauldicte aduentu
re plus desplaisant que se tout le
monde fust mort mis hors de sa
dame respondit en telle maniere
Ma leale et bonne maistresse vecy
vostre humble et obeissant seruite⁹
qui apres dieu nayme riens en ce
monde si loyaulment que vous: et
suis celluy a qui vous pouez ordõ
ner et commander tout ce que bon
vous semble et qui vous vient a
plaisir pour estre liement et de bõ
cueur sans contredit obeye/ mais
pensez quen ce monde ne me pour
ra pis aduenir quant il fauldra q̃
ie esloigne vostre tresdesiree presẽ
ce Helas sil fault que ie vous lais
se il mest aduis que les premieres
nouuelles que vous aurez de moy
ce sera ma dolente et piteuse mort
adiugee et executee a cause de vo
stre eslongier mais quoy que soit
vous estes celle et seule viuante
que ie vueil obeir / et ayme trop
plus chier la mort en vous obeis-
sant / que en ce monde viure voi-
re et estre perpetuel non acomplis
sant vostre noble commandement
vecy le corps de celuy qui est tout
vostre/taillez/rõgnez/pnez / ostez
et faictes tout ce quil vous plaist
De katherine estoit marrie et des
plaisante oyãt son seruiteur quel
le aymoit plus loyaulment q̃ nul
aultre / le voyant aussi plus trou
ble que dire on ne le vous pourroit
Il ne le fault que penser et non en
querre et se ne feust pour la grant
vertu que dieu en elle nauoit pas
oubliee de mettre largement et a
comble elle se feust offerte de luy
faire compaignie en son voyage/
mais esperãt de quelq̃ iour recou
urer a ce q̃ treseureusement faillir
le retira de ce propos / et certaine
piece apres si lui dist / mon amy
cest force que vous en allez/ si vo⁹
prie que vous noubliez pas celle q̃

vous a fait le don de son cueur
Et affin que vous ayez couraige
de mieulx soustenir la tresioyeu-
se et horrible bataille que raison
vous livre et a maine a vostre dou
loureux partement/ encontre vo-
stre vouloir et desir ie vous pro-
metz et asseure sur ma foy q̃ tant
que ie vive aultre homme nauray
a espouse de ma voulente et bon
gre que vous. voire tãt que vous
me soyez leal et entier comme ies-
poire que vous serez: et en appro-
bacion de ce ie vous donne ceste
verge qui est dor esmaillee de lar
mes noires Et se daventure on
me vouloit ailleurs marier ie me
deffendray tellement et tiendray
telz termes que vo⁹ devrez estre
de moy content/et vous monstre
ray que ie vous vueil tenir sans
faulser ma promesse. Or ie vous
prie que tantost que vous serez ar
reste ou que ce soit que mescripvez
de voz nouvelles et ie vous res-
cripray des myennes. Ha ma
bonne maistresse dist girard / or
voy ie bien quil fault que ie vous
abandõne pour vne espace/ie prie
a dieu quil vous doint plus de
bien et plus de ioye quil ne map-
pert en avoir/vous mavez fait de
vostre grace non pas que ien soye
digne vne si haulte et hõnorable
promesse qui nest pas en moy de
vous en scavoir seulement suffi-
samment mercier/et encore ay ie le
pouoir de le desservir / mais po⁹
tant ne demeure pas q̃ ie nen aye
la cõgnoissance/ et si vous ose biẽ
faire la pareille ꝓmesse vous sup-
pliant treshumblement et de tout
mon cueur q̃ mon bon et leal vou
loir me soit repute de tel et aussi
grãt merite que sil partoit de pl⁹
homme de bien que moy. Et a
dieu ma dame mes yeulx demã
dent a leur tour audience qui cou
pent a ma langue son parler: et a
ces motz la baisa et elle lui tressẽ
rement et puis sen allerent chascũ
en sa chambre plaindre ses dou-
leurs/dieu scait silz ploroient de
yeulx du cueur et de la teste. Au
fort a leure quil se convint mon-
strer chascun sefforca faire aultre
chiere de semblant et de bouche
que le desole cueur ne faisoit. Et
pour abregier girard fist tant en
peu de iours quil obtint congie de
son maistre q̃ ne fut pas trop dif
ficile a impetrer nõ pas pour faul
te quil eust fait mais a loccasion
des amours de lui et de kathe
rine dont les amis delle estoient
mal contens/ pourtãt que girard
nestoit pas de si grant lieu ne de
si grant richesse comme elle estoit
et pource doubtoiẽt quil ne la fiã
cast/aĩsi nen advĩt pas et si le ptit
girard et fist tant par ses iournees
ql vint ou pays de barrois et trou

na retenance a lostel dung grant baron du pais : et lui arreste tantost manda et fist scavoir a sa dame de ses nouvelles qui en fut tres ioyeuse / et par son messaiger mesmes lui rescripuit de son estat et du bon vouloir quelle avoit et auroit vers lui tant quil vouldroit estre loyal. Or vous fault il scavoir q tantost que girard fut party de brebant plusieurs getilz hômes escuiers et chevaliers se vindrent acointer de katherine desirâs sur toutes aultres sa bienveillance et sa grace qui durant le temps que girard servoit et estoit preset ne se monstroient / ne apparoient / saichans de vray quil alloit devât eulx a lestrende / et de fait plusieurs la requirent a monseigneur son pere de lavoir en mariage / et entre aultres lui en vint vng q lui fut aggreable. Si manda plusieurs ses amis / et sa belle fille aussi et leur remonstra comment il estoit desia ancien et que vng des grans plaisirs quil pourroit en ce monde avoir / ce seroit de veoir sa fille en son vivant bien alliee.

Leur dist au surplus vng tel gentil hôme ma fait demander ma fille ce me semble tresbien son fait et se vous le me côseillez et ma fille me veille obeir il ne sera pas escondit en sa treshonourable requeste. Tous ses amys et parês louerent et accorderent beaucoup ceste aliance tant pour les vertus et richesses que aultres biês dudit gêtil hôme. Et quât vint a scavoir la voulente de la bonne katherine elle se cuida excuser de non soy marier remonstrant et alleguant plusieurs choses dont elle se cuydoit desarmer et eslongier ce mariage / mais en la parfin elle fut a ce menee que selle ne vouloit estre en la male grace de pere / de mere de parens / damis / de maistre et de maistresse qlle ne tiêdroit poît la promesse qlle a fait a girard sô serviteur. Si sadvisa dung tres bon tour pour contenter tous ses parens sans enfraindre la loyaulte quelle veult a son serviteur et dit Mon tresredoubte seigneur et pere ie ne suis pas celle qui vous vouldroie en nulle maniere du monde desobeir / voire sans la promesse que ie auroye faicte a dieu mon createur de qui ie tiens plus que de vous Or est il ainsi que ie mestoie resolute en dieu et proposay et promis en mon cueur avoye nô pas de iamais moy marier, mais de le non faire encores ne encores attendant q par sa grace me voulsist enseigner cest estat / ou aultre plus seur pour sauver ma povre ame. Neantmoins pource que ie suis celle qui pas ne vous vueil troubler ou ie puisse bonnement a

rencontre ie suis contente dempré
dre lestat de mariage ou autre tel
quil vous plaira / moyennant quil
vous plaise moy donner congie
de aincoys faire vng pelerinaige
a sainct nicolas de Varengeuille
lequel iay voue et promis auant q
iamais ie change lestat ou ie suis
et ce dist elle affin quelle peust ve
oir son seruiteur en chemin et luy
dire comment elle estoit forcee et
menee contre son veu. Le pere ne
fut pas moyennement ioyeux de
ouyr le bon vouloir et la saige res
põse de sa fille. Si lui accorda sa
requeste et prestement voulut dis
poser de son partemẽt et disoit des
ia a ma dame sa fẽme sa fille pre
sente nous lui baillerons vng tel
gentil hõme / vng tel / et vng tel / y
sabeau marguerite et iehanneton
cest assez pour son estat. Ha mon
seigneur dist katherine no⁹ ferõs
aultrement sil vous plaist / vous
scauez q le chemin de cy a sainct
nycolas nest pas biẽ seur / mesme
ment pour gens q mainent estat et
conduisent femmes / et a quoy on
doit bien prendre garde: ie ny po⁹
roie aussi aller sans grosse despẽce
et aussi cest vne grant voie : et sil
nous aduenoit meschief de estre
prins ou destroussez de biens / ou
de nostre honneur que ia dieu ne
vueille / ce seroit vng merueilleux
desplaisir si me sẽbleroit bon sau
ue toutesfois vostre bõ plaisir que
me fissiez faire vng habillemẽt dõ
me / et me baillassiez en la condui
te de mon oncle le bastard chascũ
monte sur vng petit cheual / nous
yrions plus tost / plus seurement
et a mains de despens: et sainsy
le vo⁹ plaist ie lentreprendray pl⁹
hardiment que dy aller en estat:
Ce bon seigneur pensa vng peu
sur ladvis de sa fille : en parla a
ma dame: si leur sembla que lou
uerture quelle faisoit lui partoit
dung grant sens et dung tresbõ
vouloir: si furent ses choses pre
stes et ordonnees tantost pour par
tir: et ainsi se mirent au chemin la
belle katherine et son oncle le ba
stard sans aultre compaignie ha
billez a la facon dalemaigne: biẽ
et gentement estoiẽt katherine : le
maistre: loncle et le varlet: ilz firẽt
tãt par leurs iournees q leur pele
rinaige voire de saĩct nycolas fut
acomply. Et cõme ilz se mettoiẽt
au retour louãt dieu qlz nauoiẽt
encores eu q tout bien : et deuisant
dautres plusieurs choses: kathe
rine a son oncle va dire: mon on
cle mõ amy vous scauez qlest en
moy la mercy dieu q suis seule he
ritiere de monseigneur mon pere
de vous faire beaucoup de biẽs
laquelle chose ie feray voulentiers
quant a moy sera se vous me vou
lez seruir en vne menue queste que

iay entreprinse/ cest daler a lostel dung seigneur de barrois quelle lui nomma droit girard que vo⁹ scauez. Et affin que quant nous reuiendrons puisse compter quelq̃ chose de nouueau nous demanderons leans retenance/ et se nous la pouõs obtenir nous y serons p aucuns iours et verrons le pays/ et ne faictes nulle doubte que ie ny garde mon hõneur comme vne bonne fille doit faire. Loncle esperant que mieulx lui en sera cy apres et quelle est si bonne quil ny fault ia gait sur elle/ fut content de la seruir et de la compaigner en tout ce quelle vouldra: il fut beaucoup mercye nen doubtez: et deslors conclurẽt quil appelleroit sa niepce courard/ ilz vindrent assez tost comme on leur enseigna ou lieu desire et sadresserent au maistre dostel du seigneur qui estoit vng ancien escuier qui les receust comme estrangiers treslyement et honnorablement/ courard lui demanda se monseigñr son maistre ne vouldroit pas seruice dung ieune gentil homme qui queroit aduenture et demandoit a veoir pais: le maistre dostel demãda dont il estoit et il dist quil estoit de breban/ or bien dist il vous viendrez disner ceans et apres disner ien parleray a monsigneur. Il les fist tantost cõduire en vne belle chambre et enuoya couurir sa table et faire vng tresbeau feu et apporter la souppe et la piece de mouton et le vin blãc attendant le disner: et sen alla deuers son maistre et lui compta la venue dung ieune gentil homme de breban quil le vouldroit bien seruir se le seigneur estoit content et se lui semble que ce soit son fait Pour abregier tãtost quil eust seruy son maistre il sen vint deuers courard pour lui tenir compagnie au disner et auec lui admena po⁹ ce quil estoit de breban le bon girard dessus nomme et dist a courard/ vecy vng gentil homme de vostre pays il soit le tresbien trouue ce dist courad/ et vous le tresbiẽ venu ce dist girard mais creez quil ne recongneust pas sa dame mais elle lui tresbien/ durãt que ces accointances se faisoiẽt la viãde fut apportee et assise empres le maistre dostel chascun en sa place. Ce disner dura beaucoup a courard/ esperant apres dauoir de bonnes deuises auec son seruiteur/ pensant aussi quil la recongnoistra tantost tant a sa parolle comme aux responses quil lui fera de son pays de breban/ mais il alla tout aultrement/ car oncqs durant le disner le bon girard ne demandoit apres homme ne femme de breban dõt courard ne scauoit que penser. Ce disner fut pas feet apres disner monseigneur re tint courard en son seruice; et le maistre dostel tresscient homme ordonna que girard et courard pource quilz sont tous dung pays auroient chambre ensemble / et apres ceste retenue girard et courard se prindrent a bras et sen vont veoir leurs cheuaulx / mais au regard de girard sil parla oncques ne demanda rien de breban. Si se print a doubter le poure courard / cest assauoir la belle katherine quelle estoit mise auec les pechiez oubliez et que sil en estoit rien a girard / il ne se pourroit tenir quil nen demandast / ou au moins du seigneur / ou de la dame ou elle demouroit. La pourete estoit sans gueres se monstrer en grant destresse de cueur / et ne sauoit lequel faire / ou de soy encores celer et de lesprouuer par subtilles parolles / ou de soy prestement faire congnoistre / au fort elle sarresta que encores demourra courard et ne demandera pas katherine se girard ne tient aultre maniere. Ce soyr se passe comme le disner / et vindrent en leur chambre girard et courard parlans de beaucoup de choses / mais il ne venoit nulz propos en termes q gueres pleussent audit courard Quant il vit quil ne diroit rien se on ne luy met en bouche / elle lui demanda de quelz gens il estoit de breban / ne comment il estoit la venu / et comment on se portoit audit pays de breban depuis quelle ny auoit este / et il en respondit tout ce que bon lui sembla. Et congnoissez vous pas dist elle vng tel seigneur et vng tel Sainct iehan ouy dist il et au dernier elle lui nomma le seigneur / et il dist quil le congnoissoit bien sans dire quil y eust demoure / ne aussi que iamais en sa vie y eust este. On dit se dit elle que il ya de belles filles leans en congnoissez vous nulles / bien peu dist il / et aussi il ne men chault laissez moy dormir ie meurs de sommeil. Comment dist elle pourez vous dormir puis que on parle de belles filles / ce nest pas signe que vous soiez amoureux. Il ne respondit mot / mais sendormit comme vng pourceau / et la poure katherine se doubta tantost de ce quil estoit / mais elle conclud quelle lesprouuera plus auant Quant vint a lendemain chascun sabilla parlant et deuisant de ce que plus lui estoit Girard de chiens et doyseaulx / et courard des belles filles de leans et de breban. Quant vint apres disner courard fist tant quil destourna girard des aultres et lui va dire que le pays de barrois desia luy desplaisoit et que vraiement breban est toute aultre marche / et en son langaige lui donna assez a congnoistre que le cueur lui tiroit fort devers brebã Auquel propos ce dit girard que voyez vous en breban qui nest icy et navez vous pas icy les belles forestz pour la chasse les belles riuieres / ⁊ les plaines tant plaisantes qua souhaitier pour le deduit des oyseaulx en tant de gibier et aultre. Encores nest ce riens ce dist courard / les femmes de breban sont bien aultres qui me plaisent bien autant et plus que voz chasses et voliers. Sainct iehan cest aultre chose ce dist girard / vous y seriez hardiment amoureux en vostre breban ie loz bien. Par ma foy ce dist courard il nest ia mestier qͥl soit cele ie suis amoureux voirement/et a ceste cause me y tire le cueur tant radement ⁊ si fort que ie fais doubte que force me sera dabandonner vng iour vostre barrois/car il ne me sera pas possible a la longue de longuement viure sans veoir ma dame. Cest folie dõc ce dist girard de lauoir laissie se vous vous sentiez si incõstant/Inconstant mon amy/⁊ ou est celui q̃ peult mestrier loyaulte amoureux/ il nest si saige ne si aduise qui si saiche seuremẽt conduyre/amours bennist souuent des seruans et sans raison Ce propos sans plus auãt le desduire se passa et fut heure de souper et ne se raceillerent au deuiser tant quilz furent au lit couchiez/et creez que de par girard iamais nestoit nouuelles que de dormir se courard ne leust assailly de procez qui cõmenca vne piteuse/ longue et douloreuse plainte ap̃s sa dame que ie passe pour abregier/et si dist en la fin. Helas girard et comment pourez vous auoir enuie ne fain de dormir au pres de moy qui suis tãt esueille qui nay esperit qui ne soit plain de regretz / dennuy et de soucy/cest merueilles que vo' nẽ estes vng peu touchie/et croiez se cestoit maladie cõtagieuse vo' ne seriez pas seuremẽt si pres sãs auoir des esclaboutures Helas ie vous prie se vous nen sentez nulles:avez au mains pitie et cõpassion de moy qui meurs sur bout se ie ne vois bien brief ma dame y amoure. Je ne veis iamais si fol amoureux ce dist girard. Et pensez vous que ie naye point este amoureux/certes ie scay bien q̃ cest car iay passe par la comme vous/certes si ay/mais ie ne fus oncques si enraige que den perdre le dormir ne la cõtenance comme vous faictes maintenant vous estes beste et ne prise point vostre amour vng blanc. Et pensez vous quil en soit autant a vostre dame/ nẽ ny neny. Je suis tout seur que si ce dit courard/ elle est trop lealle pour noublier. Ha dea vous direz ce que vouldrez ce dit girard / mais ie ne croiray ia que femmes soient si leales que pour tenir telz termes et ceulx qui le cuident sont parfais coquars. Jay ayme comme vous et encores en ayme ie biē vne: et pour vous dire mon fait ie partis de breban a loccasion damours ⁊ a leure q̄ ie partis iestoye bien en la grace dune tresbelle bōne ⁊ noble fille que ie laissay a tresgrant regret et me despleust beaucoup par aucuns peu de iours dauoir perdu sa presence nō pas que ien laissasse le dormir ne boire ne menger comme vous. Quāt ie me veis aīsi delle eslōgie ie voulus vser pour remede du cōseil de ouide / car ie neuz pas si tost laccoītāce et entree seans que ie ne priasse vne des belles qui y soit / et ay tant fait la dieu mercy quelle me veult beaucoup de bien et ie layme beaucoup aussi / ⁊ par ce point me suis ie deschargie de celle que par auant aymoie / et ne men est a present non plus que de celle que oncques ne veis tant men a reboute ma dame de present. Et comment ce dist courard est il possible se vous aymiez biē lautre que voꝰ la puissiez si tost oublier ne abandonner: ie ne le scay entendre moy ne concepuoir comment il se peust faire / il sest fait toutesfois entēdez le se vous scauez / ce nest pas bien garde loyaulte ce dist courard / quant a moy iaimeroye plus cher mourir mille fois se possible mestoit que dauoir fait a ma dame si grant faulsete: et ia dieu ne me laisse tant viure que iaye non pas le vouloir seulemēt / mais vne seule pēsee de iamais aymer ne prier aultre quelle. Tant estes voꝰ plꝰ beste ce dist girard: et se voꝰ maītenez ceste folie iamais vous naurez bien ⁊ ne ferez que sōgier ⁊ muser: et secherez sur terre comme la belle herbe dedens le four / et serez homicide de vous mesmes et si nē aurez ia gre / mesmes vostre dame nen fera que rire se vous estes si eureux quil viēne a la congnoissance. Comment ce dist courard vous scauez damours bien auāt ie vous requiers dont que vueillez estre mon moyen seans ou aultre part que ie face dame par amours / assauoir mon se ie pourroie garir comme vous: ie vous diray ce dist girard: ie vous feray demain deuiser a ma dame et aussi ie lui diray que nous sommes compaignōs et quelle face vostre besoigne a sa compaigne: et ie ne doubte point se vous voulez que encores nayons du bon temps et que bien brief se passera la reuerie qui vous affole / voire se a vous ne tient. Se ce nestoit pour faulser mon serment a ma dame ie le de sireroie beaucoup ce dist couvard mais au fort iessaieray comment il men prendra: et a ces motz se re tourna girard et sendormit et katherine estoit de mal tant oppres see voyant et oyant la desloyaulte de celluy quelle aymoit plus q̃ tout le monde quelle se souhaitoit morte et plus que morte: non pour tant elle adossa la tendreur feminine et sadouba de virile vertu/ car elle eust bien la constance de lendemain longuement et largement deuiser auec celle qui par amours aymoit celui au monde q̃ plus chier tenoit mesmes forca sõ cueur et ses yeulx fist estre notaires de plusieurs entretenances a son tresgrant et mortel preiudice. Et cõme elle estoit en parolles auec sa compaigne elle aperceut la verge que au partir donna a son desloial seruiteur qui lui percust ses douleurs/ mais elle ne fut pas si folle non pas par couuoitise de la verge q̃lle ne trouuast vne gracieuse facon de la regarder et bouter en son doy: et sur ce point comme non y pensant se part et senva et tantost que le souper fut passe elle vint a son oncle et lui dist/ no⁹ auõs assez este barrois/ il est tẽps de partir/ soiez demain prest au point du iour et aussi seray ie/ et gardez q̃ tout nostre bagaige soit bien attinte. Venez si matin quil vous plaist: il ne vo⁹ fauldra que monstrer respondit loncle. Or deuez vous scauoir que tandis puis souper que girard deuisoit auec sa dame celle qui fut sen vint en sa chãbre et se met a escripre vnes lettres quilz narroient tout du lõg et du large les amours delle et girard comme les promesses q̃ sen refirent au partir comment on la uoit voulu marier/ le refus quelle en fist: et le pelerinaige quelle entreprint pour sauuer son serment et se rendre a lui/ la desloyaulte dõt elle la trouue garny tant de bouche comme de cueur et de fait/ et pour les causes dessusdictes elle se tient pour acquittee et desobligee de la promesse quelle iadis luy fist et sen va vers son pays et ne le quiert iamais ne veoir ne rencontrer comme le plus desleal q̃l est qui iamais priast femme: et si emporte la verge quelle lui donna q̃l auoit desia mise en mal sequestre et si se peult vanter quil a couchie par troys nuytz au plus pres delle sil ya que bien si le die / car elle ne le craint. Escript de la main de celle dont il peult bien cõgnoistre la lettre et au dessoubz katherine. et c. surnommee couvard / et sur le dos au desleal girard. et c. Elle ne dormit gueres la nuyt et aussi tost que on vit du iour elle se leua tout doulcemēt et sabilla sans ce que oncques girard sesueillast: et prent sa lettre quelle auoit bien close et fermee et la boute en la manche du pourpoint de girard ⁊ a dieu le commanda tout en basset en plourant tendrement pour le grant deul q̄lle auoit du tresfaulx ⁊ mauuais tour quil lui auoit ioue Girard dormoit qui mot ne respondit/ elle sen vient deuers son oncle q̄ lui bailla son cheual et elle monte et puis tirēt pais tant quilz vindrent en breban ou ilz furent receuz ioyeusemēt dieu le scait. Et pensez qui leur fut biē demande des nouuelles et aduētures de leurs voyages: cōment ilz si estoiēt gouuernez mais quoy quilz respondissent ilz ne se vanterent pas de la pricipale/ pour parler cōment il aduint a girard quāt vint le iour du partement de la bonne katherine enuiron dix heures il sesueilla et regarda que son compaignon courard estoit ia leue si se pensa q̄l estoit tart/ ⁊ sault tout en haste et chercha son pourpoint: et comme il boutoit son bras dedens lune des manches il en saillit vnes lettres dont il fut assez esbahy/ car il ne luy souuenoit pas que nulles y en eust boutees/ il les releua toutesfois et voit quelles sont fermees: et auoit au dos escript au desloial girard. ⁊c.

De par auant auoit este esbahy/ encores le fut il beaucoup plus. A certaine piece apres il les ouurit ⁊ voit la subscripciō qui disoit/ Katherine surnommee courard/ ⁊c. si ne scait que penser: il les list neantmoins et en lisant le sang luy monte et le cueur lui fremist et deuint tout altere de maniere et de couleur a quelque meschief que ce fut il acheua de lire sa lettre/ par laquelle il congneut que sa desloyaulte estoit venue a la cōgnoissance de celle qui lui vouloit tant de bien/ non quelle le sceust estre tel au rapport daultruy/ mais elle mesmes en personne en a faicte la vraie informacion/ et qui plus pres du cueur lui touche il a couche troys nuytz auec elle sans lauoir guerdonnee de la peine quelle a prinse de si loing le venir esprouuer. Il ronge son frain et enraige tout vif quāt il se voit en celle peleterie. Et apres beaucoup dauis il ne scait aultre remede q̄ de la suir et biē lui semble quil la rataindra/ si prent congie de son maistre et se met a la voye suiuāt le froye des cheuaulx de ceulx q̄ oncq̄s ne rataignit tant quilz fussent en breban ou il vint si a point que cestoit le iour des nopces de celle qui la esprouue laq̄lle il cuyda bien aller baiser et saluer ⁊ faire vne orde excusance de ses faul tes mais il ne lui fut pas souffert car elle lui trouua lespaule : et ne sceust tout ce iour ne ōcques puis apres trouuer maniere ne facō de deuiser auecques elle/ mesmes il sadvanca une fois pour la mener dancer/mais elle le reffusa plainemēt deuant tout le monde dōt plusieurs a ce prindrent garde.

Ne demoura gueres apres que ung aultre gentilhōme entra dedēs qui fist corner les menestriers et sauanca par deuant elle/et elle descendit ce voyant girard et sen alla dancer. Ainsi dont comme auez ouy perdit le desloyal sa dame/sil en est encores daultres telz ilz se doiuent mirer en cest exemple/qui est notoire et vray/et aduenu depuis naguerres.

La.xxvii.nouuelle par mōseigneur de beauuoir.

Ce nest pas chose peu acoustumee especialement en ce royaulme que les belles dames et damoiselles se trouuent voulentiers et souuent en la compaignie des gentilz compaignons. Et a loccasion des bons et ioyeux passetēps quelle ont auec eulx / les gracieuses et doulces requestes quilz leur font ne sont pas si difficiles a impetrer. A ce propos na pas long temps que ung tresgentil seigneur que on peult mettre ou renc et du compte des princes dont ie laisse le nom en la plume se trouua tāt en grace dune tresbelle damoiselle qui mariee estoit dont le bruit delle nestoit pas si peu congneu que le plus grant maistre de ce royaulme ne se tenist pour treseureux den estre retenu seruiteur laquelle lui voulut de fait monstrer le bien qlle lui vouloit/ mais ce ne fut pas a sa premiere voulēte tant lempeschoient les anciens aduersaires et ennemis damours et par especial plus lui nuysoit sō bon mary tenant le lieu en ce cas du tresmauldit dangier / car se ce ne fust il son gentil seruiteur ne eust pas encores a lui tollir ce que bonnement et par hōneur donner ne lui pouoit. Et pensez que ce seruiteur nestoit pas moyennement mal content de ceste longue attēte / car lacheuement de sa gente chasse lui estoit plus grant cur et trop plꝰ desire que nul aultre biē quesconque que aduenir iamais luy pouoit. Et a ceste cause tant cōtinua son pourchas q̄ sa dame lui dist/ ie ne suis pas mains desplaisante q̄ vous par ma foy q̄ ie ne vous puis faire aultre chiere/ mais voꝰ scauez tāt q̄ mon mary soit ceās force est q̄ il soit ētretēnu Helas dist il et nest il moyen q̄ se puisse trouuer dabreger mon dur et cruel martire. Elle q̄ cōme dessus est dit nestoit pas en maldre desir de soy trouuer a part auec son seruiteur q̄ luy mesmes si luy dist venez anuit a telle heure heurter a ma chābre ie vous feray mettre dedēs ⁊ trouueray facon de estre deliuree de mō mary se fortune ne destourne mon entreprinse Le seruiteur ne ouyt iamais chose q̄ mieulx lui pleust: ⁊ apres les remercimēs gracieux et deux en ce cas dont il estoit bon maistre ⁊ ouurier se part delle attendant et desirant son heure assignee. Or deuez vous scauoir q̄ enuiron vne bonne heure/ ou plus ou mains deuāt leure assignee dessusdicte nostre gentille damoiselle auec ses fēmes ⁊ son mary q̄ sa derriere pour ceste heure estoit en sa chābre retraicte puis le souper ⁊ nestoit pas croiez son engin oyseux/ mais labouroit a toute force pour fournir la promesse a son seruiteur / maintenāt pēsoit dung puis maintenāt dūg aultre/ mais riē ne lui venoit a sō entendemēt qui peust eslongier ce mauldit mary ⁊ toutesfois approchoit fort leure tresdesiree. Cōme elle estoit en ce ꝑfont penser fortune lui fut si tresamye que mesmes son mary dōna le tresdoulx auertissement de sa dure chāce ⁊ mal aduēture couertie en la ꝑsonne de son aduersaire cest assauoir du seruiteur dessusdit en ioye nō pareille de deduit soulas ⁊ liesse/ regardant par la chābre. Tāt regarda ql apparceut dauēture aux piez de la couchete vng bahu q̄ estoit a sa fēme. Et affin de la faire parler ⁊ loster de son penser demāda de quoy seruoit ce bahu en la chābre/ ⁊ a quel ꝑpos on ne le portoit en la garderobe/ ou en quelq̄ aultre lieu sans en faire leans parement. Il ny a point de peril mōseigneur ce dist ma damoiselle/ ame ne vient icy que nous aussi ie luy ay fait laissier tout a propos pour ce que encores sont aucūes de mes robes dedens/ mais nen soyez ia mal content mon amy/ ces fēmes losteront tantost. Mal cōtent dist il nenny par ma foy / ie layme autant icy que ailleurs puis quil voꝰ plaist/ mais il me semble bien petit pour y mettre voz robes bien a laise sans les froisser/ attendu les

grandes et longues traynees quõ
fait au iourduy. Par ma foy mõ
seigneur dist elle il est assez grant
il ne le me peult sẽbler dist il vraie
ment: et le regardes bien. Or ca
monseigneur dist elle voulez voꝰ
faire vng gaige a moy/ouy vraie
ment dist il/quel sera il. Je gaige
ray sil voꝰ plaist pour demye dou
saine de bien fines chemises encõ
tre le satin dune cotesimple que
nous vous bouterõs bien dedẽs
tout aĩsi que vous estes. Par ma
foy dist il ie gaige que nõ/ et ie gai
ge que si. Or auant ce dirent les
fẽmes nous verrõs qui le gaigne
ra: a lesprouuer le scaura on dist
mõseigneur. Et lors sauãce ⁊ fist
tirer du bahu les robes qui estoiẽt
dedens et quant il fut vuide ma
damoiselle et ses femmes a quel
que meschief que ce fust firent tãt
q̃ monseigneur fut dedens tout a
son aise/et a cest coup fut grande
la noise et autant ioyeuse / et ma
damoiselle alla dire/or monsei-
gneur vous auez perdu la gaigeu
re voꝰ le cõgnoissez biẽ faictes pas
ma foy ouy dist il cest raison: ⁊ en
disãt ces poles le bahu fut ferme
et tout iouant/riant et esbatãt pri
drent toutes ensemble et hõme et
bahu et lemporterent en vne peti
te garderobe assez loing de la chã
bre: et il crie et se demaine faisant
grant bruit et grant noyse / mais

cest pour neant/car il fut la laisse
toute la belle nuyt/pense, dorme
face du mieulx q̃l peult /car il est
ordonne par ma damoiselle ⁊ son
estroit conseil q̃l nen partiroit mes
huyt pource quil a tant empesche
le lieu. Pour retourner a la matie
re de nostre propos encommence
nous laisserons nostre homme et
nostre bahu, et dirons de ma da
moiselle qui attendoit son seruite[ur]
auecques ses femmes qui estoient
telles et si bonnes et si secretes que
riens ne leur estoit cele de ses af-
faires/lesquelles scauoient bien q̃
le bien aime seruiteur se a lui ne te
noit tiendroit la nuyt le lieu de ce
luy qui au bahu fait sa penitence
Ne demoura gueres que le bon
seruiteur sãs faire effroy ne bruit
vint heurter a la porte/et au heur
ter quil fist on le congneut tantost
et la estoit celle qui le bouta dedẽs
il fut recẽu ioyeusement ⁊ liement
et entretenu doulcement de ma
damoiselle et de sa compaignie
et ne se donna garde quil se trou-
ua tout seul auecques sa dame
qui lui compta biẽ au long la bon
ne fortune que dieu leur a dõnee.
cest assauoir cõment elle fist la gai
geure a son mary dentrer ou ba-
hu: comment il y entra: et comme
elle ⁊ ses femmes lõt porte en vne
garderobe. Cõment ce dist le ser
uiteur ie ne cuydoie poĩt quil fust

ceans/par ma foy ie pensoye moy q vous eussiez trouue aucune fa-facon de lenuoyer ou faire aller de hors: et q ieusse icy tenu meshuit sõ lieu. Vous nẽ yrez pas pourtant dist elle: il na garde dyssir dont il est: et si a beau crier/il nest ame de nulz sẽs qui le puist ouyr: et croiez quil demourra meshuit par moy se vous le voulez desprisonner ie men rapporte a vous/nostre dame dist il sil nen failloit tant q ie len fisse oster il auroit bel attendre Or faisons donc bõne chiere dist elle et ny pensons plus Pour abregier chascun se despouilla et se coucherẽt les deux amans dedẽs le beau lit ensemble bras a bras et firent ce pourquoy ilz estoient assemblez que mieulx vault estre pẽse des lisans questre note de lescripuant. Quãt vint au point du iour le gentil seruiteur se partit de la dame le plus secretemẽt ql peut et vint a son logis dormir comme iespoire ou desieuner/car de tous deux auoit besoing. Ma damoiselle qui nestoit pas mains subtille que saige et bonne / quant il fut heure se leua et dist a ses femmes Il seroit desormais heure de oster nostre prisõnier/ie vois veoir quil dira et sil se vouldra mettre a finance. Mettez tout sur nous dirent elles/nous lappaiserons biẽ/ croiez q si feray ie dist elle/et a ces motz se seigne et sen va: et comme nõ pensant a ce quelle faisoit tout daguet et a propos entra dedẽs en la garderobe ou son mary encores estoit dedens le bahu clos Et quant il ouyt il commenca a faire grãt noise et crier a la volee quest ce cy me laira on cy dedens: et sa bonne femme qui louit ainsi demener respondit effreemẽt/et comme craintiuement faisant lignorante Hemy qest ce la que iay ouy crier Cest moy de par dieu cest moy dist le mary. Cest vous dist elle et dont venez vous a ceste heure. Dont ie viens dist il et vous le scauez biẽ ma damoiselle il ne fault ia quõ le vous die/mais vous faictes de moy au fort ie feray quelq iour de vous: et sil eust endure ou ose il se fust voulentiers courrouce et eust dit vilẽnie a sa bonne fẽme: et elle q le congnoissoit lui coupa la parolle et dist/mõseigneur pour dieu ie vous crie mercy: par mon serment ie vous asseure que ie ne vous cuydoie pas icy a ceste heure: et croiez que ie ne vous y eusse pas quis: et ne me scay assez esmerueiller dont vous venez a y estre encore/car ie chargey hier au soir a ces femmes quelles vous missent dehors tandis que ie disoie mes heures: et elles me dirẽt que si feroiẽt elles/et de fait lune me vint dire q vous esties dehors

et desia alle en la ville et que ne re
uiendriez meshuit: et a ceste cause
ie me couchay assez tost apres sãs
vous attendre. Sainct iehan dist
il vous voyez que cest / or vous ad
uancez de moy tirer dicy: car ie
suis tant las que ie ne puis plus.
Cela feroye biẽ monseigneur dist
elle mais ce ne sera pas deuant q̃
vous nayez promis de moy paier
de la gaigeure que auez perdue /
et pardonnez moy toutesfois / car
aultrement ne le puis faire / et ad
uancez vous de par dieu / ie le
payeray vrayement et ainsi vous
le promettez / ouy par ma foy. Et
ce procez fine ma damoiselle def=
ferma le bahu ⁊ mõseigneur yssit
dehors lasse / froisse ⁊ trauaille /
et elle le prẽt a bras ⁊ baise ⁊ accol
le tant doulcemẽt que on ne pour
roit plus: en lui priant pour dieu
q̃l ne soit point mal content. Adõc
le poure coquart dist q̃ non estoit
il puis q̃lle nen scauoit rien / mais
il pugnira trop bien ses fẽmes sil
y scait aduenir. Par ma foy mon
seigneur dist elle / elles sen sõt ores
bien vengees de vous ie ne doub
te point que vous ne leur ayez fait
quelque chose. Non ay certes que
ie saiche mais croyez que le tour q̃
elles mont ioue leur sera chier ven
du. Il neut pas fine ce propos que
toutes ses fẽmes entrerent dedẽs
qui si tres fort rioient et de si grãt
cueur q̃lles ne sceurent mot dire
grant piece apres. Et monseigñr
qui deuoit faire merueilles quãt
il les vit rire en ce point ne se peust
tenir de les contrefaire / et ma da
moiselle pour lui faire cõpaignie
ne si faignit point. La veissiez vo⁹
vne merueilleuse risee et dung
coste et daultre / mais cellui qui
en auoit le mais cause ne sen pou
oit rauoir. Apres certaine piece ce
passe temps cessa et dist monsei=
gneur. Ma damoiselle ie vous
mercye beaucoup de la courtoisie
que mauez anuyt fait / a vostre cõ
mandement monseigneur respon
dit lune. Encores ne estes vous
pas quitte / vous nous auez fait ⁊
faictes tousiours tant de peine ⁊
de meschief que nous vous auõs
garde ceste pensee / et nauons aul
tre regret que plus ny auez este et
se neussions sceu de vray quil ne
eust pas biẽ pleu a ma damoisel
le encores y fussiez vous ⁊ prenez
en gre. Est ce cela dist il / or bien
bien / vous verrez cõment il vous
en prendra: et p ma foy ie suis biẽ
gouuerne quant a uec tout ce mal
que iay eu on ne me fait que far=
ser ⁊ encores qui pis est il me fault
payer la cote simple de satin. Et
vraiment ie ne puis a maine que
dauoir les chemises de la gaigeu
re en recompensacion de la peine
quõ ma faicte. Il ny a par dieu q̃

raison dirent les damoiselles/ nous voulons a ceste heure estre pour vous monseigneur: et vous les aurez/ naura pas ma damoiselle: a quel propos dist elle/ il a perdu la gaigeure/ dea nous scavons trop bien cela/ il ne les peult avoir de droit aussi ne les demande il pas a cest intencion / mais il les a bien desservies en aultre maniere. A cela ne tiendra il pas dist elle/ ie feray voulentiers finãce de la toille pour lamour de vos mes damoiselles qui tant bien procurez pour lui/ et vous prendrez biẽ la peine de les coutre/ ouy vraiement ma damoiselle. Comme celui qui ne fait que escourre la teste au matin quant il se lieue quil ne soit prest/ ainsi estoit mõseigneur car il ne lui faillit que une secousse de verges a nettoyer sa robe et ses chausses quil ne fust prest: et ainsi a la messe sen va et ma damoiselle et ses femmes le suyuent quilz faisoient de lui ie vous asseure grans risees. Et croyez q̃ la messe ne se passa pas sans foison de ris soudains/ quãt il leur souuiẽt du giste que monseigneur a fait au bahu lequel ne le scait encores qui fut celle nuyt enregistre ou livre qui na point de nom et se nest que daventure/ ceste hystoire viẽne entre ses mains iamais nen aura se dieu plaist congnoissance ce que pour rien ie ne vouldroie. Si prie aux lisans qui le congnoissẽt q̃ bien se gardent de lui monstrer.

La .xxviij. nouvelle par messire michault de chaugy.

Se au temps du tresnomme et eloquent bocace ladventure dont ie vueil fournir ma nouvelle fut advenue et a son audience et congnoissance parvenue ie ne doubte poĩt quil ne leust adioustee et mise ou renc des nobles hommes mal fortunez. Car ie ne pense pas que noble homme iamais pour vng coup eust guerres fortune plus dure a porter que le bon seigneur q̃ dieu pardoĩt/ dõt ie vous cõpteray ladventure: et se sa male fortune nest digne destre oudit livre de bocace iẽ fais iuge tous ceulx qui lorront racompter

Le bon seigneur dont ie vous parle en son temps estoit vng des beaulx princes de ce royaulme/garny et adressie de tout ce quon scauroit louer et priser vng noble homme/et entre aultres ses proprietez il estoit tel destine quentre les dames iamais homme ne le passa de gracieusete. Or lui aduit que au temps que ceste renommee et destinee flourissoit et quil nestoit bruit que de lui/amours qui seme ses vertus ou mieulx lui plaist et bon lui semble fist aliance a vne belle fille ieune gēte/gracieuse et en bō point en sa facon/ayant bruit autant et plus que nulle de son tēps tant par sa grāt et non pareille beaulte/cōme p ses tresbelles me's et vertus:et qui pas ne nuysoit au ieu tāt estoit en la grace de la royne du pais quelle estoit son demy sit les nuytz q̄ la dicte royne point ne couchoit auec le roy. Ces amo's que ie vous dis furēt si auant cōduictes quil ne restoit que temps et lieu pour dire et faire chascun a sa partie: la chose au mōde que plus lui pourroit plaire ilz ne farent pas peu de iours pour aduiser lieu et place conuenable a ce faire/mais en la fin celle qui ne desiroit pas mains le bien de son seruiteur que la saluacion de son ame saduisa dung bon tour dont tantost lauertit disant ce qui sensuit. Mon tresloyal amy vo' scauez comment ie couche auec la roine et que nullement ne mest possible se ie ne vouloie tout gaster dabandonner cest honneur et auancement dont la plus femme de bien de ce royaume se tiēdroit po' bien eureuse et honnoree: combien que par ma foy ie vous vouldroie complaire et faire vostre plaisir et daussi bon cueur comme a elle/et quil soit vray ie le vous monstreray de fait sans abandonner toutesfois celle qui me fait et peult faire tout le bien et lonneur du monde/ie ne pense pas aussi que vous voulsissiez que aultrement ie fisse Non par ma foy mamye respondit le bon seigneur/mais toutesfois ie vous prie quen seruant vostre maistresse/vostre leal seruiteur ne soit point arriere du bien que faire luy pouez qui ne luy est pas maindre chose de a vostre grace et amour paruenir/que de gaigner le surplus du monde. Vecy que ie vous feray mōseigneur d'st elle la roine a vne leuriere comme vo' scauez dont elle est beaucoup assotee et la fait couchier en sa chābre ie trouueray facon a nuyt de lencloure hors de la chambre sās q̄lle en saiche rien. Et quant chascun sera retrait ie feray vng sault iusques en la chaimbre et parmēt et deffermeray luys et le laisseray

entre ouvert. Et quant vous pen
serez que la royne pourra estre au
lit vous viendrez tout secretemēt
et entrerez en ladicte chambre, et fer
merez luis/ vous y trouverez la le
vriere qui vous congnoist assez si
se laissera bien approucher & vo⁹
vous la prendrez par les oreilles et
la ferez bien hault crier . Et quāt
la royne lorra elle la congnoistra
tantost. Je ne me doubte point ql
le ne me face lever incontinent vo²
la mettre dedēs/ et en ce poīt vien
dray ie vers vous et ne faillez poīt
se iamais vous voulez pler a moy
Ha ma treschiere et loyale amye
dist monseigneur ie vous mercie
tant que ie puis/ pensez que ie ny
fauldray pas. Et a tant se part et
sen va et sa dame aussi chascun
pensant et desirant dachever ce
qui est propose. Quen vauldroit
le long compte la levriere se cuida
rendre quant il fut heure en la chā
bre de sa maistresse comme elle a
voit acoustume/ mais celle qui la
voit condamnee dehors la fist re-
traire en la chambre au plus pres
et la royne se coucha sans ce quel-
le sen donnast garde/ et assez tost
apres lui vit faire compaignie la
bonne damoiselle qui nattendoit
que leure douyr crier la levriere et
la semonce de bataille: ne demou-
ra gueres que le gentil seigneur se
mist sur les rens et tant fist quil se
trouva en la chambre ou la levrie
re se dormoit il la quist tāt au pie
que a la main quil la trouva / et
puis la print par les oreilles et la
fist hault crier deux ou trois fois
et la royne qui loyoit congneut tā
tost que cestoit sa levriere et pēsoit
quelle vouloit estre dedens. Si
appella sa damoiselle et luy dist
mamye dea ma levriere q̄ se plaīt
la dehors/ levez vous si la mettez
dedens. Voulentiers ma dame
dist la damoiselle. Et ia soit ql
le attendist la bataille dōt elle mes
mes avoit leure et le iour assigne/
si ne sarma elle que de sa chemise
et en ce point sen vint a luys et leu
vrit ou tantost lui vint a lencōtre
cellui qui lattendoit. Il fut tant
ioyeux et tant surprins quāt il vit
sa dame si belle et en si bon point
qui lperdit force: sens et advis / et
ne fut en sa puissance adoncques
tirer sa dague pour esprouver se
elle pourroit prendre sur ses cuy-
rasses/ trop bien de baiser/ dac-
coler/ de manier le tetin et du sur
plus il faisoit assez diligēce mais
du parfait nichil. Si fut force a
la gente damoiselle quelle retour
nast sans lui laisser ce quavoir ne
povoit se par force darmes ne le
conqueroit: et ainsi quelle se vou-
lut partir il la cuidoit retenir par
force et par doulces polles mais
elle nosoit demourer/ si lui ferma

luys au visaige et sen revint par devers la royne qui lui deman-da selle avoit mis sa leuriere de-dens / et elle dist que non / car onc-ques puis ne lavoit sceu trouver et si avoit beaucoup regarde. Or bien dist la royne couchez vous / tousiours laura on bien. Le povre amoureux estoit a celle heure bien mal content qui se veoit ainsi des-honnorer et aneantir: et si cuidoit au par avant et bien tant en sa for-ce si fiet quen mains deure quil navoit este avec sa dame il en eust bien combatu telles trois et venu au dessus delles et a son honneur au fort il reprint couraige et dist bien en soymesmes sil est iamais si eureux que de trouver sa dame en si belle / elle ne partira pas com-me elle a fait lautre fois: et ainsi a-nime et esguillonne de honte et de desir il reprent la leuriere par les oreilles: et la tira si rudement tout courrouce quil estoit quil la fist crier beaucoup plus hault quelle navoit devant. Si hucha arriere a ce cry la royne sa damoiselle qui revint ouvrir luys comme devant / mais elle sen retourna devers sa mai-stresse sans conquester ne plus ne mains quelle fist a lautre fois. Or revint la tierce fois que ce po-vre gentil homme faisoit tout son povoir de besoigner comme il a-voit le desir / mais au dyable de somme sil peust oncques trouver maniere de fournir une povre dan-ce a celle qui ne demandoit autre chose et qui lattendoit tout de pie quoy. Et quant elle vit quelle nau-roit pas son panier perce et quil ne-stoit pas en lautre mettre seulement sa lance en son arrest quelque ad-vantage quelle lui fist / tantost con-gneut quelle avoit a la iouste fail-ly dont elle tint beaucoup mains de compte du ioustceur / elle ne vou-lut la plus demourer pour con-queste quelle y fist / si voulut ren-trer en la chambre et son amy la re-tiroit a force et disoit. Helas ma mie demeurez encores ung peu ie vous en prie. Je ne puis dist elle laissez moy aller / ie nay que trop demoure pour chose que iaye prouf-fite / et a tant se tourne vers la cham-bre et lautre la suivoit qui la cui-doit retenir. Et quant elle vit ce pour le bien payer et la royne con-tenter elle alla dire tout en hault Passez passez orde caigne que vous estes / par dieu vous ny entrerez meshuy meschante beste que vous estes / et en ce disant ferma luys et la royne qui louyt demanda / a qui parlez vous mamie. Cest a ce paillart chien / ma dame qui ma fait tant de peine de le querir / il sestoit boute soubz ung banc la de-dens et cachie tout de plat le mu-seau sur la terre / si ne le scavoye

trouuer: et quant ie lay eu trouue
il ne sest oncques daingne leuer
pour quelque chose que ie luy aye
fait ie leusse tresvoulentiers bou-
te dedens mais il na oncques dai
gne leuer la teste si lay laisse la de
hors et a son visaige tout par des
pit ay ferme luys. Cest tresbiē fait
mamye dist la royne/ couchez vo⁹
si dormirons. Ainsi que vous a-
uez ouy fut mal fortune ce gentil
seigneur. Et pource quil ne peust
quāt sa dame voulut/ ie tien moy
quant il eust bien depuis la puis
sance a commandement / le vou-
loir de sa dame fut hors de la
ville.

La.xxix.nouuelle par mon seigneur.

NAgaires nest pas cent ans du iour duy
que vng gentil homme de
ce royaulme voulut scauoir et es-
prouuer laise quon a en mariage:
et pour abregier fist tāt que le tres
desire iour de ses nopces fut venu
Apres les tresbonnes chierez et au
tres passetemps acoustumez les-
pousee fut couchee/ et vne certai-
taine piece apres la suiuit et se cou
cha au plus pres delle: et sans de
lay incontinēt bailla lassault a sa
forteresse a quelque meschief que
ce fust il entra dedens et la ga-
gna / mais vous deuez entendre
quil ne fist pas ceste cōqste sans
faire foison darmes qui longues
seroient a racompter / car aincoys
qt venist au donion du chasteau
force lui fut de gaigner et empor
ter belleures / baublieres et plusi-
eurs aultres fors dont la place
estoit biē garnie/ cōme celle qui ia
mais nauoit este prinse/ au mois
dont fut encores grant nouuelle
et que nature auoit mis a deffen
se. Quāt il fut maistre de la pla
ce il rōpit sa lance: et lors cessa las
sault et ploya louurre Or ne fait
pas a oublier que la bonne damoi
selle qui se vit en la mercy de ce gē
til homme/ son mary qui desia a
uoit fourraige la pluspart de son
manoir lui voulut monstrer vng
prisonnier quelle tenoit en vng se-
cret lieu enclos et enferme. Et po⁹

parler plain elle se deliura cy pris cy mis apres ceste premiere course dung tresbeau filz dont son mary se trouua si treshonteux et tant esbahy quil ne scauoit sa maniere sinon de soy taire. Et pour honnestete et pitie quil eust de ce cas il seruit la mere et lenfant de ce quil scauoit faire/mais creez que la poure gentil femme a cest coup getta vng bien hault et dur cry qui de plusieurs fut clerement ouy et entendu quilz cuidoient a la verite q̄ elle gettast ce cry a la despucelier comme cest la coustume en ce royaulme pendant ce temps les gentilz hommes de lostel ou ce nouueau marye demouroit vindrēt heurter a luys de ceste chambre et apportoiēt le chaudeau/ilz heurterent beaucoup sans ce que ame respondist/lespousee en estoit bien excusee et lespouse nauoit pas cause de trop caqueter. Et quest ce cy dirent ilz nouurirez vo' pas luys se vous ne vous hastez nous le rōprons/le chaudeau que nous vo' apportons sera tantost tout froit et lors recommencerent a heurter de plus belle mais le nouueau marye ne eust pas dit vng mot pour cent frans/dont ceulx de dehors ne scauoient que penser/car il ne estoit pas muet de coustume/au fort il se leua et print vne longue robe quil auoit et laissa ses compaignons entrer dedens qui tantost demāderent se le chaudeau estoit gaigne et quilz lapportoient a ladventure: et lors vng dentre eulx couurit la table et mist le banquet dessus/car ilz estoient en lieu po' ce faire et ou rien nestoit espargne en telz cas et aultres semblables ilz sassirent tous au mengier et le bō mary print sa place en vne chaire a dos assez prez de son lit tāt simple et tant piteux quon ne le vous scauroit dire: et quelque chose que les aultres dissent: il ne sonnoit pas vng mot/mais se tenoit cōme vne droite statue/ou vne ydole entaillee. Et quest ce cy dist lung/ne prenez vous pōit garde a la bōne chiere que nous fait nostre hoste: encores a il a dire vng seul mot Ha dea dist lautre ses bourdes sont rabaissiez. Par ma foy dist le tiers/mariage est chose de grāt vertu/regardez quant a vne heure quil a este marie il a ia perdu la force de sa langue/sil est iamais longuement ie ne donneroie pas maille de tout le surplus/et a la verite dire il estoit au par auant vng tresgracieux farseur et tant bien lui seoit que merueilles/et ne disoit iamais vne parolle puis q̄l estoit en gogues quelle naportast auec elle son ris/mais il en estoit pour leure bien reboute/ces gētilz hommes et ces gentilz cōpaignōs beuuoit dautant et dautel et a lespouse et a lespousee / mais au dyable des deux silz auoiẽt faim de boire / lung enraigeoit tout vif et lautre nestoit pas mains mal aise. Je ne me cõgnois en ceste maniere dist vng gentil homme, il nous fault festoier de nous mesmes / ie ne veis iamais homme de si hault esternu si tost rassis pour vne femme / iay veu que on neust ouy pas dieu tonner en vne compaignie ou il fust / et il se tiẽt plus quoy que vng feu couuert. Ha dea ses haultes parolles sont bien bas entonnees maintenant. Je bois a vous espouse disoit lautre / mais il nestoit pas pleigie, car il ieunoit de boire / de mengier / de bonne / chiere faire et de parler: non pourtant assez bonne piece apres quãt il eust bien este reprouue et rigole de ses compaignons / et comme vng sanglier mis aux abois de to⁹ coustez il dist / messeigneurs quãt ie vous ay bien entendus qui me semonnez si tres fort de parler ie vueil bien que vous saichez q̃ iay bien cause de beaucoup penser et de moy taire tout quoy / et si suis seur quil nya nul qui nen fist autant sil en auoit le pourquoy comme iay. Et par la mort bieu se iestoie aussi riche que le roy que mõ seigneur et que tous les prĩces crestiens si ne serois ie fournir ce qui mest apparent dauoir a entretenir / vecy pour vng poure coup q̃ iay accole ma fẽme / elle ma fait vng enfãt. Or regardez se a chascune fois que ie recommenceray elle en fait autant de quoy ie pourray nourrir le mesnaige. Cõment vng enfãt dirẽt ses compaignõs voire / voire vraiement vng enfãt vecy de quoy regardez: et lors se tourne vers son lit et lieue la couuerture et leur monstre / tenez dist il vela la vache et le veau / suis ie pas bien party / plusieurs de la compaignie furent bien esbahys et pardõnerent a leur hoste sa simple chiere et sen allerẽt chascun en sa chascune / et le poure nouueau marie abandonna ceste premiere nuyt la nouuelle accouchee et doutant q̃ elle nen fist vne aultre fois autãt / oncques puis ne si trouua

La .xxx. nouuelle par monseigneur de beauuoir.

Il est vray comme leuangile que trois bons marchans de scauoie se misdrent au chemin avec leurs trois femmes pour aller en pelerinaige a saict anthoyne de viennois/et pour y aller plus devotement rendre a dieu et a mon seigneur saict anthoyne leur voiage plus agreable:ilz conclurent avec leurs femmes des le partir de leurs maisons que tout le voyage ilz ne coucheroient pas auecques elles mais en continence yront et viendront. Ilz arriuerent vng soir en la ville de chambery et se logerent a vng tresbon logis et firent au souper tresbõne chiere comme ceulx qui auoient tresbien de quoy et qui tresbien le sceurent faire / et croy et tiens fermement se ne feust la promesse du voyage que chascun eust couche auec sa chascune

Toutesfois ainsi nen aduint pas Car quant il fut heure de soy retraire les femmes dõnerent la bõne nuyt a leurs maris et les laisserent et se bouterent en vne chãbre au plus pres ou elles auoient fait couurir chascune son lit. Or devez vous scauoir que ce soir ppre arriuerent leans trois cordeliers q sen alloient a geneue qui furent ordonnez a coucher en vne chãbre non pas trop loingtaine de la chãbre aux marchandes. Lesquelles puis quelles furent entre elles cõmencerent a deuiser de cent mille propos et sembloit pour trois ql en y auoit quõ en oyoit la noise ql suffiroit ouyr dung quarteron. Ces bõs cordeliers ouyãs ce bruit de femmes saillirẽt de leurs chãbres sans faire effroy ne bruyt/ et tant approcherent de luys sans estre ouys quilz apercevrent ces troys belles damoiselles q estoiẽt chascune a par elles en vng beau lit assez grant et large pour le deusieme receptoir daultre couste. Puis se retirent et entendirẽt les maris qui se couchoient en lautre chambre et puis disrent que fortune et honneur a ceste heure leur court seur et quilz ne sont pas dignes dauoir iamais nulle bonne adventure se ceste quilz nont pas a pourchasser par laschete leur eschapoit. Si dist lung il ne fault aultre deliberacion en nostre fait nous sommes trois et elles troys / chascun prengne sa place quãt elles seront endormies / sil fut dit aussi fut il fait et si biẽ vint a ces bõs freres cordeliers quilz trouuerent la clef de la chambre aux femmes dedens luys, si louurirent si tres souefuement quilz ne furent dame ouys / ilz ne furent pas si folz quant ilz eurent gaignie ce premier fort pour plus seurement assaillir lautre quilz ne tirassent la clef par deuers eulx et resserrerẽt tresbien luis et puis apres sãs plꝰ enquerre chascun print son quartier et commencerent a besongner chascũ au mieulx quil peut mais le bon fut / car lune cuydant auoir son mary parla et dist que voulez vous faire ne vous souuient il de vostre veu : et le bon cordelier ne disoit mot / mais faisoit ce pour quoy il estoit venu de si grant cueur quelle ne se peut tenir de luy aider a pfournir. Les autres deux daultre part nestoyẽt pas oiseux et ne scauoient ces bonnes fẽmes qui menoit leurs maris de si tost rompre et casse leur promesse / ne antmoins touesfois elles qui doyuent obeir le prindrent bien en pacience sãs dire mot chascune doubtant destre ouye de sa compaignie. Car ny auoit celle qui a la verite ne cuidast auoir seule (a em porter ce bien. Quant ces bons cordeliers eurent tãt fait que plus ne pouoient ilz se partirent sans dire mot et retournerent en leur chambre chascun comptant son aduenture. Lung auoit rompu troys lãces / lautre quattre / lautre six. Ilz se leuerent matin pour toute seurte et tyrerent pais. Et ces bonnes femmes qui nauoiẽt pas toute la nuyt dormy ne se leuerent pas trop matin / car sur le iour sõmeil les print qui les fist leuer tart.

Daultre coste leurs maris qui auoient assez bien beu le soir / et qui se attendoient a lappeau de leurs femmes dormoient au plus fort a leure car es autres iours auoiẽt ia chemine deux lieux. Au fort elles se leuerent apres le repos du matin et sabillerent le plus roide quelles peurẽt / non pas sans parler Et entre elles celle qui auoit la langue plus preste alla dire. Entre vous mes damoiselles comment auez voꝰ passe la nuyt / voz maris vous ont ilz reueillez cõme a fait le mien / il ne cessa annuyt de faire la besongne. Sainct iehan dirent elles se vostre mary a bien besõgne ceste nuyt les nostres nõt pas este oyseux / ilz ont tantost oublye ce quilz promirent au partir / et croyez que on ne leur oubliera pas a dire. Jen aduertis trop bien le myen dist lune quant il com menca / mais il nen cessa pourtãt oncques leuure / et comme homme affame pour deux nuytz quil a couchie sans moy il a fait raige de diligence. Quant elles furẽt prestes elles vindrẽt troubler leurs maris qui desia estoient comme tous prestz et en pourpoint. Bon iour bon iour a ces dormeurs dirent elles. Vostre mercy dirent ilz qui nous auez si biẽ huchiez. Ma foy dist lune nous auions plus de regret de vous appeller matin que vous nauez fait annuyt de conscience de rompre et quasser vostre veu. Quel veu dist lung. Le veu dist elle que vous feistes au partir / cest de nõ couchier auec vostre femme. Et qui ya couchie dist il vous le scauez biẽ dist elle et aussi fais ie. Et moy aussi dist sa cõpaigne vela mon mary qui ne fut pieca si roide quil fut la nuyt passee / et sil neust si bien fait son deuoir ie ne seroie pas si contente de la rõpeure de son veu / mais au fort ie le passe car il a fait comme les ieunes enfans qui veulent amploier leur bature quãt ilz ont desserui le pugnir. Sainct iehan si a fait le myẽ dist la tierce / mais au fort ie nen feray ia procez se mal y a il en est cause. Et ie tiẽs par ma foy dist lung que vous reuez et q̃ vous estes yures de dormir. Quãt est de moy iay icy couche tout seul et nen ptis annuyt / non ay ie moy dist lautre / ne moy par ma foy dist le tiers / ie ne vouldroie pour rien auoir enfraint mon veu, et si cuide estre seur de mon compere qui est cy et de mon voisin quilz ne leussent pas promis pour si tost oublier. Ces femmes commencerẽt a changier couleur et se doubterẽt de tromperie / dont lung des maris delles tantost se donna garde et lui iuga le cueur de la verite du fait. Si ne leur bailla pas induce de respondre. aincois faisãt signe a ses compaignons dist en riant. Par ma foy ma damoiselle le bon vin de ceans et la bõne chere du soir passe nous ont fait oublier nostre promesse si nẽ soyez ia mal cõtentes a ladventure se dieu plaist nous auons fait annuyt a vostre aide chascun vng bel enfãt q̃ est chose de si hault merite quelle sera suffisante deffacer la faulte du cassement de nostre veu / or dieu le vueille dirent elles / mais ce que si affermeement disiez que nauiez pas este vers nous / nous a fait vng petit doubter / nous lauons fait tout a propos dist lautre affin douyr q̃ vous diriez / et vous auiez fait double peche / cõme de faulcer vostre veu et de mẽtir a escient: et nous mesmes aussi auiez beaucoup troublees ne vous chaille non dist il / cest peu de chose mais allez a la messe et nous vous suy urons Elles se misdrent a chemin devers leglise/et leurs maris demeurerent vng peu sans les suyuir trop roide/puis dirent tous ensemble sans en mentir de mot/no⁹ sommes trompez/ces dyables de cordeliers nous ont deceuz/ilz se sont mis en nostre place et no⁹ ont monstre nostre folie/Car se nous ne voulions pas coucher auec noz femmes il nestoit ia mestier de les faire couchier hors de nostre chãbre et sil y auoit dangier de litz la belle paillade est en saison/Dea dist lung de eulx nous en sõmes chastiez pour vne aultre fois et au fort il vault mieulx que la trompe ne soit seulement sceue de nous/que de nous et de elles/car le dãgier est bien grant sil venoit a leur congnoissance vous ouez par leur confession que ces ribaulx moines ont fait merueilles darmes et espoire plus et mieulx que nous ne scauõs faire/et se elles le scauoiēt elles ne se passeroient pas pour ceste fois seulement/sen est mon conseil que nous lauałons sans macher. Ainsi me aist dieu se dist le tiers mon compere dist tresbien et quant a moy ie rappelle mon veu car se nest pas mon entencion de plus moy mettre en ce dangier. Puis que vous le voulez dirent les deux aultres/et nous vous en suyurons. Ainsi coucherent tout le voyage et fēmes et maris tout ensēble dont ilz se garderēt trop bien de dire la cause qui a ce les mouuoit. Et quant les femmes virēt ce/si ne fut pas sans demãder la cause de ceste reuerse/et ilz respondirent par couuerture puis quilz auoient commence de leur veu entrerompre il ne restoit q̃ de parfaire Ainsi furēt les trois bõs marchans des trois bons cordeliers trompez sans quil venist iamais a la congnoissance de celles qui bien en fussent mortes de deul selles en eussent sceu la verite/cõe on voit tous les iours mourir femmes de maindre cas et a moins doccasion.

La .xxxi. nouuelle racomptee par mõseigneur de la barde.

Ung gentil escuier de ce roy
aume bien renomme et de
grant bruit devint amoureux a
rohan dune tresbelle damoisel-
le et fist toutes ses diligences de
parvenir a sa grace/ mais fortu-
ne lui fut si contraire et sa dame
si peu gracieuse/quen fin il aban-
donna sa queste comme par deses
poir/il neut pas trop grant tort de
ce faire/car elle estoit ailleurs poꝛ
veue/non pas quil en sceust rien/
combien quil sen doubtast/toute
fois cellui qui en iouyssoit qui che
valier et homme de grant aucto
rite estoit/nestoit pas si peu prive
de lui quil nestoit gueres chose au
monde dont il ne se fust bie͂ a luy
descouvert sinon de ce cas/ trop
bien lui disoit il souvent/par ma
foy mon amy ie vueil bien que tu
saches que iay ung retour en ceste
ville dont ie suis beaucoup assote
car quant ie ny suis ie suis tant ꝑ
force de travail et si reboute/quo͂
ne tireroit point de moy une lievet
te de chemi͂:et se ie me treuve vers
elle ie suis homme pour en faire
trois ou quattre voire les deux
tout dune alaine. Et nest il reque
ste ne priere disoit lescuier q̃ ie voꝰ
sceusse faire que ie sceusse ta͂tseu-
lement le nom de celle/nenny par
ma foy dist lautre tu ne͂ scauras
plus avant. Or bie͂ dist lescuier
qua͂t ie seray si eureux que davoir
ries de beau/ ie vous seray aussi
pou prive que voꝰ mestes estra͂ge
Advint ce temps pendant que se
bon chevalier le pria de soupper
au chasteau de rohan ou il estoit
logie:et il y vint / et firent tresbon
ne chiere. Et quant le supper fut
passe et aucu͂ peu de devises/apꝛs
le ge͂til chevalier q̃ avoit heure as
signee daller vers sa dame/ do͂
na co͂gie a lescuier et dist/ voꝰ sca
vez que nous avo͂s demain beau
coup a besoigner et quil noꝰ fault
lever matin pour telle matiere et
pour telle quil fault expedier / cest
bon de nous coucher de bo͂ne heu
re/et pource ie vous donne la bo͂
ne nuyt. Lescuier q̃ estoit subtil/et
ce voyant doubta tantost/que ce
bo͂ chevalier vouloit aller coucher
et quil se couvroit pour luy don-
ner co͂gie des besoingnes de lende-
main mais il nen fist quelq̃ sem-
blant/ainçoys dist en prenant co͂
gie et donnant la bo͂ne nuyt. Mo͂
seigneur voꝰ dictes bie͂ / levez voꝰ
matin et aussi feray ie. Qua͂t ce bo͂
escuier fut en bas desce͂du/ il trou
va une petite mallette au pie du
chasteau et ne vit ame qui la gar
dast si pensa ta͂tost que le paige ql
avoit rencontre en descendant al
loit querir la housse de son maistre
et aussi faisoit il. Ha dist il en soy
mesmes mon hoste ne ma pas do͂
ne congie de si haulte heure sans

cause/decy sa mullette qui nattēt aultre chose q̄ ie soye envoye pour aller ou on ne veult pas que ie soie Ha mulette dist il se tu scavoys parler tu dirois de bonnes cho-ses:ie te prie que tu me maines ou ton maistre veult estre. Et a ce coup il se fist tenir lestrief par son paige et monta dessus et lui mist sa resne sur le col et la laissa aller ou bon luy sembla tout le beau pas/et la bonne mullette le mena par rues et par ruettes deca ⁊ de la tant quelle vint arrester au devant dung petit guichet q̄ estoit en vne rue oblique ou son maistre avoit acoustume de venir/ et es-toit huys du iardin de la damoiselle quil avoit tant aymee et par desespoir abandonnee/il mist pie a terre et puis heurta vng petit coup au guichet /et vne damoiselle qui faisoit le guet par vne faulse treille cuidant que ce fust le chevalier sen vit en bas ⁊ ouurit luis et dist. Monseigneur vous soiez le tresbien venu/vela ma damoiselle en sa chambre qui vous attēt Elle ne le congneut point pource quil estoit tart / et avoit vne cor-nette de veloux devāt son visaige. Adonc lescuier respōdit ie vois vers elle. Et puis dist a son pai-ge tout bas en loreille. Vaten biē a haste et remaine la mullete ou ie lay prinse ⁊ puis ten va coucher Si feray ie dist il. La damoiselle referra le guichet et sen retourna en sa chambre et nostre bō escuier tresfort pensāt a sa besongne marcha tresserreement vers la cham-bre ou sa dame estoit laq̄lle il trouva desia mise en sa cotte simple la grosse chaine dor au col. Et cōme il estoit gracieux courtois ⁊ biē emparle la salua bien honnorablement Et elle qui fut tant esbahie que se cornes lui feussent venues de prinsault ne sceut que respondre sinon a vne piece apres quelle lui demanda quil queroit leans ⁊ dont il venoit a ceste heure et qui lavoit boute dedens. Ma damoiselle dist il vo⁹ povez assez penser que se ie neusse eu aultre aide que moymesmes q̄ ie ne fusse pas icy/ mais la dieu mercy vng q̄ a plus grant pitie de moy que vous na-vez encores eu ma fait cest avan-taige. Et qui vous a admene sire dist elle. Par ma foy ma damoiselle ie ne le vous quiers ia celer/ vng tel seigneur cestassavoir son hoste du soupper my a euoie. Ha dist elle/le traistre et desloyal chevalier q̄l est se trompe il en ce poīt de moy. Or bien bien ten feray vengee q̄lque iour. Ha ma damoiselle dist lescuier ce nest pas bien dit a vo⁹/ car ce nest pas traison de faire plaisir a sō amy ⁊ lui faire secours ⁊ service quant on le peut faire/vous scauez bien la grant amitie qui est de pieca entre luy et moy et quil ny a celui qui ne die a son cōpaignon tout ce quil a sur le cueur. Or est aīsi quil ny a pas long temps que ie lui comptay et confessay tout le long de la grant amour que ie vous porte/et que a ceste cause ie nauoie nul bien en ce monde / et se par aucune facon ie ne paruenoie en vostre bonne grace il ne mestoit pas possible de longuement viure en ce douloureux martyre. Quant le bon seigneur a congneu a la verite que mes paroles nestoient pas faites doubtāt le grant inconuenient qui en pourroit sourdre a fait bien & me dire ce qui est ētre vous deux/ et aime mieulx vous abandonner en moy sauuant la vie quen moy perdant maleureusement vous entretenir et se vous eussiez este telle que vo⁹ deueriez vous neussiez pas tant attēdu de bailler confort ou guarison a moy vostre obeissant seruiteur/qui scauez certainement que ie vous ay loyaumēt seruie et obeie Je vous requiers dist elle q̄ vous ne me parlez plus de cela et vous en allez hors dicy/mauldit soit celui qui vous y fist venir. Scauez vous quil ya ma damoiselle / ce nest dist il pas mon intencion de partir dicy quil ne soit demain. Par ma foy dist elle si ferez tout maintenant Par la mort bieu nō feray / car ie coucheray auecques vous. Quant elle vit que cestoit a bon escient et quil nestoit pas hōme pour ēchacier par rudes paroles elle lui cuida donner congie p doulceur et dist. Je vous prie tāt que ie puis alez vous en pour meshuy et par ma foy ie feray vne autre fois ce que vo⁹ vouldrez. Ora dist il nen parlez plus / car ie coucheray anuyt auecques vous. Et lors commence a soy despouiller et prent la damoiselle et la maine banqueter et fist tāt pour abreger quelle se coucha et lui empres elle Ilz neurent guerez este couchez ne plus couru dune lance que vecy bon cheualier qui va venir sur sa mullette et vint heurter au guychet: et le bon escuyer qui louyt le congneut tantost si commenca a glappir contrefaisant le chien tresfieremēt Le cheualier quāt il ouyt il fut bien esbahy et autant courrouce/si reheurte de plus belle et tresrudemēt au guichet/et lautre de recommencer a glapper plus fierement que deuant. Qui est cela qui grongne dist celui de dehors / par la mort bieu ie le scauray. Ouurez huys ou ie le porteray en la place. Et la bonne gētil femme qui enraigeoit toute viue saillit a la fenestre en sa cotte simple et dist. Estes vous fault et desl loyal cheualier / vous auez beau heurter vous ny entrerez pas/ po[ur] quoy ny entreray ie pas dist il. Pource dist elle que vous estes le plus desloyal qui iamais fême accointast et nestes pas digne de vous trouuer aueques gens de bien. Ma damoiselle dist il vous blasonez tresbien mes armes ie ne scay qui vous meut/ car ie ne vo[us] ay pas fait desloyaulte q̄ ie sache Si auez dist elle la plus grant q̄ iamais homme fist a femme. Nō ay par ma foy/ mais dictes moy qui est la dedens Vous le scauez bien dist elle traistre mauuais q̄ vous estes. Et a ceste fois bon es-cuier qui estoit ou lit commenca a glappir contrefaisant le chien cōe par auant. A dea dist celluy de dehors ie nentens point cecy/ et ne scauray ie point qui est ce gron-gneur. Sainct iehan si ferez dist lescuier. Et il sault sus et vint a la fenestre dempres sa dame et dist que vous plaist il monseignr̄ vous auez tort de nous ainsi res veiller. Le bon cheualier quant il congneut quelle parloit a luy fut tant esbahy que merueilles/ et q̄t il parla il dist: et dōt viens tu cy Je viens de souper de vostre mai son pour couchier ceans. A male faulte dist il/ et puis adreca sa pol le a la damoiselle et dist. Ma da moiselle hebergez vous telz hostes ceans. Nenny monseigneur dist elle la vostre mercy qui me lauez enuoie: moy dist il/ sainct iehan non ay ie suis mesmes venu pour y trouuer ma place mais cest trop tart/ et au mains ie vous prie puis que ie nen puis auoir aucune cho se ouurez moy luys si boiray vne fois/ Vous ny entrerez par dieu ia dist elle/ sainct iehan si fera dist lescuier/ lors descendit et ouurit luys et sen vint recouchier et elle aussi dieu scait bien honteuse et bien mal contente. Quant le bon seigneur fut dedens et il eut allu me de la chandelle il regarde la belle compaignie dedens le lit et dist bon preu vous face ma da-moiselle et a vous aussi mō escuier bien grant mercis monseignr̄ dist il Mais la damoiselle qui pl[us] ne pouoit se le cueur ne lui failloit de hors du ventre ne peut oncques dire vng seul mot et cuidoit tout certainement que lescuier feust le ans arriue par ladvertissement et cōduite du cheualier si lui en vou loit tāt de mal que on ne le vous scauroit dire. Et qui vous a en-seigne la voie de ceās mō escuier dist le cheualier/ vostre mullette monseigneur dist il q̄ ie trouuay en bas ou chasteau quāt ieuz sou pe auec vous elle estoit la seule et esgaree si lui demāday quelle at tendoit et elle me respond q̄lle nat

tendoit que sa housse ⁊ vous ⁊ po'
ou aller dis ie / ou auons de cou
stume dist elle / ie scay bien dis ie
que ton maistre ne sera meshuy de
hors car il se va coucher mais mai
ne moy la ou tu scais quil va de
coustume et ie ten prie / elle en fut
contente / si montay sus elle et elle
madreca ceans la sienne bõne mer
cy. Dieu mette en mal an lorde be
ste dist le bon seigneur qui ma en
cuse. Ha que vous le valez loyau
ment monseigneur dist la damoi
selle quant elle peut prendre la pei
ne de parler ie voy bien que vous
trompez de moy mais ie vueil biē
que vous saichez que vous ny au
rez gueres donneur / il nestoit ia
mestier se vous ny vouliez pl⁹ ve
nir de y enuoyer aultruy soubz
vmbre de vous / mal vous con-
gnoist qui oncques ne vous vit.
Par la mort bieu ie ne luy ay pas
enuoye dist il mais puis quil y est
ie ne len chaceray pas et aussi il y
en a assez pour nous deux na pas
mon compaignon. Ouy monsei-
gneur dist il tout au butin et ie le
vueil si nous fault boire du mar
che. Et lors se tourna vers le dres
soir et versa du vin en vne grant
tasse q̃ y estoit et dist ie bois a vo⁹
mon compaignon et puis fist ver-
ser de lautre vin et le bailla a la
damoiselle qui ne vouloit nulle-
ment boire mais en la fin voulsist
ou non elle baisa la tasse. Or ca
dist le gentil cheualier mon com-
paignon ie vous laisseray icy be-
soignez bien vostre tour au iour-
duy le mien sera demain se dieu
plaist. Si vous prie que vous me
soyez aussi gracieux quant vous
my trouuerez que ie vo⁹ suis mai
tenant. Nostre dame mon cõpai
gnon aussi seray ie ne vous doub
tez. Ainsi sen alla le bon cheualier
⁊ laissa lescuier qui fist au mieulx
quil peut ceste premiere nuyt ⁊ ad
uertit la damoiselle de to⁹ poins
de la verite de son aduēture dõt
elle fut vng peu plus contēte que
se lautre lui eust enuoie Ainsi fut
la belle damoiselle deceue par la
mulette et contrainte dobeir ⁊ au
cheualier ⁊ a lescuier chascun a sõ
tour dont en la fin elle sacoustu-
ma et tresbien le print en pacience
Mais tant de bien y eut que se le
cheualier et lescuier sentraimoiēt
bien par auant ceste aduenture la
mour dentre eulx a ceste occasion
fut redoublee q̃ entre aucuns mal
conseillez eust engendre discort ⁊
mortelle haine.

La. xxxij. nouuelle par mõ seigneur de villiers.

Affin que ie ne soye seclus du tresheureux et hault merite deu a ceulx qui trauaillent et labeurent a laugmentacion des hystoires de ce present liure ie vous racompteray en brief vne aduenture nouuelle par laquelle on me tiendra excuse dauoir fourny la nouuelle dont iay nagueres este somme. Il est notoire verite que en la ville de hostelerie en castelloine arriuerent plusieurs freres mineurs quon dit de lobseruãce enchacez ⁊ deboutez par leur mauuais gouuernement et faincte deuocion du royaulme despaigne et trouuerent facon dauoir entree deuers le seigneur de la ville qui desia estoit ancien et tant firent pour abregier quil leur fonda vne belle eglise et beau couuent et les maintint et entretint toute sa vie le mieulx quil sceut ⁊ apres regna son filz aisne qui ne leur fist pas mains de bien que son bon pere et de fait ilz prospererent en peu de ans si bien quilz auoient suffisamment tout ce que on scauroit demander en vng couuent de mendians. Et affin que vous saichez quilz ne furent pas oyseux durãt le temps quilz aquirent ces biens ilz se mirẽt au prescher tant en la ville que par les villaiges voisīs et gaignerent tout le peuple ⁊ tãt firent quil nestoit pas bon crestien qui ne sestoit a eulx cõfesse tant auoient grant bruit ⁊ bon los de biẽ remonstrer aux pecheurs leurs de faultes mais qui les louast ⁊ eust bien en grace les femmes estoient du tout donnees tant les auoiẽt trouuez sainctes gens de grant charite et de parfonde deuocion Or entedez la mauuaitie deception ⁊ horrible trayson q̃ ces faulx ypocrites pourchasserẽt a ceulx ⁊ celles qui tant de biens de iour en iour leur faisoient/ ilz baillerẽt entendre generalement a toutes les femmes de la ville quelles estoiẽt tenues de rendre a dieu la disme de tous leurs biẽs: comme au seigneur de telle chose et de telle/ a vostre paroisse et cure de telle chose et telle / et a nous vous deuez rendre et liurer la disme du nombre des fois q̃ vous couchiez char nellemẽt auec vostre mary/nous ne prenons sus vo⁹ aultre disme car comme vous scauez nous ne portons point dargent / car il ne nous est rien des biens temporelz et transitoires de ce mõdr. Nous querons et demandons seulemẽt les biens espirituelz. Les dismes que nous demandons et que vo⁹ nous deuez nest pas des biẽs tẽporelz/cest a cause du sainct sacrement que vous auez receu qui est vne chose diuine et espirituelle et de cellui nappartiẽt a nulre recepuoir la disme que nous seulemẽt qui sommes religieux de lob seruãce. Les poures simples femmes qui mieulx cuidoient ces bõs freres estre anges que hõmes terriens ne refuserent pas ce disme a payer il ny eust celle q̃ ne la payast a son tour de la pl⁹ haulte iusques a la maindre mesmes la femme du seigneur nen fut pas excusee. Ainsi furent toutes les fẽmes de la ville appatiez a ces vaillãs moynes/et ny auoit celluy deulx q̃ neust a sa part de quinze a seize femmes la disme a recepuoir/et a ceste occasion dieu scait les p̃senz q̃lz auoient delles tout soubz vmbre de deuocion. Ceste maniere de faire dura longuement sans ce quelle vint a la cõgnoissance de ceulx qui se fussent bien passez de ce nouueau disme. Il fut toutesfois descouuert en la facon q̃ sensuit. Vng ieune homme nouuellement marie fut prie de soupper a lostel dung de ses parens luy et sa femme/et comme ilz retournoient en passant par deuant leglise des bons cordeliers dessus ditz la cloche de laue maria sõna tout a ce coup et le bon homme sen clina sur la terre pour faire ses deuocions/sa femme lui dist. Je entreroie voulentiers dedens ceste eglise. Et que ferez vous la dedes a ceste heure dist le mary vo⁹ y reuiendrez bien quãt il sera iour demaĩ ou vne aultre fois. Je vo⁹ requier dist elle que ie y aille et ie reuiẽdray tantost. Nostre dame dist il vous ny entrerez ia maitenãt. Par ma foy dist elle cest force il my cõuient aller ie ne demouray riens/si vous auez haste de estre a lostel allez tousiours deuãt ie vous suiuray tout a ceste heure. Picquez picquez deuant dist il vous ny auez pas tant a faire/si vous voulez dire vostre pater noster ou vostre aue maria il ya assez place a lostel et vous vauldra autant la le dire que en ce monastere ou len ne voit maitenãt goutte. Ha dea dist elle vous direz ce quil vous plaira/mais par ma foy il fault necessairement que ie entre vng peu dedẽs. Et pourquoy dist il voulez vous aller couchier

auec les freres de leans. Elle qui
cuidoit a la verite que son mary
sceust bien quelle payast la disme
lui respondit. Nenny ie ny vueil
pas couchier/ie vouloie aler paier
Quoy payer dist il. Vous le sca
uez bien dist elle et si le deman-
dez. Que scay ie bien dist il/ie ne
me mesle pas de voz debtes. au
mains dist elle scauez vous bien
quil me fault paier la disme/q̃lle
disme. Ha hay dist elle cest vng
iamais/et la disme de nuyt de
vous et de moy / vous auez bon
tẽps il fault que ie paie pour noꝰ
deux. Et a qui le payez vous dist
il. A frere eustace dist elle / allez
tousiours a lostel si my laissez al-
ler que ien soye quitte / cest si grãt
pechie de la point paier que ie ne
suis iamais aise quant ie lui doy
rien. Il est meshuy trop tart dist
il: il est couchie passe a vne heure.
Ma foy dist elle ie y ay este ceste
annee beaucoup plus tart puis q̃
on veult paier on y entre a toute
heure. Allons allons dist il vne
nuyt ny fait rien. Ainsi sen retour
nerent le mary & la femme mal cõ
tens tous deux/la femme pource
quõ ne la pas laissee paier son dis
me: et le mary pource quil se veoit
ainsi deceu estoit tout esprins dyre
et de mal talẽt qui encores redou
bloit sa peine qui ne losoit mõstrer
A certaine piece apres toutesfoys
ilz se coucherent: & le mary q̃ estoit
assez subtil interroga sa fẽme de
longue main se les aultres fẽmes
de la ville ne paiẽt pas aussi ceste
disme q̃lle fait. Quoy donc dist
elle par ma foy si font / quel preui
lege auroient elles plus que moy
nous sõmes encores seize ou vingt
qui le paions a frere eustace. Ha
il est tant deuot/ et croiez que ce-
luy est vne grande pacience. Frere
berthelemieu en a autãt ou plus/
et entre les aultres ma dame est
de son nombre. Frere iaques aus
si en a beaucoup. Frere anthoyne
aussi/il ny a cellui deulz qui nait
son nombre. Sainct iehan dist le
mary ilz nont pas euure laissee or
congnois ie bien quilz sont beau-
coup plus deuotz quil ne semble
et vraiement ie les vueil auoir ce-
ans tous lung apres laultre pour
les festoyer et ouyr leurs bõnes de
uises/et pource que frere eustace
recoit la disme de ceans ce sera le
premier / faictes que nous ayons
demain bien a disner car ie le a-
meneray/tres voulẽtiers dist elle
au mains ne me fauldra il pas al
ler en sa chambre pour le payer il
la receptuera bien ceans vous di
ctes bien dist il/or dormõs/ mais
crees quil nẽ auoit garde: & en lieu
de dormir il pensa tout a son ai
se ce quil vouloit a lendemain exe
cuter. Ce disner vint et frere eu-

stace qui ne scauoit pas lintenciõ de son hoste fist assez bonne chiere soubz son chaperon et quant il veoit son poit il prestoit ses yeulx a lhostesse sans espargner par dessoubz la table le gracieux ieu des piedz de quoy sapercevoit bien loste sans en faire semblant combiẽ que ce fust a son preiudice. Apres les graces il appella frere eustace et lui dist ql lui vouloit monstrer vne ymaige de nostre dame et vne tresbelle oraison quil auoit en sa chambre et il respondit quil le voirroit voulentiers. Adonc ilz entrerent dedens la chambre et puis loste ferma luys dessus eulx que il ne peust sortir et puis empoigna vne grande hache et dist a nostre cordelier. Par la mort dieu beau pere vous ne partirez iamais dicy sinon les piez deuant se vous ne confessez verite. Helas mon hoste ie vous crie mercy que me demãdez vous. Je vous demande dist il le disme du disme que vous auez prins sur ma femme. Quãt le cordelier ouyt parler de ce disme il pensoit bien q̃ ses besongnes nestoient pas bonnes / si ne sceust que respondre sinon de crier mercy et de soy excuser le plus beau quil pouoit. Or me dictes dist loste. quelle disme est ce que vous prenez sur ma femme et sur les autres. Le poure cordelier estoit tant effroye quil ne pouoit parler et ne respondit mot. Dictes moy dist loste la chose comment elle va et par ma foy ie vous lairray aller et ne vous feray ia mal / ou si nõ ie vo' tueray tout roide. Quant lautre se ouyt asseurer il aima mieulx cõfesser son pechie et cellui de ses cõpaignons et eschapper que le celer et tenir cloz et estre en dangier de perdre sa vie: si dist. Mon hoste ie vous crie mercy ie vous diray verite. Il est vray que mes compaignons et moy auons fait acroire a toutes les femmes de ceste ville quelles doiuent la disme des fois que vous couchiez auec elles elles nous ont creu: si les paiẽt et ieunes et vieilles puis quelles sõt mariees / il nen ya pas vne qui en soit excusee / ma dame mesmes la paye comme les aultres / ses deux niepces aussi / et generalemẽt nul le nen est exemptee. Ha dea dist lautre puis que mõseigneur et tãt de gens de bien la payent ie nen dois pas estre quitte / cõbien que ie men passasse bien. Or vous en allez beau pere par tel si que vous me quitterez la disme que ma fẽme vous doit. Lautre ne fut oncques si ioyeux quant il se fut sauue dehors / si dist que iamais nẽ demanderoit rien / aussi ne fist il comme vous orrez. Quant loste du cordelier fut bien informe de

sa femme et de ceste nouuelle dis
me il sen vint a son seigneur et lui
compta tout du long le cas du dis
me comme il est touchie si dessus
Pensez quil fut bien esbahy et dist
Doncques ne me pleurent ces pa
pelars et me iugeoit bien le cueur
quilz ne estoient pas telz par de-
dens comme ilz se monstrent par
dehors Ha mauldictes gens qlz
sont/mauldicte soit leure que onc
ques monseigneur mō pere a qui
dieu pardont les accoita / or som
mes nous par eulx gastez et des-
honnourez/ et encores ferōt ilz pis
silz durent longuement / quest il
de faire. Par ma foy monseigr
dist lautre sil vous plaist et sem
ble bō vous assemblerez tous voz
subgetz de ceste ville la chose leur
touche comme a vous/si leur de
clairez ceste aduenture et puis au
rez aduis auec eulx dy pourueoir
et remedier auant quil soit plus
tard/monseigneur le voulut. Si
māda tous ses subgetz mariez tāt
seulement et ilz vindrent vers luy
et en la grant sale de son hostel il
leur declaira tout au long la cau
se pourquoy il les auoit assēblez.
Se monseigneur fut bien esbahy
de prinsault quant il sceust pre-
mier ces nouuelles aussi furēt tou
tes bonnes gens qui la estoient. A
doncques les vngs disoient il les
fault tuer / les aultres il les fault
pendre/les aultres noyer. Les aul
tres disoient quilz ne pourroient
croire que ce fust verite et qlz sont
trop deuotz et de trop saincte vie
Ainsi dirent les vngs dug et les
aultres daultre. Je vous diray
dist le seigneur/ nous manderōs
icy noz fēmes: et vng tel maistre ie
han.&c. fera vne petite colaciō la
quelle en fin cherra de parler des
disimes/et leur demādera ou nō
de nous tous selles sen acquittēt
car nous voulons quelles soyent
payees nous orrons leur responce
et apres aduis sur cela ilz saccorde
rent tous au conseil et a loppinion
de monseigneur. Si furent tou
tes les femmes mariees de la vil
le mandees / et vindrent en la sale
ou tous leurs maris estoient.
Monseigneur mesmes fist venir
ma dame qui fut toute esbahye
de veoir lassemblee de ce peuple
Puis apres vng sergent commā
da de par monseigneur faire silē
ce. Et maistre iehan se mist vng
peu au dessus des aultres et cō
menca sa petite collacion cōme il
sensuit. Mes dames et mes da
moiselles iay la charge de par mō
seigneur qui cy est et ceulx de son
conseil vous dire en brief la cause
pourquoy estes icy mādees. Il est
vray que monseigneur et son con
seil et son peuple q cy est ont tenu
a ceste heure vng chapitre du fait

de leurs consciẽces/la cause si est quilz ont voulente dieu devant dedens brief temps faire une belle procession et devote a la louenge de nostre seigneur iesucrist ⁊ de sa glorieuse mere et a icelluy iour se mettre tous en bon estat affin q̃ ilz soient mieulx exaulsez en leurs plus devotes prieres/et que les euvres quilz feront soient a icelui nostre dieu plus agreables. Vous scavez assez que la mercy dieu noꝰ navons eu nulles guerres de nostre temps / et noz voisins en ont este terriblement persecutez/et de pestillẽces/et de famines. Quãt les aultres en ont este ainsi examinez: nous avons peu dire et encores faisons que dieu nous a preservez / cest bien raison que nous congnoissons que ce vient nõ pas de noz propres vertus/mais de la seule large et liberale grace de nostre benoist createur et redempteur qui huche et appelle ⁊ invite au son des devotes prieres qui se font en nostre eglise et ou nous adioustons tresgrant foy et tenõs en fermes devocions. Aussi le devot couvẽt des cordeliers de ceste ville nous a beaucoup valu ⁊ vault a la conservacion des biens dessusditz. Au surplus nous voulõs scavoir se voꝰ acquittez a faire ce a quoy vous estes tenues. Et cõbien q̃ nous tenõs assez estre en vostre memoire lobligaciõ quavez a leglise/il ne vous desplaira pas se ie vous en touche aucũs des plꝰ grans pointz. Quattre fois lan/ cest assavoir aux quattre natalx vous voꝰ devez cõfesser a vostre cure ou a quelque religieux ayant sa puissance/ et se recevoiez vostre createur a chascune fois vous feriez bien / a tout le mains le devez vous faire une fois lan/allez a loffrende tous les dimẽches/⁊ paiez leaument les dismes a dieu comme de fruitz de poulailles aigneaulx: ⁊ aultres telz usaiges acoustumez / vous devez aussi une aultre disme aux devotz religieux du couvẽt de sainct frãcois que nous voulõs expressemẽt q̃lle soit paiee cest celle q̃ plus nous touche au cueur et dont nous desirons plus lentretenance/⁊ pourtant sil ya nulle de vous qui nen ait fait son devoir aucunement q̃ ce soit par sa negligence ou par faulte de le demander ou aultrement si savance de le dire/ Vous scavez q̃ ces bons religieux ne peuent venir aux hostelz querir leur disme/ ce leur seroit trop grant peine ⁊ trop grant destourbier/il doit biẽ suffire silz prennent la peine de le recepvoir en leur couvẽt. De la ptie de ce q̃ ie vous ay a dire / reste a scavoir celles q̃ ont paye ⁊ celles q̃ doivẽt. Maistre iehan neust pas

fine son dire que plus de vingt
femmes commencerēt a crier tou
tes dune voix. Jay paie moy/iay
paie moy ie nen dois rien/ne moy
ne moy. Daultre couste dirent
vng cent daultres et generalemēt
quelles ne deuoient rien/mesmes
saillirent auant quatre ou six tres
belles ieunes femmes qui dirent
quelles auoient si bien paye quon
leur deuoit sur le temps aduenir
a lune quattre foys / a lautre six
fois/a lautre dix fois. Il y auoit
aussi daultre coste ie ne scay quā
tes vieilles qui ne disoient mot/⁊
maistre iehan leur demanda sel-
les auoient bien paye leur disme
et elles respondirēt quelles auoiēt
fait traictie auec les cordeliers/cō
ment dist il ne paiez vous pas /
vous deuez semondre et contraī
dre les aultres de ce faire et vous
mesmes faictes la faulte. Dea
dist lune ce nest pas moy / ie me
suis presentee plusieurs fois de
faire mon deuoir mais mon con-
fesseur ny veult iamais entendre
il dit tousiours ql na loisir / saīct
iehan dirent les aultres vieilles
nous cōposons par traictie fait a
uecq̄s eulx la disme q̄ deuons en
toille/ en draps / en coussins / en
bancquiers/en orilliers / et en aul
tres telles bagues/⁊ ce par leur cō
seil et aduertissemēt/car noꝰ aime
rions mieulx a payer cōme les au

tres. Nostre dame dist maistre
iehan il ny a poīt de mal/cest tres
bien fait. Elles sen peuent donc
ques bien aller dist monseigneur
a maistre iehan/ouy dist il/mais
quoy que ce soit que ces dismes ne
soiēt pas oubliees. Quāt elles fu
rēt toutes hors & la sale luys fut
serre/si ny eust celluy des demou
rez qui ne regardast son compai-
gnon. Or ca dist mōseigneur q̄st
il de faire. Nous sōmes acertez
de la trayson que ces ribaulx moy
nes nous ont fait par la desposi-
cion de lung deulx et par noz fē
mes/il ne nous fault plus de tes
moings. Apres plusieurs et di-
uerses opiniōs la finale et dernie
re resolucion si fut q̄lz yront bou-
ter le feu ou couuent et bruleront
et moynes et monstier. Si descen
dirent en bas en la ville et vindrēt
au monastere ⁊ osterēt hors le cor
pus domini ⁊ aucun aultre reliq
aire q̄ la estoit ⁊ lenuoierent en la
paroisse ⁊ puis sans plus enquerir
bouterent le feu en diuers lieux le
ans et ne sen partirent tant q̄ tout
fut consūme et moynes et couuēt
et eglise et dortoir/et le surplꝰ des
edifices dont il y auoit foison le
ans. Ainsi acheterent bien chiere-
ment les poures cordeliers la dis
me non acoustumee quilz mirēt
sur dieu qui nen pouoit mais en
eut bien sa maison brulee.

La.xxxiij.nouuelle par mõseignr

Ung gentil cheualier des marches de bourgoigne/ saige/vaillant/et tresbien adrecie digne dauoir bruit et loz. Comme il eut tout son temps entre les plus renommez se trouua tât & si bien en la grace dune si belle damoiselle quil en fut retenu seruiteur et delle obtît a petit de piece tout ce que par honneur elle dôner luy pouoit/et au surplus p force darmes a ce la mena/q̃ refuser ne lui peult nullement ce q̃ par deuât & apres ne peust obtenir/et de ce se print et tresbien dôna garde vng tresgrât et gentil seigneur trescler voyant dont ie passe le nom & les vertus/lesq̃lles se en moy estoit de les scauoir racôpter il ny a celui de vous q̃ tâtost ne côgneust de quoy ce côte ce feroit/ce que pas ne vouldroye. Ce gentil seign̄r que ie vo9 dis qui se apperceut des amours du vaillât hôme dessusdit quât il vit son point si lui demanda sil nestoit point en grace dune telle damoiselle/cestassauoir de celle dessusdicte/et il luy respôdit que non/et lautre qui biẽ scauoit le côtraire lui dist q̃l congnoissoit tresbien que si. Neantmoins quelque chose q̃l lui dist ou remonstrast il ne lui deuoit pas celer vng tel cas et q̃ se il lui en estoit aduenu vng semblable ou beaucoup plus grât il ne lui celeroit ia. Si ne luy voulut il oncques dire ce quil scauoit certainemẽt. Adôc se pẽsa en lieu daultre chose faire/et pour passer temps sil scait trouuer voye ne facon en lieu que cellui q̃ lui est tant estrâge et prent si peu de fiâce en lui/il sacointera de sa dame/& se fera priue delle/a quoy il ne faillit pas/car en peu deure il fut vers elle si tresbien venu côme celui q̃ le valoit q̃l se pouoit vâter den auoir autant obtenu sans faire gueres grât queste ne poursuite q̃ celuy q̃ mainte peine & foison de trauaulx en auoit soustenu:et si auoit vng bon point quil nẽ estoit en riẽ feru et lautre qui ne pensoit poît auoir compaignon / en auoit tout au long du bras et autant que on en pourroit entasser a toute force au

cieur dung amoureux. Et ne voꝰ
fault pas penser quil ne fust entre
tenu de la bonne gouge autant ⁊
mieulx que par auant qui lui fai
soit plus auant bouter et entrete-
nir en sa fole amour Et affin que
vous saichiez que ceste vaillante
gouge nestoit pas oyseuse qui en
auoit a entretenir deux du mains
lesquelz elle eust a grãt regret per
dus et especialement le derrenier
venu / car il estoit de plus hault
estoffe ⁊ trop mieulx garny au põ
gnet que le premier venu. Et elle
leur bailloit ⁊ assignoit tousiours
heure de venir lung apres lautre
comme lung au iourduy ⁊ lautre
demain. Et de ceste maniere de
faire scauoit bien le dernier venu
mais il nen faisoit nul semblant /
et aussi a la verite il ne luy en chal
loit gueres, sinon que vng peu lui
desplaisoit la folie du premier
venu q̄ trop fort a son gre se bou-
toit en chose de petite value / et de
fait se pensa ql lẽ aduertiroit tout
du long. ce quil fist. Or scauoit
il bien que les iours que la gouge
lui deffendoit de venir vers elle
dont il faisoit trop bien le mal cõ
tent estoient gardees pour son cõ
paignon le premier venu. Si fist
le guet par plusieurs nuytz et le
veoit entrer vers elle par le mes-
me lieu et a celle heure que es aul
tres ses iours faisoit. Si lui dist

vng iour entre les aultres. Vous
mauez trop cele les amours dune
telle et de vous ⁊ nest sermẽt que
vous ne mayez fait au contraire /
dont ie mesbahis bien que vous
prenez si peu de fiace en moy voy
re quant ie scay dauantaige ⁊ ve
ritablement ce qui est entre vous
et elle. Et affin que vous saichez
que ie scay quil en est ie voꝰ ay veu
entrer vers elle a telle heure ⁊ a tel
le et de fait hier na pas plus loig
ie tins sur vous et dung lieu la
ou iestoye ie vous y veis arriuer /
vous scauiez bien se ie dis vray.
Quant le premier venu ouyt si vi
ues enseignes il ne sceut que dire
si luy fut force de confesser ce quil
eust voulentiers cele et q̄l cuidoit
que ame ne le sceust q̄ lui : et dist a
son cõpaignon le dernier venu q̄
vraiemẽt il ne lui peut plꝰ ne veult
celer quil en soit bien amoureux.
mais il lui prie quil ne soit nouuel
le. Et que diriez vous dist lautre
se vous auiez compaignon. Com
paignon dist il quel compaignon
en amours / ie ne le pẽse pas dist il
sainct iehan dist le dernier venu
⁊ ie le scay bien : il ne fault ia aller
de deux en trois : cest moy / ⁊ poꝛ
ce que ie voꝰ voy plus feru que la
chose ne vault vous ay piecа voꝛ
lu aduertir / mais ne y auez voulu
entendre ⁊ se ie nauoye plus grant
pitie de vous que vous mesmes

nauez/ ie vous lairroie en ceste fol lie : mais ie ne pourroie souffrir q̄ vne telle gouge se trompast et de vous et de moy si longuement. Qui fut bien esbahy de ces nouvelles ce fut le premier venu / car il cuidoit tant ester en grace q̄ merveilles/voire et si croioit fermemẽt que la dicte gouge naymoit aultre que lui/si ne scavoit que dire ne penser et fut longue espace sãs mot dire. Au fort quant il parla il dist. Par nostre dame on ma bien baille de loignon/et si ne mẽ doubtoye gueres si en ay este pl9 aise a decepvoir le dyable emporte la gouge quant elle est telle. Je vous diray dist le dernier venu elle se cuide tromper de nous ⁊ de fait elle a desia tresbien commence mais il la nous fault mesmes tromper. Et ie vous emprie dist le premier venu le feu de sainct anthoine larde quant oncques ie lacointay/vous scavez dist le dernier venu que nous allons vers elle tour a tour/il fault qua la premiere fois que vous yrez ou moy que vous dictes que vous avois bien congneu et apperceu q̄ ie suis amoureux delle/et que vous mavez veu entrer vers elle a telle heure et ainsi habille/et q̄ par la mort bieu se vous my trouvez plus que vous me turez tout roide quelque chose qui vous en doye advenir/ et ie diray ainsi de vous et nous verrons sur ce quelle fera et dira et aurons advis du surplus/cest tresbien dit et ie le vueil dist le p̄mier venu. Comme il fut dit il en fut fait/ car ie ne scay quãs iours apres le dernier venu eut son tour daller besoigner si se mist au chemin et vint au lieu assigne. Quãt il se trouva seul a seul avecq̃s sa gouge qui le receut tresdoulcemẽt et de grant cueur comme il sembloit il faindit: comme bien le scavoit faire vne mathe chiere ⁊ monstra semblant de courroux. Et celle qui lavoit acoustume de veoir tout aultrement ne sceut que penser/si lui demanda quil avoit ⁊ q̄ sa maniere mõstroit que sõ cueur nestoit pas a sõ aise vraiemẽt ma damoiselle dist il vous dictes vray/ que iay bien cause de estre malcontent et desplaisant la vostre mercy toutesfois qui le mavez pourchasse/moy se dist elle. Helas dist elle non ay que ie saiche/ Car vous estes le seul homme en ce monde a qui ie vouldroie faire le plus de plaisir et de qui plus pres me toucheroit lennuy et le desplaisir/il nest pas damne qui ne le croit dist il/et pensez vous que ie ne me soie bien apperceu q̄ vous avez tenu vng tel/ cestassavoir le premier venu Si fais par ma foy ie lay trop bien veu parler a vous a part: et qui plus est ie lay espie et veu entrer ceans / mais p la mort bieu se ie lui treuue iamais sõ der nier tour sera venu quelle chose ql en doye aduenir: que ie seuffre ne puisse veoir quil me fist ce desplaisir iaimeroie mieulx a mourir mille fois sil mestoit possible: et vous estes aussi bien desleale q̃ scauez certainement et de vray que apres dieu ie nayme riens que vous q̃ a mon tresgrant preiudice le vou lez entretenir. Ha monseigneur dist elle et qui vous a fait ce rapport. Par ma foy ie vueil biẽ que dieu et vous saichez que la chose va tout aultrement et de ce ie le prens a tesmoing que oncques ioᵘʳ de ma vie ie ne tins terme a celui dont vous parlez ne a autre quel quil soit parquoy vous ayez tant soit peu de cause den estre mal cõtent / de moy ie ne vueil pas nyer que ie naye parle et parle a lui toᵘ les iours et a plusieurs aultres / mais quil y ait entretenance riens ains tiens que soit le maindre de ses pensees et aussi par dieu il se abuseroit / ia dieu ne me laisse tãt viure que autruy que vous ait plene demie en ce qui est entierement vostre. Ma damoiselle dist il voᵘ le scauez tresbien dire / mais ie ne suis pas si beste que de le croire. Quelque maul contẽt qui l y eust elle sceust ce pourquoy il estoit ve nu et au partir lui dist / ie voᵘ ay dit et de rechief vous fais scauoir que se ie me apercois iamais q̃ lautre vienne ceans ie le metteray ou fere mettre en tel poĩt quil ne courroucera iamais ne moy ne aultre / Ha monseigneur dist elle p dieu vous auez tort de prendre vostre ymaginacion sur lui: et croiez que ie suis seure quil ny pense pas / ainsi se partit nostre dernier venu / et a lendemain son compaignon le pmier venu ne faillit pas a son leuer pour scauoir des nouuelles / et il lui en compta largement et biẽ au long tout le demene commẽt il fist le courrouce: et comme il la menaca de tuer / et les responses de la gouge. Par mon serment cest biẽ ioue dist il / or laissez moy auoir mõ tour se ie ne fais biẽ mõ persõnaige ie ne fus oncques si esbahy. Une certaine piece apres sõ tour vint et se trouua vers la gouge q̃ ne lui fist pas maine de chiere quelle auoit de coustume et que le dernier venu en auoit emporte nagueres. Se lautre son compaignon le dernier venu auoit bien fait du mauuais cheual et en maitien et en parolles encores en fist il plus: et dist en telle maniere. Je dois bien mauldire leure et le iour quoncques ieuz vostre accointance car il nest pas possible au monde damasser plus de douleurs / re gretz et damers plaisirs au cueur dũg pouure amoureux que iẽ treuue au iourduy dont le mien est enuironne et assiege. Helas ie vous auoie entre aultres choisie comme la non pareille de beaulte gentete et gracieusete / et que ie y trouueroie largement et a comble de loyaulte:et a ceste cause mestoye de mõ cueur deffait et du tout mis lauoie en vostre mercy cuidant a la verite que plus noblemẽt ne en meilleur lieu asseoir ne le pourroie mesmes mauez a ce mene q̃ iestoie prest et delibere dattẽdre la mort ou plus se possible eust este pour vostre honneur sauuer / et quant iay cuide estre plus seur de vous que ie nay pas sceu seulemẽt par estrãge rapoꝛt/mais a mes yeulx apperceuz vng aultre estre venu de coste qui me toult et rompt tout lespoir que ie auoie en vostre seruice destre de vous tout le plus chier tenu. Mon amy dist la gouge ie ne scay qui vous a trouble / mais vostre maniere et voz parolles portent et iugẽt quil vous fault quelque chose que ie ne scauroie penser que ce peult estre se vous nen dictes plus auant sinon vng peu de ialousie qui vous tourmẽte se me semble de laquelle se vous estiez bien saige nauriez cause de vous accointer/et la ou ie le scauroie ie ne vous en vouldroie pas baillier loccasion/ toutesffois vous nestes pas si peu accoint de moy que ie ne vous aye monstre la chose qui plus en peult bailler la cause dasseurance/ a quoy vous me feriez tantost auoir regret par me seruir de telles parolles. Je ne suis pas homme dist le premier venu que vous doyez contenter de parolles/car excusance ny vault rien/ vous ne pouez nyer que vng tel/ cest assauoir le derrenier venu ne soit de vous entretenu: ie le scay bien/car ie men suis donne garde et si ay biẽ fait le guet/car ie le vis hier venir vers vous a telle heure et a telle:et ainsi habille / mais ie voue a dieu quil en a pꝛins ses caresmeaux/car ie tiendray sur luy et fust il plus grant maistre cent fois/se ie le y puis rẽcontrer ie luy osteray la vie du corps ou luy a moy ce sera lung des deux / car ie ne pourroie viure voyant vng aultre iouyr de vo⁹/ et vous estes bien faulse et desloyale qui mauez en ce point deceu/et non sans cause mauldis ie leure que oncq̃s vous accoĩtay/car ie scay tout certainemẽt que cest ma mort/se laultre scait ma voulente comme iespere que ouy et par vous ie scay de vray q̃ ie suis mort / et sil me laisse viure il aguise le cousteau q̃ sans mercy a ses derniers iours le menera/et sainsi est le mõde nest pas assez grãt pour me sauuer q̃ mourir ne me faille. La gouge nauoit pas moyennement a penser pour trouuer soudaine et suffisante excusance pour contenter cellui q̃ est si mal cõtent toutesfois ne demoura pas quelle ne se mist en ses deuoirs pour loster hors de ceste merencolie/et pour assiete en lieu de cresson elle lui dist. Mon amy iay bien au long entendu vostre grãt ratelee qui a la verite dire me baille a cõgnoistre que ie nay pas este si saige comme ie deusse/et q̃ iay trop tost adiouste foy a voz semblans et decevãtes parolles/car elles mont conclut et rendue en vostre obeissance/vous en tenez a ceste heure trop mains de biens de moy. Aultre raisõ aussi vo⁹ meut car vous scauez assez que ie suis prinse et que amours mõt a ce menee que sans vostre presence ie ne puis viure ne durer/et a ceste cause et plusieurs aultres q̃l ne fault ia dire vous me voulez tenir vostre subgette en esclaue sãs auoir loy de parler ne deuiser a nul aultre que a vous. Puis quil vous plaist au fort ien suis cõtẽte mais vous nauez nulle cause de moy souspeconner en rien de personne quidiue, et si ne fault aussi ia que ie men excuse/verite qui tout vaĩc en fin mẽ deffendra sil lui plaist Par dieu mamye dist le premier venu la verite est telle que ie vous ay dicte/si vous en sera quelq̃ io' prouuee et chier vendue pour aultruy et pour moy se aultre prouision de par vous ny est mise. Apres ces parolles et autres trop lõgues a racompter se partit le p̃mier venu q̃ pas noublia lendemain tout au long racompter a son compaignon le dernier venu/et dieu scait les risees et ioyeuses deuises q̃lz eurent entre eulx deux/et la gouge en ce lieu auoit des estouppes en sa quenoille qui veoit et scauoit tresbien que ceulx q̃lle entretenoit se doubtoient et apercevoient aucunement chascun de son compaignon/mais non pourtant ne laissa pas de leur baillier tousiours audience chascũ a sa fois puis q̃lz la req̃roient sans en donner a nul congie/trop bien les aduertissoit q̃ ilz venissent bien secretemẽt vers elle affin q̃lz ne fussent de nulz apercevz/mais vo⁹ deuez scauoir quant le premier venu auoit son tour quil noublioit pas a faire sa plainte comme dessus/et nestoit rien de la vie de son compaignõ sil le pouoit rencontrer. Pareillement le dernier iour de son audience sefforcoit de monstrer semblant plus desplaisãt que le cuer ne lui donnoit/et ne valoit son cõpaignon qui oyoit son dire gueres mieulx q̃ mort sil le truue en belles

Et la subtille et double damoyselle les cuidoit abuser de parolles quelle auoit tant a main et si prestes que ses bourdes sembloiẽt autant veritables que leuangile/ et si cuidoit bien que quelque doubte ne suspicion quilz eussẽt q̃ iamais la chose ne seroit plus auant enfõsee/ et quelle estoit femme pour les fournir tous deux trop mieulx q̃ lung deulx a part nestoit pour la seule seruir a gre. La fin fut autre car le dernier venu q̃lle craignoit beaucoup a perdre quelque chose que feust de lautre lui dist vng iour trop bien sa lecon / et de fait lui dist quil ny retourneroit plus et aussi ne fist il de grant piece apres dont elle fut tresdesplaisãte et mal contente. Or ne fait pas a oublier affin quelle eust ẽcores mieulx le feu il enuoya vers elle vng gentil homme de son estroit conseil affin de lui remõstrer bien au long le desplaisir quil auoit dauoir compaignon en son seruice/ et brief et court selle ne lui donne cõgie quil ny reuiendra iour quil viue. Comme vo⁹ auez ouy dessus elle neust pas voulentiers perdu son accointance/ si nestoit saict ne saincte quelle ne pariurast en soy excusant de lentretenance du p̃mier: et en fin comme toute forcenee dist a lescuier. Et ie monstreray a vostre maistre que ie layme et me baillez vostre cousteau. Adonc quant elle eut le cousteau elle se desatourna et si couppa to⁹ ses cheueulx de ce cousteau non pas bien vniment/ toutesfois lautre print ce present qui bien scauoit la verite du cas et se offrit du present faire deuoir ainsi quil fist tãtost apres. Le dernier venu receut ce beau present quil destroussa et ua les cheueulx de sa dame qui beaulx estoient et beaucoup longz si ne fut puis gueres aise tãt quil trouuast son compaignon a qui il ne cela pas lambassade que on lui a mise sus et a lui ẽuoiee et les groz presens quon lui ẽuoie q̃ nest pas peu de chose: et lors monstra les beaulx cheueulx. Je croy dist il q̃ ie suis bien en grace / vous nauez garde quon vous en face autant Sainct ichan dist lautre vecy autre nouuelle Or voy ie bien que ie suis frit/ cest fait vous auez bruit tout seul sur ma foy ie croy fermement quil nen est pas encore vne pareille/ ie vous requiers dist il pensons q̃l est de faire/ il lui fault monstrer a bon esciẽt que nous la cõgnoissons telle quelle est. Et ie le vueil dist lautre. Tant penserent et contrepenserent quilz sarresterent de faire ce qui sensuyt. Le iour ensuyuant ou tost apres les deux compaignons se trouuerẽt en vne chambre ensemble ou leur

loyale dame auec plusieurs aul
tres estoit/chascun saisit sa place
au mieulx ql lui pleut. Le premier
venu au pres de la bonne damoi
selle a laquelle tantost apres plu-
sieurs deuises il monstra les che
ueulx quelle auoit enuoiez a son cõ
paignon Quelque chose quelle en
pensast elle nen monstra nul sem
blant ne deffroy/mesmes disoit
quelle ne les congnoissoit: et quilz
ne venoient point delle. Cõment
dist il sont ilz si tost changiez et des
congneuz. Je ne scay quilz sõt dist
elle/mais ie ne les congnois. Et
quãt il vit ce il se pensa quil estoit
heure de iouer son ieu et fist ma-
niere de mettre son chapperon qui
sur son espaule estoit: et en faisant
ce tour tout a propos lui fist heur
ter si rudement a son atour quil le
uoia par terre dõt elle fut bien hõ
teuse et mal contente: et ceulx qui
la estoient apperceurent bien q̃ ses
cheueulx estoient couppez/ et assez
lourdement elle saillit sus en ha-
ste et reprint son atour et sen ẽtra
en vne aultre chambre pour se ra
tourner: et il la suyuit/si la trou-
ua toute courroucee et marrie voi
re bien fort pleurant de deul q̃lle
auoit dauoir este desatournee.
Si lui demanda quelle auoit a
pleurer et a quel ieu elle auoit per
du ses cheueulx / elle ne scauoit q̃
respondre tant estoit a celle heure
surprinse: et lui qui ne se peust pl⁹
tenir de executer la conclusion pri
se entre son cõpaignon et lui/ dist
ffaulse et desloyale que vo⁹ estes
il na pas tenu a vous que vng tel
et moy ne nous sommes entretuez
et deshonnourez: et ie tiens moy
que vous leussiez bien voulu a ce
que vous auez monstre pour en ra
cointer deux aultres nouueaulx
mais dieu mercy nous nen auõs
garde. Et affin que vous saichez
sõ cas et le miẽ vecy voz cheueulx
que lui auez enuoiez dont il ma
fait present / et ne pensez pas que
nous soyons si bestes que nous a-
uez tenus iusques icy. Lors appel
la son compaignon et il vint/puis
dist. Jay rendu a ceste bonne da
moiselle ses cheueulx et lui ay cõ-
mence a dire comment de sa gra
ce elle nous a biẽ tous deux entre
tenus/et combien que a sa manie
re de faire elle a bien monstre quil
ne lui challoit se nous deshõnou-
rions lung lautre / dieu nous en
a gardez Sainct iehan sa mõ dist
il Et lors mesmes adrecca sa polle
a la gouge: et dieu scait sil parla
biẽ a elle en lui remõstrant sa tres
grant laschete et desloyaulte de
cueur et ne pense pas que gueres
oncques femme fust mieulx capi
tulee q̃lle fut a leure puis de lung
puis de lautre/a quoy elle ne sca
uoit en nulle maniere que dire ne

respondre comme surprise en mef fait euident/sinon de larmes quelle nespargnoit pas. Et ne pēse pas quelle eust gueres oncques pl⁹ de plaisir en les entretenant to⁹ deux quelle auoit a ceste heure de desplaisir. La cōclusion fut telle toutesfois quilz ne labandonnerēt point mais par acort doresenauāt chascun aura son tour/et silz y vienēt tous deux ensemble lūg fera place a lautre et seront bons amis cōme par auant sans plus iamais parler de tuer ne de batre. Ainsi en fut il fait et maintindrent assez longuement les deux cōpaignōs ceste vie et plaisant passetēps sās que la gouge les osast oncqs desdire/ et quant lūg alloit a sa iournee il le disoit a lautre/ et quant dauanture lūg eslongeoit le marchie: le lieu a lautre demouroit. Tresbon faisoit ouyr les recommandacions quilz faisoient au departir/ mesmement ilz firent de tresbons rōdeaux et de plusieurs chanconnettes quilz manderent et enuoierent lung a lautre dont il est au iourduy grāt bruit seruās au propos de leur matiere dessusdicte dont ie cesseray de parler et si donneray fin au compte.

La.xxxiiii.nouuelle racomptee par mōseignr de la roche.

Jay congneu en mon temps vne notable fēme et digne de memoire/car les vertus ne doiuent estre cellez ne estaīctes mais en commune audience publiquement blasonnees. Vous orrez sil vo⁹ plaist en ceste nouuelle la chose de quoy ientens parler/cest daccroistre sa treseureuse renommee. Ceste vaillant preudefemme mariee a vng tout oultre noz amis auoit plusieurs seruiteurs en amo⁹s pourchassans et desirans sa grace qui nestoit pas trop difficile de conquerre tant estoit doulce et piteable/celle qui la pouoit et vouloit departir largement par tout ou bon et mieulx lui sembloit. Aduint vng iour que les deux vindrent vers elle comme ilz auoient de coustume non saichans lung de lautre demādās lieu de cuire et leur tout daudiance. Elle qui pour deux ne pour troys neust ia treuse ne desmarchie leur bailla iour et heure de se rendre vers elle comme a lendemain lũg a huyt heures du matin et lautre a neuf ensuyuant / chargant a chascun par expres et bien acertes quil ne faille pas a son heure assignee/ ilz promirent sur leur foy et sur leur honneur silz nont mortel exsoine quilz se rendront au lieu et terme limite. Quant vient a lendemain enuiron cinq heures du matin le mary de ceste vaillante femme se lieue et se habille et se met en poīt et puis la huche et appelle pour se leuer/ mais il ne lui fut pas accordee ains reffuse tout plainement. Ma foy dist elle il mest pris vng tel mal de teste que ie ne me scauroie tenir en piez si ne me pourroie encores leuer pour mourir tāt suis foyble et trauaillee/ et que vous le saichiez ie ne dormis annuyt / si vous prie et requier que me laissez icy vng peu reposer et iespoire que quant ie seray seulle ie prendray quelque peu de repos. Lautre cō bien quil se doubtast nosa contredire ne repliquer/ mais sen alla cōme il auoit de coustume besongnier en la ville. Tandis sa femme ne fut pas oyseuse a lostel/ car huyt heures ne furent pas si tost sonnees que vecy bon compaignō du iour dedeuant ainsi assigne qui vient heurter a lostel: et elle le bouta dedens/ il eut tantost despouille sa robbe longue et le surplus de ses habillemens et puis vint faire compaignie a ma damoiselle affin quelle ne sespouentast: et furent eulx deux tant et si longuement bras a bras quilz ouirent assez rudement heurter a luis Ha dist elle par ma foy vecy mō mary / auancez vous prenez vostre robe. Vostre mary dist il et le congnoissez vous a heurter. Ouy dist elle ie scay biē que cest il/ abregez vous quil ne vous treuue icy. Il fault bien se cest il quil me voye/ ie ne me scauroie ou sauuer. Quil vous voye dist elle/ non fera se dieu plaist / car vous seriez mort et moy aussi/ il est trop merueilleux: montez en hault en ce petit grenier et vous tenez tout quoy sans mouuoir quil ne vous oye. Lautre monta comme elle lui dist en ce petit grenier q̄ estoit dancien ediffice / tout desplanche/ tout deslate / et pertuise / et rompu en plusieurs lieux: et ma damoiselle le sentant la dessus fait vng sault iusques a luys tres bien saichant que ce ne estoit pas son mary/ et mist dedens celuy q̄ auoit a neuf heures promis deuers elle se rendre/ ilz vindrent en la chambre ou pas ne furent longue ment de bout/mais tout de plat sentre accollerent et embrasserent en la mesme ou semblable facon que celluy du grenier avoit fait/ lequel par ung pertuis veoit a loeil la compaignie dōt il nestoit pas trop content & fist grant proces en son couraige assavoir se bon estoit quil parlast/ ou se mieulx lui valoit se taire/ il conclud toutesfoys tenir silence et nul mot dire jusques a ce quil verra trop mieulx son heure et son point/et pensez quil avoit belle pacience. Tant attendit tant regarda sa dame avec le survenu que bon mary vint a lostel pour scavoir de lestat et sante de sa tresbonne femme/ ce quil estoit tresbien tenu de faire/ elle lout et tantost: si neust aultre loysir que de faire subit lever sa compaignie: & elle ne le scavoit ou sauver pource que ou grenier ne leust iamais envoie: & elle le fist bouter en la ruelle du lit et puis le couvrit de ses robes et luy dist/ie ne vous scauroye ou mieulx logier prenez en pacience. Elle neut pas acheve son dire que son mary entra dedens qui aucunement si lui sembloit avoir noyse entroupe/ si trouva le lit tout desfroissie & despoille la couverture mal honnye et destrange biays/ et sembloit mieulx le lit dune espousee q̄ la couche dune fēme malade. La doubte quil avoit eu par avant avec lapparence de present lui fist sa femme appeller par son nom & lui dist. Paillarde meschante que vous estes ie nen pensoie pas mais huy matin quant vous contrefistes la malade/ ou est vostre houlier/ie voue a dieu se ie le treuve quil aura mal fine et vous aussi. Et lors mist la main a la couverture et dist/ Veey bel appareil il semble que les pourceaulx y aient couchie. Et quavez vous ce dist elle meschant yurongne / fault il que ie compare le trop de vin que vostre gorge a entōne/est ce la belle salutacion que vous me faictes de mappeller paillarde / ie vueil bien que vous saichiez que ie ne suis pas telle/mais suis trop leale et trop bonne pour ung tel paillart que vous estes/et nay aultre regret sinon de quoy ie vous ay este si bonne et si loyale/car vous ne le valez pas / et ne scay qui me tient que ie ne me lieve et vous esgratine le visaige par telle facon qua tousiourmais ayez memoire de mavoir ainsi villennee. Et qui me demanderoit comment elle osoit en ce point respondre et a son mary parler/ie y treuve deux raisons. La premiere si est quelle avoit bon droit en sa querelle. Et lautre quelle se sentoit la plus forte en la place / et fait assez a pensee se la chose feust venue iusques aux horions celui du grenier et lautre leussent puie et secouru. Le poure mary ne scauoit que dire qui ouoyt le dyable sa femme ainsi tonner/et pource quil veoit que hault parler et fort tencer nauoit pas lors son lieu/il print le proces tout en dieu qui est iuste et droiturier. Et a chief de sa meditacion entre aultres parolles il dist/ Vous vous excusez beaucoup de ce dont ie scay tout le vray au fort il ne men chault pas tant quon pourroit bien dire/ie nen quiers iamais faire noyse celui de la hault payera tout et par cellui de hault entendoit dieu/ mais le galant qui estoit ou grenier qui oioit ces parolles cuidoit a bon escient que lautre feust dit pour lui et quil feust menace de porter la paste au four pour le meffait daultruy. Si respondit tout en hault. Comment sire il suffit bien que ien paye la moitie/ celui qui est en la ruelle du lit peult bien payer lautre moitye car certainement ie croy quil y est autant tenu que moy. Qui fut bien esbahy ce fut lautre / car il cuydoit que dieu parlast a luy et celuy de la ruelle ne scauoit que penser car il ne scauoit rien de lautre/il se leua toutesfois et lautre se descendit qui le congneut si se partirent ensemble et laisserent la compaignie bien trouble et mal contente dont il ne leur chaloit gueres et a bonne cause.

La .xxxv. nouuelle par monseigneur de villiers.

Ung gentil homme de ce royaulme tresvertueux et de grande renommee grant voyagier et aux armes trespreux et vaillant deuint amoureux dune tres belle et gente damoiselle et en brief temps fut si bien en sa grace que rien ne luy fut escondit de ce quil osa demander. Aduint ne scay combien apres ceste aliance que ce bon cheualier pour mieulx valoir et honneur acquerre se partit de ses marches tresbien en point et accompaigne portant entreprinse darmes du congie de son maistre et se

alla es espaignes et en diuers li-
eux ou il se conduisit tellemẽt que
a son retour il fut receu a grãt triũ
phe. Pendant ce temps sa dame
fut mariee a vng ancien cheualier
qui gracieux et saichant homme
estoit qui tout son temps auoit hã
te la court et estoit au vray dire
le registre dhonneur et ne estoit
pas vng petit dommaige quil ne
stoit mieulx allie combien toutes-
fois que encore nestoit pas descou
uerte lembusche de son infortune
si auant ne si commune comme el
le fut depuis ainsi comme vous
orrez. Car ce bon cheualier aduen
tureux dessusdit retourna dacõ
plir ses armes/et comme il passoit
par le pays il arriua dauenture
a vng soir au chasteau ou sa da
me demouroit et dieu scait la bõ
ne chiere que mõseigneur son ma
ry et elle luy firent / car il y auoit
de pieca grant acointance et ami
tie entre eulx. Mais vous deuez
scauoir que tãdis que le seigneur
de leans pensoit et sefforcoit de
faire finance de plusieurs choses
pour festoyer son hoste lhoste se de
uisoit auecques sa dame qui fut
et sefforcoit de trouuer maniere de
la festoier comme il auoit fait a-
uant que mõseigneur fust sõ ma-
ry Et elle qui ne demandoit aul
tre chose ne se excusoit en rien sinõ
de lieu / mais il nest pas possible
dist elle de le pouoir trouuer.
Ha dist le bon cheualier ma chie
re dame par ma foy si vous le
voulez biẽ il nest maniere quon ne
treuue/et que scaura vostre ma-
ry quant il sera couchie et endormy
si vous me venez veoir iusques en
ma chambre / ou se mieulx vous
plaist et bon vous semble ie vien-
dray bien vers vous. Il ne se peut
ainsi faire ce dist elle/ car le dan
gier y est trop grant / car monsei-
gneur est de legier somme/ et ia-
mais ne sesueille quil ne taste apres
moy: et sil ne me trouuoit point pẽ
sez que ce seroit Et quant il sest en
ce point trouue que vous fait il.
Aultre chose dist elle il se vire dũg
et reuire daultre. Ma foy dist
il cest vng tresmauuais mesnai-
gier il vous est bien venu que ie
suis venu pour vous secourir et
luy aider et parfaire ce qui ne est
pas bien en sa puissance dache-
uer. Si maist dieu dist elle quãt
il besoingne vne foys le moys cest
au mieulx venir/il ne fault ia que
ien face la petite bouche/ croiez fer
mement que ie prendroie bien mi-
eulx. Ce nest pas merueilles dist
il / mais regardez comment nous
ferons/car cest force que ie couche
auecques vous. Il nest tour ne
maniere que ie voye dist elle com
ment il se puisse faire / et commẽt
dist il nauez vous ceans femme

en quoy vous ousissiez fier de lui deceler vostre cas. Jen ay p dieu vne dist elle en qui iay bien tãt de fiance que de lui dire la chose en ce monde que plus vouldroie estre celee sans auoir suspiciõ ne doubte que iamais par elle fut descouuerte. Que nous fault il donc plus dist il regardez vous et elle du surplus. La bonne dame qui vous auoit la chose a cueur appella ceste damoiselle et luy dist.

M amie cest force annuyt que tu me serues et que tu me aydes a acheuer vne des choses en ce monde qui plus au cueur me touche.

Ma dame dist la damoiselle ie suis preste et contente cõme ie doy de vous seruir et obeyr et tout ce quil me sera possible/commandez ie suis celle qui acomplira y vostre commandement. Et ie te mercye mamie dist la dame et soyes seure que tu ny perdras rien. Vecy le cas/ce cheualier qui ceans est cest lhomme ou monde que ie ayme le plus et ne vouldroie pour riẽ quil se partist de moy sans aucunement auoir parle a lui. Or ne me peult il bonnement dire ce quil a sur le cueur sinon entre no⁹ deux et a part et ie ne my puis trouuer se tu ne vais tenir ma place deuers monseigneur/il a decoustume comme tu scais de soy virer par nuyt vers moy et me taste vn peu et puis me laisse et se rendort. Je suis contente de faire vostre plaisir ma dame/il nest rien qua vostre commandement ie ne feisse Or bien mamie dist elle tu te coucheras comme ie fais assez loing de monseigneur/et garde bien q̃lque chose quil face que tu me dye vng seul mot/et quelque chose quil vouldra faire seuffre tout/a vostre plaisir ma dame et ie le feray leure de souper vint et nest ia mestier de vous compter du seruice/seulement vous souffise que on y fist tresbonne chiere/et il y auoit bien dequoy. Apres soupper la compaignie sen alla a lesbat/le cheualier estrange tenant ma dame par le bras et aucuns autres gẽtilz hommes tenans le surplus des damoiselles de ceans/et le seigneur de lostel venoit derriere et enqueroit des voyages de son hoste a vng ancien gẽtil homme qui auoit conduit le fait de sa despence en son voyage. Ma dame noublya pas de dire a son amy que vne telle de ses femmes tiendra annuyt sa place et son lieu et quelle viendra vers luy. Il fut tresioyeux et largement len mercia desirant que leure fust venue ilz se misdrent au retour et vindrent iusques en la chambre de parement ou monseigneur donna la bonne nuyt a son hoste et ma

dame aussi. Et le cheualier estrã
ge sen vit en sa chambre qui estoit
belle a bon escient bien mise a poĩt
et estoit le beau buffet garny des
pices de confitures et de bon vin
de plusieurs facons. Il se fit tan
tost desabillier et beut vne fois/
puis fait boire ses gens et les en-
uoia couchier / et demoura tout
seul attendant sa dame laquelle
estoit auec son mary qui toꝰ deux
se despouilloiẽt et se mettoyent en
ppĩt pour entrer ou lit. La damoi
selle qui estoit en la ruelle du lit/
tantost que monseigneur fut cou
chie se vient mettre en la place de
sa maistresse: et elle qui autre part
auoit le cueur ne fist q̃ vng sault
iusques a la chambre de celluy q̃
lattẽdoit de pie quoy. Or est chas
cun logie mõseigneur auec sa chã
beriere/et son hoste auec ma da-
me: et scait assez a penser quilz ne
passerent pas toute la nuyt a dor
mir. Mõseigneur comme il auoit
de coustume ẽuiron vne heure de
uant le iour se resueilla et vers sa
chamberiere cuidãt estre sa fẽme
se vira et au taster quil fist heur-
ta sa main a son tetin quil sẽtit sy
tresdur et poignant et tantost con
gneut que ce nestoit pas celluy de
sa fẽme/car il nestoit point si bien
trousse. Ha dist il en soymesmes
ie voy biẽ que cest/et ien bailleray
vng autre. Il se vire vers celle bel
le fille ⁊ a quelque meschief que ce
fust il rompit vne lance/mais elle
le laissa faire sans oncques dire
vng seul mot ne demy. Quant il
eut fait il cõmence a appeller tant
quil peult celui qui couchoit auec
sa femme. Hau monseigneur de
tel lieu ou estes voꝰ parlez a moy.
Lautre qui se ouyt appeller fut be
aucoup esbahy ⁊ la dame fut tou
te esperdue. Et bon mary recom-
mence a rehuchier / hau monsei-
gneur mon hoste parlez a moy / et
lautre sauantura de respondre ⁊
dist. Que vous plaist il monsei-
gneur. Je vous feray tousiours ce
change quant vous vouldrez.
Quel change dist il. Dune vieil
le ia toute passee deshõneste ⁊ des
loyale/a vne belle et bonne et fres
che ieune fille / ainsi maurez vous
party la vostre mercy. La compai
gnie ne sceut que respondre/ mes-
mes la poure chãberiere estoit tãt
surprinse que selle fust a la mort
condemnee/tant pour le deshon-
neur et desplaisir de sa maistres
se comme pour le sien mesmes ql
le auoit meschamment perdu. Le
cheualier estrange se partit de sa
dame au plus tost quil sceust sãs
mercier son hoste et sans dire a di
eu/ et oncques puis ne si trouua/
car il ne scait encores cõme elle se
cõduit depuis auec son mary. aĩsi
plus auant ne voꝰ en puis dire.

La .xxxvi. nouvelle par monseigneur de la roche.

Ung tresgracieux gentilhōme desirant employer son service et son temps en la tresnoble court damours soy sentant de dame impourveu pour bien choisir et son temps employer donna cueur corps et biens a une belle damoiselle et bonne q̄ mieulx vault/ laquelle faicte et duite de faconner gens lentretint bel et bien et longuement/ et trop bien lui sembloit quil estoit bien avant en sa grace/ et a dire la verite si estoit il cōme les aultres dont elle avoit plusieurs. Advint ung iour que ce bō gentilhōme trouva sa dame daventure a la fenestre dune chambre ou meilleu dung chevalier et dung escuyer/ ausquelz elle devisoit par devises communes aucunesfois parloit a lūg a part sās ce que lautre en ouyst riens / daultre coste faisoit a lautre lapareille pour chascun contenter/ mais qui fut bien a son aise le povre amoureux enrageoit tout vif qui nosoit approuchier de la compaignie/ et si nestoit en lui deslongnier tant fort desiroit la presence de celle quil aymoit mieulx que surplus des aultres trop bien lui iugeoit le cueur que ceste assemblee ne se departiroit poīt sans cōclure ou procurer aucune chose a son preiudice/ dont il navoit pas tort de ce penser et dire/ et sil ne eust eu les yeulx bendez et couvers il povoit veoir appertement ce dont ung aultre a qui riens ne touchoit saperceut a loeil et de fait lui monstra/ et vecy comment. Quant il congneut et aperceut a la lettre q̄ sa dame navoit loisir ne voulēte de lentretenir il se bouta sur une couche et se coucha mais il navoit garde de dormir tant estoiēt ses yeulx empeschez de veoir son contraire/ et comme il estoit en ce poīt survint ung gentil chevalier qui salua la compaignie/ lequel voiāt que sa damoiselle avoit sa charge se tira devers lescuier qui sur la couche nestoit pas pour dormir et entre aultres devises lui dist lescuier. Par ma foy mōseigñr ce gardez a la fenestre dela gens biẽ aises/et ne voyez vous pas com=ment plaisamment ilz se demai=nent. Sainct iehan tu dis vray dist le cheualier/encores font ilz bien aultre chose que ne deuises. Et quoy dist lautre Quoy dist il/et ne vois tu pas comment elle tient chascun deulx par la resne. Par la resne dist il. Voire vraie ment poure beste par la resne/ou sõt telz yeulx/mais il ya biẽ chois des deux voire quant a la facon car celle q̃lle tient de gauche nest pas si longue ne si grande que cel le qui ample la destre main. Ha dist lescuier par la mort bieu vo⁹ dictes vray/sainct anthoyne ar=de la loupue. Et pensez ql nestoit pas bien aise. Ne te chaille dist le cheualier porte tõ mal le plus bel que tu peulz ce nest pas icy que tu dois dire ton couraige/force est que tu faces de necessite vertuz. Aussi fist il/et vecy bon cheualier qui sapprouchoit de la fenestre ou la galee estoit/si apercent dauen ture q̃ le cheualier a la resne gau=che se lieue en piez et regardoit que faisoient et disoient la damoisel le gracieuse et lescuier son compai gnon. Si vint a lui en lui dõnãt vng petit coup sur le chapeau. en tẽdez a vostre besongne de par le dyable et ne vous souciez des au tres. Lautre se retira et commenca de rire. Et la damoiselle qui ne estoit point a effrayer de legier ne sen mua oncques/trop bien tout doulcement laissa sa prinse sans rougir ne chãgier couleur Regret eut elle en soy mesmes dabandon ner de la main ce que aultre part luy eust bien serui. Et fait assez a croire que par auãt et depuis na uoit celluy des deux qui ne lui fist tres voulentiers seruice/aussi eust bien fait qui eust voulu le dolent amoureux malade qui fut cõtraît destre notaire du plusgrant des plaisir quau monde aduenir luy pourroit et dõt la seule pensee en son poure cueur rõgee estoit assez et trop puissante de le mettre en desespoir se raison ne leust a ce be soing secouru qui lui fist tout abã donner sa queste en amours/car de ceste cy il nẽ pourroit vng seul bon mot a son auãtaige compter

La .xxxviij. nouuelle par mõsei gneur de la roche.

La .xxxvii. nouvelle par Monseigneur de la roche.

TAndis que les aultres pen-seront et a leur memoire ra meneront aucuns cas aduenuz et perpetrez abilles suffisans destre adioustez a listoire presente ie vo⁹ compteray en briefz termes en q̄lle facon fut deceu le plus ialoux de ce royaulme pour son temps. Je croy assez quil na pas este seul entaiche de ce mal/mais toutesfois pource quil le fut oultre lensegne ie ne me scauroie passer sans faire scauoir le gracieux tour quō lui fist. Ce bon ialoux que ie vo⁹ compte estoit tresgrant hystorien et auoit veu et beaucoup leu et releu de diuerses hystoires / mais en la fin la principale a quoy tendoit son excercice et toute son estude estoit de scauoir et congnoistre les facons et manieres comment femmes peuent decepuoir leurs maris/car la dieu mercy les hystoires anciēnes comme Mathiolet Juuenal Les quinze ioyes de mariage et aultres plusieurs dōt ie ne scay le compte font mencion de diuerses tromperies/cautelles/abusions/et decepciōs en cest estat aduenues Nostre ialoux les auoit tousiours en ses mains / et nen estoit pas mains assote que vng fol de sa marote / tousiours lisoit/tousiours estudioit/ et diceulx liures fist vng petit extrait pour lui/ouquel estoient descriptes comprises et notees plusieurs manieres de tromperies au pourchas et entreprinses de femmes et es persōnes de leurs maris executees/et ce fist il tendant affin de estre mieulx premuni sur sa garde de sa femme selle lui en bailleroit point de telles comme celles q̄ en son liuret estoient croniquees et registrees. Quil ne gardast sa fēme daussi pres que vng ialoux ytalien si faisoit/ et si nestoit pas bien asseur tant estoit fort feru dce mauldit mal de ialousie/ et en cest estat et aise delectable fut ce bon homme troys ou quatre ans auec sa fēme / laquelle pour passetēps nauoit aultre loisir destre hors de sa presence infernale sinon allant et retournant a la messe en la compaignie dune vieille serpente qui delle auoit charge. Vng gentil compaignon oyant la renōmee de ce gouuernement vint rencontrer vng iour ceste bonne damoiselle qui belle gracieuse et amoureuse a bō escient estoit / et lui dist le plus gracieusement que oncq̄s sceust le bon vouloir quil auoit de lui faire seruice plaingnant et soupirāt pour lamour delle sa mauldicte fortune destre aliee au plus ialoux que terre soustienne : et disāt au surplus quelle estoit la seule en vie pour qui plus vouldroit faire / et pource que ie ne vo9 puis pas icy dire combien ie suis a vo9 et plusieurs aultres choses dont iespoire que vous ne serez que contente. Sil vous plaist ie les mettray par escript et demain ie les vous baillerai vous suppliant q̄ mon petit seruice partant de bon vouloir et entier ne soit pas reffuse. Elle lescouta voulentiers / mais pour la presence du dangier qui trop pres estoit gueres ne respondit, toutesfois elle fut contente de veoir ses lettres quant elles viendront. Lamoureux print cōgie assez ioyeux et a bōne cause / et la damoiselle comme elle estoit doulce et gracieuse le congie lui donna / mais la vieille qui la suyuoit ne faillit pas a demander quel parlement auoit este entre elle et celui qui sen va. Il ma dist elle apporte nouuelle de ma mere dont ie suis bien ioyeuse / car elle est en bō point. La vieille nenquist plus auant. Si vindrent a lostel. A lendemain lautre garny dunes lettres dieu scait comment dictees vint rencontrer sa dame et tāt subitement et subtillement lui bailla ces lettres que oncques le guet de la vieille serpente nen eut congnoissance. Ces lettres furent ouuertes par celle qui voulētiers les vit quant elle fut apart : le cōtenu en gros estoit comment il estoit esprins de lamour delle / et que iamais vng seul iour de bien nauroit se temps et loisir prestez ne lui sont pour plus auāt len aduertir requerant en conclusion quelle lui vueille de sa grace iour et lieu cōuenable assigner pour ce faire Elle feist vnes lettres par lesquelles tresgracieusemēt sexcusoit de vouloir entretenir en amours aultre q̄ celluy auquel elle doit et foy et loiaulte. Neātmoins pource quil est tant fort esprins damours a cause delle quelle ne vouldroit pour rien quil nen feust guerdonne elle seroit trescontente douyr ce quil veult dire se nullemēt pouoit ou scauoit / mais certes nenny tant pres la tient son mary quil ne la laisse dung pas sinon a leure de la messe quelle vient a leglise gardee et plus que gardee par la plus pute vieille qui iamais aultray destourba. Ce gētil compaignō tout aultrement habille et en poīt que le iour passe vint rēcontrer sa dame qui tresbien le congneut/et au passer quil fist assez pres delle receut de sa main sa lettre dessusdicte. Sil auoit faim de veoir le contenu ce nestoit pas merueilles/il se trouua en vng destour ou tout a son aise et beau loisir vit et congneut lestat de sa besongne q̄ lui sembloit estre en bon train si regarda ql ne lui fault que lieu po͛ venir au dessus et a chief de sa bonne entreprinse/pour laquelle acheuer il ne finoit nuyt ne iour de auser et penser comment il la po͛roit conduire. Si sadvisa dung bon tour qui ne fait pas a oublier car il sen vint a vne sienne bōne amye qui demeuroit entre leglise ou sa dame alloit a la messe et lostel delle: et lui compta sans riēs celer le fait de ses amours en priant tresaffectueusement quelle a ce besoig le voulsist aider et secourir. Ce que ie pourray faire pour vous ne pensez pas que ie ne my employe de tresbon cueur. Je vo͛ mercye dist il/et seriez vous contente quelle venist ceans parler a moy. Ma foy dist elle il me plaist bien. Or bien dist il sil est en moy de vous faire autant de seruice pensez que iauray congnoissance de la courtoisie. Il ne fut oncques si aise ne iamais ne cessa tant quil eust rescript et baille ses lettres a sa dame qui contenoient ql auoit tāt fait a vne telle quelle estoit sa tresgrande amye femme de bien loyale et secrete/et qui vous aime et congnoist bien quelle nous baillera sa maison pour deuiser/et de ce que iay aduise/ie seray demai en la chambre denhault qui veuf coure sur la rue/et si auray auprs de moy vng grant seau deaue et de cendres entremesle dōt ie vo͛ affubleray tout a coup que vous passerez/et si seray en habit si descongneu que vostre vieille ne ame du mōde naura de moy cōgnoissance. Quāt vous serez en ce poīt atournee vous ferez bien lesbahie et vous sauuerez en ceste maison/et par vostre dangier manderez q̄rir en vostre hostel vne aultre robe et tādis quelle sera en chemin no͛ parlerons ensemble. Pour abregier ces lettres furent escriptes et baillees: et la responce fut rendue par elle quelle estoit contente. Or fut venu ce iour et la damoiselle affublee par son seruiteur dung seau deaue et de cendre/voire p telle facō que son queuurechief sa robbe et le surplus de ses habillemens furent tous gastez et percez et dieu scait quelle fist bien lesbahie et de la malcontente/et cōme elle estoit aīsi atournee elle se bou ta en lostel ygnorant dy auoir cõgnoissance. Tantost quelle vit la dame elle se plaignit de son meschief / et nest pas a vo⁹ dire le deul quelle menoit de ceste aduenture maintenant plaint sa robe / maintenant son queuurechief / et lautre fois son tixu / brief qui loyoit il sembloit que le mõde fust fine. Et dangier sa meschine qui enraigeoit de graigne auoit en sa main vng coustrau dont elle nettoyoit sa robbe le mieulx quelle scauoit. Nenny nenny mamie dist elle vous perdez vostre peine ce nest pas chose a nettoier si en haste / vous ny scauriez faire chose maintenant q vaulsist rien / il fault que iaye vne aultre robbe et vng aultre queuurechief: il ny a point daultre remede, allez a lostel et les me apportez et vous auancez de retourner que nous ne p̃dons la messe auec tout nostre mal. La vieille voyant la chose estre necessaire nosa desdire sa maistresse / si print et robbe et queuurechief soubz son manteau et a lostel sen va / elle neut pas sy tost tourne les talons que sa maistresse ne fut guydee en la chãbre ou son seruiteur estoit qui voulentiers la vit en cotte simple et en cheueulx / et tandis quilz se deuiserẽt nous retournerons a parler de la vieille q reuint a lostel ou elle trouua son maistre qui nattẽdoit pas quelle parlast mais demanda incontinent / et quauez vous fait de ma fẽme: et ou est elle. Je lay laissee dist elle chez vne telle et en tel lieu. Et a quel propos dist il; lors elle lui monstra robe et queuurechief et lui compta laduenture de la tyne deaue et des cendres disant quelle vient querir daultres habillemẽs / car en ce poit sa maistresse nosoit partir dõt elle estoit. Est ce cela dist il nostre dame ce tour nestoit pas en mon liure / allez allez ie voy biẽ que cest. Il eust voulentiers dit quil estoit cou / et croyez que si estoit il a ceste heure / et ne len sceust oncques garder liure ne brief ou plusieurs fins to's estoient registrez / et fait assez a pẽser quil retint si bien ce dernier q̃ oncques puis de sa memoire ne p̃tit / et ne lui fut nul besoing a ceste cause de lescripre tant en eut fresche souuenance le peu des bons iours quil vesquit.

La.xxxviij. nouuelle par mon seigneur de lay

NA gueres q̃ ung marchãt de tours pour festoyer sõ cure et aultres gens de bien acheta une grosse et belle lamproye/ sy lenuoya a son hostel/et chargea tres bien a sa fẽme de la mettre a poĩt ainsi quelle scauoit bien faire: et faictes dist il que le disner soit prest a douze heures/car ie ameneray nostre cure et aucuns aultres quil luy nomma. Tout sera prest dist elle admenez qui vous vouldrez. Elle mist a point ung grant tas de beau poisson/et quãt vint a la lamproye elle la souhaita aux cordeliers a son amy et dist en soymesmes. Ha frere bernard que nestez vous icy / par ma foy vous nen partiriez iamais tant q̃ eussiez taste de la lamproye ou se mieulx vous plaisoit vo9 lemporteriez en vostre chamãbre et ie ne faulderoye pas de vous y faire cõpaignie. A tresgrant regret mettoit ceste bonne femme la main a ceste lamproye voire pour son mary/et ne faisoit que penser cõment son cordelier la pourroit auoir.

Tant pensa et aduisa quelle conclud de luy enuoyer par une vielle qui scauoit de son secret/ce q̃lle fist et lui manda quelle viendra au nuyt soupper et coucher auec lui. Quant maistre cordelier vit celle belle lamproye et entẽdit la venue de sa dame pensez quil fut ioyeux et bien aise/et dist a la vieille que sil peust finer de bon vin que la lamproye ne sera pas frauldee du droit quelle a puis que on la mengeue. La vieille retourna de son messaige et dist sa charge.

Enuiron douze heures vecy nostre marchant venir/le cure/et plusieurs aultres bons compaignõs pour deuourer ceste lamproye q̃ estoit bien hors de leur commandement. Quant ilz furent en lostel du marchant il les mena trestous en la cuysine pour veoir ceste grosse lãproye dont il les vouloit festoyer et appella sa femme et luy dist/monstrez nous nostre lãproye ie vueil scauoir a ses gẽs sil en eu bon marche. Quelle lamproye dist elle. La lamproye que ie vous feis baillier pour nostre disner auec cest aultre poisson.

Je nay point veu de lamproye
dist elle/ie cuyde moy que vous
songiez/vecy vne carpe deux bro
chetz et ie ne scay quel aultre pois
son/mais ie ne veis au iourduy lã
proye. Comment dist elle et pen
sez vous que ie soye yure. Ma foy
ouy dirent lors le cure et les aul-
tres/vous nen pẽsiez pas au iour
duy mains/vous estes vng peu
trop chiche pour acheter lamproie
maintenant. Par dieu dist la
femme il se farse de vous/ou il a
songe dune lamproye/car seure-
ment ie ne veis de cest an lãproye
et bon mary de soy courroucer q̃
dist. Vous auez menty paillarde
vous lauez mẽgee ou cachee quel
que part: ie vous prometz que onc
ques si chiere lamproye ne fut po[ur]
vous. Puis se vira vers le cure ⁊
les aultres et iuroit la mort bieu ⁊
vng cent de sermens quil auoit
baillie a sa fẽme vne lãproye q̃ lui
auoit couste vng franc et eulx po[ur]
encores plus le tourmenter et fai-
re enraigier faisoient semblant de
le non croire/et tenoient termes cõ
me silz fussent malcontens/et di
soient. Nous estions priez de dis
ner chiez vng tel/et si auons tout
laissie pour venir icy cuidant men
gier de la lamproye/mais a ce que
nous voyons elle ne nous fera ia
mal. Loste qui enraigeoit tout vif
print vng baston ⁊ marchoit vers
sa femme pour la trop bien frot-
ter se les autres ne leussent retenu
qui lemmenerent a force hors de
son hostel et misdrent peine de le
rapaiser le mieulx quilz sceurent
quant ilz le virent ainsi trouble.
Puis quilz eurent failly a la lam
proye le cure mist la table et firent
la meilleure chiere quilz sceurent.
La bonne damoiselle a la lam-
proye manda lune de ses voisi-
nes qui veufue estoit/mais belle
femme et en bon point estoit elle/
et la fist disner auecques elle. Et
quant elle vit son point elle dist.
Ma bonne voisine il seroit bien en
vous de me faire vng singulier
plaisir/et se tant vous voulez fai
re pour moy il vous seroit telle-
ment desserui que vous en de-
urez estre contẽte. Et que vous
plaist il que ie face dist laultre. Je
vous diray dist elle. Mon ma-
ry est si tresardant de ses beson-
gnes que cest vne grant merueil-
le/et de fait la nuyt passee il ma
tellement retournee que par ma
foy ie ne loseroye bonnement au
nuyt attendre/si vous prie que
vous voulez tenir ma place/et se
iamais puis rien faire pour vous
vous me trouuerez preste de corps
et de biens. La bonne voisine
pour lui faire plaisir et seruice
fut bien cõtentente de tenir sõ lieu
dõt elle fut largemẽt et beaucoup

mercire. Or deuez vous scauoir que nostre marchât a la lamproie quât vint puis le disner il fist tres grosse et grande garnison de bonnes verges quil apporta secretement en sa maison: et aux piez de son lit il les caicha pensant que sa fême ãnuyt en sera trop biẽ seruie Il ne sceut faire si secretemẽt q̃ sa fême ne sen donnast tresbien garde qui ne sen pensa pas mains/cõgnoissant assez par experience la cruaulte de son mary lequel ne souppa pas a lostel/mais tarda tant dehors quil pensa bien quil la trouuera nue et couchee/mais il faillit a son entreprinse/car quât vint sur le soir et tart elle fist despouillier sa voisine et couchier en sa place en lui chargeant expressement que elle ne respondist mot a son mary quant il viendra mais contreface la muette et la malade et si fist encores plus/car elle estaignit le feu de leans tant en la cuisine cõme en la chambre/et ce fait a sa voisine chargea que tantost que son mary sera leue le matin quelle sen voise en sa maison.
Elle lui promist que si feroit elle.
La voisine en ce point logee et couchee la vaillante femme sen va aux cordeliers pour mengier la lãproye et gaingnier les pardons cõme assez auoit de coustume.
Tandis quelle se festoyera leans nous dirons du marchant qui apres soupper sen vint en son hostel esprins de yre et de mautalent a cause de la lamproye/et pour executer ce quen son par dedens auoit conclud il vint saisir ses verges et en sa main les tint cherchãt et querant par tout de la chandelle dont il ne sceut oncques recouurer/mesmes en la cheminee faillit a feu trouuer. Quant il vit ce il se coucha sans dire mot et dormit iusques sur le iour quil se leua et sabilla et print ses verges et batit la lieutenante de sa femme en telle maniere que a peu quil ne la caruenca en lui ramentevant la lamproye/et la mist en tel point quelle saingnoit de tous costez mesmes les draps du lit estoiẽt tant sanglans quil sembloit que vng beuf y feust acore mais la poure martire nosoit pas dire vng mot ne monstrer le visaige. Ses verges lui faillirent et fut lasse/si sen alla hors de son hostel/et la poure femme qui sattendoit destre festoyee de lamoureux ieu et gracieux passetemps sen alla tost apres en sa maison plaindre son mal et son martire/non pas sans menasser et bien mauldire sa voisine. Tandis que le mary estoit alle dehors reuint des cordeliers la bonne femme qui trouua sa chambre de verges toute ionchee

son lit derompu et froissie / et les
draps tous ensanglantez / si con
gneut bien tantost q̃ sa voisine a-
uoit eu affaire de son corps cõme
elle pensoit bien / et sans tarder ne
faire arrest refist son lit et daul-
tres beaulx draps et frez le repa-
ra et sa chambre nettoya. Apres
vers sa voisine sen ala quelle trou
ua en piteux point : et ne fault pas
dire quelle ne trouuast bien a qui
parler. Au plus tost quelle peut en
son hostel sen retourna et de tous
poins se deshabilla / et ou beau lit
quelle auoit tresbien mis a point
se coucha et dormit tresbien ius-
ques a ce que son mary retourna
de la ville comme changie de son
courroux pource quil sen estoit ve
gie et vit a sa femme quil trouua
ou lit faisant la dormeueille. Et
quest ce cy ma damoiselle dist il
nest il pas temps de leuer. Hemy
dist elle et est il iour / par mon ser
ment ie ne vous ay pas ouy leuer
iestoie entree en vng songe qui ma
tenue ainsi longuement. Je croy
dist il que vous songiez de la lã
proye / ne faisiez pas : ce ne seroit
pas trop grant merueille / car ie la
vous ay bien ramẽtue a ce matin
Par dieu dist elle il ne me souue
noit de vous ne de vostre lam-
proye. Cõment dist il lauez vous
si tost oublie. Oublie dist elle vng
songe ne me arreste rien. Et a ce
songe dist il de ceste poingnie de
verges que iay vsee sur vous na
pas deux heures. Sur moy dist
elle. Voire vraiement sur voꝰ dist
il. Je scay bien ql y pert largemẽt
et aux draps de nostre lit auecq̃s
Par ma foy beaulx amys dist el
le ie ne scay que vous auez fait ou
sõgie / mais quãt a moy il me sou
uiẽt tresbiẽ quau iourduy au ma
tin vous me feistes de tresbon ap
petit le ieu damours / autre chose
ne scay ie / aussi bien pouez vous a
uoir songie de mauoir fait autre
chose comme vous feistes hyer de
mauoir baille la lamproye. Ce se
roit vne estrange chose dist il / mõ
strez vng peu que ie vous voye.
Elle osta et si reuersa la couuertu
re et toute nue se monstra sãs tai-
che ne blesseure quelconques / vit
aussi les draps beaulx et blãs sãs
soulliure ne taiche / si fut plus es
bahy que on ne vous scauroit dire
et se print a muser et largemẽt pẽ
ser : et en ce point longuement se
tint / mais toutesfoys assez bonne
piece apres il dist. Par mon ser-
ment mamye ie vous cuydoie a ce
matin auoir tresfort batue iusques
au sang / mais maintenant ie voy
biẽ quil nen est rien / si ne scay quil
mest aduenu. Dea dist elle ostez
vous hors de ceste ymaginacion
de baterie / car vous ne me tou-
chastes oncques vous le pouez biẽ

presentement veoir et appercevoir faictes vostre compte que vous avez songe comme vous fistes hier de la lamproye. Je congnois dist il lors que vous dictes vray / si vous requiers qu'il me soit pardonne / car ie scay bien que ie euz hyer tort de vous dire villennie devant les estrangiers que ie amenay ceans. Il vous est legierement pardonne dist elle / mais toutesfois advisez bien que vous ne soiez plus si legier ne si hatif en voz affaires comme vous avez de coustume. Non feray ie dist il m'amie. Ainsi qu'avez ouy fut le marchant par sa femme trompe cuidant avoir songie d'avoir achete la lamproye et fait le surplus du compte dessus escript et racompte.

La .xxxix. nouvelle par monseigneur de sainct pol.

Ung gentil chevalier des marches de hainau riche puissant vaillant et tresbeau compaignon fut amoureux d'une tresbelle dame assez et longuement / et aussi fut tant en sa grace et si prive d'elle que toutesfois que bon lui sembloit il se trouvoit en ung lieu de son hostel a part et destourne ou elle lui venoit faire compaignie et la devisoient tout a leur beau loisir / et n'estoit ame qui sceust riens de leur tresplaisant passetemps sinon une damoiselle qui servoit ceste dame laquelle bonne bouche tres longuement porta / et tant les servoit a gre en tous leurs affaires qu'elle estoit digne d'ung tresgrant guerdon en recevoir. Elle aussi avoit tant de vertu que non pas seullement sa maistresse avoit gaignee par le service comme dit est et autrement / mais encores le mary de sa dame ne l'aymoit pas moins que sa femme tant la trouvoit loyale bonne et diligente. Advint ung jour que ceste dame sentant son serviteur le chevalier dessusdit en son chastel devers lequel elle ne povoit aller si tost qu'elle eust bien voulu a cause de son mary qui l'en destournoit dont elle estoit bien desplaisante / se advisa de lui mander par la damoiselle qu'il eust encores ung peu de pacience / et que au plus tost qu'elle scauroit se desar mier de son mary quelle viendroit vers luy. Ceste damoiselle vint devers le chevalier qui sa dame attendoit et dist sa charge. Et lui qui gracieux estoit la mercia beaucoup de ce messaige et la fist seoir au pres de lui/puis la baisa deux ou troys fois tresdoulcement/elle lendura voulentiers/q̃ bailla couraige au chevalier de proceder au surplus dont il ne fut pas reffuse. Cela fait elle revint a sa maistresse et lui dist que son amy natent quelle. Helas dist elle ie scay bien quil est vray / mais monseigneur ne se veult couchier ilz sont cy ie ne scay quelz gẽs q̃ ie ne puis laisser/dieu les mauldie iaymasse mieulx estre vers luy/il luy ennuye bien ne fait pas destre ainsi seul Par ma foy croiez que ouy dist elle / mais lespoir de vostre venue le conforte et attẽt tãt plus aise. Je vous en croy/mais toutesfois il est la seul sans chandelle et sont plus de deux heures quil y est/il ne peult estre quil ne soit beaucoup ennuye. Si vous prie mamye que vous retournez vers luy encores vne fois pour mexcuser et lui faictes compaignie vne piece/ et entretant se dieu plaist le dyable emportera ces gens qui nous tiennent icy. Je feray ce quil vous plaira ma dame dist elle/mais il me semble quil est si content de vous ql ne vous fault ia excuser / et aussi si ie y aloye vous demourriez icy toute seule de femmes/et pourroit adoncques demander monseigñr apres moy et on ne me scauroit ou trouver. Ne vous chaille de cela dist elle/ien feray bien sil vous demande : il me desplaist que mon amy est seul / allez veoir quil fait ie vous en prie. Je y vois puis quil vous plaist dist elle. Selle fut biẽ ioyeuse de ceste ambassade il ne le fault ia demãder mais pour couurir sa voulente elle en fist lexcusãce et le reffus a sa maistresse. Elle fut tantost vers le chevalier attendãt qui la receut ioyeusement: et elle lui dist Monseigneur : ma dame menuoye encores icy se excuser devers vous pource que tant vous fait attendre/et croyez quelle en est la plus courroucee. Vous lui direz dist il quelle face tout a loisir et que elle ne se haste riẽ pour moy/car vo9 tiendrez son lieu. Lors derechief la baise et acole et ne la souffrit partir tant quil eust besongnie deux fois qui gueres ne lui cousterent/ car a lors il estoit frez et ieune hõme et fort a cela. Ceste damoiselle print bien en pacience sa bonne adventure / et eust bien voulu avoir souvent vne telle rencontre sauf le preiudice de sa maistresse Et quant vint au partir elle pria au chevalier que sa maistresse nen sceust riẽ. Vous navez garde dist il. Je vous en requiers dist elle/ ⁊ puis sen vint a sa maistresse q̇ demanda tantost que fait son amy. Il est la dist elle et vous attend. Voire dist elle et est il point mal content. Nenny dist elle puis ql a eu compaignie il vous scait tres bon gre que vous my avez envoiee et se ceste attente estoit souvent a faire il vouldroit bien mavoir pour deviser et passer temps/ et par ma foy ie y vois voulentiers / car cest le plus plaisant hõme de iamais et dieu scait quil le fait bon ouyr mauldire ces gens qui vous retiẽnent/ excepte mõseigneur a lui ne vouldroit il touchier. Sainct iehã ie vouldroye dist la dame q̃ luy et la compaignie feussent en la riviere et ie fusse la dont vous venez. Tant passa le temps q̃ monseigneur dieu mercy se deffist de ses gens et vit en sa chambre si se deshabilla et se coucha: et ma dame se mist en cotte simple et print son atour de nuyt et ses heures en sa main et commence devotemẽt dieu le scait dire ses sept seaulmes et patenostres mais monseigneur qui estoit plꝰ esveille que ung rat avoit grant fain de deviser/ si vouloit que ma dame laissast ses oraisons iusques a demain/ et quelle parlast a lui. Ha monseigneur dist elle pardõnez moy/ ie ne puis vous entretenir maintenant: dieu va devant vous le scavez/ ie nauroye meshuy bien ne de sepmaine se ie navoie dit le tant peu de service que ie lui scay faire/ ⁊ encores de mal venir ie neuz pieca tant a dire que ie ay maintenant. Ha hay dist monseigneur vous masfolez bien de ceste bigoterie/ et est ce a faire a vous de dire tãt de heures q̃ vous faictes/ ostez ostez laissez les dire aux prestres/ ne dis ie pas bien hau iehannette dist il a la damoiselle dessusdicte. Monseigneur dist elle ie nen scay que dire sinon puis que ma dame a decoustume de servir dieu quelle parface. Ha dea dist madame monseigneur ie voy bien q̃ voꝰ estes avoye de plaidier/ et iay voulente de dire mes heures/ ⁊ ainsi nous ne sommes pas biẽ toꝰ deux dung accord. Si vous lairray ie hannette qui vous entretiendra ⁊ et ie men iray en ma chãbre la derriere tencer a dieu. Monseigneur fut content. Si sen alla ma dame les grans galoz devers le chevalier son amy q̇ la receut dieu scait a grant lyesse et a grant reverence car lonneur quil lui fist nestoit pas maindre qua genoulz ploiez et enclinez iusques a terre/ mais vous devez scavoir que tãdis q̃ ma dame achevoit ses heures avec son amy / mõseignr son mary ne scay de quoy il lui souruint / pria ichãnette qui lui faisoit cõpaignie da moure a bon escient et pour abbregier tãt fist par promesses et beau langaige quelle fut contente dobeyr / mais le pis fut que ma dame au retour quelle fist de son amy lequel lauoit acolee deux fois a bon escient auãt son partir trouua monseigneur son mary et ichãnette sa chãberiere en tout tel ouuraige quelle venoit de faire dõt elle fut biẽ esbahye / et encores pl⁹ monseigneur et iehannette qui se trouuerent ainsi surpris. Quant ma dame vit ce dieu scait comment elle salua la compaignie / ia soit ce quelle eust bien cause de soy taire / et si se reprint a la poure iehãnette par si tresgrant courroux quil sembloit bien quelle eust vng dyable ou ventre tant lui disoit de villennes parolles. Encores fist elle pis et plus / car elle print vng grant baston et len chargea trop bien le doz. Voyant ce monseigneur qui en fut mal content et desplaisant se leua sur piez et batit tant ma dame quelle ne se pouoit sourdre. Et quant elle vit quelle auoit puissance de sa langue dieu scait selle la mist en euure / mais adrecoit la plus part de ses motz venimeux sur la poure iehãnette qui nen peult plus souffrir / si dist a monseigneur le gouuernemẽt de ma dame et dont elle venoit a ceste heure de dire ses oraisons et auecques qui. Si fut la compaignie bien troublee monseigneur tout le pmier qui se doubtoit assez: et ma dame qui se treuue affolee et batue et de sa chamberiere encusee. Le surplus de ce mesnaige biẽ trouble demeure en la bouche de ceulx qui le scaiuent si nen fault ia plus auant enquerir.

La .xl. nouuelle par messire michault de changy.

Il aduint nagueres a lisle q̃ vng grant clerc et prescheur de lordre de sainct dominique / conuertit par sa saincte et doulce predicacion la feme dũg bouchier

par telle et si bonne facon que elle
laymoit plus que tout le monde/
et nauoit iamais au cueur biē ne
en soy parfaicte lyesse selle nestoit
en pres luy / mais maistre moyne
en la parfin sennuya delle/ et tāt
que plus nullement nen vouloit/
et eust tresbiē voulu quelle se fust
deportee de si souuent le visiter
dont elle estoit tant mal contente
que plus ne pouoit/ mesmes le re-
boutemēt quil luy faisoit trop pl⁹
auant en son amour len racinoit.
Damp moyne ce voyant lui def
fendit sa chambre et chargea bien
expressement a son clerc quil ne la
souffrist plus. Delle fut plus que
par auant mal contente ce ne fut
pas de merueille/ car elle estoit af
si que forcenee. Et se vous me de
mādez a quel propos damp moy
ne ce faisoit: ie vous respōs que ce
nestoit pas pour deuocion ne po⁹
voulente quil eust de deuenir cha
ste/ mais la cause estoit quil en a-
uoit racointee vne plus belle et pl⁹
ieune beaucoup et plus riche q̄ de s
ia estoit tāt priuee quelle auoit la
clef de sa chambre. Tant fist tou
tesfois que la bouchiere ne venoit
pas vers lui comme elle auoit de
coustume. Si auoit trop meilleur
et plus seur loisir sa dame nouuel
le de venir gaingnier les pardōs
en sa chambre et paier la disme cō
me les femmes dostelerie dōc cy
dessus est touchie. Ung iour fut
prins de faire bonne chiere a vng
disner en la chambre de maistre
moyne ou sa dame promist de cō
paroir et faire apporter sa porcion
tant de vin comme de viande.
Et pource que aucuns de ses fre
res de leans estoient assez de son
mestier il en inuita deux ou trois
tout secretement: et dieu scait la
grant chiere quon fist a ce disner
q̄ ne se passa point sans boire dau
tant. Or deuez vous scauoir que
nostre bouchiere congnoissant as-
sez les gens de ces prescheurs q̄l-
le veoit passer deuant sa maison
lesquelz portoient puis du vin/
puis des pastez et puis des tar-
tres et tant de choses que merueil
les. Si ne se peut tenir de deman
der quelle feste on fait a leur hostel
et il lui fut respondu que ces biens
sont pour vng tel/ cest assauoir sō
moyne qui a gens de bien au dis
ner. Et qui sont ilz dist elle. Ma
foy ie ne scay dist laultre/ ie porte
mon vin iusques a luys tant seu-
lement/ et la vient nostre maistre
qui me descharge/ ie ne scay qui
y est. Voire dist elle cest la secre-
te compaignie/ or bien allez vous
en et les seruez bien. Tantost apr̄s
passa vng aultre seruiteur quelle
interrogua pareillemēt q̄ lui dist
comme son compaignon/ et enco-
res plus auant/ car il dist ie pense

quil ya vne damoiselle q̄ ne veult
pas estre veue ne congneue. Elle
pensa tantost ce qui estoit si cuida
bien enragier tant estoit mal con-
tente et disoit en soymesmes quel
le fera le guet sus celle qui lui fai
soit tort de son amy / et qui luy a
baille le bont / et selle la peult ren-
contrer ce ne sera pas sans lui dire
et chanter sa lecon et esgratiner le
visaige. Si se mist au chemin en
intencion de executer ce quelle a-
uoit conclud. Quant elle fut ve-
nue au lieu desire moult lui tar-
doit de rencontrer celle q̄lle hayt
plus que personne si neut pas tāt
de constance que dattendre q̄lle
saillist de la chambre ou elle auoit
faicte mainte bonne chose / mais
sadvisa de prendre vne eschielle q̄
vng couureur de tuille auoit lais
see pres de son ouuraige tādis ql
estoit alle disner et elle drecca ce-
ste eschielle a lendroit de la chemi
nee de la cuisine de lostel ou elle
vouldroit biē estre pour saluer la
compaignie car bien scauoit que
aultrement ny pourroit entrer.
Ceste eschielle mise a point cōme
elle la voulut auoir / si monta ius
ques a la cheminee a lentour de
laquelle elle lia tresbien vne moiē
ne corde quelle trouua dauentu-
re / et cela fait tresbiē comme il lui
sembloit elle se bouta dedens le
bouhot de ladicte cheminee et se cō
menca a descendre et vng peu a-
ualer / mais le pis fut quelle de-
moura en chemin sans soy pouoir
auoir ne mōter ne aualer quelque
peine quelle y mist / et ce a loccasiō
de son derriere q̄ estoit beaucoup
gros et pesāt / et aussi sa corde qui
rompit pourquoy elle ne se pouoit
en nulle maniere remonter ne res-
sourdre a mont. Si estoit dieu le
scait en merueilleux desplaisir et
ne scauoit que faire ne que dire /
si sadvisa quelle attendroit le cou
ureur et quelle se mettra en sa mer
cy et lappellera quant il viendra re
querre son eschielle et sa corde. El
le fut bien trōpee / car le couureur
ne vint iusques a lendemain bien
matin pource quil fist trop grant
pluye dont elle eut bien sa part /
car elle fut percee et baignee iusq̄s
a la peau. Quant vint sur le soir
bien tart nostre bouchiere estāt en
la cheminee ouyt gens deuiser en
la cuisine / si commenca a huchier
dont ilz furent bien esbahis et ef-
froyez et ne scauoient q̄ les huchoit
ne ou cestoit / toutesffoys quelque
esbahissement ne paour quilz eus
sent ilz escouterēt encores vng peu
si ouyrent la voix du parauāt ar
riere huchier tresaigrement. Si
cuiderent que ce feust vng esperit
et le vindrent incontinent annun-
cer a leur maistre qui estoit en dor
touer / lequel ne fut pas si vaillāt

de venir veoir que cestoit / mais il mist tout a demain. Pensez la belle paciéce que ceste bonne féme auoit qui fut tout au long de la nuyt en ceste cheminee. Et de sa bonne aduenture il ne pleut long temps a si fort ne si bien quil fist celle nuyt Lendemain assez matin nostre couureur de tuille reuint a leuure pour recouurer la perte q̄ la pluye lay auoit faicte le iour de deuant / il fut esbahy de veoir sō eschielle ailleurs ql ne lauoit lais- see et la cheminee lyee de la corde si ne scauoit qui ce auoit fait ne a quel propos / puis saduisa daller querir sa corde et monta a mont sō eschielle et vint iusques a la che- minee et destaicha sa corde et com me dieu voulut bouta sa teste de dens le bouhot de la cheminee ou il vit nostre bouchiere plus simple que vng chat baigne dont il fut tresesbahy. Et que faictes vous icy dame dist il voulez vous des rober les poures religieux Helas mon amy dist elle par ma foy ne- nny ie vo⁹ requier aidez moy a sail lir dicy et ie vous donneray ce q̄ me vouldrez demander. Dea ie men garderay bien dist le couure⁹ si ie ne scay pourquoy vous y ve- nez. Je le vous diray puis ql vo⁹ plaist dist elle / mais ie vous prie quil nen soit nouuelle. Lors lui cō pta tout du long les amours del le et du moyne et la cause pour- quoy elle venoit la. Le couureur oyant ces parolles eut pitie del le / si fist tant a quelque peine et ql que meschief que ce feust moyen- nant sa corde quil la tira dehors et la mena en bas / et elle lui pmist que si portoit bonne bouchie quel- le lui donneroit de la chair et de beuf et de mouton assez pour four nir son mesnaige pour toute lánee ce quelle fist / et lautre tint si secret son cas q̄ chascun en fut aduerty

La. xli. nouuelle par monseigñr de la roche.

Vng gētil cheualier de hay nault saige subtil et tres- grant voyagier apres la mort de sa tresbonne et saige femme pour les biés quil auoit veuz et trouuez en mariage / ne sceust passer son temps sãs soy lyer comme il auoit este par auant. Si espousa vne tresbelle ieune et gente damoiselle/non pas des plus subtiles du monde/car a la verite dire elle estoit vng peu lourde en la taille/et cestoit ce en elle qui plus plaisoit a son mary pource quil esperoit par ce poĩt la mieulx duire et tourner en la facon quauoir la vouldroit. Il mist sa cure et son estude a la faconner/et de fait elle lui obeissoit et complaisoit comme il le desiroit si bien quil neust sceu mieulx demãder:et entre aultres choses toutesfois ql luy vouloit faire lamoureux ieu qui nestoit pas si souuẽt quelle eust bien voulu il lui faisoit vestir vng tresbeau haubergon dont elle estoit bien esbahye et de prinsault lui demãda bien a quel ppos il la faisoit armer. Et il lui respõdit quon ne se doit poĩt trouuer a lassault amoureux sans armer. Elle fut contente de vestir ce haubergon/et nauoit aultre regret sinon que monseigneur nauoit lassault plus a cueur combiẽ que ce lui estoit assez grant peine se aucun plaisir nen feust ensuy. Et se vous demandez a quel propos son seigneur ainsi la gouuernoit/ie vous respons que la cause qui a ce faire se mouuoit estoit affin que ma dame ne desirast pas tant lassault amoureux pour la peine et empeschement de ce haubergon/mais combien quil feust bien saige il sabusa de trop, car se le haubergon a chascũ assault lui eust quasse et dos et ventre si ne eust elle pas reffuse le vestir tant estoit doulx et plaisãt ce qui sen ensuiuoit. Ceste maniere de faire dura beaucoup et tant q̃ monseigneur fut mãde pour seruir sõ prince en la guerre et en aultres assaulx qui ne sont pas semblables a celluy dessusdit. Si print cõgie de ma dame et sen alla ou il fut mande/et elle demoura a lostel en la garde et conduite dung ancien gentilhomme et daucunes damoiselles qui la seruoient. Or deuez vo⁹ scauoir que en cest hostel auoit vng gentil compaignõ clerc qui tresbien chantoit et iouoit de la harpe et auoit la charge de la despense/et apres le disner sesbatoit voulentiers de la harpe a quoy ma dame prenoit tresgrant plaisir et souuent se rẽdoit vers lui au son de la harpe. Tant y alla et tant si trouua que le clerc la pria damours/et elle desirant de vestir son haubergon ne lescõdit pas aincois luy dist/Venez vers moy a telle heure et en telle chambre et ie vous feray respõse telle que vous serez content. Elle fut beaucoup mercyee et a leure assignee nostre clerc ne faillit pas de venir heurter a la chambre ou ma dame lui auoit dit laquelle lattendoit de pie quoy / le beau haubregon en sō dos. Elle ouurit la chambre et le clerc la vit armee / si cuida que ce fust aucun qui fust ambasche leans pour lui faire quelque desplaisir Et a ceste occasion il fut si tres subitement feru et espouente que de la grant paour que il en eut il cheut a la reuerse par telle maniere quil descompta ne scay quans degrez si tresroidement qua peu quil ne se rompit le col / mais toutesfois il neut garde tant bien luy aida dieu et sa bonne querelle.

Ma dame qui le vit en ce dangier fut tres desplaisante et mal cōtente / si vint en bas et lui aida a sourdre et lui demanda dont lui venoit ce paour Et il la lui cōpta et dist q̄ vraiemēt il cuydoit estre deceu. Vous nauez garde dist elle ie ne suis pas armee pour vo⁹ faire mal / et en ce disant monterent arriere les degrez et entrent en la chambre. Ma dame dist le clerc ie vous requiers dictes moy sil vous plaist qui vous meut de vestir ce haubergon Et elle comme vng peu faisant la hōteuse lui respondit: et vous le scauez bien.

Par ma foy sauue vostre grace ma dame dist il se ie le sceusse ie ne le demandisse pas. Monseigneur dist elle quant il me veult baisier et parler damours il me fait en ce point habiller: et ie scay biē que vous venez icy a ceste cause, et pource ie me suis mise en ce point. Ma dame dist il vous auez raison / et aussi vous me faictes souuenir que cest la maniere des cheualiers den ce point faire habillier leurs dames / mais les clercs ont toute aultre maniere de faire q̄ a mon aduis est trop plus belle et plus aisee. Et quelle est elle dist la dame monstrez la moy. Et ie la vous monstreray dist il. Lors la fist despouiller de son haubregon / et du surplus de ses habillemens iusques a la belle chemise: et lui pareillemēt se deshabilla et se despouilla / et se misdrent dedens le beau lit pare qui la estoit / et puis se desarmerent de leurs chemises et passerēt tēps deux ou trois heures bien plaisāment / et auant le departir le gentil clerc monstra bien a ma dame la coustume des clercs laquelle beaucoup loua et pria et trop plus que celle des cheualiers. Assez et souuent depuis se rencontrerent en la facon dessusdicte sans quil en fust nouuelle quoy que ma dame feust peu subtille. A certain temps apres monseignr retourna de la guerre dōt ma dame ne fut pas trop ioyeuse en son par dedēs quelque semblant quelle monstra au par dehors: et vint a leure de disner/et pource que on scauoit sa venue il fut serui dieu scait comment. Ce disner ce passa et quât vint a dire graces monseigneur se met a son renc et madame print son quartier Tantost que graces furent acheuees et dictes monseigneur pour faire du mesnagier et du gentil compaignon dist a madame. Allez tost en vostre chambre et vestez vostre haubergon Et elle se recordant du bon temps ql le auoit eu auec son clerc respôdit tout subit la coustume des clercs vault mieulx. La coustume des clercs dist il et scauez vous leur coustume Si commenca a soy fumer et couleur changier et se doubta de ce qui estoit vray / combien quil nen sceut oncques rien / car il fut tout a coup mis hors de son doubte. Ma dame ne fut pas si beste quelle napercenst bien q môseigneur nestoit pas content de ce quelle auoit dit/si sauisa de châgier le vers et dist. Monseigneur ie vous ay dit que la coustume des clercs vault mieulx et encores le dis ie. Et quelle est elle dist il. Ilz deiuent apres graces dist elle Voire dea dist il/sainct iehan vous dictes vray cest leur coustume vraiemêt que nest pas mauuaise/et pource que vous la prisez tant nous la tiendrons doresenauant. Si fist apporter du vin et beurent: et puis ma dame alla vestir son haubergon dont elle se feust bien passee car le gentil clerc luy auoit môstre aultre facô de faire q trop mieulx lui plaisoit. Comme vous auez ouy fut monseigneur par madame en sa respôse abuse / aussi fault dire que le sens subit qui lui vint en memoire a ceste fois lui descebit de la vertu du clerc qui depuis lui monstra la facon daultres tours dont monseigneur en la parfin en demoura noz amys.

La.xlij. nou. racomptee par meriadech.

LAn cinquante dernier passe le clerc du villaige du dyocese de noyô pour impetrer a gaignier les pardons qui furent a romme qui sont telz que chascun scait se mist a chemin en la compagnie de plusieurs gens de bien de noyon/ de cōpiengne/ et des lieux voisins/ mais auāt son partemēt disposa bien et seurement de ses besongnes. Premieremēt de sa femme et de son mesnaige / et le fait de sa coustrerie recommanda a vng ieune et gentil clerc pour la desseruir iusques a son retour. en assez briefue espace de temps lui et sa compaignie vindrent arriuer a romme et firent chascun leur devocion et pelerinaige le mais mal quilz sceurent/ mais vous devez scauoir que nostre clerc trouua daventure a romme vng de ses compaignons descole du temps passe qui estoit ou seruice dung gros cardinal et en grant auctorite qui fut tresioyeulx de lauoir trouue pour laccointance quil auoit a luy et lui demanda de son estat. Et lautre lui compta tout du long/ tout premier comment il estoit hellas marie son nombre denfans/ et comment aussi il estoit clerc dune paroisse Ha dist son compaignō par mon serment il me desplaist bien que vous estes marie. Pour quoy dist lautre. Je vous diray dist il / vng tel cardinal ma charge expressement que ie lui treuue vng seruiteur pour estre son notoire q̄ soit de nostre marche/ et croiez que ce seroit trop bien vostre fait pour estre tost et largement pourueu se ce ne fust vostre mariage q̄ vous fera repatrier et comme iespoire plus grans biens perdre que vous ny aurez. Par ma foy dist le clerc mon mariage ny fait rien mon compaignon/ car a vous dire la verite ie me suis party de nostre pays soubz umbre du pardō qui est a present/ mais croyez que ce na pas este ma principale intencion/ car iay conclud daller iouer deux ou troys ans par pays/ et ce pendant se dieu vouloit prendre ma femme iamais ie ne feus si eureux/ et pourtant ie vous requiers et prie que vous songniez de moy et soyez mon moyen vers ce cardinal que ie le serue/ et par ma foy ie feray tant que vous naurez ia reprouche pour moy/ et se aīsi le faictes vous me ferez le plus grant seruice que iamais compaignon fist a aultre. Puis que vous auez ceste voulente dist son compaignon ie vous seruiray a ceste heure et vous logeray pour auoir bon temps se a vous ne tient. Et mon amy ie vous mercye dist lautre. Pour abbregier nostre clerc fut logie auec ce cardinal/ laquelle chose il manda a sa femme et son intencion qui nest pas de retourner par dela si tost q̄l lui auoit dit au

partir. Elle se conforta et luy res-
cripuit quelle fera du mieulx qlle
pourra. Du seruice de ce cardi-
nal se conduisit et maintint gente
ment nostre bon clerc/ et fist tant q
en peu de temps il gaingna de lar
gent auec son maistre/ lequel na-
uoit pas peu de regret quil nestoit
habille a tenir benefices/ car large
ment len eust pourueu. Pendant
le temps que nostre dit clerc estoit
ainsi en grace comme dit est le cu
re de son villaige alla de vie a
trespas et ainsi vaqua son benefi
ce qui estoit ou moys du pape/
dont le coustre tenant le lieu de
son compaignon estant a romme
se pensa quau plus tost quil pour
roit quil courroit a romme et feroit
tant a layde de son compaignon
quil auroit ceste cure Il ne dormit
pas car en peu de iours apres mal
te peines et trauaulx tant fist quil
se trouua a romme et neut oncqs
bien tant quil eut trouue son com
paignon lequel seruoit vng cardi
nal. Apres grosses recongnoissan
sances dung coste et daultre le
clerc demande de sa femme. Et
lautre lui cuidant faire vng singu
lier plaisir/ et affin aussi que la be
songne dont il le veult requerir au
cunement en vaille mieulx lui res
pondit quelle estoit morte/ dont il
mentoit car ie tien qua ceste heure
elle scauroit bien tencier son mary
dictes vous donc q ma femme
est morte dist le clerc/ et ie prie a
dieu qlle lui pdonne ses pechez/ ouy
vraiement dist lautre/ la pestilen
ce de lannee passee auec plusieurs
aultres lemporta. Or faignit il ce-
ste bourde qui depuis lui fut cher
vendue pource quil scauoit que le
clerc nestoit party de son pays q
a lintencion de sa feme q estoit trop
peu paisible/ et que plus plaisan-
tes nouuelles delle ne lui pourroit
on apporter que de sa mort. Et a
la verite ainsi en estoit il/ mais le
rapport fut faulx. Et qui vous a
maine en ce pays dist le clerc apres
plusieurs et diuerses parolles Je
le vous diray mon compaignon
et mo amy. Il est vray q le cure de
nostre ville est trespasse si vie vers
vous affin q par vostre moyen ie
puisse paruenir a son benefice. Si
vous prie tant que plus ne puis q
me vueillez aider a ce besoing/ ie
scay bien quil est en vous de le me
faire auoir a layde de monseignr
vostre maistre. Le clerc pensant
sa femme estre morte et la cure de
sa ville vaquer conclud en soymes
mes que il happera ce benefice po
luy et daultres encores sil y peut
paruenir/ mais toutesfois il ne le
dist pas a son compaignon/ ain-
cois lui dist quil ne tiendra pas
en lay quil ne soit cure de leur vil
le dont il fut tresgrandemet mer

cle. Tout aultrement en alla car a len demain nostre sainct pere a la requeste du cardinal maistre de nostre clerc lui donna ceste cure. Si vint ce clerc a son compaignõ quant il sceut ces nouuelles et luy dist. Ha mon compaignon vostre fait est rompu dont me desplaist bien. Et comment dist laultre. La cure de nostre ville est dõnee dist il/mais ie ne scay a qui/ mon seigneur mon maistre vous a cuide aider / mais il na pas este en sa puissãce de faire vostre fait Qui fut bien malcõtent ce fut cellui qui estoit venu de si loing perdre sa peine et despẽdre son argẽt et dont ce ne fut pas dommaige Si print congie piteusement de son compaignõ et sen retourna en son pais sans soy vãter de sa bourde quil a femee. Or retournons a nostre clerc qui estoit plus gay que une millaine de la mort de sa fẽme/et de la cure de leur ville que nostre sainct pere le pape a la requeste de son maistre lui auoit donnee pour recompense/et disons cõment il deuint prestre a romme et chanta sa bien deuote premiere messe/et print congie de son maistre pour une espace de temps a venir par deca a leur ville prendre la possession de sa cure. A ceste entree quil fist a leur ville de son bon eur la premiere personne quil rẽcontra ce fut sa femme dont il fut bien esbahy ie vous en asseure/et encores beaucoup plus courrouce. Et quest ce cy dist il ma mie / et on mauoit dit que vous estiez trespassee. Je men suis bien gardee dist elle/vous le dictes ce croy ie pource que le vouliez bien vous/et vous lauez bien monstre qui mauez laissee lespace de cinq ans a tout ung grant tas de petis enfans. Mamye dist il ie suis bien ioyeux de vous veoir en bon point et en loue dieu de tout mon cueur mauldit soit cellui qui men rapporta aultres nouuelles. Ainsi soit il dist elle. Or ie vous diray ma mie ie ne puis arrester pour maintenant / force est que ie men aille hastiuement deuers mõseigneur de noyon pour une besongne qui lui touche mais au plus brief que ie pourray ie retourneray. Il se partit de sa femme et prent son chemin deuers noyon/mais dieu scait sil pensa en chemin a son pouure fait. Helas dist il or suis ie homme deffait et deshonnoure/ prestre/clerc/et marie tout ensemble/ie croy que ie suis le pmier malleureux de cest estat. Il vint deuers monseigneur de noyon qui fut bien esbahy douyr son cas et ne le sceut conseiller et lenuoya a romme. Quant il fut venu il cõpta a son maistre tout du long et du le la verite de son adventure qui en fut tresamerement desplaisant. A lendemain il compta a nostre sainct pere en la presence du colliege des cardinaulx et de tout le conseil ladventure de son hōme quil avoit fait cure. Si fut ordonne quil demourera prestre et marie et cure aussi et demoura avec sa femme en la facon que ung homme marie honnourablement et sans reprouche demeure/ et seront ses enfans legitimes et non bastars/ia soit ce que le pere soit pstre/mais au surplus sil est sceu ne trouve quil aille aultre part q̄ a sa femme il perdra son benefice. Aīsi q̄ avez ouy fut ce povre clerc pugny par la facon que dit est et par le faulx donner a entendre de son compaignon: et fut content de venir demourer a son benefice/ et qui plus est et pis demourer avec sa femme dont il se fust bien passe se leglise ne leust ordonne.

La .xliii. nouvelle par monseigneur de fiennes.

Nagueres que ung bon hōme laboureur et marchant et tenant sa residence en ung bon villaige de la chastellenie de lisle trouva facon et maniere au pourchas de lui et de ses bons amys davoir a femme une tresbelle ieune fille qui nestoit pas des plus riches et aussi nestoit son mary/ mais estoit homme de grant diligence et qui fort tiroit dacquerir et gaignier / et elle daultrepart mettoit peine daccroistre le mesnaige selon le desir de son mary qui a ceste cause lavoit beaucoup en grace/ lequel a mais de regret alloit souvent ca et la es affaires de ses marchandises sans avoir doubte ne suspiciō quelle fist aultre chose q̄ bien/mais le povre hōme sus ceste fiance labandonna et tant la laissa seule que ung gentil compaignon sapprouchoit delle q pour abbregier fist tant a peu de iours quil fut son lieutenant / dōt gueres ne se doubtoit celluj q̄ cuidoit auoir du monde la meilleure femme et qui plus pensoit a laccroissement de son bonneur et de sa cheuāce. Ainsi nestoit pas / car elle abandonna tost lamour quelle lui deuoit / et ne lui chailloit du prouffit ne du dommaige / ce seulement lui suffisoit quelle se trouuast auec son amy dont il aduint vng iour ce qui sensuyt. Nostre bō marchant dessusdit estāt dehors comme il auoit de coustume sa fēme le fist tantost scauoir a son amy qui neust pas voulentiers faillj en son mandement / mais y vīt tout incontinent / et affin quil ne pdist tēps au plus tost ql sceust saprouchа de sa dame / et lui mist en termes plusieurs et diuers propos / et pour conclusion le desire plaisir ne lui fut pas escondit non plus que es aultres dont le nombre nestoit pas petit. De mal venir et pour vne partie et pour lautre tout a ceste belle heure que ces armes ce faisoient vecy bon mary darriuer q̄ treuue la compaignie en besongne / dont il fut bien esbahy car il neust pas pense que sa fēme fust telle. Quest ce cy dist il / par la mort bieu ie vo⁹ tueray tout roide et lautre qui se treuue surpris et en meffait present acho pe ne scauoit sa contenāce / mais po' ce quil le sentoit diseteux et fort conuoiteux il lui dist tout subit. Ha iehan mon amy ie vous crie mercy. pardonnez moy si ie vous ay riē meffait et par ma foy ie vo⁹ donneray six rasiers de ble / par dieu dist il ie nē feray rien vous passerez par mes mains et auray la vie de vostre corps se ie nen ay douze rasiers. Et la bonne fēme qui ouyoit ce debat pour y mettre le bien comme elle y estoit tenue se aduanca de parler et dist a son mary. Et iehan beausire ie vous requiers laissez le acheuer ce quil a commence et vous en aurez huit rasiers / naura pas dist elle en se virant deuers son amy. Jen suis content dist il : mais par ma foy a ce que le ble est chier cest trop. Est ce trop dist le vaillant homme / et par la mort bieu ie me respens bien que ie nay dit pl⁹ hault car vous auez forfait vne amende selle venoit a la congnoissance de la iustice elle vo⁹ seroit beaucoup plus hault tauxee / pourtant faictes vostre compte que ien auray douze rasiers ou vous passerez p la. Et vraiement dist sa femme iehan vous auez tort de me desdire / il me semble que vous deuez estre content a ces huyt rasiers / et pensez que cest vng grant tas de ble. Ne men parlez plus dist il ie auray douze rasiers ou ie le turay et vous aussi. Ha dea dist le cōpaignon vous estes ung fort marchant / et au mains puis ql fault que vous ayez tout a vostre dit iauray terme de payer Cela deulx ie bien dist il / mais iauray mes douze rasiers. La noise sappaisa si fut prins iour de payer a deux termes / les huyt rasiers a lendemain / et le surplus a la sainct remy prouchainement venant / par tel cōuenant ql leur laissa acheuer ce quilz auoient encommence. Ainsi se partit ce vaillant homme de sa maison ioyeux en son couraige pour ces douze rasieres de ble ql doit auoir et sa femme et son amy recommencerent de plus belle. Du payer cest a laduenture / cōbien toutesfois quil me fut dit depuis que le ble fut paye au iour et terme dessusdit.

La .xliiii. nou. p monseigneur de la roche.

Comme il est largemēt aujourdhuy de prestres et curez qui sont si gētilz compaignōs que nulles des folies que font les gens laiz ne leur sont impossibles ne difficiles / auoit nagueres en ung bon villaige de picardie ung maistre cure qui faisoit raige de aymer par amours / et ētre les autres femmes et belles filles il choisit et chercha une tresbelle ieune et gente fille a marier / et ne fut pas si peu hardy quil ne lui comptast tout du long son cas. De fait sō bel et asseure langaige cent mille promesses et autant de bourdes la menerent a ce quelle estoit comme contente dobeir a ce cure qui neust pas este pour lui ung petit dommaige tant estoit belle gēte et de plaisant maniere / et nauoit en elle que une faulte / cestoit quel le nestoit pas des plus subtiles du monde/toutesfois ie ne scay dont lui vient cest advis ne maniere de respondre/elle dist vng iour a son cure qui chauldemēt poursuivoit sa besongne quelle nestoit pas conseillee de faire ce quil requeroit tāt quelle fust mariee/car se daventure comme il advient chascun io[ur] elle faisoit vng enfant elle seroit a tousiours mais deshonnouree et reprouchee de son pere/de sa mere/de ses freres et de tout son lygnaige laquelle chose elle ne pourroit pour rien souffrir/et na pas cueur de soustenir le desplaisir q̄ porter lui fauldroit a ceste occasiō et pourtant ho de ce propos/si ie suis quelque iour mariee parlez a moy et ie feray ce que ie pourray pour vous et non aultrement ie le vous dis vne fois pour toutes.

Monseigneur le cure ne fut pas trop ioyeux de ceste responce absolue/et ne scait pēser de quel couraige ne a quel propos elle dist ces parolles/toutesfois lui qui estoit prins ou las damours et feru biē a bon escient ne veult pas pourtāt sa queste abandonner/si dist a sa dame. Or ca mamie estes vous en ce fermee et conclue de riens ne faire pour moy si vous nestes mariee. Certes ouy dist elle. Et se vous estiez mariee dist il et ien estoie le moyen et la cause en auriez vous apres congnoissance en me tenāt loyaulment sans faulser ce que mavez promis. Par ma foy dist elle ouy et derechief le vous prometz. Or bien grāt mercy dist il faictes bonne chiere car ie vous prometz seurement quil ne demourera pas a mon pourchas ne a ma chevance que vous ne soiez et de brief/car ie suis seur que vous ne le desirez pas tant comme ie fais et affin que vous voyez a loeil que ie suis celluy qui vouldroye emploier corps et biēs en vostre service vo[us] verrez comment ie me conduiray en ceste besongne. Or bien dist elle monseigneur le cure on verra cōment vous ferez. Sur ce fist sa departie/et bon cure qui avoit le feu damours ne fut depuis gueres aise tāt quil eust trouve le pere de sa dame et se mist en langaige avec lui de plusieurs et diverses matieres/et en la fin il vint a parler de sa fille et luy va dire bon cure. Mon voisin ie me dōne grāt merveille aussi font plusieurs de voz voisins et amys que vous ne mariez vostre fille/et a quel ppos la tenez vous tant demprez vous et si scavez toutesfois que la garde est perilleuse/non pas dieu mē vueille garder que ie dye ou vueille dire quelle ne soit toute bonne/mais vous en voyez to[us] les iours mesvenir puis quō les tiēt oultre

le terme deu. Pardõnez moy tou
tesfois que si feablebement vous
euure (et) descouure mon couraige
car lamour que ie vous porte / la
foy aussi que ie vous dois entant
que suis vostre pasteur (et) digne me
semonnent et obligent de ce faire
Par dieu mõseigneur le cure dist
le bon homme vous ne me dictes
chose q̃ ie ne congnoisse estre vraie
et tant que ie puis vous en mercie
et ne pensez pas ce que ie la tiẽs si
longuemẽt auec moy cest a regret
car quant son bien viẽdra par ma
foy ie me trauailleray pour elle ai
der comme ie dois / vous ne vou
lez pas aussi nest ce pas la coustu
me que ie lui pourchasse vng ma
ry/mais silen vient vng qui soit
homme de bien ie feray cõme vng
bon pere doit faire. Vous dictes
tresbien dist le cure et par ma foy
vous ne pouez mieulx faire que de
vous en despeschier/car cest grãt
chose de veoir ses enfans aliez en
la pleine vie. Et que diriez vous
dung tel le filz dung tel vostre
voisin par ma foy il me semble bõ
hõme/bon mesnaigier (et) vng grãt
laboureur. Sainct iehan dist le
bon homme ie nẽ dis que tout biẽ
quant a moy ie le congnois pour
vng bon ieune homme (et) vng bon
laboureur/sõ pere et sa mere (et) to⁹
ses parens sont gens de bien / et
quãt ilz feroient cest hõneur a ma
fille de la requerir a mariage po⁹
lui ie leur respondroie tellement q̃
ilz deueroient estre contens p rai
son. Ainsi maist dieu dist le cu
re on ne peult iamais mieulx / et
pleust a dieu que la chose en fust
ores bien faicte ainsi que ie le desi
re/et pource que ie scay a la verite
que ceste aliance seroit le bien des
pties ie my vueil employer / (et) sur
ce a dieu vo⁹ dis. Se ce maistre
cure auoit bien fait son personnai
ge au pere de sa dame il ne le fist
pas mains mal au pere du ieune
homme/et lui va faire vne grant
premise que son filz estoit en aage
de marier et quil le deust pieca
estre et cẽt mille raisons lui amai
ne par lesquelles il dit et veult cõ
clure que le mõde est perdu se son
filz nest hastiuemẽt marye. Mon
seigneur le cure dist le second bon
homme ie scay que vous dictes
au plus pres de mon couraige (et)
en ma conscience se ie feusse aussi
biẽ a lautant comme iay este puis
ne scay quans ans il ne feust pas
a marier/ car cest vne des choses
en ce mõde q̃ plus ie desire/ mais
faulte dargent len a retarde (et) cest
force quil ait pacience iusques a ce
que nostre seigneur nous enuoye
plus de bien que encores nauons
Ha dea dist le cure ie vous en
tens bien il ne vous fault que de
largent. Par ma foy non dist il

se ien eusse comme aultre fois iay eu ie lui queroie tantost femme. Jay regarde en moy dist le cure pource que ie voul droye le bien et auancement de vostre filz que la fille dung tel seroit bien sa charge/elle est bonne fille et a son pere tresbien de quoy et tant en scay ie quil la veult tresbie aider et q nest pas peu de chose / cest vng saige homme et de bon conseil et bon amy/et a qui vous et vostre filz aurez grat recours et tresbon secours quen dictes vous. Certainemet dist le bon homme pleust a dieu que mon filz feust si eureux que de auoir aliace en si bo hostel et croiez que se ie sentoye en aucune faco ql y peust paruenir et ie feusse fourny dargent aussi bien aussi que ie ne suis mie pour leure ie y amplitoye tous mes amys / car ie scay tout de vray quil ne pourroit en ceste marche mieulx trouuer. Je nay pas doc dist le cure mal choisi. Et que diriez vous se ie ployे au pere de ceste besongne/et ie la conduysoie tellemet quelle sortist a effect ainsi q la chose le requiert et vous faisoye encores auec ce le plaisir de vous prester vingt fras iusques a vng terme que nous aduiserons. Par ma foy monseignr le cure vous me offrez mieulx que ie ne vaulx ne que en moy nest de desseruir/mais se ainsi le faictes vo⁹ me obligerez a tousiours mais en vostre seruice. Et vraiement dist le cure ie ne vous ay dit chose que ie ne face et faictes bone chere/car iespere comme ie croy bie ceste besongne mener a fin. Pour abregier maistre cure esperant de iouyr de sa dame quant elle seroit mariee conduisoit les besongnes en tel estat que par le moyen des vigt frans quil presta ce mariage fut fait et passe et vint le io' des nopces. Or est il de coustume que lespouse et lespousee se confessent a tel iour. Si vint lespouse premier et se confessa a ce cure / et quant il eut fait il se tira vng peu arriere de luy disant ses oraiso et patenostres/et vecy lespousee q se met a genoulx deuant le cure et se confesse/quant elle eut tout dit il parla voire si hault que lespoux lequel nestoit pas loig lentendit tout du log et dist Ma mye ie vo⁹ prie quil vous souuienne maintenat de la promesse que me feistes naguerres/car il est heure/vo⁹ me promistes que quant vous seriez mariee que ie vous cheuaucheroie. Or lestes vous dieu mercy par mon moyen et pourchas et moyennant mon argent que iay preste. Monseigneur le cure dist elle ie vous tiendray ce que ie vous ay promis se dieu plaist nen faictes nulle doubte / ie vous en mercye

dist le cure / puis luy bailla labso
lucion apres ceste deuote confessiō
et la laissa aller / mais lespouse q̄
auoit ouy ces parolles nestoit pas
bien a son aise. Toutesfois il ne-
stoit pas heure de faire le courrou
cie. Apres que toutes les solemnitez
de leglise furent passees et q̄ tout
fut retourne a lostel et que leure de
coucher aprouchoit / lespouse vint
a vng sien compaignon q̄l auoit / et
lui pria tresbien quil lui fist garni
son dune grosse poingnee de ver
ges / et q̄l la mist secretement soubz
le cheuet de son lit. Quant il fut
heure lespousee fut couchee cōme
il est de coustume et tint le coing
du lit sans mot dire / lespouse vit
assez tost apres et se mist a lautre
bort du lit sās approucher ne mot
dire / et a lendemain se lieue sans
aultre chose faire et cache ces ver
ges dessoubz son lit. Quāt il fut
hors de la chambre vecy bonnes
matrones q̄ viennent / et ne fut pas
sans demander cōment cest por-
tee la nuyt et quil luy semble de sō
mary / ma foy dist elle vela sa pla
ce la loing monstrant le bort du lit
et vecy la mienne il ne me approu
cha annuyt de plus pres et aussi
nay ie luy. Elles furent bien esba
hies et y penserent plus les vnes q̄
les aultres / toutesffois elles saccor
derent a ce quil la laissee par deuo
cion et nen fut plus parle pour ce-
ste foys. La seconde nuytee vint / et
se coucha lespousee en sa place du
iour de deuant et le mary arrie-
re en la sienne fourny de ses ver-
ges / et ne luy fist aultre chose dōt
elle nestoit pas contente / et ne fail
lit pas a lendemain a le dire a ses
matrosnes lesquelles ne scauoiēt
que penser / les aultres dient ies-
poire quil nest pas hōme il le fault
esprouuer / car iusques a la quat
triesme nuyt il a cōtinue ceste ma
niere / si fault dire quil ya a dire
en son fait / pourtāt se la nuyt qui
vient il ne vous fait aultre chose
dirent elles a lespousee tirez vous
vers luy si laccolez et baisez et luy
demandez son ne fait aultre cho-
se en mariage et sil vous deman
de quelle chose vous voulez q̄l vo⁹
face dictes lui que vous voulez
quil vous cheuauche / et vous orrez
quil vous dira. Je le feray dist
elle. Elle ne faillit pas / car quant
elle fut couchee en sa place de tous
iours le mary reprint son quartier
et ne sauancoit aultrement quil a
uoit fait les nuytz passees. Si se
vira tost deuers lui / et le prēt a bōs
bras de corps et lui commenca a
dire. Venez ca mon mary est ce la
bonne chiere que vous me faictes
vecy la cinquiesme nuyt que ie suis
auecques vous et si ne mauez dai
gne approuchier et par ma foy se
ieusse cuide quō ne fist autre chose

en mariage ie ne my fusse ia boutee. Et quelle chose dist il lors do9 a len dit quon fait en mariage. Or ma dit dist elle quon y chevauche lung lautre. Si vous prie que me chevauchez. Chevaucher dist il cela ne vouldroye ie pas faire encores/ ie ne suis pas si mal gracieux. Helas dist elle ie vous prie que si faciez/ car on le fait en mariage. Le voulez vous dist il. Je vous en requers dist elle/ et en le disant le baisa tresdoulcemēt. Par ma foy dist il ie le fais a grant regret/ mais puis que le voulez ie le feray combien que vous ne vous en louerez ia. Lors prent sans plus dire ces verges de garnison et descouvre ma damoiselle et len bastit et dos et ventre tāt que le sāg en sailloit de tous costez. Elle crye elle pleure elle se demaine cest grant pitie que de la veoir. Elle mauldit qonques lui fist requerre destre chevauchee. Je le vous disoye bien dist lors son mary. Apres la prent entre ses bras et la roncina tresbien et lui fist oublier la douleur des verges. Et comment appelle on dist elle cela que vous mavez maintenant fait/ on lappelle dist il souffle en cul. Souffle en cul dist elle/ le nom nest pas si beau que chevauchier mais la maniere de le faire vault trop mieulx que de chevauchier/ cest assez puis q̄ ie le scay/ ie scauray bien doresenavant du quel ie vous doy requerre. Or devez vous scavoir que monseigneur le cure tendoit tousiours loreille q̄t sa nouvelle mariee viendroit a leglise pour lui ramentevoir ses besongnes et lui faire souvenir de sa promesse. Le iour quelle y vint mō seigneur le cure se pourmenoit et se tenoit pres du benoistier/ et quant elle fut pres il lui bailla de leaue benoiste et lui dist assez bas. Ma mie vous mavez promis q̄ ie vo9 chevaucheroye quant vous seriez mariee/ vous lestes dieu mercy voire et par mon moyen/ si seroit heure de pēser quant ce pourroit estre. Chevauchier dist elle par dieu iaymeroye plus chier q̄ vous fussiez noye voire pēdu ne me parlez plus de chevauchier ie vous prie/ mais ie suis contente q̄ vous souffilez ou cul si vous voulez. Et ie feray dist le cure vostre fievre quartaine paillarde que vous estes qui tant estes orde et sale et mal honneste/ ay ie tant fait pour vous pour estre guerdonne de vous souffler ou cul. Ainsi mal content se partit mōseigneur le cure de la nouvelle mariee laquelle sen va mettre en son siege pour ouyr la devote messe que le bon cure vouloit dire. En la facon quavez dessus ouy perdit monseigneur le cure son aduenture de iouyr de sa dame dont il fut cause et nul autre pource quil parloit trop hault a elle le iour quil la confessa car son mary qui ce ouyoit le empescha en la facon quest dit dessus par faire a croire a sa femme que roucinner sappelle souffle en cul.

La.xlv.nouvelle par monseigneur de la roche.

Combien que nulles des nouuelles hystoires precedentes nayent touche ou racompte aucun cas aduenu es marches dytalie/mais seulement font mencion des aduenues en france/alemaigne/angleterre/flandres/ brebant. et c. si se extendront elles toutesfois a cause de la fresche aduenue a ung cas a rome aduenu qui fut tel A rome auoit ung escossoys de laage denuiron vingt a vingt et deux ans lequel par lespasse de quatorze ans se maintint et conduisit en estat et habillement de femme sans ce quen dedens ledit temps il fut venu a la cognoissance publique des hommes/ et se faisoit appeller done marguerite/ et ny auoit gueres bon hostel a la ville de romme ou il neust son recours et congnoissance/especialement il estoit bien venu des femmes comme entre les chamberieres meschines et aultres femmes de bas estat et aussi de aucunes des plus grandes de romme/ et affin de vous descouurir la subtilite de ce bon escossoys il trouua facon dapprendre a blanchir les draps linges/et sappelloit la lauendiere/ et soubz cest umbre hantoit comme dessus est dit es bonnes maisons de romme/car il ny auoit femme qui sceust lart de blanchir draps comme il faisoit mais vous deuez scauoir que encores scauoit il bien plus/ car puis quil se trouuoit quelque part a descouuert auec quelque belle fille il lui monstroit quil estoit homme/il demouroit bien souuent au coucher a cause de faire la buyee ung iour deux iours es maisons dessusdites et le faisoit on coucher auec la chamberiere et aucunesfois auec la fille et bien souuent et le plus la maistresse se son mary ny estoit vouloit bien auoir sa compaignie/et dieu scait sil auoit bien le temps et moyennant le labeur de son corps il estoit bien venu par tout/et ny auoit bien souuent meschine ne chamberiere qui ne se cōbatist pour lui bailler la moitie de son lit / les bourgoys mesmes de romme a la relacion de leurs femmes le voient tres voulentiers en leurs maisons et silz alloient quelque part dehors tresbien leur plaisoit que done marguerite aidast a garder le mesnaige avecques leurs femmes et qui plus est la faisoient mesmes coucher avecq̄s elles tant la sentoient bonne et honneste comme dessus est dit. Par lespace de .xiiii. ans cōtinua done marguerite sa maniere de faire / mais fortune bailla la congnoissance de lembusche & son estat par vne ieune fille qui dist a son pere quelle avoit couche avecques elle et lavoit assaillie / et lui dist veritablemēt quelle estoit homme. Ce pere fist prendre done marguerite a la relacion de sa fille / elle fut regardee par ceulx de la iustice qui trouverent quelle avoit tous telz membres et outilz que les hommes portēt; et q̄ vraiement elle estoit homme et non pas femme. Si ordonnerent que on le mettroit sur vng chariot et que on le meneroit par la ville de romme & carrefourc en carefourc; et la mōstreroit on voyant tout chascū ses genitoires / ainsi en fut fait et dieu scait que la povre done marguerite estoit honteuse et surprinse / mais vous devez scavoir que cō me le chariot vit en vng carrefourc et quon faisoit ostencion des denrees de done marguerite vng rommain qui le vit dist tout hault regardez quel galioffe il a couche p⁹ de vingt nuytz avec ma femme / si le diret aussi plusieurs autres comme lay / plusieurs ne le diret point qui bien le scavoient / mais pour leur honneur ilz sen turent / en la facon que vo⁹ ouez / ainsi fut pugny nostre povre escossoys qui la femme contrefist / et apres ceste pugnicion il fut banny de romme dont les femmes furent bien desplaisantes / car oncques si bōne lavendiere ne fut / et avoiēt biē grāt deul que si meschamment perdu lavoyent.

La .xlvi. nouvelle par monseigneur de thieurges.

La.xlvi. nouuelle par monseigneur de thieurges

CE nest pas chose estrange ne peu acoustumee q̃ moynes hantent et frequentent voulentiers les nonnains. A ce propos il aduint naguerres que vng maistre iacopin tant hanta et frequēta en vne bonne maison de dames de religion de ce royaulme quil paruint a son intēcion/laquelle estoit de couchier auec vne des dames de leans: et puis quil eut ce bien sil estoit diligent et soigneux de soy trouuer vers celle quil aimoit plus que tout le demourant du monde/et tant y continua et hāta que labesse de leans et plusieurs des religieuses se apercevrent de ce qui estoit dont elles furent bien mal contētes / mais toutesfois affin de euiter esclandre elles nē dirent mot/voire au religieux mais trop bien chanterent la lecon a la nonnain/laquelle se sceut bien excuser/mais labesse qui veoit cler⁊ estoit bien aperceuante congneut tantost a ses responses et excusances/aux manieres quelle tenoit/⁊ aux apparences quelle auoit veu quelle estoit coupable du fait/sy voulut pourueoir de remede/car elle fist tenir bien court a cause de ceste religieuse toutes les aultres/fermer les huys des cloistres⁊ des aultres lieux de leans/et tellement fist que le poure iacopin ne pouoit plus venir veoir sa dame si lui en desplaisoit et a elle aussi il ne le fault pas demander/⁊ voꝰ dis bien quilz pensoyent nuyt et iour par quelle facon et moyen ilz se pourroient rencontrer/mais ilz ny scauoiēt engin trouuer tāt faisoit faire sus eulx le guet ma dame labesse. Or aduint vng iour q̃ vne des niepces de ma dame labesse se marioit⁊ faisoit sa feste en labaye et y auoit grosse assemblee des gens du pays / et estoit ma dame labesse fort empeschee de festoier les gens de bien q̃ estoyēt venus a la feste faire hōneur a sa niepce. Si sadvisa bon iacopin de venir veoir sa dame/et que a ladventure il pourroit estre si eureux que de la trouuer en belle ⁊ il y vit comme il proposa et de fait trouua ce quil queroit/ et a cause de la grosse assemblee et de lempeschemēt q̃ labesse ⁊ ses guettes auoiēt il eut bien loisir de dire ses dolēāces ⁊ regreter le bon temps passe/ et elle qui beaucoup le aymoit le vit tresvoulentiers:⁊ se en elle eust este aultre chiere lui eust fait. Entre aultres polles il lui dist/helas mamie vous scavez quil a la long temps q̃ poīt ne fumes deuiser ainsi q̃ nous soulions/ie vous prie sil est possible tandis q̃ lostel de ceās est fort dōne a aultre chose que a nous guettier q̃ vous me diez ou ie pourray parler a voꝰ a part. Ain si maist dieu dist elle mon amy ie ne le desire pas moins que vous mais ie ne scay penser lieu ne place ou ie le puisse faire / car tout le mōde est tant par ceans quil ne seroit pas en moy dētrer en ma chābre tant ya destrangiers qui sont venuz a ceste feste / mais ie vous diray que vous ferez / vous scauez bien ou est le grāt iardin de ceans ne faictes pas. Sainct iehan ouy dist il ie scay bien ou il est. Vous scauez que au coing de ce iardin dist elle ya vng tresbeau preau bien enclos de belles hayes fortes et espesses / et au meillieu vng grāt poirier qui rendent le lieu vmbrageux et couuert / vous vous en yrez la et me attendrez / et tantost que ie pourray eschapper ie feray diligence de moy trouuer vers vous Elle fut beaucoup merciee et dist maistre iacopin quil si en alloit tout droit. Or deuez vous scauoir q̄ vng ieune galant venu a la feste nestoit gueres loing de ces deux amans / si ouyt et entendit toute leur conclusion / et pource quil scauoit bien le lieu ou estoit ledit preau il sadvisa et proposa en soy de sen aller ambuscher pour veoir le deduit et les armes quilz auoient entreprins de faire. Il se mist hors de la presse et tant que piez le peurent porter il sen court vers ce preau / et fist tant quil si trouua auāt le iacopin / et lui la venu il monte sus le beau poirier qui estoit large et ramu et tresbien vestu de fueilles et de poires / et si ambuscha si bien quil nestoit pas aise a veoir. Il ny eut gueres este que vecy bon iacopin qui arriue en regardant derriere lui se ame le suiuoit. Et dieu quil fut bien ioyeux de soy trouuer en ce beau lieu il se garda bien de leuer les yeulx contremōt car iamais ne se fust doubte quil y eust eu quelcun mais tousiours auoit loeil vers le chemin quil estoit venu. Tant regarda quil vit sa dame venir le grant pas laquelle fut tost empres lui / si se firēt grāt feste / et bon iacopin oster son māteau et son capulaire et commēce a baiser et accoler bien serrement la belle. Si voulurent faire ce pourquoy ilz estoiēt venus et se met chascun en point / et en ce faisant cōmenca a dire la nōnain. Par dieu mō amy frere aubery ie vueil bien que vous sachez que vous auez au iourduy a dame et en vostre beau cōmādement lung des beaulx corps de nostre religion et ie vous en faiz iuge vous le voyez regardez quel tetin quel ventre quelles cuisses / et du surplus il ny a que dire. Par ma foy dist frere aubery seur iehāne mamie ie congnois ce que vous dictes / mais aussi vous pouez dire que vous auez a puisant vng des beaulx religieux de nostre ordre aussi bien fourny de ce que vng homme doit auoir que nul autre et a ces motz mist la main au baston dont il vouloit faire ses armes et le brandisoit voyant sa dame: en luy disant. Quen dictes vous que vous en semble / nest il pas beau / ne vault il pas bien vne belle fille. Certes ouy dist elle / et aussi laurez vous dist le iacopin Et vous aurez dist lors celluy qui estoit dedes le poirier dessus eulx des meilleures poires du poirier Lors prent a ses deux mains les brances du poirier et fait tomber en bas sur eulx des poires tresslargement dont frere aubery fut tant effroye qua peu quil neust le sens de reprendre son manteau / si sen picque tant quil peult sans arrester / et ne fut asseure tant quil fut dehors de leans. Et la nonnain qui fut autant effroyee que lui ne se sceut si tost mettre en chemin que le galant du poirier ne feust descendu lequel la print par la main et lui deffendit le partir et lui dist Mamie il vous fault payer le fruictier. Elle qui estoit prinse et surprinse veit bien que reffuz nestoit pas de saison / si fut contente que le fructier fist ce que frere aubery auoit laisse en train.

La.xlviii.nouuelle par monseigneur de la roche.

En poittenence auoit nagueres vng president de haulte et bieneureuse renommee qui tres grant clerc et prudent estoit / vaillant aux armes / discret en conseil et au brief dire en lui estoient tous les biens de quoy on pourroit iamais louer homme. Dune chose tantseulement estoit note dont il nestoit pas cause / mais estoit cellui a qui plus en desplaisoit / aussi la raison y estoit. Et pour dire la note qui de lui estoit cestoit quil estoit coux par faulte dauoir femme aultre que bonne le bon seigneur veoit et congnoissoit la desloyaute de sa femme et la trouuoit encline de tous poins a sa puterie / et quelque sens que dieu lui eust donne il ne scauoit remede a son cas / fors de soy taire et faire du mort / car il nauoit pas si peu leu

en son temps quil ne sceust vraye
ment que correction na point de
lieu a femme de tel estat/toutes-
fois vous pourez penser q̃ vng hõ
me de couraige et vertueux com
me cestuy estoit ne viuoit pas biẽ
a son aise/mais fault dire et con
clure que son dolent cueur portoit
la paste au four de ceste mauldi-
cte infortune, et au par dehors a
uoit semblant et maniere de riẽs
scauoir et apercevoir le gouuerne
ment de sa femme. Vng de ses
seruiteurs le vint trouuer vng io'
en sa chambre apart et lui va dire
par grant sens. Monseigneur ie
suis celui qui vous vouldroie ad
uertir comme ie dois de tout ce
quil vous peult touchier especia-
lement de vostre honneur/ie me
suis prins et dõne garde du gou
uernement de ma dame vostre
femme/mais ie vous asseure q̃lle
vous garde tresmal la loyaulte q̃
elle vous a promise/car seuremẽt
vng tel quil lui nomma tient vo-
stre lieu bien souuent. Le bon pre-
sident saichant biẽ lestat de sa fẽ
me lui respondit tresfierement/ha
ribault ie scay bien que vous men
tez de tout ce que me dictes ie cõ
gnois trop ma fẽme/elle nest pas
telle non/et vous ay ie nourry si lõ
guement pour me rapporter vne
telle bourde/voire de celle qui tãt
est hõneste:bõne et loyale/et vraie
ment vous ne men ferez plus: di
ctes que ie vous dois et vous en
allez biẽ tost et ne vous trouuez ia
mais deuant moy/si chier q̃ vous
aymez vostre vie. Le poure serui-
teur qui cuidoit faire grãt plaisir
a son maistre de son aduertance
dist ce quil lui deuoit. Le presi-
dent lui baille/et il le receut et sen
alla. Nostre bon president voyant
encores de plus en plus refreschir
la desloyaulte de sa fẽme estoit
tant mal content et si tresfort trou
ble que on ne pourroit plus. Si ne
scauoit que penser ne ymaginer p
quelle facon il sen pourroit honne
stement descharger. Si aduisa
comme iespere que dieu le voulut
ou que fortune le consentit que sa
femme deuoit aller a vnes nopces
assez tost/et que ce quil pense pou
oit aduenir il seroit du monde le
mieulx fortune. Il dit a vng var
let qui la garde de ses cheuaulx a
uoit et aussi dune belle mule quil
auoit:et lui dist. Garde bien que
tu ne bailles a boire a ma mule de
nuyt ne de iour tant que ie le te di
ray et a chascune fois que tu luy
donneras son auoine si lui metz
parmy vne bonne pongnie de sel
et gardes que tu nen sonnes mot.
Non feray ie dist le varlet et si fe
ray ce que me commandez. Quãt
le iour des nopces de la cousine
de ma dame la presidẽte approu

cha elle dist au bon president Mō
seigneur si cestoit vostre plaisir ie
me trouueroie voulentiers aux nop
ces de ma cousine qui se feront di
menche prouchain en vng tel lieu
Uraiemēt mamie dist il ien suis
tresbien content/allez/dieu vous
conduie. Je vous mercie monsei-
gneur dist elle/mais ie ne scay bō
nement comment y aller/ie ny me
nasse point voulentiers mon cha-
riot pour le tant peu que ie y ay a
estre/vostre hacquenee aussi est tant
desroyee que par ma foy ie nose-
roye pas bien entreprendre le che-
min sus elle. Et bien mamie si pre
nez ma mule/elle est belle beste et si
va bien doulx/et aussi seure du
pie que ie trouuasse oncques poīt
Et par ma foy monseigneur dist
elle ie vous en mercie/vous estes
bon mary. Le iour de partir vint
et sapresterēt les seruiteurs de ma
dame la presidēte/et ses femmes
qui la deuoient seruir et acompa
gnier/pareillement vont venir a
cheual deux ou troys gorgyas q
la deuoient acompaignier qui de
mandent se ma dame est preste et
elle leur fait scauoir quelle viendra
maintenant. Elle fut preste et vint
en bas/et luy fut amenee la belle
mule au mōtouer qui nauoit beu
de huyt iours/si enraigeoit de
soif tant auoit mengie de sel/quāt
elle fut montee les gorgias se mis

drent deuant elle qui faisoiēt fri
guier leurs cheuaulx et estoit rai-
ge quilz sailloient bien hault/et se
pourroit bien faire que aucuns de
la compaignie scauoient bien que
ma dame scauoit faire. En la cō
paignie de ces gentilz gorgias a
uecques ses femmes et ses serui-
teurs passa ma dame la presiden
te p̄ la ville et se vint trouuer aux
champs/et tant alla quelle vit ar
riuer en vng tresmauuais destroit
au pres duquel passe la grosse ri
uiere du rosne qui en cest endroit
est tant roide que merueilles/et cō
me ceste mule qui nauoit beu de
huyt iours aperceut la riuiere cou
rant/sans demander pont ne pas
saige elle de plain vol saillit de-
dēs a tout sa charge qui estoit du
precieux corps de ma dame/ceulx
qui le virēt la regarderent tresbiē
mais aultre secours ne lui firent/
car aussi il nestoit pas en eulx. Si
fut ma dame noyee dont ce fut
grant dommaige: et la mule quāt
elle eut beu son saoul naigea tāt
par le rosne quelle trouua lissue et
saillit dehors. La compaignie fut
beaucoup troublee qui a p̄du ma
dame/si sen retourna a la ville et
vint lung des seruiteurs de mō
seigneur le president le trouuer en
sa chambre qui nattendoit aultre
chose que les nouuelles qui lui va
dire tout pleurant la piteuse ad-

uenture de ma dame sa maistres se le bon president plus ioyeux en cueur que oncques ne fut se monstra tresdesplaisant/ et de fait se laissa cheoir a terre du hault de lui menant trespiteux deul en re gretant sa bonne femme. Il maul disoit sa male les belles nopces q̃ firent sa femme partir ce iour/ et dieu dist il ce vous est grant reprouche qui estes tant de gens et nauez sceu rescourre la poure fem me qui tant vous aymoit / vous estes lasches et meschans et lauez bien mõstre. Le seruiteur et les au tres aussi sexcuserẽt le mais mal quilz sceurent et laisserent monsei gneur le president qui loua dieu a ioinctes mains de ce quil est sy honnestement quitte de sa femme Quant il fut apoint luy fist faire ses funerailles comme il apparte noit / mais croyez combien q̃l fust encores en aage il neust garde de soy rebouter en mariage craignãt le dangier ou tant auoit este.

La. xlviii. nouuelle par monsei gneur de la roche.

Ung gentil compaignon de uint amoureux dune ieune damoiselle qui naguères ce estoit mariee, et le mains mal quil sceut apres quil eut trouue facõ dauoir vers elle accointãce il lui compta son cas / et au rapport quil fist il estoit fort malade / et a la verite di re aussi estoit il biẽ picque / elle fut si doulce et gracieuse q̃lle lui bail la bonne audience / et pour la pre miere fois il se partit trescõtent de la response quil eut. Sil estoit bien feru au parauãt encores fut il pl' touchie au vif quant il eut dit sõ fait / si ne dormoit ne nuyt ne iour de force de penser a sa dame et de trouuer la facon et maniere de paruenir a sa grace. Il retourna a sa queste quant il vit son point / et dieu scait sil auoit bien parle la p̃miere fois q̃ encores fist il mieulx son parsonnaige a la deuxiesme et si trouua de son eur sa dame assez encline a passer sa requeste dont il ne fut pas moyennement ioyeux et pource quil nauoit pas tousiours le temps ne le loisir de soy tenir vers elle il dist a ceste fois la bonne voulente quil auoit de lui faire seruice et en quelle facon. Il fut mercie de celle qui estoit tant gracieuse quon ne pourroit plus: brief il trouua en elle tant de courtoisie en maintien et parler quil nen sceut plus demander/si se cuida aduancer de la baiser/mais il en fut refuse de tous poins/mesmes quant vint au partir il nen peult oncques finer dont il estoit tresesbahy. Et quant il fut dehors de chez elle il se doubta beaucoup de non point paruenir a son intencion veu quil ne pouoit obtenir delle vng seul baiser. Il se conforte daultre conste des gracieuses parolles quil auoit eues au dire a dieu et de lespoir quelle lui auoit baillie. Il reuint comme les autres fois de rechief a sa queste. Et pour abbregier tant y alla et tant y vint quil eut heure assignee de dire le surplus a sa dame a part de ce quil ne vouldroit desclairer sinon entre eulx deux Et pource que temps estoit il print congie delle/si lembrassa bien doulcement et la voulut baiser: et elle sen deffend tresbien. et lui dist assez rudement. Ostez ostez laissez moy ie nay cure destre baisee. Il sexcusa le plus gracieusement que oncques sceut/et sur ce se partit. Et quest ce cy dist il en soymesmes iamais ie ne veis ceste maniere en femme / elle me fait la meilleure chiere du monde et si ma desia accorde tout ce que ie lui ay ose requerre/mais encores nay peu finer dung pouure baisier. Quant il fut heure il vint ou sa dame lui auoit dit et fist ce pourquoy il y vint tout a son beau loisir: car il coucha entre ses bras toute la belle nuyt: et fist tout ce quil voulut excepte seulement le baiser / pour laquelle cause il sesmerueilloit moult en soymesmes Et ie nentens point ceste maniere de faire disoit il en son par dedens/ceste femme veult bien que ie couche auecques elle et faire tout ce quil me plaist mais du baiser ie nen fineroie nen plus que de la vraye croix. Par la mort bieu ie ne scay entendre cecy il fault quil y ait aucun mistere il est force que ie le saiche. Vng iour entre les aultres quil estoit auecques sa dame a gogettes et quilz estoient beaucoup de hait tous deux il luy dist. Mamie ie vous requiers dites moy qui vous meut de me tenir si grant rigueur quant ie vous vueil baiser/vous mauez baillie la ioyssance de vostre gracieux et beau corps tout entierement / et vng petit baiser vous me faictes le ref fus. Mon amy dist elle vous di ctes vray / le baisier vous ay ie voi rement reffuse / et ne vous y atten dez point vous nen finerez iamais et la raison y est bonne si la vo9 di ray. Il est vray quāt iespouse mō mary que ie lui promis de la bou che tantseulement beaucoup de moult belles choses / et pource que ma bouche est celle q̄ lui a promis de lui estre bonne et loyale ie suis celle qui lui vueil entretenir et ne souffreroye pour mourir quautre de lui y touchast / elle est sienne et a nul aultre et ne vous attēdez de riens y auoir / mais mon derriere ne lui a riē promis ne iure faictes de lui et du surplus de moy ma bouche hors ce quil vous plaira ie le vous abandonne. Lautre com mença a rire tresfort et dist. Ma mie ie vous mercie vo9 dictes tres bien: et si vous scay grant gre que vous auez la franchise de biē gar der vostre promesse. Ja dieu ne vueille dist elle q̄ ie lui face faul te. En la facon quauez ouy fut ce ste femme obstinee / le mary auoit la bouche seulement et son amy le surplus / et se dauenture le mary se seruoit aucunesfois des aultres membres ce nestoit que par ma niere dempzunt / car ilz estoient a son amy par le bon delle / mais il uoit cest aduantaige que sa fēme estoit contente quil en prensist sur ce quelle auoit donne mais pour rien neust souffert que lamy eust iouy de ce qua son mary auoit dō ne.

La .xlix. nouuelle par Pierre dauid.

Jay tresbien sceu que nagu eres en la ville darras auoit vng bon marchant auquel il mes cheust dauoir femme espousee q̄ nestoit pas des meilleures du mō de car elle ne tenoit serre q̄lle peust veoir sō coup et quelle trouuast a qui non plus que vne vieille arba lestre. Ce bon marchant se dōna garde du gouuernement de sa femme il en fut aussi aduerty par aucūs ses plus priuez amis et voy fins. Si se bouta en vne grant frenesie et bien parfonde melencolie dont il ne vault pas mieulx/ puis sadvisa quil esprouueroit sil scauoit ꝑ aucune bonne facon se nullement il pourroit veoir ce quil scait que bien peu lui plaira/ cestoit de veoir venir en son hostel et en son domicille devers sa femme vng ou plusieurs de ceulx que on dit qui sont ses lieutenans. Nostre marchant faignit vng iour daller dehors et sembuscha en vne chābre de son hostel dont lui seul avoit la clef/ et veoit ladicte chābre sus la rue et sus la court/ et ꝑ aucūs secretz pertuis et plusieurs treilles regardoit en plusieurs aultres lieux et chambres de leans. Tātost que la bōne femme pensa q̄ sō mary estoit dehors elle fist prestement scauoir a vng de ses amys quil venist vers elle/ et il y obeyt comme il devoit/ car il suiuit pie a pie la meschine qui lestoit alle q̄rir. Le mary qui comme dit est qui estoit cachie en sa chambre vit tres bien entrer cellui qui venoit tenir son lieu mais il ne dist mot/ car il veult veoir plus avant sil peult. Quāt lamoureux fut leans la dame le mena par la main tout devisant en sa chambre et serra luys et se commencerent a baiser et a acoler et faire la plus grāt chiere de iamais/ et la bonne damoiselle de despouiller sa robbe et soy mettre en cotte simple/ et bon compaignō de la prendre a bon bras de corps et faire ce pour quoy il estoit venu et tout ce veoit a loeil le povre mary par vne petite treille. Pensez sil estoit a son aise mesmes il estoit si pres deulx quil entendoit pleinement tout ce quilz disoiēt. Quāt les armes dentre la bonne femme et son serviteur furent acheuees ilz se misdrent sus vne couche q̄ estoit en la chambre et se commencent a deviser de plusieurs choses/ et cōme le serviteur regardoit sa dame qui tāt belle estoit que merveilles il la commēce a rebaiser et dist en cela faisant. Mamie a qui est ceste belle bouche. Cest a vous mon amy dist elle: et ie vous en mercye dist il/ et ces beaulx yeulx/ a vous aussi dist elle/ et ce beau tetin qui est si bien trousse nest il pas de mō compte dist il. Ouy par ma foy mon amy dist elle et non a aultre. Il met apres la main au ventre et a son devāt ou il ny avoit que redire/ si lui demanda a qui est cecy mamie. Il ne le fault ia demāder dist elle on scait bien que tout est vostre. Il vint apres getter la main sur le gros derriere delle et lui demanda en soubzriāt/ a qui est cecy. Il est a mon mary dist elle cest sa part/ mais tout le demourant est vostre. Et vraiemēt dist il ie vous en remercie beaucoup/ ie ne me dois pas plaindre vous mauez tresbiē party/ et aussi dautre coste par ma foy pensez que ie suis tout entier vostre. Je le scay bien dist elle. Et apres ces beaulx dons et offres quilz firent lung a lautre ilz recommencerēt leurs armes de plus belle. Et ce fait le gentil seruiteur partit de leans et le poure mary qui tout auoit veu et ouy tant courrouce quil nē pouoit plus entraittroit tout vif/ toutesfois pour mieulx faire il auala ceste premiere: et a lendemain fist tresbien son personnaige faisant semblant quil venoit de dehors. Et quant vint sur le point du disner il dist a sa femme quil vouloit auoir dimenche prouchain son pere sa mere telz et telz de ses parēs et cousins et quelle face garnison de viures et quilz soiēt bien aises a ce iour iour. Elle se chargea de ce faire et luy de les inuiter. Ce dimēche vit et le disner fut prest et tous ceulx qui mandez y furent comparurent et print chascū place comme leur hoste lordonoit qui estoit de bout et sa femme aussi lesquelz seruirent le premier mez. Quant le premier mez fut assis loste qui auoit secretemēt fait faire vne robe pour sa femme de gros bureau de gris/ et a lendroit du derriere auoit fait mettre vne bōne piece descarlate en maniere dun tasseau/ si dist a sa femme: venez iusques en la chābre/ il se met deuant et elle le suyt. Quant ilz y furent il lui fist despouiller sa robe et va prendre celle du barreau dessusdit et lui dist. Or vestes ceste robe. Elle la regarde et voit quelle est de gros bureau/ si en est toute esbahie et ne scait pēser qͥl fault a sō mary ne pourquoy il la veult ainsi habiller. Et a quel propos me voulez vous ainsi housser dist elle. Ne vous chaille dist il ie vueil que la vestez. Ma foy dist elle ie nen tiens compte/ ie ne la vestiray iamais/ faictes vous du fol/ vous voulez bien faire farcer les gēs de vous et de moy encores deuant tout le monde. Il ny a ne fol ne saige dist il vous la vestirez. Au mains dist elle que ie saiche pourquoy vous le faictes. Vous le scaurez cy apres. Pour abbregier force fut quelle endossast ceste robbe qui estoit bien estrāge a regarder/ et en ce point fut admenee a la table ou la plus part de ses parens et amis estoient/ mais pēsez quilz furent bien esbahis de la veoir ainsi habillee et croyez que elle estoit bien hōteuse/ et se la force eust este sienne elle ne fust pas la venue. Droit la auoit assez qui demandoient que signifioit cest habillement. Et le mary respondit quilz pensassent tous de faire bône chiere et que apres disner ilz le scauroient. Mais vous deuez scauoir que la poure fême houssee du bureau ne mengea chose qui bien lui fist: et le iugeoit le cure que le mistere de sa housseure lui feroit ennuy: et encores eust elle este trop pl⁹ troublee selle eust sceu du tasseau descarlate/mais nenny. Le disner se passa et fut la table ostee les graces dictes et tout chascun debout. Lors le mary se met auant et cômence a dire. Vous telz et telz q̃ cy estes sil vous plaist ie vo⁹ diray en brief la cause pourquoy ie vo⁹ ay icy assemblez et pourquoy iay vestu ma femme de cest habillement Il est vray que iapieca iay este aduerty que vostre parente q cy est me gardoit tresmal la loiaute quelle me pmist en la main du prestre/toutesfois quelque chose q̃ son mari dit ie ne lay pas creu de legier mais moymesmes lay voulu esprouuer/et quil soit vray il ny a que six iours que ie faigny daller dehors et me mbuschay en ma châbre la hault/ie ny euz gueres este que vecy venir ung tel que ma femme mena tantost en sa chambre ou ilz firent ce que mieulx leur pleust. Entre les aultres deuises lôme lui demanda de sa bouche de ses yeulx/de ses mains/de sô tetin/de son ventre/de son deuât et de ses cuisses a qui tout ce baigaige estoit/et elle respondit a vo⁹ mon amy et quant vint a son derriere il lui dist/et a qui est cecy ma mie/a mon mary dist elle/lors po⁹ ce q̃ ie lay trouuee telle ie lay ainsi habiller/elle a dit que delle il ny a mien que le derriere/si lay houssee côme il appartient a mon estat le demourant ay ie housse de vesture qui est deue a femme desloyale et deshonnouree car elle est telle: pource ie la vous rens. La côpaignie fut bien esbahie douyr ce propos et la poure femme bien hôteuse mais toutesfois quoy q̃ fust oncques puis auec son mary ne se trouua/ains deshonnouree et reprouchee entre ses amis depuis demoura.

La .l. nouuelle par anthoyne de la sale.

Comme ieunes gês se mettent voulentiers a voyager

ie vous en asseure/si les vous recommãde en vous priant q̃ vous en acquitez/et se ainsi le me voulez promettre le mourray plus aise. Et comme elle faisoit ce partaige son mary va venir a lostel/ et fut apperceu par vng petit de ses filz qui nauoit enuiron que cinq ou six ans q̃ vistement descendit en bas encontre lui effreement: et se hasta tant de deualer la montee quil estoit pres hors de alaine/ et comme il vit son pere a quelque meschief que ce fust il dist. Helas mõ pere aduãcez vous tost pour dieu quelle chose ya il de nouueau dist le pere/ta mere est elle morte. Nẽ ny nẽny dist lenfant/mais aduãcez vous daller en hault ou il ne vous demourera vng seul enfãt ilz sont venuz vers ma mere deux hõmes mais elle leur donne tous mes freres/ se vo⁹ ny allez biẽ tost elle donnera tout. Le bon hõme ne scait q̃ son filz veult dire si monta en hault et trouua sa fẽme sa garde et deux de ses voisins et ses enfans/ si demanda que signifie ce q̃ vng tel de ses filz lui a dit. Vous le scaurez cy apres dist elle Il nẽ enquist plus pour leure/car il ne se doubta de riẽ. Ses voisins sen allerent et cõmanderent la malade a dieu et lui promisdrent de faire ce q̃lle leur auoit requis dont elle les mercia. Cõme elle approuchast le pas de la mortelle cria mercy a son mary et lui dist la faulte quelle lui a faicte durant quelle a este aliee auec lui/cõmẽt telz et telz de ses enfans estoiẽt a tel: et telz et telz a vng tel/cest assauoir ceulx dont dessus est touchie/ et que apres sa mort ilz les prendront et nẽ aura iamais charge Il fut bien esbahy douyr ceste nouuelle/neantmains il lui pardõna tout et puis elle mourut/et il ẽuoya ses enfãs a ceulx quelle auoit ordonne q̃ les retindrent. Et par ce point il fut quitte de sa femme et de ses enfans et si eut beaucoup mains de regret de sa perte de sa femme q̃ de celle de ses enfans.

La .lii. nouuelle par monseigneur de la roche.

Naguieres que vng grant gentil hõme saige prudent et beaucoup vertueux comme il estoit au lit de la mort et eust fait ses ordonnances et dispose de sa conscience au mieulx quil peult/il appella vng seul filz ql auoit auquel il laissoit foison de biens temporelz. Et apres quil lui eut recõmande son ame celle de sa mere qui naguieres auoit termine vie p mort/ et generalent tout le colliege de purgatoire il aduisa troys choses pour la derniere doctrine

que iamais le vouloit bailler en di
sant. Mon treschier filz ie vous ad
uertis q̃ iamais vo⁹ ne hantez tãt
en lostel de vostre voisin q̃ len vo⁹
y serue de pain bis. Secondemẽt
ie vous enioingz q̃ vous gardez de
iamais courir vostre cheual en la
valee. Tiercemẽt q̃ vous ne pre-
nez iamais fẽme destrãge naciõ
Or vous souuiegne de ces trois
pointz / et ie ne doubte point q̃ bien
ne vous en viẽne / mais se vo⁹ fai
ctes le contraire soyez seur q̃ vous
trouuerez q̃ la doctrine de vostre
pere vo⁹ vaulsist mieulx auoir te
nue. Le bon filz mercia son pere de
son bon aduertissement / et lui pro
mist escripre ses enseignemẽs au
plus parfont de son cueur et les
mettre si tresbien en son entende-
mẽt et en sa memoire q̃ iamais ny
ra au cõtraire. Tantost apres sõ
pere mourut et furent faictes ses
funerailles comme a son estat / et a
hõme de tel lieu q̃l estoit apparte
noit / car son filz sen voulut biẽ ac
quitter cõme celuy q̃ bien auoit de
quoy. Ung certain tẽps apres cõ
me on prent accointance plus en
vng lieu q̃ en vng aultre ce bon gẽ
til hõme q̃ estoit orphenin de pere
et de mere et a marier / et ne sca-
uoit q̃ cestoit de mesnaige saccoi
ta dung voisin q̃l auoit / et de fait
la plus part de ses iours beuuoit
et mengeoit leans. Son voisin q̃
marie estoit et auoit vne tresbelle
fẽme se bouta en la doulce raige
de ialousie / et lui vindrent faire ra
port ses yeulx souspecõneux q̃ no
stre gentil hõme ne venoit en son
hostel fors a loccasion de sa fẽme
et q̃ vrayement il en estoit amou-
reux / et q̃ a la longue il la pourroit
emporter dassault. Si nestoit pas
bien a son aise et ne scauoit penser
cõment il se pourroit hõnestement
de lui desarmer / car lui dire la
chose cõme il la pense ne vauldroit
riens / si cõclut de lui tenir telz ter
mes petit a petit q̃l se pourra assez
apperceuoir sil nest trop beste q̃ sa
hantise si continuelle ne lui plaist
pas. Et pour executer sa conclu
sion en lieu quõ le souloit seruir de
pain blanc il fist mettre le bis. Et
apres ie ne scay quans repas nostre
gentil hõme sen dõne garde et lui
souuint de la doctrine de son pe
re / si cõgneut q̃l auoit erre si batit
sa coulpe: et bouta en sa manche
tout secretemẽt vng pain bis et la
porta en son hostel et en remẽbran
ce le pendit en vne corde en sa grãt
sale et ne retourna plus en la mai
son de son voisin cõme il auoit fait
au parauant. Pareillement vng
iour entre les aultres lui q̃ estoit hõ
me de deduit comme il estoit aux
chãps / et q̃ ses leuriers eussent mis
vng lieure a chace il picque sõ che
ual tant q̃l peult apres / et vint ratai

et prennent plaisir a veoir et chercher les adventures du mōde il y eut naguères au pais de lannois ung filz de laboureur qui fut depuis laage de dix ans iusques a laage de .xxvi. tousiours hors du pais/et depuis son partemēt iusques a son retour oncques son pere ne sa mere nen eurēt une seule nouvelle. Si pensērēt plusieurs foys ql fust mort/il revint touteffoie et dieu scait la ioye q̄ fut en lostel et cōmēt il fut festoie a son retour de tant peu de biens q̄ dieu leur avoit donne/mais q̄ le vit voulentiers et en fist grant feste ce fut sa grāt mere la mere de son pere qui lui faisoit plus grāt chiere et estoit la plus ioyeuse de son retour q̄ nul des aultres/elle le baisa plus de cinquāte fois et ne cessoit de louer dieu q̄ leur avoit rēdu leur beau filz et retourne en si beau point. Apres ceste grande chiere leure vint de dormir/mais il ny avoit a lostel que deux litz/lung estoit pour le pere et la mere/et lautre pour la grant mere si fut ordōne q̄ leurdit filz coucheroit avec sa grant mere dont elle fut bien ioyeuse/mais il sen fust bien passe/combiē q̄ pour obeyr il fut cōtent de prēdre la pacience pour ceste nuyt. Cōme il estoit couche avecq̄s sa taie ne scay de q̄oy il lui souvint/car il monta dessus Et q̄ veulx tu faire dist elle. Ne vous chaille dist il ne dictes mot. Quāt elle vit ql vouloit besōgner a bon esciēt elle cōmence de crier tāt qlle peult apres son filz q̄ dormoit en la chābre au plꝰ pres si se leva de son lit et sen alla plaīdre a lui de son filz en plourant tēdrement. Quant lautre ouyt la plainte de sa mere et la inhumanite de son filz il se leva sur piedz tres courrouce et mal meu et dist ql loccira. Le filz ouyt ceste menace et sault sus et sen fuyt par derriere. Son pere le suyt mais cest pour neant il nestoit pas si legier du pie/il vit quil perdoit sa peine si revint a lostel et trouva sa mere lamētant a cause de loffense que son filz lui avoit faicte. Ne vous chaille ma mere dist il ie vous en vengeray bien. Ne scay quās iouꝛs apres ce pere vint trouver son filz qui iouoit a la paulme/et tantost ql le vit il tira bōne dague et marche vers lui et len cuida ferir. Le filz se destourna et son pere fut tenu. Aucuns qui la estoiēt sceurēt bien que cestoit le pere et le filz/si dist lung au filz. Et bien ca que as tu meffait a ton pere q̄ te veult tuer. Ma foy dist il rien il a le plꝰ grant tort de iamais/il me veult tout le mal du monde pour une povre fois q̄ iay voulu rōciner sa mere/et il a bien roncine la mienne plꝰ de cinq cents fois et ie nen play oncqs ung seul mot. Tous ceulx qui ouyrent ceste responce commẽcerent a rire de grant cueur. Si semploierent a ceste occasion dy mettre paix et fut tout pdōne dūg couste et daultre.

La .li. nouuelle.

A Paris nagueres viuoit une fēme qui fut mariee a ung bō simple hōme qui tout son tēps fut de noz amis si tresbien quon ne pourroit plus. Ceste fēme qui belle et gente et gracieuse estoit ou temps quelle fut neusue pource q̄ elle auoit loeil au vent fut requise damours de plusieurs gens. Et pour la grāt courtoisie que nature nauoit pas oublye en elle elle passa legierement les requestes de ceulx qui mieulx luy pleurent Et eut en son temps tant deulx comme de son mary .xij. ou .xiiij. enfans Aduint que elle fut malade et ou lit de la mort acouchee/si eut tant de grace quelle eut temps et loisir de soy confesser/penser de ses pechiez/et disposer de sa conscience. Elle veoit durant sa maladie ses enfans troter deuāt elle qui lui bailloiẽt au cueur tresgrāt regret de les laisser/si se pensa que elle feroit mal de laisser son mary chargie de la pluspart/car il nen estoit pas le pere combien quil le cuidast et la tenoit aussi bonne femme que nulle de paris/elle fist tant par le moyen dune femme qui la gardoit que vers elle vindrent deux hommes qui ou tēps passe lauoiẽt en amours tresbien seruie/et vindrent de si bonne heure que son mary estoit alle deuers les medecins et appoticaires pour auoir aucun bon remede pour elle et pour sa sante. Quant elle vit ces deux hommes elle fist tantost venir deuāt elle tous ses enfans. Si commēca a dire. Vous estes ung tel vous scauez ce qui a este entre vous et moy ou temps passe et dōt il me desplaist a ceste heure amerement/et se ce nest la misericorde de nostre seigneur a qui ie me recōmande il me sera en lautre mōde bien chierement vēdu/toutesfoys iay fait une folie ie le congnois mais de faire la seconde ce seroit trop mal fait/vecy telz et telz de mes enfans ilz sont vostres et mō mary cuyde a la verite quilz soiẽt siens/si feroye conscience de les laisser en sa charge/pourquoy ie vous prie tant q̄ ie puis que apres ma mort qui sera briefue q̄ vous les prenez auec vous et les entretenez nourrissez et esleuez et en faictes comme bon pere doit faire/car ilz sont vostres. Pareillement dist a lautre et lui mōstroit ses autres enfans telz et telz sont a vous seruis Ilz neurēt pas si tost disne q̄lz ne demanderēt linterpretacion et la signifiance et le mistere du pain bis/ et de la peau du cheual rc. Et le bon gentilhomme leur compta bien au long et dist que son pere estant au lit de la mort comme dessus est narre lui auoit baille troys enseigeignemens.

Le premier fut que ie ne me trouuasse iamais tant en lieu que on me seruist de pain bis. Je ne retins pas bien ceste doctrine ne cest enseignement/ car puis sa mort ie hantay tant vng mien voisin quil se bouta en ialouse pour sa femme / et en lieu de pain blanc dequoy ie fus seruy long temps on me seruit de pain bis/ et en memoire et approbacion de la verite de cest enseignement iay la fait mettre ce pain bis. Le deusiesme enseignement que mon pere me bailla fut que iamais ie ne courusse mon cheual en la valee / ie ne le retins pas bien vng iour qui passa il men print mal car en courāt en vne valee apres le lieure et mes chiens mon cheual cheut et se rompit le col/ et a peu que ie ne fus tresbien blecie / si eschappe de belle mort et en memoire de ce est la pendue la peau du cheual qua lors perdis. Le troisiesme enseignement et aduisement que mon pere dont dieu ait lame me bailla si fut que iamais ie nespousasse femme destrange region ne destrange nacion. Or ay ie failly et vous diray comment il men est prins. Il est bien vray que la premiere nuyt que vous me refusastes le couchier auecques vostre fille qui cy est ie fus logie en vne chambre au plus pres de la sienne/ et pource que la paroy qui estoit entre elle et moy nestoit pas trop forte ie la pertuisay de mon espee et veis venir coucher auecques elle le chapellain de vostre hostel qui soubz le cheuet du lit oublia ses brayes le matin quant il se leua/ lesquelles ie recouuray et sont celles que veez la pendues qui tesmoignent et appreuuent la cronique verite du troysiesme enseignement que mon feu pere iadis me bailla lequel ie nay pas bien retenu ne mis en ma memoire mais affin que plus en la faulte des trois aduisemēs ne renchoie ces trois bagues que voyez me feront dorésenauāt sage. Et pource que la dieu mercy ie ne suis pas tant oblige a vostre fille q̄lle ne me puisse bien quitter. Je vous prie que la ramenez et retournez en vostre marche car iour que ie viue ne me sera de plus pres mais pource que ie vous ay fait venir de loing et vous ay bien voulu monstrer que ie ne suis pas hōme pour auoir le remenant dung prestre ie suis côtent de paier voz despens. Les aultres ne sceurent que dire ne que penser qui se voyent concluz en leur tort/ voiât aussi quilz sont moult loing de leur marche et de leur pays & que la force nest pas leur en ce lieu / si furent bien contens de prendre largent pour leurs despês & eulz en retourner dont ilz vindrent/ et qui plus ya mis plus ya perdu. Par ce compte auez ouy et entendu que les troys aduis que le bon pere bailla a son filz ne sont pas a oublier/ si les retienne chascun po^r autant quil sent quilz lui peuent touchier.

La .liij. nouvelle par monseigneur lamant de brucelles.

Naguerez que en leglise de saincte goule a brucelles estoient en vng matin plusieurs hômes et femmes qui deuoient espouser a la premiere messe qui se dit entre quattre et cinq heures/ et entre les aultres chosesz ilz deuoient entreprendre ce doulx & seur estat de mariage/ et promettre en la main du prestre ce que pour riê ne vouldroient trespasser. Il y auoit vng ieune homme et vne ieune fille qui nestoyent pas des plus riches/ mais bône voulête auoient qui estoient au pres lung de lautre et nattendoient fors que le cure les appellast pour espouser. Au pres deulx aussi y auoit vng hôme anciê et vne femme vieille qui grant cheuâce et foison de richesses auoyent / et par conuoitise et grant desir de plus auoir auoiêt promis foy et loyaulte lung vers lautre/ et pareillement attendoiêt a espouser a ceste premiere messe. Le cure vint et chanta ceste messe tresdesiree/ & en la fin comme il est de coustume deuant luy se misdrent ceulx qui espouser deuoient dont il y auoit plusieurs aultres sans les quattre dont ie vous ay compte. Or deuez vous scauoir que ce bô cure qui tout prest estoit deuât lautel pour faire et acôplir le mistere des espousailles estoit borgne: et auoit ne scay par quel dre le lieure et leuriers en vne grãt valee ou sõ cheual q̃ venoit de tou te sa force faillit des quattre piez et tombe et ledit cheual se rõpit le col dont il fut tresbien esbahy/ et fut bien eureux ledit gentil hõme quãt il se vit ainsi garde de mort et daffolure. Il eut toutesfois po͛ recõpense le lieure/ et cõme il le tit il regarda son cheual q̃ tant il ay-moit si lui souuint du second en-seignemẽt q̃ sõ pere lui auoit bail le/ et q̃ sil en eust eu bien memoire il ne eust pas ceste perte ne passe le dangier q̃l a eu bien grãt. Quãt il fut en sa maison il mist au pres du pain bis a vne corde en sa sale la peau du cheual affin q̃l eust me moire et remẽbrance du secõd ad uisement q̃ son pere iadis lui bail la. Ung certain tẽps apres il luy print voulente daller voyager et veoir pays/ si disposa ses beson-gnes a ce et print de la finãce dõt il auoit largemẽt et cercha main tes contrees et se trouua en diuer ses regiõs et places dont en la fin il fist residence en lostel dũg grãt seigñr dune longtaine et biẽ estrã ge marche: et se gouuerna si haul temẽt et si bien leans q̃ le seigneur fut bien cõtent de lui bailler sa fil le en mariage ia soit q̃l neust seule ment cõgnoissance de lui fors de ses louables meurs et vertus/ po͛ abbregier il fianca la fille de ce sei gneur: et vint le iour des nopces Et quãt il cuida la nuyt couchier auecq̃s elle on lui dist q̃ la coustu me du pais estoit de point coucher la premiere nuyt auecq̃s sa fẽme et q̃l eust pacience iusq̃s a lende-main Puis q̃ cest la coustume dist il ie ne quiers ia quon la rõpe pour moy. Son espousee fut menee cou chier en vne chãbre et lui en vne au tre apres les dances: et de biẽ ve nir il ny auoit q̃ vne paroy entre ces deux chãbres q̃ nestoit q̃ de terre Si sadvisa pour veoir la contenã ce de faire vng pertuis de son espee par dedens la paroy et vit tresbiẽ ꝯ a son aise son espousee se bouter on l..t/ et vit aussi ne demoura gue res apres le chappellain de leans q̃ se vint bouter au pres delle po͛ lui faire cõpagnie affin q̃lle neust paour/ ou cõme iespere pour faire lessay/ ou prendre la disme des cordeliers cõme dessus est touche Nostre bon gentil hõme quant il vit venir cest appareil pensez quil eut bien des estouppes en sa que noille et lui vint tantost en memoi re le troisiesme aduisemẽt q̃ son pe re lui dõna auãt son trespas/ leq̃l il auoit mal retenu/ toutesfois il se recõforta et print couraige ꝯ dist bien en soymesmes q̃ la chose nest pas si auant quil nen faille bien. A lẽdemain le bon chappellain sõ lieu tenãt pour la nuyt et son pres-

decesseur se leua de bon matin et
dauenture il oublia ses brayes
soubz le cheuet du lit a lespousee
Et nostre bon gētil hōme sās fai
re semblant de rien vint au lit delle
le ⁊ la salua gracieusement cōme
il scauoit bien faire/et trouua fa-
con de prendre les brayes du pre
pre sans ql fust apperceu dame.
On fist grāt chiere tout ce iour/⁊
quāt vint au soir le lit de lespou-
see fut pare et ordonne tant riche-
ment qua merueilles et elle y fut
couchee Si dist on au sire des nop
ces q̃ meshuy quant il lui plaira il
pourra bien coucher auec sa fēme
Il estoit fourny de respōce ⁊ dist
au pere et a la mere et aux parens
qlz le voulsissent ouyr. Vous ne
scauez dist il q ie suis ne a qui vous
auez dōne vostre fille/et en ce ma
uez fait le plus grant hōneur q̃ ia
mais fut fait a ieune gentil hōme
estrāgier dont ie ne vous scauroie
assez mercier/ neantmains toutes-
fois iay cōclut en moymesmes et
suis a ce resolu de iamais coucher
auecq̃s elle tant q̃ ie lui auray mō-
stre ⁊ a vous aussi q ie suis/ quelle
chose iay/et cōment ie suis logie.
Le pere print tantost la parolle et
dist. Nous scauons tresbien que
vous estes noble hōme ⁊ de hault
lieu et na pas mis dieu en vous
tant de belles vertus sans les a-
compaignier damis et de riches-
ses. Nous sōmes contens de vo-
ne laissez ia a parfaire et a acōplir
vostre mariage: tout a tēps scau
rons nous plus auant de vostre
estat quāt il vous plaira. Pour a
bregier il voua et iura de non ia-
mais couchier auecques elle se ne
stoit en son hostel/⁊ lui ameneroit
son pere et sa mere et plusieurs de
ses parens et amis. Il fist mettre
son hostel a point pour les receuoir
et y vint vng iour deuant eulx/⁊
tantost ql fut descendu il prīt les
brayes du prestre ql auoit et les
pendit en sa sale au pres du pain
bis et de la peau de cheual. Tres
grandemēt furēt receuz et festoiez
les parens et amis de nostre bōne
espousee/et furent bien esbahis de
veoir lostel dūg si ieune gentil hō
me si bien fourny de vaisselle de
tapisserie et de tout aultre meuble
et se reputoyent bien eureux da-
uoir si bien aliee leur belle fille/cō
me ilz regardoient par leans ilz vi
drēt en la grant sale q estoit tēdue
de belle tapisserie et apperceurent
au meilleu le pain bis/la peau de
cheual/et vnes brayes q pendoiēt
dont ilz furent moult esbahis/et
en demanderent la signifiance a
leur hoste. Le sire des nopces leur
dist que voulentiers il leur dira
la cause et tout ce q en est quāt ilz
aurōt mengie. Le disner fut prest
prest et dieu scait qlz furent bien

meschief puis peu de temps en ca perdit vng oeil / et ny auoit aussi gueres grant luminaire en la chapelle ne sur lautel / cestoit en yuer et faisoit brun et noir / si faillit a choisir / car quant vint a besongner et a espouser il print le vieil hõme riche et la ieune fille poure et les ioignit par lanneau du moustier ensemble. Daultre coste il print aussi le ieune homme poure et lespousa a la vieille femme et ne sen donnerẽt oncques garde en legli se ne les hõme ne les femmes dont ce fut grãt merueille / par especial des hommes / car ilz osent mieulx leuer loeil et la teste quant ilz sont deuant le cure a genoulz que les femmes qui sõt a ce coup simples et coyes et nont le regard fiche que terre. Il est de coustume que au saillir des espousailles les amys de lespouse prennent lespousee et lemmainent. Si fut la poure ieune fille a lostel du riche hõme menee / et pareillement la vieille riche fut admenee en la poure maisonnette du ieune gentil compaignõ Quant la ieune espousee se trouua en la court et en la grant sale de lomme quelle auoit par mesprinse espouse elle fut biẽ esbahye et congneut bien tantost quelle ne estoit pas partie de leans ce iour Quãt elle fut arriere en la chambre a parer qui estoit biẽ tendue de belle tapisserie elle vit le beau grãt feu la table couuerte ou le beau desiuner estoit tout prest / elle vit le beau buffet bien fourny et garny de vaisselle si fut plus esbahie que par auant / et de ce se donne plus grant merueil quelle ne congnoist ame de ceulx quelle oyoit parler Si fut tantost desarmee de ses atournemens ou elle estoit bien enfermee et bien embrunchee / et comme son espouse la vit au descouuert et les aultres qui la estoyent croyez quilz furẽt autant surpris que se cornes leur fussent venues Comment dist lespouse est ce cy ma femme / nostre dame ie suis bien eureux elle est biẽ changee depuis hier ie croy quelle a este a la fontaine de iouuence. Nous ne scauons dirent ceulx qui lauoiẽt admenee dont elle viẽt ne que on lui a fait / mais nous scauons certainement que cest celle que vous auez huy espousee et que nous prismes a lautel / car oncques puis ne nous partit des bras. La compaignie fut biẽ esbahie et longuemẽt sans mot dire / mais qui fut simple et esbahy la poure espousee estoit toute desconfortee et pleuroit des yeulx moult tendrement et ne scauoit sa contenãce / elle aymast trop mieulx se trouuer auecques son amy quelle cuydoit bien auoir espouse a ce iour. Lespouse la voy ant la desconforter en eut grant pitie et lui dist. Mamie ne vous desconfortez ia vous estes arrivee en bon hostel se dieu plaist/et nayez doubte on ne vous y fera ia mal ne desplaisir/mais dictes moy sil vous plaist qui vous estes et a vostre advis dont vous venez icy. Quant elle louyt et enten dit si courtoisement et si doulcement parler elle sasseura vng peu et lui nomma son pere et sa mere et luy dist quelle estoit de Bruxelles et avoit fiance vng tel que elle lui nomma et le cuidoit bien avoir espouse. Lespouse et tous ceulx qui la estoient commencerent bien fort a rire et dirent que le cure leur a fait ce tour. Or loue soit dieu le createur dist lespouse de ce change/ie nen voulsisse pas tenir bien grant chose dieu vous a envoiee a moy/et ie vous prometz par ma foy de vous tenir bonne et loyale compaignie. Nenny ce dist elle en pleurant moult tendrement/vous ne estes pas mon mary/ie vueil retourner devers cellui a qui mon pere mavoit donnee. Et ainsi ne se fera pas dist il ie vous ay espousee en saincte eglise vous ny porez contredire ne aller en lencontre/vous estes et demourerez ma femme et soyez contente/vous estes bien eureuse/iay la dieu mercy de biens et des richesses assez/dont vous serez dame et maistresse et vous feray bien iolye. Il la prescha tant et ceulx qui la estoient que elle fut contente dobeyr a son commandement. Si desieunerent legierement et puis se coucherent et fist le vieil homme du mieulx quil sceust. Or retournons a nostre vieille femme et au ieune compaignon. Pour abbregier elle fut menee en lostel du pere a la fille qui a ceste heure est couchee avecques le vieil homme. Quant elle se trouva leans elle cuida bien enraigier de dueil et dist tout hault. Et que fais ie ceans que ne me maine len a ma maison ou a lostel de mon mary. Lespouse qui vit ceste vieille et louyt parler fut bien esbahy ne doubtez/si furent son pere et sa mere et tous ceulx de lassemblee. Si saillit avant le pere a la fille de leans qui congneut bien la vieille et scavoit tresbien parler de son mariaige et dist. Mon filz on vous a baillie la femme dung tel et croyez quil a la vostre/et ceste faulte vient par nostre cure qui voit si mal/et ainsi maist dieu iasoit ce que ie feusse loing de vous quant vous espousastes si me caydoye ie apercevoir de ce change. Et que en dois ie faire dist lespouse. Par ma foy dist son pere ie ne my congnois pas bien/mais ie fais grant doubte que vous ne puissez auoir aultre femme. Sainct iehã dist la vieille ie nay cure dung tel chetif/ie seroye bien eureuse da uoir vng tel ieune galant qui nau roit cure de moy et me despendroit tout le mien et se ien sonnoye mot encores auroye ie la torche / ostez ostez mandez vostre femme et me laissez aller ou ie doy estre. Nostre dame dist lespouse se ie la puis recouurer ie layme trop mieulx que vous quelque poure quel le soit/mais vous ne vous en yrez pas se ie ne la puis trouuer. Son pere et aucuns de ses parens et amys vindrent a lostel ou la vieille vouloit bien estre et vindrent trouuer la compaignie qui desieunoit au plus fort et faisoient le chaudeau pour porter a lespousee a lespousee/ilz cõpterent tout leur cas et on leur respondit. Vous venez trop tart chascun se tiẽne a ce quil a/le seigneur de ceans est content de la femme que dieu lui a donnee/il la espousee et nen veult poĩt auoir daultre/et ne vous en doubtez ia vous ne fustes iamais si eureux que de auoir fille allee en si hault lieu ny en si hault endroit. Vous en serez vne fois to⁹ riches Ce bon pere retourne a son hostel et vient faire son rapport. La vieille femme cuyda bien enraiger de dueil et dist. Par dieu la chose ne demourera pas ainsi ou la iustice me fauldra. Se la vieille estoit bien malcontente encores lestoit bien autant ou plus le ieune espouse qui se veoit frustre de ses amours. et encores leust il legierement passe sil eust peu finer de la vieille a tout son argẽt mais il cõuint la laisser aller en sa maison. Si fut conseillee de la faire citer par deuant monseigneur de cãbray/et elle pareillement fist citer le vieil homme qui la ieune fẽme auoit/et ont commence vng gros proces dont le iugement nest pas encores rendu Si ne vous en scay que dire plus auant.

La .liiii. nouuelle par mahiot dauquesnes.

Ung gentil cheualier de la conte de flādres ieune bruiant iousteur danceur et bien chantant se trouua ou pays de haynault en la compaignie dung autre cheualier de sa sorte et demourant oudit pays qui le hātoit trop plus que la marche de flandres ou il auoit sa residence belle et bonne/mais cōme souuent il aduient amours estoient cause de sa retenance/car il estoit feru tresbien et au vif dune tresbelle damoiselle de maulbeuge/et a ceste occasion dieu scait ql faisoit trop souuent ioustes mommeries et banquetz/et generalemēt tout ce quil scauoit qui peust plaire a sa dame a luy possible il le faisoit il fut assez en grace pour ung temps/mais non pas si auant quil eust bien voulu. Son compaignon le cheualier de haynault qui scauoit tout son cas le seruoit au mieulx quil pouoit/et ne tenoit pas a sa diligence que ses besongnes ne feussent bien bōnes et meilleures quelles ne furent. Quen vauldroit le long compte / le bon cheualier de flandres ne sceut onques tāt faire ne son compaignon aussi quil peust obtenir de sa dame le gracieux don de mercy / aincoys la trouua en tout temps rigoureuse puis quil lui tenoit langaige sur ces termes/ et force luy fut toutesfois ses besongnes estantes comme vous ouez de retourner en flādres. Si print ung gracieux congie de sa dame et lui laissa son compaignon/lui promist aussi sil ne retournoit de brief de luy souuēt escripre et māder de son estat Et elle luy promist de sa part lui faire scauoir de ses nouuelles.

Aduint certain iour apres que nostre cheualier fut retourne en flandres que sa dame eut voulēte daler en pelerinaige et disposa ses besongnes a ce Et comme le chariot estoit deuant son hostel et le charreton dedens qui estoit ung beau compaignō et fort et q̄ viste labouroit/elle lui getta ung coussin sur la teste et le feist cheoir a paris et puis cōmenca a rire tresfort et bien hault. Le charreton se sourdit et la regarda rire et puis dist Par dieu ma damoiselle vous mauez fait cheoir mais croyez q̄ ie men vengeray bien car auant ql soit nuyt ie vous feray tumber. Vous nestes pas si mal gracieux dist elle. Et en ce disant elle prent ung aultre coussin q̄ le charreton ne sen donnoit garde et le fait arriere cheoir cōme par deuāt/ et selle rioit fort par auant elle ne sen faignoit pas a ceste heure. Et quest ce cy dist le charretō ma damoiselle vo⁹ en voulez a moy faictes/ p ma foy se ie fusse empres vo⁹ ie natten droy pas de moy vergier aux champs Et que feriez vous dist elle. Se iestoie en hault ie le vous diroye dist il. Vous feriez merveilles dist elle a vous ouyr parler/mais vous ne vous y oseriez trouver. Nō dist il et vous le verrez. Adonc il saillit ius du chariot et entra dedēs lostel et monta en hault ou ma damoiselle estoit en cotte simple tant ioyeuse quon ne pourroit plus/ il la commenca dassaillir/ et pour abbregier le compte elle fut contēte quil lui tollist ce que par honneur donner ne lui pouoit. Cela se passa et au terme acoustume elle fist ung tresbeau petit charreton/ ou pour mieulx dire ung tresbeau petit filz. La chose ne fut pas si secrete que le chevalier de haynault ne le sceust tantost dont il fut biē esbahy il escripuit bien en haste par ung propre messaigier a son compaignon en flandres comment sa dame avoit fait ung enfant a laide dung charreton. Pensez que lautre fut bien esbahy douyr ces nouvelles. Si ne demoura gueres quil vint en haynault devers son compaignon et luy pria quilz allassent veoir sa dame et quil la veult trop bien tencier et luy dire laschete et neantete de son cueur combien que pour son meschief advenu elle ne se monstrast encores gueres a ce temps si trouverēt facon ces deux gentilz chevaliers par moyens subtilz quilz vindrent ou lieu et en la place ou elle estoit. Elle fut bien honteuse et desplaisante de leur venue comme celle qui bien scait quelle naura deulx chose qui lui plaise/ au fort elle se asseura et les receut comme sa contenance et sa maniere lui apporta. Ilz commencerent a deviser dunes et daultres matieres: et nostre bon chevalier de flandres va commencer son service et lui dist tant de villennie quon ne pourroit plus. Or estes vous bien dist il du mōde la femme plus reprouchee et mains honnouree/ et avez monstre la grāt lachete de vostre cueur qui vous estes abandonnee a ung grant villain charreton/ tant de gens de bien vous ont offert leur service et vous les avez tous reboutez. Et pour ma part vous scavez que iay fait pour vostre grace acquerir/ et ne estoye ie pas homme pour avoir ce butin aussi bien ou mieulx que ung paillart charretō qui ne fist oncques riens pour vous. Je vous requiers et prie dist elle monseigneur ne men parlez plus ce qui est fait ne peult aultrement estre/ mais ie vous dis bien que se vous fussiez venu a leure du charreton que autāt eusse ie fait pour vous que ie feiz pour luy. Est ce cela dist il/ sainct iehan il vit a bō ne heure/le dyable y ait part quāt ie ne fus si eureux que de scauoir vostre heure. Vrayement dist elle il vint a leure quil failloit venir Au dyable dist il de lheure de vous aussi et de vostre charreton Et a tant se part et son compaignon le suyt et oncques puis nen tint compte et a bonne cause.

La.lv.nouvelle par monseigneur de villiers.

L'Annee du pardon de rōme derrain passe estoit ou daulphine la pestillence si grande et si horrible et si espouentable que la plus part des gens de biē abandōnerent et laisserent le pais Durant ceste persecucion vne belle gente et ieune fille se sentit ferue de la maladie / et incontinent se vint rendre a vne sienne voisine femme de bien et de grant facon et desia sur laage et lui compta son piteux cas. La voisine qui estoit femme saige et asseuree ne seffroia de rien que laultre lui comptast mesmes eut bien tant de couraige et dasseurance et de hardiesse en elle quelle la conforta de parolle et de tant peu de medecine quelle scauoit Helas ce dist la ieune fille malade ma belle voysine iay grāt regret que force mest au iourduy dabandonner et laisser ce monde et les beaulx et bons passetemps q̄ iay euz assez longuement/mais encores par mon serment a dire entre vous et moy mon plus grāt regret est quil fault q̄ ie meure sans coup frapper et sans scauoir a sentir des biens de ce monde/telz et telz mont maintesfois prie et si les ay reffusez tout plainemēt dequoy il me desplaist et croyez se ien peusse finer dung a ceste heure il ne meschapperoit iamais deuant ql meust monstre cōment le fuz gaignee/lon me fait entēdant que la facon du faire est tant plaisante et tant bonne que ie plains et complains mon gent et ieune corps ql fault pourrir sans auoir eu ce desire plaisir/et a la verite dire ma bōne voisine il me sēble se ie peusse quelque peu sentir auãt ma mort ma fin en seroit plus aisee et plus legiere a passer et a mains de regret/ et qui plus est ie croy que ce me pourroit estre medecine a cause de guarison. Pleust a dieu dist la vieille quil ne tenist a aultre chose vous seriez tost guerie se me semble/ car dieu mercy nostre ville nest pas encores si desgarnie de gẽs q̃ on ny trouuast vng gentil compaignon pour vous seruir a ce besoing. Ma bonne voisine dist la ieune fille ie vous requiers que vous alez deuers vng tel quelle luy nomma qui estoit vng tresbeau gentilhomme et qui aultreffois auoit este amoureux delle et faictes tant quil vienne icy parler a moy. La vieille se mist au chemin et fist tãt quelle trouua ce gẽtilhomme et lenuoya en sa maisõ Tantost quil fut leans la ieune fille malade a cause de la maladie plus et mieulx coulouree luy saillit au col et le baisa plus de vingt fois Le ieune filz plus ioyeux quonques mais de veoir celle qui tant auoit aymee ainsi vers lui abandonnee la saisit sans demeure et lui monstra ce que tãt desiroit. Assauoir selle fut honteuse de lui requerre et prier de continuer ce quil auoit commence. Et pour abbregier tant lui fist elle recommencer quil nen peult plus.

Quãt elle vit ce: comme celle qui pas nẽ auoit son saoul elle lui osa bien dire Mon amy vous mauez maintesfoie prie de ce dont ie vous requiers au iourdhuy / vous auez fait ce quẽ vous est ie le scay bien/ toutesfois ie ne scay que iay ne quil me fault/ mais ie cõgnois que ie ne puis viure se quelcun ne me fait cõpaignie en la facon que mauez fait / et pourtant ie vous prie que vueillez aler vers vng tel et lamenez icy si chier que vous auez ma vie. Il est bien vray mamie ie le scay bien quil fera ce que vous vouldrez. Ce gentilhomme fut bien esbahy de ceste requeste/ toutesfois pource quil auoit tant laboure que plus nen pouoit il fut cõtent daler querir son cõpaignõ et lamena deuers celle qui tãtost le mist en besongne a le laissa aisi q̃ lautre. Quant elle leut mate cõme son cõpaignon elle ne fut pas mains priuee de lui dire son couraige/ mais lui pria comme elle auoit fait lautre damener vers elle vng aultre gentilhõme il le fist Or sont ia trois quelle a laissez et desconfiz p force darmes/ mais vous deuez scauoir que le premier gentilhomme se sentit malade et feru de lespidimie tãtost quil eut mis son compaignon en son lieu/ et sen alla hastiuement vers le cure et tout le mieulx ql sceut se con-

fessa et puis mourut ẽtre les bras
du cure. Son cõpaignon le deu-
siesme venu tantost aussi que au
tiers il eut baillie sa place il se sen
tit tresmalade et demanda par
tout apres celui qui estoit ia mort
et vint rencontrer le cure pleurant
et demenant grant deul qui luy
compta la mort de son bon com-
paignon. Ha monseigneur le cu-
re dist il ie suis feru tout comme
lui confessez moy. Le cure en grãt
crainte se despescha de le confes
ser. Et quant ce fut fait ce gentil
homme malade a deux heures
pres de sa fin sen vint a celle qui
lui avoit baille le coup de la mort
et a son compaignon aussi / et la
trouva cellui quil y avoit mene et
luy dist. Mauldicte femme vous
mavez baille la mort et aussi pa-
reillement a mon compaignon /
vous estes digne de este bruslee et
arse et mise en cendre / toutesfois ie
le vous pardonne / priant a dieu
quil le vous vueille pardonner /
Vous avez lespidimie et lavez bail
lee a mon compaignon qui en est
mort entre les bras du prestre / et
ie nen ay pas mains. Il se partit
a tant et sen alla mourir une heu
re apres en sa maison. Le troisies
me gẽtilhomme qui se veoit en les
preuve ou ses deux compaignõs
estoient mors nestoit pas des plus
asseurez / toutesfois il print courai
ge en soymesmes et mist paour et
crainte arriere et sasseura comme
cellui qui en beaucoup de perilz et
de mortelz assaulx sestoit trouve
et vint au pere et a la mere de cel
le qui avoit deceu ses deux com
paignons et leur compta la mala
die de leur fille et quon y print gar
de. Cela fait il se conduisit telle-
ment quil eschappa du grant pe
ril ou ses deux compaignons es-
toient mors. Or devez vous sca
voir que quant ceste ouvriere de
tuer gens fut ramenee en lostel de
son pere tãdis quõ lui faisoit ung
lit pour reposer et la faire suer elle
manda secretement le filz dung
cordonãnier son voisin et le fist ve
nir en lestable des chevaulx de
son pere et le mist en euvre comme
les aultres mais il ne vesquit pas
quattre heures apẽs. Elle fut cou
chee en ung lit et la fist on beau-
coup suer et tantost lui vindrent
quattre boces dont elle fut tres-
bien guerie et tient qui en auroit a
faire quon la trouveroit au iour
duy ou renc de noz cousines en a
vignõ / a beaucaire ou aultre part
et dient les maistres quelle eschap
pa de mort a cause davoir sen-
tu des biens de ce monde qui est
notable et veritable exemple a plu
sieurs ieunes filles de point refu
ser ung bien quant il leur vient.

La .lvi. nouvelle par mon seigneur de villiers.

Naguerez quen vng bourc de ce royaulme en la duchie dauuergne demouroit vng gentil homme : et de son mal eur auoit vne tresbelle ieune femme/ et de sa bonte deuisera mon compte. Ceste bonne damoiselle sacointa dug cure qui estoit son voisin de demie lieue et furent tant voisins et tant priuez lung de lautre que le bon cure tenoit le lieu du gentil homme toutes les fois quil estoit dehors : et auoit ceste damoiselle vne chamberiere qui estoit secretaire de leur fait/ laquelle portoit souuent nouuelles au cure : et ladiuisoit du lieu et de leure pour comparoir seurement deuers sa maistresse. La chose ne fut pas en la parfin si bien celee que mestier eust este a la compaignie/ car vng gentilhomme parent de celluy a qui ce deshõneur ce faisoit fut aduerty du cas et en aduertit celuy a q̃ plus il touchoit en la meilleure facon et maniere quil sceust et peult. Pensez que ce bon gentil hõme quant il entẽdit que sa femme faisoit en son abscence de ce cure q̃l nen fut pas content/ et se neust este son cousin il en eust prins vengence criminelle et demain mise si tost quil en fut aduerty/ toutesfois il fut content de differer sa voulente iusques a tant quil leut prins au fait et lung et lautre. Si conclurent lui et son cousin daler en pelerinaige a quatre ou six lieues de son hostel et de y mener ce cure pour mieulx soy donner garde des manieres quilz tiendroient lan et vers lautre. Au retourner quilz firent de ce voyage ou mon seigneur le cure seruit damours de ce quil peult/ cestassauoir de oeillades et daultre telles menues entretenances. Le mary se fist mãder querir par vng messaigier affaictie pour aller vers vng seigñr du pays/ il fist sẽblant den estre mal content et de soy partir a regret/ neantmains puis que le bon seigneur le mande il noseroit desobeir. Si part et sen va/ et sõ cousin lautre gẽtil homme dist quil luy feroit compaignie / car cest assez son chemin pour retourner en son hostel. Monseigneur le cure et ma damoiselle ne furent iamais plus ioyeux que doupr ceste nouuelle / si prindrent conseil et conclusion ensemble que le cure se partira de leans et prendra son congie affin que nul de leans nait suspicion sur lui / et enuiron la mynuyt il retournera et entrera vers sa dame par le lieu acoustume / et ne demoura gueres pis ceste conclusio prinse que nostre cure se partit de leans et dist a dieu. Or deuez vous scauoir que le mary et le gentilhomme son parent estoient en embusche en vng destroit par ou nostre cure deuoit passer et ne pouoit aller ne venir par aultre lieu sans soy trop destourner de son droit chemin Ilz virent passer nostre cure et leur iugeoit le cueur ql retourneroit la nuyt dont il estoit party / et aussi cestoit son intencio Ilz le laisserent passer sans arrester ne dire mot et saduiserent de faire en ce destroit vng tresbeau piege a layde daucuns paysans qui les seruirent a ce besoing. Ce piege fut en haste bel et bien fait / et ne demoura gueres q vng loup passant pays ne sattrappast leas Tantost apres vecy maistre cure qui vient la robe courte vestue et portant le bel espieu a son col. Et quant vint a lendroit du piege il tumba la dedens auecques le loup dont il fut bien esbahy / et le loup q auoit fait lessay nauoit pas mains de paour du cure que le cure auoit de luy. Quant noz deux gentilz hommes virent que maistre cure estoit auecqs le loup logie ilz en firent ioye merueilleuse et dist bien celluy a q le fait plus touchoit que iamais ne partira en vie et quil loccira leans. Lautre le blasma de ceste voulente et ne se veult accorder quil meure / mais trop bien est il content quon lui trenche ses genitoires. Le mary toutesfois le veult auoir mort. En cest estrif demourerent longuement attendans le iour et quil fist cler. Tandis que cest estrif se faisoit ma damoiselle qui attendoit son cure ne scauoit que pèser de quoy il tardoit tant / si se pensa den enuoyer sa chamberiere affin de le faire aduancier. La chamberiere tirant son chemin vers lostel du cure trouua le piege et tumba dedens auecques le loup et le cure. Ha dist le cure ie suis perdu mo fait est descouuert / quelqung no9 a pourchacie ce paissaige. Le mary et le gentilhomme son cousin q tout entendoient et veoient estoiét tant aises quon ne pourroit plus / et se penserent comme se le sainct esperit leur eust reuele que la ma stresse pourroit bien fuyr la chamberiere a ce quilz entendirent delle que sa maistresse lenuoyoit deuers le cure pour scauoir qui le tardoit tant de venir oultre leure prinse entre eulx deux. La maistresse voyant que le cure et la chamberiere ne retournoient point/et de paour q̃ la chamberiere et le cure ne feissēt quelque chose a son preiudice et qlz se pourroient rencontrer ou petit boys qui estoit a lendroit ou le piege estoit fait/si conclut quelle yra veoir selle en orra nulles nouuelles et tira pays vers lostel du cure/et elle venue a lendroit du piege tumba dedens la fosse auecques les aultres. Il ne fault la demander quant ceste compaignie se vit ensemble qui fut le plus esbahy et se chascun faisoit sa puissance de soy tirer de la fosse/mais cest pour neant chascun deulx se repute mort et deshonnoure. Et les deux ouuriers cestassauoir le mary de la damoiselle et le gentilhomme son cousin vindrent au dessus de la fosse saluer la compaignie en leur disant quilz feissēt bonne chiere et quilz aprestoroient leur desieuner. Le mary qui mouroit et enraigeoit de faire vng coup de sa main trouua facon par vng subtil moyen denuoyer son cousin veoir que faisoient leurs cheuaulx qui estoiēt en vng hostel asez pres / et tandis quil se trouua descombre de lui il fist tant a ql que meschief que ce feust quil eut de lestrain largement quil auala dedens la fosse et y bouta le feu/ et la dedens brula la cōpaignie/ cestassauoir la femme/le cure / la chamberiere et le loup. Apres ce il se partit du pays et manda vers le roy querir sa remission laquelle il obtint de legier. Et disoiēt aucuns que le roy deust dire quil ny auoit dommaige que du poure loup qui fut brule qui ne pouoit mais du meffait des aultres.

La .lviii. nouuelle par monseigneur de Villiers.

La .lvij. nouvelle par Monseigneur de Villiers

TAndis que lon me preste audience et que aucune ne sauance quant a present de parfournir ceste glorieuse et edificante euure de Cent nouuelles ie vous compteray vng cas qui puis na gueres est aduenu ou daulphine pour estre mis au renc et ou nombre des dictes cent nouuelles. Il est vray que vng gentil homme dudit daulphine auoit en son hostel vne sienne seur enuiron de laage de .xviij. a vingt ans: et faisoit compaignie a sa femme qui beaucoup laimoit et tenoit chiere/ et comme deux seurs se doiuent contenir et maintenir ensemble elles se conduisoient.

Aduint que ce gentil homme fut semons dung sien voisin lequel demouroit a deux petites lieues de luy de le venir veoir lui et sa femme et sa seur. Ilz y allerent et dieu scait la chiere quilz firent/ et comme la femme de cellui qui festoioit la compaignie menoit a lesbat la seur et la femme de nostre gentil homme apres soupper deuisant de plusieurs choses elles se vindrent rendre a la maisonnette dung bergier de leans qui estoit au pres dung large et grant parc a mettre les brebis/ et trouuerent la le maistre bergier qui besongnoit entour de ce parc / et comme femmes scaiuent enquerir de maintes et diuerses choses lui demanderent sil auoit point froit leans. Il respondit que non/ et quil estoit plus aise que ceulx qui ont leurs belles chambres verrees/ nattees/ et parees/ et tant vindrent dunes parolles a aultres par motz couuers que leurs deuises vindrent a toucher du train de derriere/ et le bon bergier qui nestoit ne fol ne esperdu leur dist que par la mort bieu il oseroit bien entreprendre de faire la besongne huit ou neuf fois par nuyt/ et la seur de nostre gentil homme qui ouyt ce propos gettoit loeil souuent et menu sur ce bergier / et de fait iamais ne cessa tant quelle vit son coup de lui dire quil ne laissast pour rien quil ne la vint veoir a lostel de son frere et quelle lui feroit bonne chiere. Le bergier qui la vit belle fille ne fut pas moyennement ioyeux de ces nouuelles et promist de la venir veoir/ et brief il fist ce quil auoit promis: et a leure prinse entre sa dame et lui se vint rendre a lendroit dune fenestre haulte et dangereuse a monter/ toutesfois a layde dune corde quelle lui deuala et dune vigne qui la estoit il fist tant quil fut en la chambre/ et ne fault pas dire sil y fut voulentiers veu. Il monstra de fait ce dont il cestoit vante de bouche/ car auant que le iour vint il fist tant que le cerf eut huit cornes acomplies laquelle chose sa dame print bien en gre. Mais vous devez scavoir et entendre que le bergier avant quil peust parvenir a sa dame lui failloit cheminer deux lieues de terre et puis passoit a nagier la grosse riviere du rosne qui batoit a lostel ou sa dame demouroit. Et quant le iour venoit lui failloit arriere repasser le rosne et ainsi sen retourna a sa bergiere / et continua ceste maniere et ceste facon de faire vne grande espace de temps sans quil feust descouvert. Pendant ce temps plusieurs gentilz hommes du pais demandoient ceste damoiselle devenue bergiere a mariage / mais nul ne venoit a son gre dont son frere nestoit pas trop content et luy dist plusieurs fois mais elle estoit tousiours garnie dexcusacions et de responces largement dont elle advertissoit son amy le bergier / auquel aussi elle promist que sil vouloit elle nauroit iamais aultre mary que lui Et il dist quil ne demandoit aultre bien mais la chose ne se pourroit dist il conduire pour vostre frere et aultres voz amis. Ne vous chaille dist elle laissez men faire ien cheviray bien. Ainsi promisdrent lung a lautre / neantmains toutesfoys il vint vng gentilhomme qui fist arriere requerir nostre damoiselle bergiere / et la vouloit avoir seulement vestue et habillee comme a son estat appartenoit sans aultre chose / a laquelle chose le frere delle eust voulentiers entendu et besongnie et cuida mener sa seur a ce quelle se y consentist lui remonstrant ce que on scait faire en tel cas / mais il nen peult venir a chief dont il fut bien mal content. Quant elle vit son frere indigne sur elle elle le tire dune part et lui dist. Mon frere vous mavez beaucoup parle de moy marier a telz et a telz / et ie ne my y suis voulu consentir dont ie vous requiers que ne men saichez nul mal gre: et me vueillez pardonner le mautalent que avez sus moy et ie vous diray aultrement la raison qui a ce me meut et contraint en ce cas / mais que me vueillez asseurer que ne men ferez ne voulderez pis. Son frere lui promist voulentiers. Quant elle se vit asseuree elle lui dist quelle estoit mariee autant vault, et que iour de sa vie autre homme nauroit a mary que celui quelle lui monstrera annuyt sil veult. Je le vueil bien veoir dist il / mais qui est il. Vous le verrez par temps dist elle. Quant vint a leure acoustumee vecy bon bergier qui se vient rendre en la chambre de sa dame dieu scait comment mouillie davoir passe la riviere / et le frere delle le regarde et voit que cest le bergier de son voisin si ne fut pas peu esbahy et le bergier encore plus qui sen cuyda fuyr quant il le vit. Demeure demeure dist il tu nas garde. Est ce dist il a sa seur celluy la dont vous mauez parle. Ouy vrayement mon frere dist elle. Or luy faictes dist il bon feu pour soy seichier/car il en a bon mestier/ et en pensez comme du vostre/et vraiement vous nauez pas tort se vous luy voulez du bien/car il se met en grant dangier pour lamour de vous et puis que voz besongnes sont en telz termes et q̄ vostre couraige est a cela que den faire vostre mary a moy ne tiendra il pas et mauldit soit il qui ne sen despeschera. Amen dist elle/a demain qui vouldra. Et ie le vueil dist il Et vous bergier dist il quen dictes vous. Tout ce quon veult/il ny a remede dist il vous estes a serez mon frere aussi sais ie pieca de la houlette si dois bien auoir vng bergier a frere. Pour abbregier le compte du bergier le gentil homme consentit le mariage de sa seur et du bergier et fut fait: et les tint tous deux en son hostel/ combien quon en parlast assez par le pays. Et quant il estoit en lieu que on luy disoit que cestoit merueille quil nauoit fait batre ou tuer le berger il respondoit que iamais il ne pourroit vouloir mal a riens que sa seur aymast/et que trop mieulx vouloit auoir le bergir a beau frere au gre de sa seur que vng aultre bie grant maistre au desplaisir del le/et tout ce disoit par farce et esbatement/ car il estoit et est tousiours tresgracieux et nouueau et bien plaisant gentil homme/ et le faisoit bon ouyr deuiser de sa seur voire entre ses amys et priuez cōpaignons.

La .lviii. nouuelle racomptee par monseigneur.

Le congneuz au temps de ma verde et plus vertueuse ieunesse deux gentilz hommes beaulx cōmpaignons bien assouuis et adreciez de tout ce que on doit louer vng gētil homme vertueux Ces deux estoient tant amys aliez et donnez lung a lautre que habillemēs tant pour leurs corps que leurs gens et cheuaulx tousiours estoient pareilz. Aduint quilz deuindrent amoureux de deux belles ieunes filles gentes et gracieuses/ et le mais mal quilz sceurent firent tant quelles furent aduerties de leur nouuelle entreprinse du bien du seruice de cent mille choses que pour elles faire voul droient. Ilz furent escoutez mais aultre chose ne sen ensuyuit. Je spere pource quelles estoient de seruiteurs pourueues ou que damours ne se vouloiēt entremettre car a la verite dire ilz estoient beaulx compaignons tous deux et valoient bien destre retenus seruiteurs daussi femmes de bien quelles estoient. Quoy quil feust toutesfoys ilz ne sceurent oncques tant faire quilz feussent en grace/ dont ilz passerent maintes nuytz dieu scait a quelle peine/ mauldisant puis fortune/ maintenant amours/ et tressouuent leurs dames quilz trouuoient tant rigoureuses. Eulx estans en ceste raige et desmesuree langueur lung dist a son compaignon. Nous voyōs a loeil que noz dames ne tiēnent compte de nous et toutesfois no⁹ enraigeōs apres/ et tant plus no⁹ monstrent de fierte et de rigueur tant plus les desirons complaire seruir et obeir laquelle chose est vne haulte folie. Je vous requiers et prie que nous ne tenōs compte delles emplus quelles font de nous et vous verrez selles peuent congnoistre que nous soyons a cela q̄ elles enraigeront apres nous comme nous faisons maintenant apres elles. Helas dist lautre cest bon cōseil qui en pourroit venir a chief Jay trouue la maniere dist le premier. Jay tousiours ouy dire et ouide le met en son liure du remede damours que beaucoup et souuent faire la chose que scauez fait oublier et peu tenir compte de celle quon ayme et dont on est fort feru. Si vous diray que nous ferons/ faisons venir a nostre logis deux ieunes filles de noz cousines et couchons auecques elles et leur faisons tant la folie que nous ne puissōs les rains trainer et puis venons deuant noz dames au dyable de lomme qui en tiendra compte. Lautre si accorda: et comme il fut propose et delibere il fut fait et acomply/ car ilz eurent chascun vne belle fille. Apres ce ilz sen vindrent trouuer deuāt leurs dames en vne feste ou elles estoient/ et faisoient bons compaignōs a la roe et du fier et se pourmenoiēt p deuant elles et deuisoient vng couste et daultre/et faisoyent cēt mille manieres pour dire nous ne tenions compte de vous/ cuydans comme ilz auoiēt propose q̄ leurs dames en deussent estre mal cō tentes et quelles les deussent rap peller maintenant ou aultreffoys mais aultrement en alla / car silz mōstroient semblant de tenir peu compte delles elles monstroient tout apertement de riens y encō ter dont ilz se apperceurēt tresbiē et ne sen scauoient assez esbahyr. Si dist lung a son compaignon veez tu comment il est/par la mort bieu noz dames ont fait la folye comme nous/ et ne vois tu cōmēt elles sont fieres/elle tiennent tou-tes telles manieres que nous fai-sōs/ si ne me croy iamais selles ne ont fait cōme nous Elles ont pris chascun vng compaignon et ont fait iusques a oultrance la folye/ au dyable les crapaudailles lais sons les la. Par ma foy dist lau tre ie le croy cōe vous / ie nay pas apris de les veoir telles. Ainsi pē serent les cōpaignōs q̄ leurs da-mes eussent fait cōme eulx pource ql leur sembla a leurs q̄lles nen te nissent cōpte ilz ne tenoiēt compte delles/mais il nen fut riens/et est assez legier a croire.

La. lix. nouuelle par Poncelet

EN la ville de sainct omer auoit naguerres vng gētil cō paignon sergent de roy/ lequel es toit marie a vne bonne et loyale fē me qui autresfois auoit este ma-riee et lui estoit demoure vng filz quelle auoit adroicie en mariage. Ce bon compaignon ia soit ce quil eust bonne et preude femme neant mais il sempcioit tresbien de iour et de nuyt a seruir amours par tout ou il pouoit et tant que a luy estoit possible. Et pource que en temps dyuer sourdent plusieurs fois les inconueniens plus de le-gier que en aultre temps a pour-suir la queste lors il sadvisa et de liberа que il ne partiroit point de son hostel pour suir amours / car il auoit vne tresbelle gente et ieune fille chamberiere de sa fēme auec ecques laq̄lle il trouueroit manie

destre son serviteur. Pour abbre
gier tant fist par dons et par pro
messes quil eut ottroy de faire tout
ce quil lui plairoit/ia soit q̄ a grāt
peine pource que sa femme estoit
tousiours sus eulx qui congnois-
soit la condicion de son mary. Ce
nonobstāt amours qui veult tous
iours secourir ses vrays serviteurs
inspira tellement lentendemēt du
bon et loyal servant quil trouva
moyen daccomplir son veu/car il
faignit estre tresfort malade de re
froidement et dist a sa femme.
Tresdoulce compaignie venez ie
suis si tresmalade que pl' ne puis
il me fault aller couchier et vous
prie que vous faciez tous noz gēs
couchier affin que nul ne face noy
se ne bruyt et puis venez en nostre
chambre. La bonne damoiselle q
estoit tresdesplaisante du mal de
son mary fist ce quil commanda/et
print beaulx draps et les chauf-
fa et mist sus son mary apres quil
fut couchie. Et quant il fut bien
eschauffe par longue espace il dist
Mamie il suffist ie suis assez bien
dieu mercy et la vostre qui en a-
vez prins tant de peine / si vous
prie que vo' en venez couchier em
pres moy. Elle qui desiroit la sā
te de son mary fist ce quil commā
doit et sendormit le plus tost qlle
peut/et assez tost apres que nostre
bō mary apperceut quelle dormoit
se coula tout doulcement hors de
son lit et sen alla combatre ou lit
de sa dame la chamberiere tout
prest pour son veu acomplir/ou il
fut bien receu et rencontre/et tant
rompirent de lances quilz furent
si las et si recrās quil convint que
en beaulx bras demourassent en-
dormis/et comme aucunesfois ad
vient que quant on sendort en au
cun desplaisir ou merencolie au
reveiller cest ce qui vient premier
a la personne / et est aucunesfoys
mesmes cause du reveil comme
a la damoiselle advint/ et ia soit
ce que grant soing eust de son ma
ry toutesfois elle ne le garda pas
bien/car elle trouva quil sestoit de
sō lit party/et au taster quelle fist
sus son oreillier et en sa place trou-
va quil y faisoit tout froit et quil
y avoit long temps quil ny avoit
este. Adoncques comme toute de
sesperee saillit sus et en vestant sa
chemise et sa cotte simple disoit a
par elle. Lasse meschante or es tu
une femme perdue et gastee et qui
fait bien a reprouchier quant par
ta negligence as laissie cest hōme
perdre. Helas pourquoy me suis
ie annuyt couchee pour ainsi ma
bandonner au dormir. O vierge
marie vueillez moy cueur resioyr
et que p̄ ma cause il nait nul mal
car ie me tiendroye coulpable de
sa mort. Et ap̄s tous ces regretz

et lamentacions elle se partit ha-stiuement et alla querir de la lumiere/et affin que sa chamberiere luy tint compaignie a querir son mary elle sen alla en sa chambre pour la faire leuer / et la endroit trouua la doulce paire dormant bras a bras et lui sembla bie quilz auoient ceste nuyt trauaillie / car ilz dormoient si fort quilz ne sesueillerent point pour personne qui y entrast ne pour lumiere que on y portast. Et de fait pour la ioye quelle eut de ce que son mary ne stoit point si mal ne si desuoye ql le esperoit ne que son cueur lui auoit iugie / elle sen alla querir ses enfans et les varletz de lostel et les mena veoir la belle cōpaignie et leur enioignit expressemēt quilz nen feissent quelque semblant / et puis leur demanda en basset qui cestoit ou lit de sa chāberiere qui la dormoit auecques elle. Et ses enfans respondirent que ce estoit leur pere/et les varletz dirēt que cestoit leur maistre. Adoncques elle les remena dehors et les fist aller coucher / car il estoit trop matin pour eulx leuer et aussi elle sen alla en son lit/mais depuis ne dormit gueres tant quil fust heure de leuer Toutesfois assez tost apres la compaignie des vrais amans sesueilla et se departirent lung de lautre amoureusement. Si sen retourna nostre maistre a son lit empres sa femme sans dire mot / et aussi ne fist elle/et faignit de dormir dont il fut moult ioyeulx et lye pensant quelle ne sceust riens de sa bonne fortune/car il la craignoit et doubtoit a merueilles tāt pour sa paix que pour lonneur et le bien de la fille/et de fait se reprint nostre maistre a dormir biē fort. Et la bonne et gente damoiselle qui point ne dormoit si tost quil fut heure de descoucher se leua pour festoyer son mary et luy donna aucune chose confortatiue apres la medecine laxatiue quil auoit prinse celle nuytee. Puis apres la bonne damoiselle fist leuer ses gens et appella sa chamberiere et luy dist quelle print les deux plus gras chappons de la chapponnerie et que les appointast tresbien / et puis quelle allast a la boucherie querir la meilleure piece de beuf quelle pourroit trouuer et si cuist tout a vne bōne eaue pour humer ainsi quelle le scauroit bien faire / car elle estoit maistresse et ouuriere de faire bō brouet. Et la bōne fille qui de tout sō cueur desiroit complaire a sa damoiselle et encores plus a son maistre/a lung par amours et a lautre par crainte dist que tresvoulentiers le feroit. Ce pēdant la damoiselle alla ouyr la messe / et au retour passa par lostel de son filz dont cy dessus a este parle et lui dist que venist disner avecques son mary et si admenast avecques lui trois ou quatre compaignons quelle lui nomma/et que son mary et elle les prioient quilz venissent disner avecques eulx. Quant elle eut ce dit elle sen retourna a lostel pour entendre a la cuisine de peur que le humeau ne fust espandu come par male garde il avoit este la nuytee precedente/mais nenny/car nostre bon mary sen estoit alle a leglise ouyr la messe. Et tandis que le disner sapprestoit le filz a la damoiselle alla prier ceulx quel le lui avoit nommez qui estoyent les plus grans farceurs de toute la ville de sainct omer. Or revint nostre maistre de la messe et fist une grande brassie a sa femme et lui donna le bon iour/et aussi fist elle a luy/mais toutesfoys elle nen pensoit pas mains/et lui commenca a dire quelle estoit bien ioyeuse de sa sante dont il la remercia et lui dist. Oravement ie suis asses en bon point dieu mercy mamye veu que iestoye hyer a la vespree si mal dispose/et me semble quiay tresbon appetit/si vouldroie bien aller disner si vous voulez. Lors elle luy dist. Jen suis bien contente mais il fault ung peu attendre que le disner soit prest et que telz et telz qui se sont priez de disner avecques vous soyent venus Priez dist il/et a quel propos ie nen ay cure et aymasse mieulx quilz demourassent/car ilz sont si grans farceurs que silz scaivent que iaie este malade ilz ne men feront que farcer/au mains belle dame ie vous prie quon ne leur en die riens et encores aultre chose ya que mengeront ilz. Et elle dist quil ne sen souciast point et quilz auroient asses a mengier car elle avoit fait apointier et abillier les deux meilleurs chappons de leans et une tresbonne piece de beuf pour lamour de luy de laquelle chose il fut bien ioyeux et dist que cestoit bien fait. Et tantost apres allerent venir ceulx que len avoit priez avecques le filz a la damoiselle. Et quant tout fut prest ilz sen allerent seoir a table et firent tresbonne chiere et par especial loste/et buvoyent souvent et dautant lung a laultre. Et lors loste commenca a dire a son beau filz. Jehan mon amy ie vueil que vous beuvez a vostre mere/et faictes bonne chiere. Adonc le filz respondit que tres voulentiers le feroit. Et ainsi quil eut beu a sa mere la chamberiere qui servoit lors a la table pour servir les assistens ainsi quil appartenoit comme bien et honnestement le scavoit faire. Et quant la damoiselle la dit elle lappella et lui dist. Venez ca ma doulce cõpaigne beuuez a moy et ie vo⁹ plegeray. Compaigne dea dist nostre amoureux/ꝛ dont vient maintenant celle grant amour qu ema le paix y puist mettre dieu / vecy grãt nouuellete. Voire vraiemẽt cest ma compaigne certaine ꝛ loiale / en auez vous si grant merueille. He dea dist loste iehanne gardez que vous dictes/ on pourroit ia penser quelque chose entre elle ꝛ moy. ꝛ pourquoy ne feroit on dist elle/ne vous ay ie poĩt ãnuyt trouue couchie auecques elle en son lit et dormant bras a bras. Couche dist il Voire vraiement couchie dist elle. Et par ma foy beaulx seigneurs dist il il nen est riens/ꝛ ne le fait que pour me faire despit/et aussi pour donner a la pouure fille blasme / car ie vous prometz que oncques ne my trouuay Non dea dist elle vous lorrez tãtost et le vo⁹ feray tout a ceste heure dire deuãt vous par to⁹ ceulz de ceans. Adonc appella ses enfans et les varletz qui estoient deuant la table et leur demanda se ilz auoient point veu leur pere couchie auecques la chamberiere. Et ilz dirent que ouy. Adonc leur pere respondit. Vous mentez mauuais garcons vostre mere le vous fait dire. Saulue vostre grace pere nous vous y veismes couche aussi firent noz varletz Quen dictes vous dist la damoiselle. Vraiement il est vray dirent ilz. Et lors y eut grande risee de ceulz qui la estoient/et le mary fut terriblement abaye/car la damoiselle leur compta comment il sestoit fait malade et toute la maniere de faire ainsi quelle auoit este et cõmẽt pour les festoyer elle auoit fait appareillier le disner et prier ses amys. lesquelz de plus en plus reforcoyent la chose dont il estoit si honteux qua peine scauoit il tenir maniere/et ne se sceut aultrement sauuer que de dire. Or auant puis que chascun est contre moy il fault bien que ie me taise et que ie accorde tout ce quon veult / car ie ne puis tout seul contre vo⁹ tous Apres cõmanda que la table fust ostee/ et incõtinent graces rẽdues appella son beau filz et luy dist. Jehan mon amy ie vous prie que se les aultres me accusent de cecy que me excusez en gardãt mon hõneur/et allez scauoir a ceste poure fille que on luy doit et la payez si largemẽt quelle nait cause de soy plaindre/puis la faictes partir/car ie scay bien que vostre mere ne la souffreroit plus demourer ceans Le beau filz alla incontinent faire ce qui lui estoit commande et puis retourna aux compaignons quil auoit admenez lesquelz il trouua parlans a sa mere et la remercioit moult grandement de ses biens et de la bonne chere quelle leur auoit faicte/puis prindrent congie et sen alerent et les aultres demourerēt a lostel ⁊ fait a supposer que depuis en eurent maintes deuises ensemble: ⁊ le gētil amoureux ne veult point tout la mer de son vaisseau a ce disner. A ce propos peult on dire de chiens doyseaulx darmes damours pour vng plaisir mille douleurs. Et pourtant nul ne si doit bouter sil nen veult aucunesfois gouster. Et ainsi lui en aduint et acheua ledit mary sa queste en ceste partie par la maniere que dit est.

La.lx.nouvelle par Poncelet

Na pas lōg temps que en la ville de troye auoit troys damoiselles lesquelles estoient fēmes a troys bourgoys de la ville riches puissans et bien aisiez lesq̄lles furent amoureuses de troys freres mineurs/et pour plus secretement et couuertement leur fait couurir soubz vmbre de deuociō chascun iour se leuoient vne heure ou deux deuāt le iour. Et q̄t il leur sembloit heure daller vers leurs amoureux elles disoient a leurs maris quelles aloient a matines a la premiere messe / et pour le grant plaisir quelles y prenoiēt et les religieux aussi souuent aduenoit que le iour les surprenoit si largement quelles ne scauoiēt cōment saillir de lostel que les aultres religieux ne sen apperceussēt pourquoy doubtans les grās perilz ⁊ inconueniens qui en pouoiēt sourdre/fut prinse conclusion par eulx toutes ensemble que chascune delles auroit habit de religieux et feroient faire grant couronne sur leur teste cōme selles estoiēt du couuent de leans iusques finablemēt a vng aultre certain io quelles y retourneroient apres.

Tandis que leurs maris gueres ny pensoyent elles venues es chābres de leurs amis vng barbier secret fut mande/cestassauoir des freres de leans qui feist aux da-

moiselles chascune la courõne sur
la teste. Et quant vint au depar
tir elles vestirẽt leurs habitz quon
les auoit apparillez/et en cest estat
sen retournerent deuers leurs ho
stelz/et sen alerẽt desuestir ⁊ met
tre ius leurs habitz de deuocion
chez une certaine matrone affai-
tee ⁊ puis retournerẽt empres les
maris/et en ce point continuerent
grant tẽps sans que personne sen
apperceust. Et pource que dom
maige eust este que telle deuociõ
et trauail neust este congneue/for
tune voulut que a certaĩ iour que
lune de ces bourgoises sestoit mi
se au chemin pour aller au lieu a-
coustume/lembusche fut descou
uerte et de fait fut prise a tout la
bit dissimule par son mary qui la
uoit poursuye/si lui dist. Beau
frere vous soyez le tresbien trouue
ie vous prie que retournez a lostel
car iay a parler a vous de conseil
et en cest estat la ramena dont el
le ne fist ia feste. Or aduint que
quant ilz furẽt a lostel le mary cõ
menca a dire en maniere de far-
se. Dictes vous par vostre foy q̃
la vraie deuocion dont ce temps
dyuer auez este esprinse vous fait
endosser labit de sainct francoys
et porter couronne semblable aux
bons freres / Dictes moy ie vous
requiers qui a este vostre recteur/
ou par saict francoys vous lamẽ

derez/et fist semblant de tirer sa
dague. Adoncques la pouvrete se
getta a genoulz ⁊ sescria a haulte
voix. Ha mon mary ie vous crye
mercy ayez pitie de moy/car iay
este seduitte par mauuaise cõpai-
gnie/ie scay bien que ie suis morte
si vous voulez et que ie ne ay pas
fait comme ie deusse / mais ie ne
suis pas seule deceue en ceste ma
niere/ et se vous me voulez pmet
tre que ne me ferez riens ie vous di
ray tout. Adonc son mary si accor
da. Lors elle lui dist commẽt plu
sieurs foiselle auoit este ou dit mo
nastere auec deux de ses compa
gnes desquelles deux des reli-
gieux sestoient enamourez / et en
les cõpaignant aucunesfois a fai
re colacion en leurs chambres le ti
ers fut esprins damours de moy
en me faisant tant de humbles ⁊
doulces requestes que nullemẽt
ne men suis peu excuser/⁊ mesme
ment par linstigacion et enhort de
mesdictes compaignes ie lay fait
disans que nous aurions bon tẽps
ensemble et si nen scauroit on rien
Lors demãda le mary qui estoiẽt
ses compaignes: ⁊ elles les lui nõ
ma/adoncques sceut il qui estoiẽt
leurs maris: et dit le compte quilz
beuuoiẽt souuent ensemble/ puis
demanda qui estoit leur barbier ⁊
les noms des troys religieux. Le
bon mary considerant toutes ces

choses auecques les douloreuses admiracions et piteux regretz de sa femelette dist. Or garde bien que tu ne dies a personne que ie saiche parler de ceste matiere et ie te promectz que ie ne te feray ia mal La bonne damoiselle lui promist que tout a son plaisir elle feroit.

Adoncques incontinent se part et alla prier au disner les deux maris/et les deux damoiselles/les troys cordeliers et le barbier/et promisdrēt de venir/lesquelz venuz le lendemain et eulx assis a table firent bonne chiere sans penser a leur male aduenture. Et apres q̄ la table fut ostee pour conclure de lescot firēt plusieurs manieres de faire mises auāt ioyeusemēt sus quoy lescot seroit prins et soustenu et toutesfoys quilz ne sceurēt trouuer ne estre daccord tant que loste dist. Puis que nous ne scauons trouuer moyen de gaingnier nostre escot par ce qui est mis en termes ie vous diray que nous ferōs il fault que nous le facions payer a ceulx de la compaignie qui la plus grant couronne portēt reserue ces bōs religieux car ilz ne paieront riens a present/a quoy ilz accorderent tous et furent contens q̄ ainsi en fust/et le barbier en fut le iuge. Et quant tous les hommes eurēt monstre leurs couronnes loste dist quil failloit veoir se les fēmes en auoiēt nulles. Si ne fault pas demander sil en y eut en la cōpaignie qui eurent leurs cueurs estrains. Et sans plus attendre loste print sa femme par la teste et la descouurit. Et quant il vit ceste couronne il fist vne grande admiracion faignant que riens nen sceust et dist. Il fault veoir les autres selles sont couronnees aussi.

Adoncques leurs maris les firent deffubler/et pareillement furent trouuees comme la premiere de laquelle chose ilz ne firēt pas trop grant feste/nonobstāt quilz en fissent grandes risees/et tout en maniere de ioyeusete dirent q̄ vraiement lescot estoit gaingne et que leurs femmes le deuoient/mais il failloit scauoir a quel p̄pos ces couronnes auoiēt este enchargees et loste qui estoit assez ioyeux leur compta tout le demene de la chose soubz telle protestacion quilz le pardonneroient a leurs femmes pour ceste foys parmy la penitēce que les bōs religieux en porteroiēt en leur presence/laquelle chose les deux maris accorderent. Et incōtinent loste fist saillir quatre ou six roides galans hors dune chābre tous aduertis de leur fait et prindrent bons moynes et leur dōnerent tant de biens de leans quilz en peurent entasser sus leur doz/puis les bouterent hors et eurent les maris plusieurs deuises qui longues seroient a racompter.

La.lxi.nouuelle par Poncelet

Ung iour aduint que en une bonne ville de haynault auoit ung bon marchant marie a une vaillant femme lequel tressouuent aloit en marchandise q̃ estoit par aduenture occasion a sa femme daymer aultre que luy en laquelle chose elle continua et perseuera moult longuement. Neantmoins en la parfin lembusche fut descouuerte par ung sien voisin qui parẽt et amy estoit audit marchant et demouroit a loppposite de lostel dudit marchant / et de sa maison il vit et apperceut souuentesfois ung gentil galant heurter et entrer de nuyt et saillir hors de lostel dudit marchant / laquelle chose venue a la congnoissance de celluy a qui le dommaige se faisoit par ladvertissement du voisin fut moult desplaisãt / et en remerciant son parent et voisin dist que briefuement il y pourueoiroit et qil se bouteroit du soir en sa maison affin quil veist mieulx qui yroit et viendroit en son hostel. Et semblablement faignit daller dehors et dist a sa femme et a ses gens quil ne scauoit quant il retourneroit / et luy party au plus matin ne demoura que iusques a la vespree quil bouta sõ cheual quelque part et vint couuertement chez son cousin / et la regarda p une petite treille attendant se il verroit ce que gueres ne lui plairoit. Et tant attendit que enuiron neuf heures en la nuyt le galant a qui la damoiselle auoit fait scauoir que son mary estoit alle dehors passa ung iour ou deux par deuant lostel de la belle et regarda a luys pour veoir sil y pourroit entrer / mais encores le trouua il ferme. Si pensa bien qil nestoit pas heure pour les doubtes. Et ainsi quil varioit la entour le bon marchant qui pensa bien q̃ cestoit son homme descendit et vint a luy et luy dist. Mon amy nostre damoiselle vous a bien apperceu /

& pource quil est encores temps as sez et quelle a doubte que nostre maistre ne retourne elle ma requis & prie que ie vous mette dedens sil vous plaist. Le compaignon cuydant que ce fust le varlet sauentura dentrer leans auecques luy. & tout doulcement luy fut ouuert et le mena tout derriere en vne chambre / en laquelle auoit vne moult grant huche laquelle il defferma & le fist entrer dedens affin que se le marchant reuenoit ql ne le trouuast pas & que sa maistresse le viendroit assez tost mettre hors et parler a luy/ et tout ce souffrit le gentil galant pour le mieulx et aussi pource quil pẽsoit que laultre dist verite. Et incontinent se partit le marchant le plus celeement quil peult & sen ala a son cousin et a sa femme et leur dist. Je vous prometz q̃ le rat est pris mais il nous fault aduiser quil en est de faire. Et lors son cousin et par especial la femme qui naymoit point laultre furent bien ioyeux de la venue et dirent quil seroit bon que len le monstrast aux parens et amys de sa femme affin quilz veissent son gouuernement. Et a ceste conclusion prinse le marchant alla a lostel du pere et de la mere de sa femme et leur dist quilz sen venissent moult hastiuement a son logis. Tantost saillirent sus/ et tãdis quilz sappointoiẽt et appareilloient pour leur en aller chez leur fille il ala pareillemẽt querir deux des freres et deux des seurs delle et leur dist comme il auoit fait au pere et a la mere Et puis quãt il les eut tous assemblez il les mena en la maison de son cousin et illecques leur compta tout au lõg la chose ainsi que elle estoit et leur compta pareillement la prinse du rat. Or conuient il scauoir comment le gentil galant pendant ce temps se gouuerna en celle huche de laquelle il fut gaillardement deliure attendu ladventure / car la gente damoiselle qui se donnoit garde souuent se son amy viẽdroit point alloit deuant et derriere po^r veoir selle en auroit poĩt quelque nouuelle et ne tarda mie grant piece que le gentil cõpagnõ qui oyoit bien q̃ len passoit assez pres du lieu ou il estoit et si le laissoit on la il print a heurter du poĩg a ceste huche tãt q̃ la dame loyt q̃ en fut moult espãtee & neãtmains elle demãda q̃ cestoit: & le cõpagnõ respõdit Helas tresdoulce amie ce suis ie q̃ me meurs de chault et de doubte de ce q̃ my auez fait bouter & si ny alez ne venez Qui fut alors biẽ esmerueille ce fut elle. Ha vierge marie & pẽsez vo^s mõ amy q̃ ie vo^s y aye fait mettre Par ma foy dist il ie ne scay/ au mais est venu

Vostre varlet a moy ⁊ ma dit q̃ lui auiez requis q̃l me mist en lostelet q̃ ie entrasse en ceste huche affin q̃ vostre mary ne my trouuast se daventure il retournoit poᷣ ceste nuyt Ha dist elle sur ma vie q̃ ce a este mõ mary. A ce coup suis ie vne fẽme perdue ⁊ est tout nostre fait descouuert. Scauez vo⁹ dist il comment il va il conuient q̃ me mettez dehors / ou ie rõpray tout / car ie nen puis pl⁹ endurer Par ma foy dist la damoiselle ie nẽ ay poĩt la clef / ⁊ se vous le rõpez ie seray deffaicte ⁊ dira mon mary q̃ ie lauray fait pour vo⁹ sauuer. Finablement la damoiselle chercha tant q̃lle trouua de vieilles clefz entre lesq̃lles y en eut vne q̃ deliura le poure prisõnier Et quãt il fut hors il troussa sa dame ⁊ lui mõstra le coᷣroux q̃l auoit sus elle / laq̃lle le print papaciãment / et a tant sen voulut ptir le gẽtil amoureux / mais la damoiselle le pȓit ⁊ accolla ⁊ lui dist q̃ sil sen alloit ainsi elle estoit aussi bien deshõnouree q̃ sil eust rõpu la huche. Et quest il doncq̃s de faire dist le galant. Si nous ne mettõs dist elle quelq̃ chose dedens et q̃ mon mary le treuue ie ne me pourroie excuser q̃ ie ne vous aie mis dehors. Et q̃lle chose y mettrõs no⁹ dist le galant affin q̃ ie me parte car il est heure. Nous auõs dist elle en cest estable vng asne q̃ no⁹ y mettrõs si vous me voulez aidier Ouy par ma foy dist il. Adonc fut cest asne gette dedẽs la huche ⁊ puis la refermerent. Lors le galant print cõgie dung doulx baisier et se ptit en ce point par vne postne de derriere / ⁊ la damoiselle se ala prestemẽt couchier Et ap̃s ne demoura pas longuemẽt q̃ le mary q̃ tandis q̃ ces choses se faisoiẽt assembla ses gẽs ⁊ les amena to⁹ chez son cousin cõme dit est ou il leur compta tout lestat de ce quõ luy auoit dit / et aussi cõment il auoit prins le galant a ses barres. Et adoncques a celle fin dist il ⁊ vo⁹ ne dissiez point que ie vueille a vostre fille imposer blasme sans cause / ie vo⁹ monstreray a loeil et au doy le ribault q̃ cest deshõneur nous a fait: et prie q̃ auant q̃l saille hors ql soit tue. Adonc chascun dist q̃ aussi seroit il / et aussi dist le marchant ie vo⁹ rendray vostre fille pour telle quelle est. Et de la se partirẽt les aultres auecq̃s luy q̃ estoient moult dolens des nouuelles: et auoient torches et flambeaulx pour mieulx cherchier partout ⁊ q̃ riẽs ne leur peust eschapper / ilz heurterẽt a lais si rudemẽt q̃ la damoiselle y vint premier q̃ nulz de leans et leur ouurit lays Et quant ilz furent entrez elle salua son mary / son pere / et sa mere ⁊ les aultres / mõstrant q̃lle estoit bien esmerueillee quelle chose les amenoit la et a telle heure/ ⁊ a ces motz son mary haulse le poing et luy donne vne tresgrande buffe et dist. Tu le scauras tantost faulse telle et quelle que tu es. Ha regardes que vous dictes amenez vous pource mon pere ⁊ ma mere icy. Ouy dist la mere faulse garse que tu es/ on te monstrera ton lourdier prestement. Et lors ses seurs vont dire. Et par dieu vous nestes pas venue du lieu pour vous gouuerner ainsi. Mes seurs dist elle par tous les saints de romme ie nay riens fait que vne femme de bien ne doiue et puisse faire/ ne ie ne doubte point quon doiue le contraire monstrer sur moy. Tu as menty dit son mary ie le te mōstreray incontinent et sera le ribault tue en ta presence/ sus tost ouures ceste huche. Moy dist elle/ ⁊ en verite ie croy que vous reuez ou que vous estes hors du sens/ car vous scauez bien que ie nen portay oncques la clef mais pend auec le vostres des le temps q̄ vous y mettiez voz besongnes/ et pour tant se vous la voulez ouurir ouures la/ mais ie prie a dieu que aussi vraiement que oncques ie neuz compaignie auec celsui qui est la dedans enclos quil men deliure a ioye et a honneur/ ⁊ que la mauuaise enuie q̄ len a sur moy puisse icy estre aueree ⁊ demōstree/ et aussi sera elle cōme bien ay bon espoir. Je croy dist le mary qui la voit a genoulx pleurant ⁊ gemissant quelle scait bien faire la chatemoillee/ ⁊ q̄ la vouldroit croire elle scauroit biē abuser les gens/ et ne doubtez ie me suis pieca apperceu de la trainnee. Or sus ie vois ouurir la huche si vo⁹ prie mes seigñrs q̄ chascun mette la main a ce ribault q̄l ne no⁹ eschappe/ car il est fort et roide. Nayez paour dirēt ilz tous ensēble nous en scaurōs bien faire Adonc tirerent leurs espees ⁊ prindrēt leur⁹ mailletz pour assōmer le poure amoureux et luy dirent. Or te confesse car iamais nauras prestre de pl⁹ pres. La mere ⁊ les seurs qui ne vouloient point veoir ceste occision se tirerent dune part. Et aussi tost quil eut ouuert la huche ⁊ que cest asne vit la lumiere si tresgrande il cōmenca a hyngner si hydeusement quil ny eut si hardy leans qui ne perdist et sens et maniere. Et quant ilz virent que cestoit vng asne et que il les auoit ainsi abuses ilz se voulurent prendre au marchant/ et dirent autant de honte comme sanit pierre eut oncques dhonneur/ et mesmes les femmes si luy vouloient courir sus / et de fait sil ne sen fust fouy les freres de la damoyselle leussent la tue pour le grät blasme ⁊ deshõneur quil leur auoit fait et vouloit faire. Et finablement en eut tät afaire ql cõuint q̄ la paix et traictez en fussët refais p les notables de la ville / ⁊ en furët les accuseurs tousiours en indignacion du marchant. Et dit le compte que a la paix faire il y eut grant difficulte ⁊ plusieurs protestacions des amis a la damoiselle ⁊ dautre part de biẽ estroictes promesses du marchant qui depuis bien et gracieusement se gouuerna / et ne fut oncq̃s hõme meilleur a fẽme quil fut toute sa vie / et ainsi vserent leur vie ensemble.

¶ La .lxii nouuelle par monseigneur de commessuram.

ENuiron le moys de iuillet a lors que certaine conuencion et assemblee se tenoit entre la ville de calais et granclinghes assez pres du chastel doye a laquelle assemblee estoiët plusieurs princes et grans seigneurs tant de la partie de france comme dangleterre pour aduiser et traicter de la raencon de monseigneur dorleans estant lors prisonnier du roy dangleterre / entre lesquelz de ladicte partie dangleterre estoit le cardinal de vicestre qui a ladicte cõuencion estoit venu en grant et noble estat tant de cheualiers escuiers que dautres gens deglise / et entre les autres nobles hõmes auoit vng qui se nommoit iehan stotton escuier trenchant et thomas brampton eschancon dudit cardinal / lesquelz iehan et Thomas brampton se entreaymoient autant ou plus que pourroient faire deux freres germains ensemble. Car de vestures / habillemens et harnois estoient tousiours dune facon au plus pres que ilz pouoient / et la pluspart du temps ne faisoient que vng lit et vne chambre / et oncques nauoit on veu que entre eulx deux aucunement y eust quelque courroux noise ou mal talent. Et quant ledit cardinal fut arriue audit lieu de calais on bailla pour le logis desditz nobles hommes lostel de richard fury qui est le plus grant hostel de la dicte ville de calais / et ont de coustume les grans seigneurs quant ilz arriuẽt audit lieu passans ⁊ repassans dy logier. Ledit richard estoit marie / et estoit sa femme de la nacion du pays de hollande qui estoit belle gracieuse et bien luy aduenoit a receuoir gẽs Et durant ladicte cõuencion a laquelle on fut bien lespace de deux mois iceulx iehã stotton ⁊ thomas brampton qui estoient sicomme en laage de .xxvi. a .xxviii. ans ayãs leur couleur de cramoisy viue ⁊ en point de faire armes par nuyt et par iour / durant lequel temps non obstant les priualites et amyties qui estoient entre ces deux secõdz ⁊ compaignons darmes ledit iehan stotton au desceu dudit thomas trouua maniere dauoir entree et faire le gracieux enuers leurdicte hostesse et y continuoit souuent en deuises ⁊ semblables gracieusetez que on a acoustume de faire en la queste damours et en la fin senhardit de demander a ladicte hostesse sa courtoisie / cestassauoir q̃l peust estre son amy et elle sa dame par amours / a quoy comme faignant destre esbaye de telle requeste luy respondit tout froidement que luy ne autre elle ne hayoit ne ne vouldroit hayr et quelle aymoit chascun par bien et par honneur / mais il pouoit sembler a la maniere de sadicte requeste quelle ne pourroit icelle acomplir que ce ne fust grandement a son deshõneur ⁊ scandale et mesmement de sa vie / et que pour chose du monde a ce ne vouldroit consentir. Adonc ledit iehan replica / disant quelle luy pouoit tresbiẽ accorder / car il estoit celluy qui lui vouloit garder son honneur iusq̃s a la mort / ⁊ aymeroit mieulx estre pery et en lautre siecle tourmente que par sa coulpe elle eust honte / et quelle ne doubtast en riens que de sa part son honneur ne fust garde luy suppliant de rechief que sa requeste luy voulsist accorder et a tousiours mais se reputeroit son seruiteur et loyal amy. Et a ce elle respõdit faisant maniere de trẽbler disant q̃ de bonne foy il lui faisoit mouuoir le sãg du corps de crainte ⁊ de paour q̃lle auoit de lui accorder sa requeste. Lors il sapproucha delle ⁊ luy requist vng baiser dõt les dames et damoyselles dudit pays dangleterre sont asses liberales de laccorder / ⁊ en la baisant lui pria doulcement qlle ne fust paoureuse & que de ce qui seroit entreulx deux iamais nouuelle nen seroit a personne viuant. Lors elle luy dist. Je voy bien que ie ne puis de vous eschapper que ne face ce q vous voulez/et puis quil fault que ie face qlque chose pour vous sauf toutesuoies tousiours mon honneur.

Vous scauez lordonnance qui est faicte de p les seignrs estans en ceste ville de calais coment il couient que chascun chief dostel face vne fois la sepmaine en personne le guet par nuyt sus la muraille de de ladicte ville. Et pour ce que les seigneurs & nobles hommes de lostel de monseigneur le cardinal vostre maistre sont ceans logiez mon mary a tant fait par le moyen daucuns ses amys enuers mondit seigneur le cardinal quil ne fera que demy guet/et entes quil le doit faire ieudy prochain depuis la cloche du guet au soir iusques a mynuyt et pour ce tandis que mondit mary sera au guet se vous me voulez dire aucunes choses ie les orray tresvoulentiers /et me trouueres en ma chambre auecques ma chamberiere/laqlle estoit en grat vouloir de conduire & acomplir les voulentes et plaisirs de sa maistresse. Ledit iehā stotton fut de ceste moult ioyeux/et en remerciāt sadicte hostesse lui dist que point ny auroit de faulte que audit iour il ne venist comme elle lui auoit dit. Or se faisoient ces deuises le lundi precedēt apres disner/mais il ne fait pas a oublier de dire comment ledit thomas brampton auoit au descen de sondit compaignon iehan stotton fait pareille diligence & requeste a leur hostesse laquelle ne luy auoit oncques voulu quelconques chose accorder fors luy bailler vne fois espoir et lautre doubte en luy disant et remonstrant que il pensoit trop peut lhonneur delle / car se elle faisoit ce quil requeroit elle scauoit de vray q son mary richard finey et ses parēs & amys luy osteroient la vie du corps. Et a ce respondit ledit thomas. Ma tresdoulce damoiselle /amye & hostesse pensez que ie suis noble homme ne pour chose qui me peust aduenir ne vouldroie faire chose qui tournast a vostre deshonneur ne blasme/car ce ne seroit point vse de noblesse/mais croiez fermement que vostre honneur vouldroie garder comme le mien /et si aymeroie mieulx a mourir quil en fust nouuelle /et nay amy ne personne en ce monde tant soit mon priue a qui ie voulsisse en nulle maniere descou urir nostre fait. La bonne dame voyant la singuliere affection et desir dudit thomas luy dist le mercredy ensuyuant que ledit Jehan auoit eu la gracieuse responce cy dessus de leurdicte hostesse que puis quelle le veoit en si grant voulente de luy faire seruice en tout bien et en tout honneur quelle nestoit point si ingrate q̃lle ne le voulsist bien recōgnoistre. Et lors luy alla dire comment il cōuenoit que son mary lendemain au soir allast au guet cōme les autres chefz dostel de la ville en entretenant lordōnance qui sur ce estoit faicte de par la seigneurie estant en la ville mais la dieu mercy son mary auoit eu de bons amys autour de monseigneur le cardinal/car il auoient tant fait enuers luy quil ne feroit que demy guet/cestassauoir depuis mynuyt iusques au matin seulement et que en ce pendant sil vouloit venir parler a elle elle ouureroit voulentiers ses doulces deuises mais pour dieu quil y venist si secretement quelle nen peust auoir blasme/et ledit thamais luy sceut bien respondre que ainsi desiroit il de faire / et a tant se partit en prenant congie. Et le lendemain qui fut ledit iour de iendy au vespre apres ce que la cloche du guet fut sonnee le deuant dit iehan stotton noublia pas a aller a lheure que sa dicte hostesse luy auoit mise/et aussi il vint vers la chambre dicelle et y entra et la trouua toute seule/laquelle le receut et luy fist tresbonne chiere/car la table y estoit mise Adonc ledit iehan requist que auec elle il peust couchier pour eulx ensemble mieulx deuiser ce quelle ne luy voulut de prime face accorder/disant quelle pourroit auoir charge se on le trouuoit auec elle/mais il requist tant et par si bonne maniere q̃ elle si accorda/et le soupper fait qui sembla estre audit Jehan moult long se coucha auec ladicte hostesse/et apres sesbatirent ensemble nu a nu. Et auant quil entrast en ladicte chābre il auoit boute en lung de ses doitz vng aneau dor garny dung bon gros dyamant q̃ bien pouoit valoir la somme de.xxx.nobles et comme ilz se delectoient ensemble ledit aneau lui cheut de son doy dedans le lit sans ce quil sen apperceust. Et quant ilz eurent illec ainsi este ensemble iusq̃s apres la.xi.heure de la nuyt ladicte damoyselle luy pria moult doulcemēt que en gre voulsist prendre le plaisir que elle luy auoit peu faire / et que a tāt il fust content de soy habiller et partir de ladicte chambre affin quil ny fust trouue de son mary quelle attendoit si tost que la mynuit seroit venue et quil luy voulsist garder son honneur cõme il lui auoit promis. Lors ledit stotton ayãt doubte que ledit mary ne retournast incontinent se leua ⁊ se habilla et partit de celle chambre ainsi que douze heures estoient sonnees sans auoir souuenance de sondit dyamãt quil auoit laisse audit lit. Et en yssãt hors de ladicte chãbre ⁊ au plus pres dicelle ledit iehã stotton encontra son compaignon thomas brampton cuidant que ce fust son hoste richart. Et pareillement ledit thomas q̃ venoit a lheure q̃ sadicte hostesse lui auoit mise/cuida sẽblablemẽt q̃ ledit iehan stotton fust ledit Richart/et attendit vng peu pour veoir quel chemin il tiendroit/et puis sen alla entrer en la chambre de ladicte hostesse quil trouua comme entreouuerte/laq̃lle tint maniere cõme toute esperdue ⁊ effroyee en demandant audit thomas en maniere de grant doubte ⁊ paour se il auoit point encontre son mary qui se partoit dillec pour aller au guet. Adõc ledit thomas luy dist que trop bien auoit il encontre vng homme/mais il ne scauoit qui il estoit ou son mari ou autre/et quil auoit vng peu attendu pour veoir quel chemin il tiendroit. Et quant elle eut ce ouy elle print hardiesse de le baiser en luy disant quil fust le biẽ venu. Et assez tost apres sans demãder qui la perdu ne gaigne ledit thomas trousse la damoiselle sur le lit en faisant cela. Et puis apres quant elle vit que cestoit acertes se despoillerent ⁊ entrerent tous deux au lit/car ilz furent armez en sacrifiant au dieu damours ⁊ rõpirent plusieurs lãces mais en faisant lesdictes armes il aduint audit thomas vne aduanture/car il sentit dessoubz sa cuisse le dyamant que ledit iehan y auoit laisse/⁊ comme non fol ⁊ non esbay le print ⁊ se mist en lung de ses doitz Et quant ilz eurent este ensemble iusques a lendemain du matin que la cloche du guet estoit prochaine de sonner/a la requeste de ladicte damoiselle il se leua/et en partant sentreaccolerent ensemble dung baiser amoureux. Ne demoura gueres apres que ledit richart retourna du guet ou il auoit este toute la nuit en son hostel fort refroidy ⁊ chargie du fardeau de sõmeil qui trouua sa femme qui se leuoit laquelle luy fist faire du feu. Et quant il se fut chauffe il sen alla coucher et reposer. Car il estoit trauaille de la nuit. Et fait a croi re que aussi estoit sa fême / car po^r sa doubte quelle auoit eu du trauail de son mary elle auoit biẽ peu dormy toute la nuyt. Et enuiron deux iours apres toute^s ces choses faictes comme les anglois ont de coustume apre^s ce quilz ont ouy la messe de aler desieuner en la tauerne au meilleur vin / ledit Jehan et thomas se trouuerent en vne compaignie dautres gentilz hommes ⁊ marchans / si allerent desieuner ensemble et se asseirent ledit iehan stotton et thomas brãpton lũg deuant lautre et en mangeant ledit iehan regarda sur les mains dudit Thomas qui auoit en lung de ses doys ledit dyamant. Et quant il leut longuement aduise ⁊ regarde ledit dyamant il luy sembloit vraiement que cestoit celluy quil auoit perdu ne scauoit en quel lieu ne quãt. Et adonc ledit iehan stotton pria audit thomas ql lui voulsist monstrer ledit dyamant / leql lui bailla voulentiers. Et quãt il leut en sa main il recongneut bien que cestoit le sien / et demanda audit thomas dont il lui venoit et q̃ vraiement il estoit sien. A quoy ledit thoma^s respondit au contraire que non estoit / mais q̃ a lui apartenoit. Et ledit stotton maĩtenoit que depuis peu de temps lauoit perdu et q̃ sil lauoit trouue en leur chambre ou ilz couchoyent quil ne faisoit point bien de le retenir attendu lamour ⁊ fraternite q̃ tousiour^s auoit este entre eulx deux tellement que plusieurs autre^s paroles sen esmeurẽt et fort se courroucerent ensemble lung contre lautre / toutesuoie^s ledit thomas brãpton vouloit tousiours auoir ledit dyamant / mais il nen peut oncq̃s finer. Et quãt les autres gentilz hommes et marchans virent ladicte noise chascun semploya a lapaisement dicelle pour trouuer ql que maniere de les accorder mais riens ny vault / car celluy qui perdu auoit ledit dyamant ne le voulut laisser partir de ses mains / et cellui qui lauoit trouue le vouloit rauoir / et le tenoit a belle aduanture de lauoir trouue ⁊ auoir iouy de lamour de sa dame / et ainsi estoit la chose difficile a appointer. Finablement lung desditz marchans voiant que au demene de la matiere on ny prouffitoit en riens si dist quil luy sembloit quil auoit aduise vng autre expedient appointement dont lesditz Jehan et thomas deuroient estre contãs / mais il nen diroit mot se lesdictes parties ne se soubzmettoient en paine de dix nobles de tenir ce quil en diroit/dont chascun de ceulx qui es toient en ladicte compaignie res pondirent que tresbien auoit dit le dit marchant ⁊ inciterẽt ledit iehã et thomas de faire ladicte submis sion ⁊ tant en furent requis ⁊ par telle maniere quilz se y accorderẽt Adonc ledit marchant ordõna que ledit dyamant seroit mys en ses mains puis que tous ceulx qui de ladicte difference auoient parle et requis de lappaiser nen auoiẽt peu estre creuz/il ordonna que apres ce quilz seroient partis de lhostel ou ilz estoient au premier homme de quelque estat ou condicion ql fust quilz trouueroient a lyssue dudit hostel compteroient toute la ma niere de ladicte difference et noise estant entre ledit iehan stotton/et thomas brampton et tout ce ql en diroit ou ordonneroit en seroit te nu ferme et estable par lesd deux parties. Ne demoura gueres que dudit hostel se partit toute la belle compaignie/et le premier homme quilz encontrerent au dehors du dit hostel se fut ledit richart hoste desdictes deux parties auquel par ledit marchãt fut narre ⁊ racõpte toute la maniere de ladicte diffe rence. Adonc ledit richard apres ce quil eut tout ouy et quil eut demã de a ceulx qui illecques estoient pre sens se ainsi en estoit alle ⁊ que les dictes parties ne sestoient en nulle maniere voulu laisser appoiter ne appaisier par tant de notables per sonnes dist par sentence diffiniti ue que ledit dyamant luy demou reroit comme sien/et que lune ne lautre partie ne lauroit. Et quãt ledit Thomas brampton vit quil auoit perdu laduanture de la treu ue dudit dyamant fut bien desplai sant. Et fait a croire que autant estoit ledit Jehan stotton q lauoit perdu. Et lors reqst ledit thomas a tous ceulx qui estoient en la com paignie reserue leurdit hoste quilz voulsissent retourner en lostel ou ilz auoient desieune ⁊ ql leur dõne roit a disner affin qlz fussẽt aduer tis de la maniere ⁊ cõmẽt ledit dya mant estoit venu en ses mains les quelz dung accord luy accorderent voulentiers. Et en attendant le disner qui sappareilloit il leur cõp ta lentree et la maniere des deux ses quil auoit eues auecques son hostesse femme dudit richart fury et comment et a quelle heure elle luy auoit mis heure pour soy trou uer auecques elle tandis que son mary seroit au guet ⁊ le lyeu ou le dyamãt auoit este trouue Lors led iehan stotton oyãt ce en fut moult esbahy soy donnant de ce grant merueilles/et en soy seignant dist que tout le semblable lui estoit adue nu en celle propre nuyt ainsi que cy deuāt est declaire/et quil tenoit et creoyt fermement auoir laysse cheoir son dyamant ou ledit thomas lauoit trouue/ꝛ quil lui deueroit faire plus de mal de lauoir perdu quil ne faisoit audit thomas le quel ny perdoit aucune chose/car il lui auoit chier couste. Ledit thomas respondit en ceste maniere et dist que vraiement il ne le deuoit point plaindre se leur dit hoste la lauoit iugie estre sien attendu que leur dicte hostesse en auoit eu beaucoup a souffrir ꝛ aussi pour ce quil auoit eu le pucellaige de la nuytee et ledit thomas auoit este son paige en allant apres lui. Et ces choses ꝯtenterēt assez bien ledit iehan stotton de la perte de sondit dyamant pour ce que autre chose nen pouoit auoir/ꝛ le porta plus paciēment et plus legierement que sil neust point sceu la verite de la matiere. Et de ceste aduanture tous ceulx qui estoient presens commēcerent a rire ꝛ a mener grant ioye Adoncques se mirent a table ꝛ disnerent/mais vous pouez penser q̄ ce ne fut pas sans boire dautant Et apres quilz eurent disne ilz se departirent et chascun sen alla ou bon lui sembla. Et ainsi fut tout le mal tallant pardonne et la paix faicte entre les ꝑties cestassauoir entre ledit iehā stotton/ꝛ ledit thomas brāpton/et furēt bons amys ensemble.

La.lxiii.nouuelle.

Montbleru se trouua vng iour q̄ passa a la foire denuers en la compaignie de monseigneur destampes leq̄l le deffraioit et paioit ses despens q̄ est vne chose quil print assez bien en gre. Vng iour entre les autres dauanture il rencontra maistre himbert de plaine/maistre roulant pipe/ꝛ iehan le fourneur qui lui firent grant chiere. Et pour ce quil est plaisant ꝛ gracieux cōe chascun scet ilz desirerēt sa compaignie et lui prierent de venir loger auec eulx et quilz feroiēt la meilleure chere de iamais. Mōtbleru de prime face sexcusa sur mōseigneur destampes qui lauoit la amene ꝛ dist quil ne loseroit habādonner/ꝛ la raison y est bonne dist il/car il me deffroye de tous poins neantmoins toutessoys il fut content dabandonner monseigneur destampes en cas que entre eulx le voulsissent deffroier/et eulx qui ne desiroiēt que sa compaignie accorderent legierement ce marchie

Or escoutes cōment il les paya Les troys bōs seigneurs demourerent a enuers plus quilz ne pensoient quāt ilz partirent de la co't et soubz esperance de brief retourner nauoient apporte que chascun vne chemise/si deuindrēt les leurs salles ensēble leurs coeuurechiefz ⁊ petis draps/et a grāt regret leur venoit de eulx trouuer en ceste malaise/car il faisoit bien chault comme en la saison de penthecouste/si les baillerēt a blanchir a la chamberiere de leur logis vng samedy au soir quant ilz se coucherent/et les deuoient auoir blanches a lendemain a leur leuer/mais montbleru les garda bien/et pour venir au point/la chamberiere quant vit au matin qlle eut blanchy ces chemises ⁊ coeuurechiefz ⁊ les eut seichez et bien ⁊ gentement ployes elle fut de sa maistresse appellee po' aller a la boucherie querir la prouision pour le disner/elle fist ce q̄ sa maistresse commanda et laissa en la cuisine sur vne escabelle tout ce bagaige esperant a son retour tout retrouuer/a quoy elle faillyt bien/car montbleru quant il peut veoir du iour il se leua de son lit et print vne longue robbe sur sa chemise ⁊ descendit en bas pour faire cesser les cheuaulx qui se cōbatoiēt ou pour aller au retrait/et luy la venu il vint veoir en la cuysine q̄ on y disoyt ou il ne trouua ame fors seulement ces chemises ⁊ ces coeuurechiefz qui ne demandoient que marchāt/montbleru cōgneut tātost q̄ cestoit sa charge/si y mist la main ⁊ fut en grant esmoy ou il les pourroit sauluer/vne fois pensoit de les bouter dedās les chauldieres et grans potz de cuyure qui estoient en la cuysine/autreffois de les bouter dedans sa māche/briefuemēt il les bouta en lestable des cheuaulx bien enfardelees dedans du foing en vng gros monceau de fiens/⁊ cela fait il sen vīt couchier empres Jehan le tourneur dont il estoit party. Or vecy la chamberiere retournee de la boucherie laquelle ne treuue pas ces chemises qui ne fut pas bien contente de ce ⁊ commenca a demander par tout qui en scait nouuelle. Chascun a q̄ elle en demandoit disoit quil nen scauoit rien/et dieu scait la vie qlle menoit/et vecy les seruiteurs de ces bons seigneurs qui attendoiēt apres leurs chemises quilz nosoiēt monter vers leurs maistres ⁊ craignoient moult/aussi faisoit loste ⁊

stesse et la chamberiere. Quant nt enuiron neuf heures ces bōs igneurs appellent leurs gens / ais nul ne vient tant craignent ire les nouuelles de ceste perte eurs maistres/touteffoys en la n quil estoit entre.xi.z.xii. loste nt et les seruiteurs et fut dit a s seigneurs comment leurs chemises estoient desrobees/dont les cuns perdirent paciēce/comme aistre himbert z maistre rolant ais ichan le tourneur tint asses nne maniere et nen faisoit que re z appella montbleru q̄ faisoit dormeueille qui scauoit et oyoit ut et lui deist/montbleru vecy ns bien en point/on nous a des ees nos chemises. Saincte ma e que dictes vous dist montbleru trefaisant lēdormy/vecy bien al venu. Quāt on eut grant pie emu parlement de ces chemises estoiēt perdues dont montble congnoissoit bien le larron/ces s seigneurs commencerent a Il est ia bien tart et nous nans encores point ouy de messe z dimenche/et touteffois nous ouons bonnemēt aller dehors ans sans chemises/quest il de Par ma foy dist loste ie ny oye point trouuer dautre re si non q̄ ie vous preste a chascun vne chemise des myennes telles que elles sont/combien q̄ elles ne sont pas pareilles aux vostres mais elles sont blanches et si ne pouez mieulx faire se me semble. Ilz furent contēs de ces chemises de loste q̄ estoient courtes z estroictes et de bien dure et aspre toille/z dieu scait qui les faisoit bon veoir Ilz furent prestz dieu mercy/mais il estoit si tart que ilz ne scauoient ou ilz pourroient ouyr la messe.

Alors deist montbleru qui tenoit trop bien maniere. Quant est de la messe il est des meshuy trop tart pour louyr/ mais ie scay bien vne eglise en ceste ville ou no9 ne faudrons point a tout le moins de veoir dieu. Encores il vault mieulx de le veoir que rien dirent ces bons seigneurs. Allons allons et nous aduancons vistemēt cest trop tarde/car pour noz chemises z ne ouyr point au iourduy de messe ce seroit mal sur mal/et pour tant il est tēps daller a leglise si meshuy nous voulons ouyr la messe. Montbleru incontinēt les mena en la grāt eglise dēuers ou il y a vng dieu sur vng asne/et quant ilz eurēt chascun dit leurs patenostres et leurs deuocions ilz dirent a montbleru. Ou esse que nous verrons dieu. Je le vous mōstreray dist il tout main tenant. Alors il leur monstra ce dieu sur lasne/et puis il leur deist Vela dieu/vous ne fauldrez iamais de veoir dieu ceans a quelque heure q̄ se soit. Adoncques ilz cōmencerent a rire/ia soit ce que la douleur de leurs chemises ne fust poīt encores appaisee/et sur ce point ilz sen vindrent disner et furēt depuis ne scay quās iours a enuers/et aps senpartirēt sans rauoir leurs chemises/car montbleru les meist en lieu sur et les vendit depuis cinq escus dor. Or aduint comme dieu le voulut que en la bonne sepmaine du karesme ensuiuant le mercredy montbleru se trouua au disner auec ces trois bons seigneurs dessus nommez/et entre autres parolles il leur ramenteut les chemises quilz auoient perdues a enuers et dist. Helas le poure larron qui vous desroba il sera bien damne se son meffait ne lui est pardōne de par vous/et par dieu vous ne le vouldriez pas. Ha dist maistre hymbert/par dieu beau sire il ne men souuenoit plus ie lay piecā oublie. Et au moins dist montbleru vous lui pardonnez ne faictes pas Saint iehan ouy dist il ie ne vouldroie pas quil feust damne pour moy. Et par ma foy cest bien dit dist montbleru. Et vous maistre rolant ne lui pardonnez vous point aussi. A grāt paine disoit il le mot Toutesfois en la fin il dist quil lui pardonnoit/mais pour ce quil perdoit a regret le mot plus luy coustoit a pronōcer. Et vraiemēt dist montbleru vous lui pdonnez aussi maistre rolant/que auez vous gaigne de damner vng poure larron pour vne meschāte chemise et vng coeuurechief. Et ie luy pardonne vraiement dist il lors et len clame quicte puis que ainsi est que autre chose nen puis auoir. Et par ma foy dist montbleru vous estes bon hōme. Or vint le tourneur/si luy dist montbleru. Or ca iehan vous ne ferez pas pis q̄ les autres/tout est pardonne a ce poure larron des chemises se a vous ne tiēt. A moy ne tiēdra pas dist il/ie lui ay piecā pardonne et luy en baille de rechief tout maintenant deuāt vous labsolucion. On ne pourroit myeulx dire dist montbleru. Et par ma foy ie vous scay bon gre de la quittance que vous auez faicte au larron de vos chemises et en tant ql me touche ie vous en remercye tous Car ie suis le larron mesmes qui vous desrobba a enuers/ie prens ceste quictance a mon prouffit et de rechief vous en remercye toutesfois Car ie le doy faire. Quant mont

bleru eut confesse ce larrecin/ꝛ que
il eut trouue sa quitance par le par
ty que aues ouy il ne fault pas de-
mander se maistre rolāt ꝛ iehan le
tourneur furēt bien esbays/car ilz
ne se fussent iamais doubtes qui
leur eust fait ceste courtoisie/ꝛ luy
fut bien reprouche ce poure larre-
cin doire en esbatant/mais luy qui
scait son entregēs se desarmoit gra
cieusemēt de tout ce dont chargier
le souloient/ꝛ leur disoit bien que
cestoit sa coustume que de gaigner
et de prendre ce quil trouuoit sans
garde especialement a telz gens cō
me ilz estoient. Les trois bons sei
gneurs nen firent que rire/mais
trop bien ilz luy demanderent com
ment il les auoit prinses ꝛ aussi en
quelle facon ꝛ maniere il les desro
ba/et il leur declaira tout au long
et dist aussi quil auoit eu de tout ce
butin cinq escus dor dont ilz neu-
rent ne demanderent oncques au-
tre chose.

¶La.lxiiii.nouuelle par messire
michault de changy.

IL est vray que nagueres en
vng lieu de ce pays que ie ne
puis nōmer ꝛ pour cause/mais au
fort qui le scait si sen taise cōme ie
fais. En ce lieu la auoit vng mais
tre cure qui faisoit raige de bien cō
fesser ses paroissiennes/et de fait il
nen eschappoit nulles quilz ne pas
sassent par la voire des ieunes/au
regard des vieilles il nen tenoit
compte. Quant il eut longuemēt
maintenu ceste saincte vie ꝛ ce ver
tueux exercice ꝛ que la renōmee en
fut espandue par toute la marche
ꝛ es terres voisines il fut puny ain
si que vous orres par lindustrie dūg
sien prochain a qui toutesfois il na
uoit point encores riēs meffait tou
chant sa femme. Il estoit vng iour
au disner ꝛ faisoit bonne chiere en
lostel dung sien parroissien que ie
vous ay dit/et comme ilz estoient
ou meilleur endroit de leur disner
ꝛ quilz faisoient la plus grant chie
re vecy venir leans vng homme q̄
sappelle trēche coille lequel se mes
le de tailler gens/darracher dens
et dung grant tas de brouilleries
et auoit ne scay quoy a besongner
a loste de leans. Loste le recueil-
lit tresbiē ꝛ le fist seoir/ꝛ sās se fai
re trop prier il se fourre auec nostre
cure et les autres/ꝛ sil estoit venu
tard il mettoit paine dacōsuir les

autres qui le mieulx auoient vian de. Ce maistre cure qui estoit vng grant farceur et vng fin homme commence a prendre la parolle a ce trenche coille/et le trẽche coille lui respondit au propos de ce quil sca- uoit. Certaine piece apres maistre cure se vire vers loste et en loreille luy dist. Voulons nous bien trom per ce trenche coille. Ouy ie vous en prie dist loste/mais en quelle ma niere le pourrons nous faire. Par ma foy dist le cure nous le trompe rons trop bien se me voulez aucu- nement aider. Et par ma foy ie ne demande autre chose dist loste. Je vous diray q̃ nous ferons dist le maistre cure / ie faindray auoir grãt mal en vng coillon et puis ie marchanderay a lui de le me oster ⁊ me mettray sus la table ⁊ tout en point cõme pour le tranchier. Et quant il viendra pres ⁊ il vouldra veoir que cest ⁊ ouurer de son mes- tier ie luy monstreray le derriere. Et que cest biẽ dit respondit loste lequel acoup se pensa ce ql vouloit faire. Vous ne fistes iamais mi- eulx/laissez nous faire entre nous autres/nous vous aiderons bien a parfaire la farce. Je le vueil dist le cure. Apres ces parolles monsei gneur le cure de plus belle rassail- lit nostre taille coille dunes ⁊ dau- tres/et en la parfin luy cõmenca a dire par dieu ql auoit bien mestier dung tel homme quil estoit/et que veritablement il auoit vng coillon pourry ⁊ gaste ⁊ vouldroit quil lui eust couste bonne chose et quil eust trouue homme qui bien luy sceust oster. Et vous deuez scauoir quil le disoit si froidement que le tren- che coille cuidoit veritablement ql dist tout vray. Adonc il luy respon dit. Monseigneur le cure ie vueil bien q̃ vo⁹ saichez sãs nul despriser ne moy vanter de rien quil ny a hõ me en ce pays qui mieulx de moy vous sceust ayder. Et pour lamo' de loste de ceans ie vous feray tel- le courtoisie de ma paine se vous voulez mettre en mes mais q̃ par droit vo⁹ en serez ⁊ deueres estre cõ tent. Et vrayement dist maistre cure cest tresbien dit a vous. Con clusion/pour abregier ilz furent da cord. Et incontinent apres fut la table oeste et cõmenca nostre mais tre trenche coille a faire ses prepa- ratoires pour besongner/⁊ dautre part le bon cure se mettoit a point pour faire la farce qui ne luy tour na pas a ieu/et deuisoit a loste et aux autres qui estoient presens cõ ment il deuoit fait. Et ce pendãt que ces apprestes se faisoient dung coste et dautre loste de leans vint au trenche coille ⁊ luy dist. Garde bien quelque chose que ce prestre te die quãt tu le tiendras en tes mais pour ouurer en ses coillons que tu luy trenches tous deux rasibus/et garde bien que tu ny failles point se chier q̃ tu aymes ton corps. Et par saint martin si feray ie dist le trenche coille puis quil vous plaist Jay vng instrument qui est si prest et si bien trenchant que ie vous se ray present de ses genitoires auãt quil ait loisir de riens me dire. Or on verra que tu feras dist loste mais se tu faulx par ma foy ie ne te fauldray pas. Tout fut prest ⁊ la table apointee et monseigneur le cure en prepoint qui bien contre faisoit lydole ⁊ promettoit bon vin a ce trenche coille/loste aussi ⁊ pa reillement les seruiteurs de leans deuoient tenir dãp cure qui nauoi ent garde de le laisser eschapper ne remuer en quelque maniere que ce fust. Et affin destre plus seur le lierent trop bien ⁊ estroit/et luy di soient que cestoit pour mieulx et plus couuertemẽt faire la farce/⁊ quant il vouldroit ilz le laisseroiẽt aller. Il les creut comme fol. Or vint ce vaillant trenche coille gar ny en sa cornette de son petit ra soucer/et incontinent commenca a vouloir mettre les mains aux coil les de mõseignr̃ le cure. A dist mõ seigneur le cure/faictes a trait et tout beau/tastes les plus doulce ment que vous pourres/et puis a pres ie vo⁹ diray leq̃l ie vueil auoir oste. Et bien dist le trenche coille Et lors tout souef lieue la chemi se du maistre cure ⁊ prent ses mais tresses coilles/grosses ⁊ quarrees et sans plus enquerir subitement comme leclipse les lui trẽcha tous deux dung seul coup. Et bon cure de crier et de faire la plus male vie q̃ iamais fist homme. Hola hola dist loste pille pacience/ce q̃ est fait est fait/laissez vous adouber si vo⁹ voulez. Alors le tranche coille le mist a point du surplus que en tel cas appartient ⁊ puis part ⁊ sen va attendant de loste il scauoit bien quoy. Or ne fault il pas demãder se mõseignr̃ le cure fut bien camus de se veoir ainsi desgarny de ses in strumens. Et mettoit sus a loste quil estoit cause de son meschief et de son mal/mais dieu scait sil sen excusoit bien/et luy disoit que se le trenche coille ne se fust si tost departy et saulue quil leust mis en tel point que iamais neust fait biẽ apres. Penses dist il quil me des plaist bien de vostre ennuy ⁊ plus beaucoup encores de ce quil est ad uenu en mon hostel. Les nouuel les furent tost volees et semees par toute la ville / et ne fault pas dire que aucunes damoiselles nen fussent bien marries dauoir perdu les instrumens de monseigñr le cure / mais aussi dautre part les volans maris en furent tant ioyeux quon ne vous scauroit dire ne descrire la dixiesme partie de leur liesse. Ainsi que vous aues ouy fut puny maistre cure qui tāt en auoit dautres trompes et deceu / et oncques depuis ne se osa veoir ne trouuer entre gens / mais comme reclus et plain de melencolie fina bien tost apres ses dolens iours.

¶ La.lxv.nouuelle par mōseigñr le preuost de Wastennes.

Comme souuent len met en terme plusieurs choses dōt en la fin on se repēt. Aduint naguères que vng gentil compaignon demourant en vng villaige assez pres du mont saint michel se deuisoit a vng soupper present sa femme aucuns estrāgiers et plusieurs de ses voisins dung hostellier dudit mōt saint michel / et disoit / affermoit et iuroit sur son honneur quil portoit le plus beau membre / le plus gros et le plus quarre qui fust en toute la marche denuiron et auecce et qui nempiroit pas le ieu il sen aydoit tellement et si bien que les quatre / les cinq / les six fois ne luy coustoient non plus que se on les prenoit en la cornette de son chapperon. Tous ceulx de la table ouyrent voulentiers le bon bruyt que on donnoit a cest hostellier du mōt saint michel et en parlerent chascun comme ilz lentendoient / mais qui y print garde ce fut la femme du racompteur de lystoire laquelle y presta tresbien loreille / et luy sembla bien q̄ la fēme estoit eureuse et bien fortunee qui de tel mary estoit douee / et pensa des lors en son cueur que selle peut trouuer honneste voye et subtille elle se trouuera quelque iour audit lieu de saint Michel et a lostel de lhomme au gros membre se logera et ne tiendra que a luy quelle nesprouue se le

bruyt que on luy donne est vray.
Pour executer ce quelle auoit pro
pose et mettre a fin ce q̃ en son cou-
raige auoit delibere enuiron cinq
ou six ou huit iours elle print cõgie
de son mary pour aller en pelleri
naige au mont sainct michiel. Et
pour myeulx coulourez loccasion
de son voiage elle comme femmes
scauẽt bien faire trouua vne bour
de toute affaitiee. Et son mary ne
luy refusa pas le congie/ combien
ql se doubta tãtost de ce qui estoit
Auant quelle partist son mary luy
dist quelle fist son offrande a saint
michel/et quelle se logeast a lostel
dudit hostellier/et quelle le recom
mandast a luy beaucoup de foys
Elle promist de tout acomplir et
de faire son messaige ainsi quil lui
auoit commande. Et sur ce prent
cõgie et sen va dieu scait beaucoup
desirãt soy trouuer au lieu de sait
michiel. Tantost quelle fut par
tie et bon mary de mõter a cheual
z par autre chemin que celui que sa
femme tenoit picque tant ql peut
au mont saint michiel et vint des
cendre tout secremẽt auant que sa
femme a lostel de lostellier dessus-
dit/lequel treslyement le receut et
lui fist grant chiere. Quant il fut
en sa chambre il dist a lostellier.
Or ca mon hoste/ie scay bien q̃ vo⁹
estes mon amy de pieca/et ie suis
le vostre sil vous plaist. Et pour
ce ie vous vueil bien dire qui me
amaine maintenant en ceste ville
Il est vray q̃ enuiron a six ou huit
iours nous estions au soupper en
mon hostel vng grant tas de bons
compaignõs et vrais gaudisseurs
et freres de lordre/et comme vous
scauez q̃ on parle de plusieurs cho-
ses en deuisant les vngs aux au-
tres ie commẽcay a parler z a cõp-
ter comment on disoit en ce pays
quil ny auoit homme mieulx hos-
tille de vo⁹/et au seurplus luy dist
au plus pres ce quil sceust. Brief
toutes parolles qui touchoient ce
propos furent menees en ieu ainsi
comme dessus est touchie. Or est
il ainsi dist il que ma femme entre
les autres receut tresbien mes pa
rolles / et na iamais arreste tant
quelle ait trouue maniere de impe
trer son congie pour venir en ceste
ville/et par ma foy ie me doubte
fort et croy veritablement que sa
principale intẽcion est desprouuer
selle peut se mes poles sõt vrayes
que iay dictes touchãt vostre gros
membre/elle sera tantost ceans ie
nen doubte point/car il luy tarde
de soy y trouuer/si vous prie quãt
elle viendra que la receuez lyemẽt
et luy faictes bonne chiere et luy

demandez la courtoisie/ et faictes
tant quelle le vous accorde/ mais
toutesfoys ne me trompez point/
gardez bien que vous ny touchyez
prenez terme daller vers elle quāt
elle sera couchee/et ie me mettray
en vostre lieu & voꝰ orrez apres bō
ne chose. Laissez moy faire dist lo s
tellier ie vous prometz que ie feray
bien mon personnaige Ha dea tou
tesfois deist lautre ne me faictes
point de desloyaulte/ Je scay bien
quil ne tiendra point en elle que ne
le faciez. Par ma foy dist lostel
lier ie voꝰ asseure que ie ny touche
ray ia/et non fist il. Il ne demou
ra guieres que vecy venir nostre
gouge et sa chāberiere bien lassees
dieu le scet. Et bon hoste de saillir
auant & de receuoir la compaignie
comme il lui estoit enioinct et quil
lauoit pmis. Il fist mener mada
moiselle en vng tresbeau lit/et luy
fist de bon feu/& fist apporter tout
du meilleur vin de leans/ et alla
querir de belles cerises toutes fres
ches & vint bancqueter auec elle en
attendant le soupper. Il cōmenca
de faire ses approuches quāt il vit
son point/mais dieu scait commēt
on le gecta loīg de prime face. En
la parfin toutesfoys pour abreger
marchie fut fait quil viēdroit cou
chier auecques elle enuiron la my
nuyt tout secretement. Et ce cou
chier accorde il sen vint deuers le
mary de la gouge & lui cōpta le cas
lequel a leure prinse entre elle & lo
stellier il sen vīt bouter en son lieu
& besongna la nuyt le mieulx quil
peut/et se leua sans mot dire auāt
le iour et se vint remettre en son
lit. Quant le iour fut venu nos
tre gouge toute melencolieuse pen
siue et despiteuse pource que point
nauoit trouue ce quelle cuidoit/ap
pella sa chamberiere/et se leuerent
Et au plus hastyuement quelles
peurent se habillerent et voulurēt
payer leur escot/ mais loste deist
que vrayement pour lamour de
son mary quil ne prendroit riens
delle. Et sur ce elle dist a dieu
et print congie de luy. Or sen va
ma damoiselle toute courroucee
sans ouyr messe ne veoir saint mi
chiel ne desieuner aussi/& sans vng
seul mot dire se meist a chemin et
sen vīt en sa maison/mais il fault
dire que son mary y estoit ia arri
ue qui luy demanda quon disoit
de bon a sainct michiel. Elle tant
marrie quon ne pourroit plꝰ a peu
selle daignoit respondre. Et quel
le chiere dist le mary vous a fait
vostre hoste par dieu il est bon
compaignon. Bon compaignon
deist elle/il nya riens doultraige

ie ne men scauroie louer que tout a point. Mon dame dist il/et par sainct Jehan ie pensoye que pour lamour de moy il vous deust fes/toier et faire bonne chiere. Il ne me chault dist elle de sa chiere/ie ne voys pas en pellerinaige pour lamour de lui ne dautre/ie ne pēse que a ma deuocion. Dea dist il p nostre dame vous y auez failly ie scay trop bien pour quoy vous es/tes tāt refrignee ꝛ pour quoy vo⁹ auez le cueur tant enfle/vous na/uez pas trouue ce que vous cuidiez il y a bien a dire vne once. Dea dea ma dame iay bien sceu la cause de vostre pellerinaige/vous cuydiez taster et esprouuer le grāt brichouart de nostre hoste de saīct michiel mais par saint iehan ie vous en ay bien gardee et garderay si ie puis. Et affin que vous ne pensez pas q̄ ie vous mentisse quant ie vous disoie quil lauoit si grant/par dieu ie nay dit chose qui ne soit vraie/il nest ia mestier que vous en sachiez plus auant que par ouy dire/combien que sil vous eust voulu croire et ie ny eusse contredit vous auiez bōne deuocion dessaier sa puissāce regardez ꝯment ie scay les choses Et pour vous oster hors de suspecion saichez de vray que ie vins a minuit a lheure que lui auiez assignee/et ay tenu son lyeu/si pnez en gre ce que iay peu faire et vo⁹ passez dorenauāt de ce q̄ vous auez Pour ceste fois il vous est pardonne/mais de rechcoir gardez vous en pour autant quil vous touche. La damoiselle toute confuse et esbahie voyāt son tort euident quāt elle peut parler crya mercy et promist de plus nen faire. Et ie tiens que non fist elle de sa teste.

¶ La.lxvi.nouuelle par phelippe de laon.

Naguieres q̄ iestoye a sainct omer auec vng grāt tas de gentilz compaignons tant de ceās comme de boulongne et dailleurs Et apres le ieu de paulme no⁹ alasmes soupper en lostel dung tauernier qui est homme de bien et beaucoup ioyeux/ꝛ a vne tresbelle femme ꝛ en bon point dont il a eu vng tresbeau filz de laage denuiron six ans. Comme nous estions tous assis au soupper le tauernier sa fēme et leur filz demprés elle auecq̄s nous les aucuns commencerent a deuiser/les autres a chanter ꝛ faisoient la plus grant chiere de iamais/ꝛ nostre hoste pour lamour de no⁹ ne si faignoit pas. Or auoit este sa femme ce iour aux estuues et son petit filz auecques elle. Si sadvisa nostre hoste pour faire rire la compaignie de demander a son filz de lestat et gouuernement de celles qui estoient aux estuues aucqs sa mere. Si va dire. Vien ca nostre filz dy moy par ta foy laquelle de toutes celles qui estoient aux estuues auoit le plus beau con & le plus gros. Lenfant qui se ouyoit questionner deuant sa mere quil craignoit cõme enfans sõt de coustume regardoit vers elle et ne disoit mot. Et le pere qui ne lauoit pas aprins de le veoir si muet lui dist de rechief. Or me dy mon filz qui auoit le plus gros con/ dy hardimt. Je ne scay mon pere dist lenfant tousiours virãt le regart vers sa mere. Et par dieu tu as menty ce dist son pere/or le me dis ie le vueil scauoir. Je noseroie dist lenfant pour ma mere/car elle me bateroit. Non fera non dist le pere tu nas garde ie tasseure. Et nostre hostesse sa mere non pẽsant q̃ son filz deust tout dire ce quil fist lui dist. Dy hardiment ce que ton pere te demande. Vo⁹ me bateriez dist il. Non feray non dist elle. Et le pere q̃ vit son filz auoir cõgie de souldre sa question lui demãda de rechief. Or ca mon filz par ta foy as tu regarde les cons des fẽmes qui estoient aux estuues. Sainct iehan ouy mon pere. Et yen auoit il largement dy ne mens point. Je nen vy oncques tãt ce sembloit vne droicte garenne de cons. Or ca dy nous maintenant qui auoit le plus beau & le plus gros. Vraiemẽt ce dist lenfant mamere auoit tout le plus beau et le plus gros/ mais il auoit si grãt nez. Si grãt nez dist le pere/va va tu es bon enfant. Et nous cõmencasmes to⁹ a rire et a boire dautant et a parler de cest enfant q̃ quaquetoit si bien/mais la mere ne scauoit sa cõtenance tant estoit honteuse pour ce que son filz auoit parle du nez/ et croy bien ql en fut depuis trop bien torche/car il auoit encuse le secret de lescolle. Nostre hoste fist du bon compaignon/mais il se repentit assez depuis dauoir fait sa question/dont labsolucion le feist rougir/et puis cest tout.

¶ La.lxvii.nouvelle par phelippe de laon.

Maintenant a trois ans ou enuiron que vne assez bonne aduenture aduint a vng chapperon fourre du parlement de paris. Et affin ql en soit memoire ien fourniray ceste nouuelle/ non pas toutesfois q ie vueille dire que to9 les chaperons fourrez ne soiet bos et veritables/mais pour ce ql y eut non pas vng peu de desloyaulte au fait de cestuy cy/mais largemet q est chose bien estrage et non acoustumee coe chascun scait. Or pour venir au fait. Ce chapperon fourre en lieu de dire ce seigneur de parlemet deuint amoureux a paris de la femme dung cordouennier qui estoit belle et bien enlangagee a lauenat et selon le terrouer. Ce maistre chaperon fourre fist tat p moyens dargent et autrement ql parla a la belle cordouenniere dessoubz sa robe a part/et sil en auoit este bien amoureux auant la iouyssance/encores len fut il trop pl9 depuis dot elle se parceuoit et donoit trop bien garde dot elle sen tenoit pl9 fiere et si se faisoit achapter. Luy estat en ceste rage po2 mademet/priere/pmesse/donne reqste ql sceust faire/elle se pensa de plus coparoir affin de luy encores rengreger et plus acroistre sa maladie. Et vecy nostre chapero fourre q enuoye ses ambassades deuers sa dame la cordouenniere/mais cest pour neat elle ny viedroit pour mourir. Finablement pour abreger affin quelle voulsist venir vers luy coe autresfois/il lui pmist en la psence de trois ou de quatre q estoiet de son conseil quat a telles besongnes ql la prendroit a feme se son mary le cordouennier termi noit vie par mort. Quant elle eut ouy ceste pmesse elle se laissa ferrer et vint comme elle souloit au coucher/au leuer et aux autres heures quelle pouoit eschapper deuers le chapperon fourre qui nestoit pas moins feru que lautre iadis damours et elle sentant son mary desia vieil et ancien et ayant la promesse dessusdicte se reputoit desia comme sa femme. Peu de teps apres la mort de ce cordouennier tresdesiree fut sceue et publiee et bõne cordouẽniere se vient bouter de plain sault en la maison du chaperon fourre qui ioyeusement la receut. Promist aussi de rechief ql la prẽdroit a fẽme. Or sont maintenant ensemble sans contredit ces deux bonnes gens le chaperon fourre & ma dame la cordouenniere / mais comme souuent aduient chose eue a dangier est plus chere tenue que celle dont on a le bandõ ainsi aduint il icy / car nostre chaperon fourre commenca a soy ennuyer et lasser la cordouenniere & de lamour delle refroider et elle le pressoit tousiours de paracõplir le mariage dõt il auoit fait la promesse / mais il luy dist. Mamye par ma foy ie ne me puis iamais marier / car ie suis hõme deglise et tiens benefices comme vous scaues / la promesse que ie vous fis iadis nest nulle et ce que ien fis lors cestoit pour la grant amour que ie vous portoye / esperant aussi par ce moyen plus legierement vous retraire. Elle cuydant quil fust lye a leglise et soy voyant aussi biẽ maistresse de leans que selle fust sa femme espousee / ne parla plus de ce mariage et alla son chemin acoustume / mais nostre chaperon fourre fist tant par belles parolles et plusieurs remonstrances ql le fut cõtentẽte de soy ptir de lui & espouser vng barbier / augl il donna trois cens escus dor cõptant, & dieu scait selle ptit biẽ baguee. Or deuez vo⁹ scauoir q̃ nostre chaperõ fourre ne fist pas legieremẽt ceste departie ne ce mariage / et nen fust point venu au bout se neust este ql disoit a sa dame quil vouloit dores enauant seruir dieu et viure de ces benefices & soy du tout rendre a leglise. Or fist il tout le contraire quant il se vit de sa me delle et elle aliee au barbier il fist secretemẽt traicter ẽuiron vng an apres pour auoir par mariage la fille dung notable bourgois de paris / & fut la chose faicte & passee et iour assigne pour les nopces / disposa aussi de ces benefices qui nestoient que a simple tõsure. Ces choses sceues pmy paris & venues a la cognoissance de la cordouenniere / creez ql le fut bien esbaye. Voire dist elle le vray traistre ma il ainsi deceue / il ma laissee soubz umbre de aller seruir dieu et ma baillee a vng autre / et par nostre dame la chose ne demourera pas ainsi non fist elle car elle fist comparoir nostre chaperon fourre deuant leuesque / et illec son procureur remonstra bien & gentement sa cause disant comment le chaperon fourre auoit promis a la cordouenniere en la presence de plusieurs que se son mary mouroit quil la prendroit a fême Son mari mort il la tousiours tenue iusques enuiron a vng an quil la baillee a vng barbier. Et pour abreger les tesmoings et la chose bien debatue / leuesque anichila le mariage de la cordouenniere au barbier / ꝛ enioignit au chapperõ fourre ql la print cõe sa femme / car elle estoit siẽne a cause de la cõpaignie charnelle ql auoit eue a elle. Et sil estoit mal cõtent de rauoir sa cordouenniere / le barbier estoit bien autãt ioyeux den estre despesche. En la facon que auez ouy cest puis nagueres gouuerne lung des chapperõs fourres du parlemẽt de paris.

La .lxviii. nouuelle par messire xpien de dygoine.

Ce nest pas chose peu acoustumee ne de nouueau mise sus que femmes ont fait leurs maris ialoux voire par dieu coux. Si aduint nagueres a ce propos en la ville denuers / que vne femme mariee q̃ nestoit pas des plus seures du monde / fut requise dung gentil cõpaignon de faire la chose que scaues ꝛ elle cõe courtoise ꝛ telle q̃lle estoit ne refusa pas le seruice que on lui p̃sentoit / mais debonnairemẽt se laissa ferrer ꝛ maintint ceste vie assez longuemẽt. En la parfin cõme fortune voulut qui ennemye et desplaisante estoit de leur bõne cheuance / fist tant q̃ le mary trouua la brigade en p̃sent meffait dõt en y eut de bien esbais / ne scay touteffois leq̃l lestoit le plus de lamant / de lamie ou du mari / neantmoins lamant a layde dune bõne espee quil auoit se saulua sans nul mal auoir. Or demourerent le mary ꝛ la fême / de quoy leurs propos furent il se peut assez penser Apres touteffois aucunes parolles dictes dung coste ꝛ dautre / le mary pensant en soymesmes puis quelle auoit commence a faire la folye q̃ fort seroit de sen retirer / et quant plus elle nen feroit / si estoit tel le cas ql estoit ia venu a la cõgnoissãce du mõde dequoy il en estoit note et quasi deshonnore. Considera aussi de la batre ou iniurier de parolles que cestoit paine perdue / si sadiuisa apres a chief quil la chasseroit paistre hors dauecques luy et ne sera iamais. Delle ordoyee sa maisõ si dist a sa fẽme. or ca ie voy bien que vous ne me estes pas telle que vous deussiez estre par raison / toutesfois esperant q̃ iamais ne vous aduiẽdra de ce qui est fait nen soit plus parle / mais deuisõs dung autre. Jay vng affaire qui me touche beaucoup ⁊ a vous aussi si nous fault engaiger tous noz ioyaulx / et se vous auez quelq̃ mynot dargent a part il le vous fault mettre auãt / car le cas le requiert Par ma foy dist la gouge ie le feray de bon cueur / mais que vo⁹ me pardõnes vostre maltalent. Nen parles dist il non plus que moy. Elle cuidant estre absolue ⁊ auoir remission de ses pechez pour complaire a son mary apres la noise dessusdicte bailla ce quelle auoit dargent / ses verges / ses tissus / certaines bourses estoffees bien richement / vng grant tas de couurechiefz bien fins / plusieurs pennes entieres et de bonne valeur. Brief tout ce quelle auoit ⁊ que son mari voulut demander elle luy bailla pour en faire son bon plaisir. En

dea dist il encores nen ay ie pas assez. Quãt il eut tout iusq̃s a la robe ⁊ la cote simple q̃ elle auoit sur elle. Il me fault auoir ceste robe dist il / voire dist elle ⁊ ie nay autre chose a vestir / voulez vo⁹ q̃ ie voise toute nue. Force est dist il q̃ la me baillez ⁊ la cote simple aussi ⁊ vous auãces / car soit p amours ou p force il la me fault auoir. Elle voyãt q̃ la force nestoit pas siẽne se desarma de sa robe ⁊ de sa cote simple ⁊ demoura en sa chemise. Tenez dist elle fay ie bien ce q̃l vo⁹ plaist. Vo⁹ ne laues pas tousiours fait dist il se a ceste heure vous me obeissez dieu scait se cest de bon cueur / mais laissons cela ⁊ parlons dung autre Quãt ie vo⁹ prins a mariage a la malle heure vous naportastes gueres auec vo⁹ ⁊ encores le tãt peu q̃ ce fut si lauez vo⁹ forfait ⁊ confisq̃ il nest ia mestier quon vous dye vostre gouuernemẽt / vous scaues mieulx q̃lle vous estes q̃ nul autre / et po⁹ce telle q̃ vo⁹ estes a ceste heure ie vous baille le grãt cõgie ⁊ vous dy le grãt adieu vela lhuis / prenez ce chemin ⁊ se vous faictes q̃ saige ne vous trouues iamais deuant moy. La poure gouge plus esbaye q̃ iames nosa plus demourer apres ceste horrible lecon / ains se partit ⁊ sen vint rendre ce croy ie a lostel de son amy par amours pour ceste pmiere nuit ꝛ fist mettre sus beaucoup dembassadeurs pour rauoir ces bagues ꝛ ces habillemens de corps/mais se fut pour neant/ car son mary obstine ꝛ endurcy en son propos nen voulut oncques ouyr parler ꝛ encores moins de la reprendre/si en fut beaucoup presse tāt des amis de son coste cōe de ceulx de la fēme/toutessois elle fut cōtrainte de gaigner des autres habillemēs ꝛ en lieu de mary user de amy attēdāt le rapaisemēt de sondit mari q̄ a leure de ce compte estoit encores mal content ꝛ ne la vouloit veoir pour rien qui fut.

¶ La.lxix. nouuelle racomptee par monseigneur.

IL nest pas seulement congneu de ceulx de la ville de gād ou le cas que ie vous ay a descrire est na pas long temps aduenu/mais de la pluspart de ceulx du pays de flandres et de plusieurs autres que a la bataille qui fut entre le roy de hongrie et le duc iehā lesq̄lz dieu absolue dune part/et le grant turc en son pays de turquie daultre/ou plusieurs notables cheualiers et escuiers francois/flamens/alemens/et picars furent prisonniers es mains du turc/les aucuns furent mors et persecutes present ledit turc/les autres furēt enchartres a perpetuite/les autres condamnez a faire office de clerc desclaue du nombre desquelz fut ung gentil cheualier dudit pays de flandres nomme Messire clays vtenchonen ꝛ par plusieurs fois exerca ledit office desclaue qui ne lui estoit pas petit labeur mais martire intollerable attendu les delices ou il auoit este nourry ꝛ le lieu dont il estoit party. Or deuez vous scauoir quil estoit marie par deca a gand et auoit espouse une tresbelle et bōne dame qui de tout son cueur laymoit ꝛ le tenoit chier laquelle pria dieu iournellement que brief le peust reueoir par deca se encores il estoit vif/se il estoit mort que par sa grace il luy voulsist ces pechez pardonner et le met tre au nõbre des glorieux martirs qui pour le reboutement des infideles et lexultacion de la saincte foy catholique se sont voulentairement offers ⁊ abandõnez a mort corporelle. Ceste bonne dame qui riche belle et bien ieune estoit ⁊ bõne/estoit de grans amys cõtinuellement pressee et assaillie de ses amis quelle se voulsist remarier/lesquelz disoient et affermoient que son mary estoit mort ⁊ que sil fust vif quil fust retourne comme les autres/sil fust aussi prisonnier on eust eu nouuelle de faire sa finance. Quelque chose quon dist a ceste bonne dame ne raison quon luy sceust amener dapparence en cestuy fait elle ne vouloit condescendre en cestui mariage/ ⁊ au mieulx quelle scauoit sen excusoit/mais q̃ luy valut ceste excusance / certes pou ou rien/car elle fut a ce menee de ses parens et amys que elle fut contente dobeyr/mais dieu scait q̃ ce ne fut pas a peu de regret ⁊ estoient enuiron neuf ans passes q̃lle estoit priuee de la presẽce de son bon et leal seigneur/lequel elle reputoit pieca mort/aussi faisoiẽt la pluspart ⁊ pres que tous ceulx qui le congnoissoient. Mais dieu qui ses seruiteurs et champions preserue et garde lauoit autrement dispose/car encores viuoit et faisoit son ennuyeux office desclaue. Pour rẽtrer en matiere. Ceste bõne dame fut mariee a vng autre cheualier/et fut enuiron demy an en sa compaignie sãs ouyr autres nouuelles de son bon mari que les precedẽtes/cest assauoir quil estoit mort. Dauenture comme dieu le voulut ce bon ⁊ leal cheualier messire claye estant encores en turqe a lheure que ma dame sa femme cest ailleurs aliee faisant le beau mestier desclaue fist tant par le moyen daucuns chrestiens gentilz hommes et autres qui arriuerent au pays quil fut deliure ⁊ se mist en leur galee et retourna par deca

Et comme il estoit sur son retour il encontra et trouua en passant pays plusieurs de sa congnoissance qui tresioyeux furent de sa deliurance car a la verite il estoit tres vaillant homme bien renomme ⁊ bien vertueux / et tant se espandit ce tresioyeux bruit de sa desiree deliurance quil paruint en france au pays dartois et en picardie ou ses vertus nestoiẽt pas moĩs cogneues q̃ en flandres dont il estoit natif.

Et apres ce ne tarda gueres q̃ ces nouuelles vindrẽt en flãdres iusq̃s aux oreilles de sa tresbelle ⁊ bõne dame qui fut bien esbabye ⁊ de to⁹ ses sens tant alteree et surprinse qlle ne scauoit sa contenance. Ha dist elle apres certaine piece quãt elle peut parler/mon cueur ne fut oncques daccord de faire ce q̃ mes parens et amys mont a force contrainte de faire/helas et que dira mon tresloial seigneur ⁊ mary auquel ie nay pas garde loyaulte cõme ie deusse/mais comme femme legiere fresle et muable de couraige/ay baille part et porcion a autruy de ce dont il estoit ⁊ deuoit estre seigneur et maistre/ie ne suis pas celle qui doye ne ose attendre sa presence/ie ne suis pas aussi digne quil me dueille ou doie regarder ne iamais deoir en sa compaignie. Et ces parolles dictes acompaignee de grosses larmes son treshonneste tresuertueux cueur sesuanouyt et cheut a terre paulmee/elle fut prise ⁊ portee sur dng lit et lui reuint le cueur/mais depuis ne fut en puissance de hõme ne de femme de la faire mẽger ne dormir/aincois fut trois iours cõtinuelz tousiours plourant en la plus grant tristesse de cueur de iamais. Pendant leq̃l temps elle se confessa ⁊ ordonna comme bonne crestienne/ criant mercy a tout le monde/especialemẽt a monseigñr son mary. Et apres elle mourut dont se fut grant dõmaige/ ⁊ nest poīt a dire le grãt desplaisir quen print mondit seigneur son mary quant il sceut la nouuelle/et a cause de son dueil fut en grãt dangier de suyr par semblable accident sa tresloyalle espouse/mais dieu qui lauoit sauue dautres grans perilz le preserua de ce dangier.

Vng gentil cheualier dallemaigne grant doiagier/et aux armes preux et courtois et de toutes bonnes dertuz largement doue. Au retourner dũg loingtain doyage estãt en dng sien chasteau fut requis dũg bourgoys son subiect demourãt en sa dille mesmes destre parrain ⁊ tenir sus fõs son enfant de quoy la mere estoit deliuree droit a la denue du retour du

dit cheualier / laquelle requeste fut
audit bourgois liberalement ac-
cordee/et ia soit ce que ledit cheua
lier eust en sa vie tenuz plusieurs
enfãs sur fons si nauoit il iamais
donne son entente aux saintes pa
rolles par le prestre proferees au
mistere de ce sainct ꝛ digne sacre-
ment cõme il feist a ceste heure/et
luy sembloit cõme elles sont a la
verite plaines de haulx et diuins
misteres. Le baptesme acheue cõ
me il estoit liberal et courtois af
fin destre veu de ces hõmes/il de-
moura au disner en la ville sans
monter au chasteau/ꝛ lui tindrent
compaignie le cure/son compere ꝛ
aucuns autres des plus gens de
bien. Deuises monterẽt en ieu du
nes et dautres matieres tant que
monseigñr cõmenca a louer beau
coup le digne sacrement de baptes
me/et dist hault et cler oyans to⁹
se ie scauoye veritablement que a
mon baptesme eussent este pronũ-
cees les dignes et sainctes parol-
les que iay ouyes a ceste heure au
baptesme de mon nouueau filleul
ie ne craindroye en rien le dyable
quil eust sur moy puissance ne auc
torite si non seulemẽt de moy tẽp
ter/ꝛ me passeroie de faire le signe
de la croix/non pas affin que bien
vous mentendez que ie ne saiche
tresbien q̃ ce signe est suffisãt a re
bouter le diable/mais ma foy est
telle q̃ les poles dictes au baptes-
me dũg chascun xp̃ien se elles sont
telles cõe au iourdui iay ouyes sõt
vaillables a rebouter to⁹ les dya-
bles dẽfer sil en y auoit encores au
tant. En vite respõdit lors le cure
monseigñr ie vo⁹ asseure in vbo sa
cerdot q̃ les mesmes poles q̃ ont
este au io²dui dictes au baptesme
de vostre filleul furent dictes ꝛ ce
lebrees a vostre baptisement/ie le
scay bien/car moy mesmes vous
baptise/et en ay aussi fresche me-
moire cõe se ce eust este hier/dieu
face mercy a monseigneur vostre
pere il me demanda le lendemain
de vostre baptesme quil me sem-
bloyt de son nouueau filz telz et
telz furẽt voz parains/ꝛ telz ꝛ telz y
estoiẽt/et racõpta toute la manie-
re du baptisemẽt ꝛ lui fist bien cer
tain que mot auãt ne mot arriere
ny eut plus en son baptisemẽt q̃ a
celui de son filleul. Et puis q̃ ain
si est dist a lors le cheualier ie pro-
metz a dieu mon create² tãt hono
rer de ferme foy le sait sacrement
de baptesme q̃ iamais pour q̃lque
pil assault ou ẽnuy q̃ le dyable me
face ie ne feray le signe de la croix
mais par la seule memoire de mi
stere du sacrement de baptesme ie

len chasseray arriere de moy tant ay ferme espance en ce diuin mistere/ et ne me semblera iamais que le diable puisse nuyre a hõme arme de tel escu/car il est tel et si ferme que seul y vault sans autre ayde/ voire acõpaigne de vraye foy. Ce disner passa et ne scay quans ans apres ce bon cheualier se trouua en vne ville en allemaigne pour aucuns affaires qui luy tirerẽt et fut logie en lostellerie. Comme il estoit vng soir auec ses gens apres soupper deuisant et esbatant auec eulx fain le print daller au retrait et pour ce que ses gens sesbatoiẽt il nen voulut nulz oster de lesbat Si print vne chãdelle et tout seul sen va au retraict/comme il entra dedans il vit deuant lui vng grãt monstre horrible et terrible ayãt grãdes et lõgues cornes/les yeulx plus alumes que flambe de fournaise/les bras gros et longs/les grifz aguz et trenchans/brief cestoit vng tres espouantable monstre et vng diable comme ie croy et po[r] tel le tenoit le bon cheualier lequel de prime face fut assez esbahy dauoir ce rencõtre/neãtmoins toutesfois print cue[r] hardiment et vouloir de soy deffẽdre sil estoit assailli et lui souuĩt du veu ql auoit fait et du saint et diuin mistere du sacrement de baptesme et en ceste foy marche vers ce monstre que ie appelle le diable et lui demanda q̃ il estoit et quil demandoit. Le diable le cõmenca a coupler/et le bon cheualier de soy deffendre qui nauoit toutesfois po[r] toutes armeures que ses mains/car il estoit en pourpoint comme pour aller coucher et son escu de ferme foy/ou mistere de baptesme. La luite dura longuement et fut ce bon cheualier tãt las que merueilles de soustenir ce dur assault mais il estoit tant fort arme de son escu de foy q̃ peu lui nuysoiẽt les fais de son ennemy. En la parfin apres que ceste bataille eut bien dure vne heure ce bon cheualier se prĩt aux cornes de ce dyable et lui en arracha vne dont il le bacula trop bien/ et malgre lui comme victorieux se departit du lieu et le laissa cõme recreu et vint trouuer ses gẽs qui se esbatoient comme ilz faisoient auant son partement qui furent bien esfrees de veoir leur maistre en ce point eschauffe qui auoit tout le visaige esgratyne/le pourpoint chemise et chausses tout desrõpu et dechire et comme tout hors da laine. Ha monseigneur dirent ilz dõt venez vous et qui vous a ainsi habille. Qui dist il/ce a este le diable a qui ie me suis tant combatu que ien suis tout hors dalaine et en tel point q̃ me veez et vous asseure par ma foy que ie tien veritablement quil meust estrangle & deuore se a ceste heure ne me fust souuenu du baptesme & du grant mistere de ce vertueux sacrement et de mon veu que ie fis adoncques et creez q̃ ie ne lay pas faulce / car quelque danger que iaye eu oncq̃s ny fis le signe de la croix/mais cõme souuenant du saint sacrement dessusdit me suis hardiment deffẽdu et franchement eschappe dont ie loue & mercie nostre seigneur iesucrist qui par ce bon escu de saincte foy ma si haultement preserue viennent tous les autres q̃ en enfer sont tant que ceste enseigne demeure ie ne les crains / viue viue nostre benoist dieu qui ses cheualiers de telz armes scait adouber Les gens de ce bon seigneur oyans leur maistre ce cas racompter furent bien ioyeux de le veoir en bon point/mais esbahis de la corne ql leur mõstroit quil auoit esrachee de la teste du diable et ne scauoiẽt iuger non fist oncques personne q̃ depuis la vit dequoy elle estoit se cestoit os ou corne comme autres cornes sont ou que cestoit. Alors vng des gens de ce cheualier dist quil vouloit aller veoir se ce dyable estoit encores ou son maistre lauoit laisse / et si le trouuoit il se combatroit a lui & lui arracheroit de la teste lautre corne. Son maistre lui dist quil ny allast point/il dist que si feroit. Nen fay rien dist son maistre car le peril y est trop grant. Ne men chault dist lautre ie y vueil aller/se tu me crois dist son maistre tu nyras pas/quoy ql fust il y voulut aller & desobeyr a son seigñr. Il print en sa main vne torche et vne grant hache et vint au lieu ou son maistre sestoit combatu / quelle chose il y fist on nen scet rien/mais son maistre q̃ de lui se doubtoit ne le sceut si tost suyr quil ne le trouua pas ne le dyable aussi et nouyt oncques puis nouuelles de son homme. En la facõ que auez ouye se combatit ce bon cheualier au diable & le surmonta par la vertu du saint sacrement de baptesme.

¶La. lxxi. nouuelle racomptee p monseigneur le duc.

A Sainct omer na pas long temps aduint vne assez bonne hystoire q̃ nest pas moĩs vraye que leuãgille comme il a este & est cõgneu de plusieurs notables gẽs dignes de foy et de croire/et fut le cas tel pour le brief faire. Vng gẽtil cheualier des marches de picardie pour lors bruiant et frisque de grant auctorite et de grãnt lieu se vint loger en vne hostellerie q̃ par le fourrier de monseigneur le duc phelippe de bourgongne son maistre lui auoit este deliuree. Tãtost quil eust mis le pie a terre & que il fut descendu de son cheual ainsi cõme il est de coustume aux dictes marches. Son hostesse lui vit au deuant & tresgracieusement cõme elle estoit coustumiere et bien aprise de ce faire aussi le receu moult honnorablement/et lui q̃ estoit des courtois le plus honnorable et le plꝰ gracieux lacola & la baisa doulcement/car elle estoit belle & gente et en bon point & mise sur le bon bout/appellãt sans mot dire trop bien son marchant a ce baisier et acolement et de prinsault ny eut celui des deux q̃ ne pleust bien a son compaignon/si pensa le cheualier par quel train & moien il paruiendroit a la iouyssance de son hostesse et sen descouurit a vng sien seruiteur leq̃l en peu deure batist tellemẽt les besongnes quilz se trouuerent ensemble. Quant ce gentil cheualier vit sõ hostesse p̃ste douir et dentendre ce quil vouldroit dire pensez quil fut ioyeux oultre mesure/et de grant haste & ardant desir quil eut dentamer la matiere quil vouloit ouurir/il oublya de serrer lhuys de la chambre et son s̃uiteur au partir quil fist de leur assemblement laissa lhuis entrouuert. Alors ledit cheualier cõmenca sa harengue bõne alleure sans regarder a autre chose/& lostesse q̃ ne lescoutoit pas a regret si lui respondit au propos tant quilz estoient si biẽ daccord que oncques musique ne fut pour eulx plus doulce ne instrumẽs ne pourroiẽt mieulx estre acordez q̃ eulx deux la mercy dieu estoient. Or aduint ne scay p quelle aduenture/ou se loste de le∕ ans mary de lostesse queroit sa fē me pour aucune chose lui dire / ou passant dauanture par deuant la chambre ou sa femme auec le che ualier iouoient ensemble des cym balles. Il en ouyt le son/si se tira vers le lieu ou ce beau deduit se fai soit/⁊ au heurter a lhuys quil fist il trouua latelee du cheualier ⁊ de sa femme dont il fut de eulx trois le pl' esbahy de trop et en reculāt subitement doubtant les empes cher ⁊ destourber de ladicte oeuure quilz faisoient leur dist pour tou∕ tes menaces et tencōs. Et par la mort bieu vo' estes bien meschā gēs et a vostre fait mal regardās qui nauez eu en vous tant de sens quant vous voulez faire telz cho∕ ses que de serrer et tirer lhuys a pres vo'. Or pēsez que ce eust este se vng autre que moy vous y eust trouuez/et par dieu vous estiez ga stes et pdus et eust este vostre fait descele ⁊ tantost sceu par toute la ville/faictes autremēt vne autre fois de par le dyable/et sans plus dire tire lhuis et sen va/et bonnes gens de racorder leurs musettes ⁊ parfaire la note encommēcee. Et quāt ce fut fait chascun sen alla en sa chascune sans faire sēblant de riens ⁊ neust este comme iespoire leur cas iamais descouuert ou au moins si publique de venir a vos oreilles ne de tant dautres gens ce neust este le mari q̄ ne se douloit pas tāt de ce quon lauoit fait coux que de lhuis quil trouua desserre.

La.lxxii. nouuelle racomptee par monseigneur de commessurā

A Propos de la nouuelle prece dēte es marches de picar die auoit naguerers vng gentil hō me lequel estoit tāt amoureux de la femme dung cheualier son pro chain voisin quil nauoit ne iour ne bonne heure de repos se il ne estoit aupres delle / et elle pareillement laymoit tant quon ne pourroit dire ne penser qui nestoit pas peu de chose / mais la douleur estoit quilz ne scauoient trouuer facon ne maniere destre a part et en lieu secret pour a loysir dire et delairer ce qlz auoient sur le cueur / au fort apres tant de males nuitz et iours dou loureux amours qui a ses loyaulx seruiteurs ayde et secoure quant bien luy plaist leur aprest a vng iour tresdesire auquel le douloureux mary plus ialoux que nul homme viuant fut contraint dabandonner le mesnage et aller aux affaires qui tant luy touchoient q̄ sans y estre en personne il perdoit vne grosse somme de deniers et par sa presence il la pouoit conquerir ce quil fist en laquelle gaignant il cōquist bien meilleur butin / comme destre nomme coux auec le nom de ialoux quil auoit au parauāt / car il ne fut pas si tost sailli de lostel que le gentil homme qui ne glatissoit apres autre beste et sans faire long seiour incontinent executa ce pourquoy il venoit / et print de sa dame tout ce que vng seruiteur en ose ou peut demander si plaisamment et a si bon loysir que on ne pourroit mieulx souhaitter / et ne se donnerent garde que la nuyt les surprint dont ne se donnerent du mal temps / esperans la nuyt paracheuer ce que le iour tresioyeux et pour eulx trop court auoient encommence / pensant a la verite que ce dyable de mary ne deust point retourner a sa maison iusques a lendemain au disner voire au plus tard / mais autrement en alla / car les dyables le rapporterēt a lostel ne scay en q̄lle maniere / aussi nen chault de scauoir cōment il sceut tant abreger de ses besongnes / assez souffist de dire quil reuint le soir dont la belle compaignie / cest assauoir de noz deux amoureux fut bien esbaye pour ce quilz furent si hastiuement surprins / car en nulle maniere ne se doubtoient de ce dolant retourner. Aussi iamais neussēt cuide que si soubdainnement et si legierement il eust fait et acomply son voyage Toutesfois nostre poure gētil hōme ne sceut autre chose que faire ne ou se mucier sinon q̄ de soy bouter dedans le retraict de la chambre esperant den saillir par quelque voye que sa dame coruureroit auāt que le cheualier y mist le pie dont il vint tout autrement / car nostre cheualier q̄ ce iour auoit cheuauchie.xvi.ou.xviii.grosses lieues estoit tāt las quil ne pouoit les rains tourner / et voulut soupper en sa chambre ou il sestoit deshousse et si voulut tenir sās aller en la sale. Pensez que le poure gentil hōme rendoit bien gaige du bon tēps ql auoit eu ce iour / car il mouroit de fain/de froit & de paour/et encores pour plus engreiger son mal vne toux le va prendre si grande et si horrible que merueille/et ne failloit gueres que chascun coup quil toussoit quil ne fust ouy de la chābre ou estoit lassemblee du cheualier/de la dame et des autres cheualiers de leans. La dame qui auoit loeil et loreille tousiours a son amy lenttouyt dauenture dōt elle eut grāt freeur au cueur doubtant que son mary ne louyst aussi. Si treuue maniere tantost apres soupper de soy bouter seulette en ce retraict et dist a son amy pour dieu quil se gardast ainsi de toussir Helas dist il ma dame ie nen puis mais/ dieu scait comment ie suis puny & pour dieu pensez de moy tirer dicy. Si feray ie dist elle / et atant sen part/et bon escuier de recōmencer sa chanson voire si tres hault quon leust peu bien ouyr de la chābre se neust este les deuises q̄ la dame faisoit mettre en terme. Quāt ce bō escuier se vit en ce poīt assailly de la toux il ne sceut autre remede affin de non estre ouy q̄ de bouter sa teste au trou du retrait ou il fut bien ensense dieu le scait de la confiture de leans/mais encores aymoit il ce mieulx que estre ouy. Pour abreger il fut long tēps la teste en ce retraict crachāt mouchant et toussant tant ql sembloit que iamais ne deust faire autre chose/neantmoins apres ce bon coup la toux le laissa & se cuidoit tirer hors/mais il nestoit pas en sa puissance de ce retirer tant estoit auant et fort boute leans/pensez ql estoit bien a son ayse. Brief il ne scauoit trouuer facon den saillir quelque paine quil y mist/il auoit tout le col escorche et les oreilles arrachees/en la parfin comme dieu le voulut il se forca tāt quil arracha lais perce du retrait et le rapporta a son col / mais en sa puissance ne eust este de len oster/et quoy ql luy fust ennuyeux si aymoit il mieulx estre ainsi que comme il estoit par deuant. La dame le vint trouuer en ce point dont elle fut bien esbaye et ne luy sceut secourir/mais luy dist pour tous potages quelle ne scauroit trouuer facon du monde le traire de leans. Et ce cela dist il/par la mort bieu ie suis assez arme pour combatre vng autre mais que iaye vne espee en ma main dont il fut tantost saisi dune bonne. La dame le voyant en tel point quoy quelle eust grant doubte ne se scauoit tenir de rire ne lescrier aussi. Or ca a dieu me comēt dist il lors ie men voys essayer cōment ie passeray par ceans / mais premier brouilles moy le visaige bien noir / si fist elle et le commanda a dieu / ꝛ bon compaignō a tout lats du retrait a son col / lespee nue en sa main la face plus noire que charbon commenca a saillir de la chambre / et de bonne encontre le premier quil trouua ce fut le bōēt mary qui eut de le veoir si grant paour cuidant que ce fust le diable quil se laissa tumber du hault de lui a terre que a peu quil ne se rompit le col ꝛ fut longuement pasme Sa femme le voyant en ce point saillit auant / monstrant plus de semblant deffray quelle ne sentoit beaucoup / et le print au bras en lui demandant quil auoit / puis apres quil fut reuenu il dist a voix casse et bien piteuse. Et naues vous point veu ce dyable que iay encontre. Certes si ay dist elle a peu que ie nen suis morte de la frayeur que iay eue de le veoir. Et dont peut il venir ceans dist il ne qui le nous a enuoie / ie ne seray de cest an ne de lautre rasseure tant ay este espouēte. Ne moy par dieu dist la deuote dame / creez que cest signifiance de aucune chose. Dieu nous vueille garder ꝛ deffendre de toute male aduanture / le cueur ne me gist pas bien de ceste vision. Alors tous ceulx de lostel dirent chascun sa ratelee de ce dyable a lespee cuydant que la chose fust vraye / mais la bōne dame scauoit bien la trainnee qui fut bien ioyeuse de les veoir tous en ceste oppinion / et depuis continua arriere le dyable dessusdit le mestier que chascun fait si voulentiers au desceu du mary et de tous autres fors vne chamberiere secrete.

La.lxxiii. nouuelle p maistre iehan lambin.

La .lxxiii. nouuelle par maistre iehan lambin.

EN la conte de saint pol naguères en vng village assez prochain de ladicte ville de saint pol auoit vng bon homme laboureur marie auec vne femme belle & en bon point de laqlle le cure dudit village estoit amoureux. Et pour ce quil se sentit si esprins du feu damours & que difficile luy estoit seruir sa dame sans estre suspecionne se pensa quil ne pouoit bonnemēt venir a la iouyssāce delle sans premier auoir celle du mary. Cest aduis descouurit a sa dame pour en auoir son oppinion/laqlle luy dist que tresbonne & propre estoit pour mettre a fin leurs amoureuses intencions. Nostre cure dōc par gracieux et subtilz moyens saccointa de celluy dont il vouloit estre le cōpaignon & tant bien se conduisit auec le bon homme quil ne mãgoit sans luy/& quelque besongne quil fist tousiours parloit de son cure/mesmemēt chascun iour le vouloit auoir au disner & au soupper/brief riens nestoit bien fait a lostel du bon hōme se le cure nestoit present Quant les voisins de ce poure simple laboureur virēt ce quil ne pouoit veoir/luy dirent quil ne luy estoit honneste auoir ainsi cōtinuellement le repaire du cure/& quil ne se pouoit ainsi cōtinuer sans grāt deshonneur de sa femme/mesmement que les autres voisins & ses amys len notoient et parloient en son absence. Quant le bon hōme se sentit ainsi aigrement reprins de ses voisins et quilz luy blasmoiēt le repaire du cure en sa maison/force lui fut de dire au cure quil se deportast de hanter en sa maison/et de fait lui deffēdit par motz expres et menasses que iamais ne si trouuast sil ne lui mandoit/affermant par grant sermēt q̄ sil lui trouuoit il compteroit auecques luy et le feroit retourner oultre son plaisir & sans luy en scauoir gre. La deffence desplaut au cure plus que ie ne vous scauroye dire/mais nōobstant quelle fust aigre pourtāt ne furēt les amourettes rompues/car elles estoient si parfond enracinees es cueurs des deux parties/que impossible estoit les rōpre ne desioindre. Or oyes comme nostre cure se gouuerna apres que la deffence luy fut faicte par lordonnance de sa dame/il print rigle et coustume de la venir visiter toutes les fois quil sentoit le mary absent/mais lourdement si conduisit/car il neust sceu faire sa visitacion sans le sceu des voisins qui auoient este cause de la deffense ausquelz le fait desplaisoit autāt q̄ sil leur eust touche. Le bon hõme fut de rechief aduerty que le cure alloit estaindre le feu a son hostel cõme au parauãt de la deffence. Nostre simple mary oyant ce fut bien esbahy et encores plus courrouce la moittie leq̃l pour y remedier põsa tel moyen q̃ ie vous diray. Il dist a sa fẽme q̃l vouloit aller vng iour tel q̃l nõma mener a sait omer vne charrette de ble/ ⁊ q̃ po᷑ mieulx besõgner il y vouloit lui mesmes aler Quant le iour nomme quil devoit partir fut venu il fist ainsi quon a de coustume en picardie especialement es marches dautour saint omer/ chargea son chariot de ble a mynuyt / et a celle mesmes heure voulut partir et print congie de sa femme et vuyda auec son chariot. et si tost quil fut hors sa fẽme ferma to᷑ les huys de sa maison. Or vous devez entendre q̃ nostre marchant fist son sait omer chiez lung de ses amys q̃ demouroit au bout de la ville ou il alla arriuer/ ⁊ mist son chariot en la court dudit amy q̃ scauoit toute la traynee leq̃l il enuoya pour faire le guet ⁊ escouter tout ento᷑ de sa maison pour veoir se quelq̃ larron y viẽdroit. Quãt il fut la arriue il se tapit au coing dune forte haye duq̃l lieu il veoit toutes les entrees de la maison dudit marchãt dont il estoit seruiteur et grãt amy en ceste partie. Gueres neust escoute q̃ vecy maistre cure q̃ viẽt pour alumer sa chandelle ou pour mieulx dire lestaindre/ ⁊ tout coyemẽt ⁊ doulcemẽt heurte a lhuis de la court leq̃l fut tantost ouy de celle qui nauoit talent de dormir a celle heure/ laq̃lle sortit habillemẽt en chemise ⁊ vint mettre dedãs son cõfesseur ⁊ puis ferme lhuis le menãt au lieu ou son mari deust auoir este. Or reuenõs a nostre guet lequel quant il parceut tout ce q̃ fut fait se leua de son guet ⁊ sen alla sõner sa trõpette et declaira tout au bon mary/ sur quoy incõtinent cõseil fut prins ⁊ ordõne en ceste maniere. Le marchant de ble faignit retourner de son voyage auec son chariot de ble pour certaines aduãtures quil doubtoit luy aduenir. Si vĩt heurter a sa porte ⁊ hucher sa femme qui se trouua biẽ esbaye quant elle ouyt sa voix/ mais tant ne le fut quelle ne print bien le loysir de musser son amoureux le cure en vng casier qui estoit en la chãbre. Et pour vous donner a entendre quelle chose est vng casier cest vng garde mãgier en la facon dune huche lõg ⁊ estroit p raison ⁊ assez parfont. Et apres que le cure fut musse ou len musse les oeufz et

le beurre le formaige ⁊ autres tel-
les vitailles la vaillant mesnage
re comme moytie dormant moitie
veillant se presenta devāt son ma-
ry a lhuis ⁊ luy dist. Helas mon
bon mary quelle aduāture poues
vous auoir que si hastiuement re
tournez/certainement il y a aucun
qui ne vous laisse faire vostre voy
age. Helas po^r dieu dictes le moy
Le bon homme voulut aller en sa
chambre et illec dire les causes de
son hastif retour. Quant il fut ou
il cuidoit trouuer son cure/cestassa
voir en sa chambre cōmenca a com
pter les raisons du retour de son
voyage. Premier dist pour la sus-
picion quil auoit de la desloyaul-
te delle craignoit tresfort estre du
renc des bleuz vestus quon appelle
cōmunemēt noz amys/et q̄ au moyē
de ceste suspicion estoit il ainsi tost
retourne. Item que quāt il sestoit
trouue hors de sa maison autre cho
se ne luy venoit au devāt si nō q̄ le
cure estoit son lieutenant tandis ql
alloit marchander. Itē pour expe
rimēter son ymaginacion dist quil
estoit ainsi retourne et a celle heu
re voulut auoir la chandelle et re
garder se sa femme osoit bien cou-
cher sans compaignie en son absen
ce. Quāt il eut acheue les causes de
son retour la bōne dame sescria di
sant. Ha mon bon mary dont vous
viēt maītenāt ceste vaine ialousie
auez vous perceu en moy autre cho
se quon ne doit veoir ne iuger dune
bonne loyale ⁊ preudefemme/he-
las que mauldicte soit lheure que
oncques ie vous congneus pour es
tre suspeconne de ce que mon cueur
ne sceust penser/vous me cōgnois
sez mal/et ne scauez vous combien
net ⁊ entier mon cueur veult estre
⁊ demourer. Le bon marchāt eust
peu estre contraint de ses bourdes
sil neust rompu la parolle / si dist
ql vouloit auerir son ymaginaciō
Et incontinent vint cherher et vi
siter les cornetz de sa chambre au
mieulx quil lui fut possible/mais il
ne trouua point ce quil queroit. A
donc se donna garde du casier et
iugea que son compaignon y estoit
et sans en monstrer semblant hu-
cha sa femme et luy dist. Mamye
a grant tort ie vous ay suspicionee
de me estre desloyale ⁊ que telle ne
soyez que ma faulse ymaginacion
me apporte / toutesfois ie suis si a
heurte ⁊ enclin a croire ⁊ marrester
a mon oppinion que impossible me
est de iamais estre plaisamment
auec vous/et pour ce ie vous prye
que soyez contente que la separaci
on soit faicte de nous deux ⁊ que
amoureusement partissions nos

biẽs communs par egale porcion
La gonge qui desiroit assez ce mar
che affin q̃ plus aysieemẽt se trou
uast auec son cure accorda sãs gue
res faire difficulte a la requeste de
son mary par telle condicion tou-
tesfois quelle faisant la particion
des meubles elle commenceroit
⁊ feroit le premier choiz. Et pour
quelle raison dist le mary voulez
voꝰ choisir la p̃miere/cest tout cõ-
tre tout droit et iustice. Ilz furent
long temps en differẽce pour choi
sir/mais a la fin le mary vainquit
car il print le casier ou il ny auoit
que flans tartres et fromaiges et
autres menues vitailles/entre les
quelz nostre cure estoit enseuely le
quel ouyoit ces bons deuis q̃ a ces
te cause se faisoient. Quant le ma
ry eut choisi le casier la dame choi
sit la chaudiere/puis le mary vne
autre meuble/puis elle consequẽ-
mẽt iusques a ce que tout fut par
ty et porcionne/apres laquelle por
cion faicte le bõ mary dist. Je suis
content que vous demourez a ma
maison iusq̃s a ce que aurez trou-
ue logis pour vous/mais de ceste
heure ie vueil emporter ma part ⁊
la mectre a lostel dung de mes voi
sins. Faictes en dist elle a vostre
bon plaisir. Il print vne bonne cor
de corde et enlya et adouba son ca-
sier/et fist venir son harreton a q̃
il fist chasteller son casier dũg che
ual et lui chargea quil le menast a
lostel dung tel son voisin. La bon
ne dame oyant ceste deliberacion
laissoit tout faire/car de dõner cõ-
seil au conteaire ne se osoit aduan
cier doubtant que le casier ne fust
ouuert/si habandonna tout a tel
le aduãture que souruenir pouoit
Le casier fut ainsi que dit est has-
telle au cheual et mene par la rue
pour aller a lostel ou le bon hõme
lauoit ordonne/mais gueres nala
que le maistre cure a qui les oeufz
⁊ le beurre creuoiẽt les yeulx cria
pour dieu mercy. Le charreton oy
ant ceste piteuse voix resonãte du
casier descendit tout esbahy et hu-
cha les gens et son maistre qui ou
urirent le casier ou ilz trouuerent
le poure prisonnier dore ⁊ empapi
ne deufz de fromaige et de lait et
autres choses plus de cent. Ce po
ure amoureux estoit tant piteuse-
ment appointe quon ne scauoit du
quel il auoit le plus. Et quant le
bon mary le vit en ce point il ne se
peut contenir de rire combien que
courrouce deust estre. Si le laissa
courir et vint a sa fẽme monstrer
commẽt il auoit eu tort destre sou
specõneux de sa faulse desloiaulte
Elle qui se vit par exemple vain-

cure crya mercy/ et il lui fut pardõ
ne par telle condicion q̃ se iamais
le cas luy aduenoit que elle fust
mieulx aduisee de mettre son hom
me autre part que ou casier. Car
le cure en auoit este en peril de es
tre a tousiours gaste. Et apres
ce ilz demourerent ensemble long
temps et rapporta lomme son ca
sier/ et ne scay point que le cure si
trouuast depuis/ leq̃l par le moien
de ceste aduanture fut comme en
cores est appelle sire Badin casier.

¶ La. lxxiiii. nouuelle par phelip
pe de laon.

Ainsi que nagueres monsei
gneur le seneschal de boule
nois cheuauchoit parmy le pays
dune ville a lautre en passant par
vng hamelet ou len sonnoit au sa
cremēt/ et pour ce quil auoit doub
te de non pouoir venir a la ville
ou il contendoit en temps po^r ouir
messe/ car leure estoit pres de midi
il sadiuisa quil descēdroit audit ha
mel pour veoir dieu en passant. Il
descendit a lhuis de leglise et puis
sen alla rendre assez pres de lautel
ou len chantoit la grant messe/ et
si prochain se mist du prestre quil
le pouoit en celebrant de costiere
appercevoir. Quāt il eut leue dieu
et calice ꝛ fait ainsi cōme il apper
tenoit/ pensant a par luy apres q̃l
eut parceu monseigneur le senes
chal estre derriere lui ꝛ non sachāt
sen bonne heure estoit venu pour
veoir dieu leuer ayant toutesfoys
oppinion q̃l estoit venu tard/ il ap
pella son clerc et lui fist alumer ar
riere la torche puis en gardant les
serimonies quil fault garder leua
encores vne fois dieu disant q̃ ces
toit pour mōseigneur le seneschal
ꝛ puis ce fait proceda oultre iusq̃s
a ce quil fut paruenu a son agnus
dei/ lequel quant il leut dit troys
fois et que son clerc luy bailla la
paix pour baiser/ il la refusa et en
rabrouant tresbien son clerc il dist
quil ne scauoit ne bien ne hōneur
et la fist bailler a monseigneur le
seneschal q̃ la refusa de tout poīt
deux ou trois fois. Et quāt le pres

treuit que monseigñr le seneschal ne vouloit prendre la paix devant lui il laissa dieu quil tenoit en ses mains et print la paix quil apporta a mondit seigneur le seneschal et lui dist que sil ne la prenoit devãt luy il ne la prẽdroit ia lui mesmes/et ce nest pas dist le prestre raison que iaye la paix devant vous. Adonc monseigñr le seneschal voiant que sagesse navoit illec lieu se accorda au cure et print la paix premier/puis le cure apres. Et ce fait sen retourna parfaire sa messe de ce qui restoit/et puis cest tout ce q̃ on men a compte.

La.lxxv.nouvelle racomptee par monseigneur de thalemas.

Au temps de la guerre des deux parties/les ungs nõmez bourgongnons/et les autres armignacz/advint a troyes en chãpaigne une assez gracieuse advanture qui tresbien vault le reciter et mectre en cõpte q̃ fut telle. Ceulx de troyes pour lors que oncques par avant ilz eussent este bourgõgnõs cestoiẽt tournez armygnacz et entre eulx avoit converse ung compaignon a demy fol/non pas quil eust perdu lentiere congnoissance de raison/mais a la verite il tenoit plus du coste de dame folye quil ne tenoit de raison/combien q̃ aucuneffoys il executast et de la main et de la bouche plusieurs besõgnes que plus saige de lui neust sceu achever. Pour venir donc au propos encommence le galant dessusdit estoit en garnison avec les bourgongnons a saincte menehomist une iournee en termes a ses compaignons et leur commẽca a dire que silz vouloient croire quil leur bailleroit bonne doctrine po^r attrapper ung hoc des soudiers de troyes/lesquelz a la verite ilz hayoient mortellement et ilz ne la moient gueres/mais le menassoient tousiours de pendre silz le pouoient tenir/vecy quil dist/ie men iray devers troyes et maprocheray des faulxbourgs et feray semblant despier la ville et de taster de ma lance les fossez/et si pres de la ville me tireray que ie seray prins Je suis seur que si tost que le bon bailly me tiendra quil me condemnera a pendre et nul de la ville ne si opposera pour moy/Car ilz me hayent tresfort/ainsi seray ie bien matin au gibet & vous serez embuschez au bocquet qui est au plus pres du dit gibet/et tantost que vous orrez venir moy et ma compaignie vous saulderez sur lassemblee et en prendrez et tiendrez a vostre voulente et me delivrerez de leurs mains. Tous les compaignons de la garnison si accorderent tresvoulentiers et lui commencerent a dire que puis quil osoit bien entreprendre ceste aduanture que ilz ayderoient a la parfournir au mieulx quilz scauroient Et pour abreger le gentil folastre sapprocha de troyes comme il auoit deuant dit et aussi comme il desiroit & fut prins dont le bruit sespandit tost parmy la ville & ny eut celluy qui ne le condemnast a pendre/mesmement le bailly si tost quil le vit dist et iura par ses bons dieux quil sera pendu par la gorge. Helas monseigneur disoit il ie vous requier mercy/ie ne vous ay rien meffait

Vous mentes ribault dist le bailly/vous auez guyde les bourgongnons en ceste marche/& auez acuse les bourgoys et bons marchans de ceste ville/vous en aurez vostre payement/car vous en serez au gibet pendu. Ha pour dieu monseigneur dist nostre bon compaignon/puis quil fault que ie meure au moins quil vous plaise que ce soit bien matin/et quen la ville ou iay eu tant de congnoissance & acointance ie ne recoyue trop publique punicion. Bien dist le bailly on y pensera. Le lendemain des le point du iour le bourreau auec sa charecte fut deuant la prison ou il neust gueres este que vecy venir le bailly a cheual et ses sergens et grant nombre de gens pour lacompaigner/& fut nostre homme mis trousse et lye sur la charecte et tenant sa musette dont il iouoit coustumierement on le maine deuers la iustice ou il fut plus acompaigne que beaucoup dautres neussent este tant estoit hay en la ville. Or deuez vous scauoir que les compaignons de la garnison de saincte meneho noublierent point eulx embuschier au bois au pres de la iustice des la mi nuit/tant pour sauuer lhomme quoy quil ne fust pas des plus saiges comme pour gaigner prisonniers et autre chose silz pouoient.

Eulx la doncques arriuez disposerent de leurs besongnes comme de guerre/et ordonnerent vng guet sur vng arbre qui leur devoit dire quant ceulx de troyes seroient a la iustice/ceste guette ainsi mise et logee dist quelle feroit bon devoir. Or sont descendus ceulx de la iustice devant le gibet/et le plus abregement que faire se peust le bailly commanda que on despeschast nostre poure coquart qui estoit bien esbahy ou ses compaignons estoient quilz ne venoient ferir dedans ces ribaulx arminacz/il nestoit pas bien a son ayse/mais regardoit devant et derriere et le plus vers le boys/mais il noyoit riens/il se confessa le plus longuement quil peut toutesfois il fut oste du prestre/et pour abreger monta sur leschelle et lui la venu bien esbahy dieu le scayt regarde tousiours vers ce bois/mais cestoit pour neant/car la guette ordonnee pour faire saillir ceulx qui rescourre le devoient estoit endormie sur cest arbre/si ne scavoit que dire ne que faire ce poure homme si non quil pensoit estre a son derrenier iour. Le bourreau a certaine piece apres fist ses preparatoires pour luy bouter la hart au col pour le despescher/et quant il vit ce il sadvisa dung tour qui luy fut bien profitable et dist/monseigneur le bailly ie vous prie pour dieu que avant quon mette plus la main a moy que ie puisse iouer vne chancon de ma musette et ie ne vous demande plus/ie suis apres content de mourir et vous pardonne ma mort et a tout le monde. Ceste requeste lui fut passee et sa musette luy fut en hault portee/et quant il la tint le plus a loisir quil peut il la commence a sonner et iouer vne chanson que ceulx de la garnison dessusdicte congnoissoient tresbien et y avoit tu demeures trop robin tu demeures trop/et au son de la musette la guette sesueilla et de paour quelle eut se laissa cheoir du hault en bas de larbre ou elle estoit et dist on pend nostre homme avant avant hastez vous tost/et les compaignons estoient tous prestz et au son dune trompette saillirent tous hors du boys et se vindrent fourrer sur le bailly et sur tout le mesnaige qui devant le gibet estoit. Et a cest effroy le bourreau fut tant espardu et esbahy quil ne scavoit ne neust oncques advis de lui bouter la hart au col ne le bouter ius/mais lui pria quil lui sauvast la vie ce quil eust fait tresvoulentiers/mais il ne fut en sa puissance/trop bien y feist autre chose et meilleure/car lui qui estoit sur leschelle cryoit a ses compaignons/

prenez cestui ca/p̄nez cestui la vng tel est riche/vng tel est mauuais. Brief les bourgongnons en tuerent vng grant tas en la venue de ceulx de troyes et prindrent des prisonniers vng grāt nombre et sauluerēt leur homme en la facon que vous oyes qui leur dist quen iour de sa vie neut si belles affres quil auoit a ceste heure eues.

¶La. lxxvi. nouuelle racomptee par phelippe de laon.

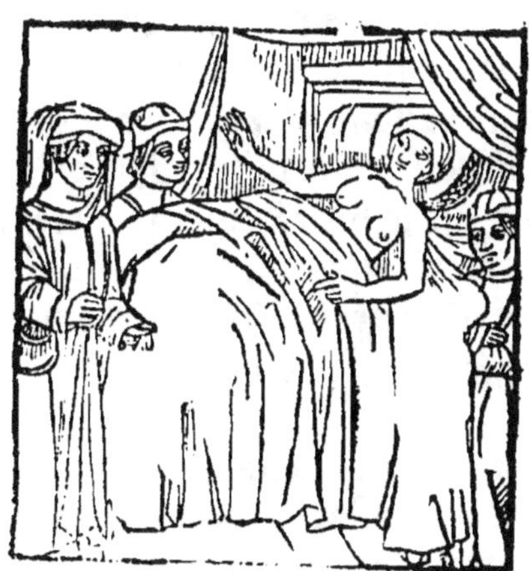

Len ma plusieurs foys dit et racompte par gens dignes de foy vng bien gracieux cas dont ie fourniray vne petite nouuelle sās y descroistre ne adiouster autre chose que ce qui sert au propos. Entre les autres cheualiers de bourgogne vng en y auoit nagueres lequel cōtre la coustume et vsage du pays tenoit a pain et a pot vne damoiselle belle et gēte en son chasteau que point ne vueil nommer/son chappellain qui estoit ieune et frais voyant ceste belle fille nestoit pas si constant que souuēt ne fust par elle tēptee et en deuint amoureux/et quant il vit myeulx son poīt compta sa ratelee a la damoiselle q̄ estoit plus fine q̄ moustarde/car la mercy dieu elle auoit raudy et couru le pays tāt que du monde ne scauoit que trop/elle pēsa bien en soy mesmes que selle accordoit au prestre sa requeste q̄ son maistre qui veoit cler q̄lque moyē que elle sauroit trouuer il sen dōneroit bien garde et ainsi perdroit le plus pour le moins/si delibera de descouurir lembusche a son maistre lequel quant il le sceut nen fist que rire/car assez sen doubtoit attendu le regard deuis et esbatement quil auoit veu entre eulx deux/ordōna neātmoins a sa gouge q̄lle entretenist le p̄stre voire sās faire la courtoisie/et si fist elle si bien q̄ nostre sire en auoit tout au long du bras et nostre bon cheualier souuēt luy disoit/par dieu nostre sire vous estes trop priue de ma chamberiere ie ne scay quil ya entre vous deux mais se ie scauoie que vous y pour chassissiez riens a mon desauātage par nostre dame ie vous puniroie bien. En verite monseigneur res pondit maistre domine ie ny calenge ne demande riens / ie me deuise a elle et passe temps comme font les autres des ceans / mais oncqs iour de ma vie ne la reqs damours ne dautre chose. Pour tant le vous dy ie ce dist le seigneur / se autremēt en estoit ie nen seroye pas content Se nostre domine en auoit bien poursuy au parauant ses parolles plus aigres et a toute force continua la poursuite / car ou quil rencōtrast la gouge de tāt pres la tenoit que contraincte estoit voulsist ou non donner loreille a sa doulce requeste et elle duyte et faicte a lesperon et a la lance endormoit nostre prestre et en son amour tant fort le boutoit ql eust pour elle vng ogier combatu. Si tost que de lui sestoit sauluee tout le plaidoie dentre eulx deux estoit au maistre par elle racompte pour plusgrant plaisir en auoir / et pour faire la farce au vif et bien tromper son chapelain il commanda a sa gouge quelle lui assignast iournee destre en la ruelle du lit la ou ilz couchoient / et luy dis. Si tost que monseigneur sera couche ie feray ce que vo⁹ voul drez / rendez vous donc en la ruelle du lit tout doulcemēt. Et fault dist il que tu lui laisses faire et moy aussi / ie suis seur que quant il cuydera que ie dorme que il ne demourra gueres que il ne tenferre et iauray apreste a lenuiron de ton deuant le las iolis ou il sera atrappe. La gouge en fut ioyeuse et bien contente et fist son raport a nostre domine q̄ iour de sa vie ne fut plus ioyeux / et sans pēser ne ymaginer peril ne dangier ou il se boutoit cōme en la chambre de son maistre ou lit et a la gouge de son maistre / toute raison estoit de lui a ce arriere mise / seulement lui chailloit dacomplir sa folle voulente cōbien q̄ naturelle est de plusieurs acoustumee. Pour faire fin a long proces maistre prestre vint a lheure assignee bien doulcement en la ruelle dieu le scat / et sa maistresse lui dist tout bas. Ne sōnez mot / quāt mō seigneur dormira bien fort ie vous toucheray de la main et viendres empres moy. En la bonne heure ce dist il. Le bon cheualier qui a ceste heure ne dormoit mie se tenoit a grant paine de rire. Toutesfois pour pfaire la farce il sen garda / et cōme il auoit propose et dit il tendit son file ou son las lequel quon veult tout a lēdroit de la partie ou maistre prestre auoit plꝰ grāt desir de heurter. Or est tout prest ⁊ nostre domine appelle ⁊ au plus doulcemēt quil peut entra dedans le lit ⁊ sans plꝰ barguigner il monte sur le tas pour veoir de plꝰ loing. Si tost quil fut loge le bon cheualier tire son las bien fort et dist bien hault. Ha ribault prestre estes vous tel / et bon prestre a soy retirer/mais il ne alla gueres loing/car linstrumēt quil vouloit accorder au bedon de la gouge estoit si bien enueloppe du las quil nauoit garde deslongner/ dont si tresesbahy se trouua ql ne scauoit sa contenāce ne qui luy estoit a aduenir/de plꝰ fort tiroit son maistre le las qui grant douleur si luy eust este se paour et esbahissemēt ne lui eussent tollu tout sentemēt. A petit de piece il reuint a luy et sentit tresbien ces douleurs/⁊ bien piteusement cria mercy a son maistre q̄ tant grant fain auoit de rire que a paine scauoit il parler si luy dist il neantmoins apres quil leust auāt en la chambre parbondy. Allez voꝰ en nostre sire et ne voꝰ aduiengne plus/ceste fois vous sera pardonnee/mais la seconde seroit irremissible. Helas mōseigneur si respōd il/iamais ne mauiēdra/elle est cause de ce que ie ay fait. A ce coup il sen alla et monseigñr se recoucha q̄ acheua ce que lautre auoit amence/mais saiches que oncq̄s puis ne si trouua le bon prestre au sceu du maistre. Il peut bien estre que en recompense de ses maulx la gouge en eut depuis pitie/et pour sa conscience acquiter luy presta son bedon et tellement sacorderēt que le maistre en valut pis tant en biens comme en honneurs. Du surplus ie me tais et a tant ie fois fin.

¶La.lxxvii. nouuelle racomptee par alardin.

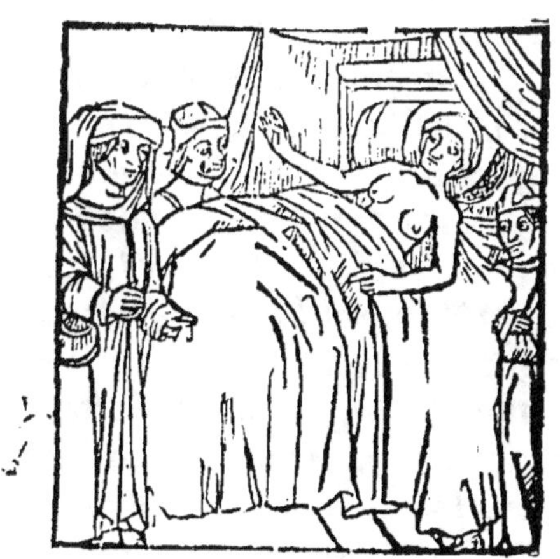

Ung gentil hōme des marches de flandres ayant sa

mere bien ancienne et tresfort debi
litee de maladie plus languissant
et viuant a malaise que nulle au-
tre femme de son aage esperât del
le mieulx valoir et amender/et cô
bien que es marches de flandres il
fist sa residence si la visitoit il sou
uent / et a chascune fois que vers
elle venoit tousiours estoit de mal
oppressee tant que len cuidast que
lame en deust partir. Et vne fois
entre les autres côme il lestoit ve
nu veoir elle au partir luy dist. A
dieu mon filz ie suis seure que ia-
mais ne me verres/car ie men vois
mourir. A dea ma damoyselle ma
mere vous mauez tant de fois ces
te lecon recordee q̃ ien suis saoul/&
a trois ans passes q̃ tousiours aĩsi
mauez dit/mais vous nen auez riẽ
fait/prenes bon iour ie vous en prie
si ne failles point. La bône damoy
selle oyant de son filz la response
quoy que malade et vieille fust en
soubzriât luy dist adieu. Or se pas
serent puis vng an puis deux ans
tousiours en languissant. Ceste fẽ
me fut arriere de sondit filz visitee
et vng soir comme en son lit en los
tel delle estoit couchee tant oppres
see de mal quon cuidast bien quelle
allast a mortaigne/si fut ce bô filz
appelle de ceulx qui sa mere gar-
doient et lui dirent que bien en has
te a sa mere venist/car seurement
elle sen alloit. Dictes vous donc
dist il quelle sen va / par ma foy ie
ne lose croire tousiours dit elle
ainsi/mais riens nen fait. Men-
ny nenny dirent ses gardes cest a
bon escient/venez vous en/car on
voit bien quelle sen va. Je vous di
ray dist il/allez vous en deuant et
ie vous suyuray/et dictes bien a
ma mere puis q̃lle sen veult aller
que par douay point ne sen aille
que le chemin est trop mauuais/ a
peu que deuant hier moy et mes
cheuaulx ny demourasmes. Il se
leua neantmoins et housse de sa
robe longue se mist en train pour
aller veoir se sa mere feroit la der
reniere et finable grimace. Luy la
venu la trouua fort malade & q̃ pas
se auoit subite faulte q̃ la cuydoit
bien ẽporter /mais dieu mercy elle
auoit vng petit mieulx. Nesse pas
ce que ie vous dy cômence a dire ce
bon filz/len dit tousiours ceans et
si fait elle mesmes quelle se meurt
& riẽs nen fait/prenne bon terme de
par dieu côme tant de fois luy ay
dit/& si ne faille poĩt ie men retour
ne dont ie vien / et si vous aduise
que plus ne mappellez selle deuoit
sen aller toute seule si ne lui feray
ie pas a ceste heure compaignie.

Or convient il que ie vous compte la fin de mon entreprinse. Ceste damoiselle ainsi malade que dit est revint de ceste extreme maladie/ et comme au par avant depuis vesquit en languissant lespace de trois ans pendant lesquelz ce bon filz la vint veoir daventure. Une fois et au point quelle rendit lespe rit/ mais le bon fut quant on les le vint querir pour estre au trespas delle il vestoit une robe neufve et ny voulu aller/ messages sur autres venoient vers luy/ car sa bonne mere q̃ tiroit a sa fin le voulloit veoir et recommander aussi son ame/ mais tousiours aux messages respondoit/ ie scay bien quelle na point de haste quelle nattende bien q̃ ma robe soit mise a point En la parfin tant luy fut remonstre quil sen alla tantost devers sa mere sa robe vestue sans les manches/ leql quãt en ce point fut delle regarde lui demãda ou estoient les mãches de sa robe/ et il dist. Elles sont la dedans q̃ nattendent a estre parfaictes si non q̃ vous descõbrez la place/ elles seront donc tantost acheuees ce dist la damoiselle. Je men vois a dieu auql̃ humblemẽt mon ame recõmande et a toy aussi mon filz. Lors rẽdit lame a dieu sans plus mot dire la croix entre ses bras/ laquelle chose voyãt son bon filz cõmenca tãt fort a plourer que iamais ne fut veu la pareille et ne se pouoit nul reconforter/ et tant en fist que au bout de quinze iours il mourut de dueil.

¶ La. lxxviii. nouvelle racomptee par iehan martin.

Ou bon pays de brebant qui est bõne marche et plaisante fournie a droit et bien garnie de belles filles et bien saiges coustumierement et le plus/ et des hommes on veult dire et se treuve assez veritable que tant plus vivẽt que tant plus sont sotz. Naguerres advint que ung gentil homme en ce point ne et destine il luy print voulente daller oultre mer voyager en diuers lieux comme en cypre/ en rodes et es marches denuiron/ et au derrenier fut en therusalem ou il receut lordre de chevalerie. Pendant lequel temps de son voyage sa bonne femme ne fut pas si oyseuse quelle ne prestast son quoniã a trois compaignons / lesquelz cõme a court seruent par temps et termes eurent audience / & tout premier vng gentil escuier fres & frisque et en bon point qui tant rembourra son bas a son chier coust et substance tant de son corps comme en despence de pecune / car a la verite elle tant bien le pluma quil ny failloit point renuoier quil sen nuya et retira et de tous poins labandonna. Lautre apres vint qui chevalier estoit & homme de grant bruyt qui bien ioyeux fut dauoir gaigne la place et besongna au mieulx quil peut comme dessus moyennant de quibus que la gouge tãt bien scauoit auoir que nul autre ne la passoit / et brief se lescuier qui au parauant auoit la place auoit este rongie damp chevalier neneut pas moins. Si tourna bride et print congie et aux autres habandonna la queste. Pour faire bõne bouche / la bonne damoiselle dung maistre prestre saccointa et quoy ql fust subtil et sur argent biẽ fort luxurieux si fut il raenconne de robes / de vaisselle & de autres bagues largement. Or aduint dieu mercy que le vaillant mary de ceste gouge fist scauoir sa venue et comme en therusalem auoit este fait chevalier / si fist sa bõne femme lostel aprester / tendre parer et nettoyer au mieulx quil fust possible. Brief tout estoit bien net & plaisant fors elle seulemẽt car le pl9 du butin q̃lle auoit a force de rains gaigne auoit acquis vaisselle / tapisserie et dautres meubles assez. A larriuer que fist le doulx mary dieu scait la ioye & la feste quon lui fist / celle en especial qui le moins en tenoit cõpte cestassauoir sa vaillante femme ie passe tous ses biens vueillans et viens a ce que monseigneur son mary quoy coquart quil fust si se donna garde de foison de meubles q̃ auãt son partemẽt nestoiẽt pas leans. Vint aux coffres aux bufetz & en assez dautres lieux & treuue tout multiplie dõt le hutin luy mõta en la teste & de prinsault son cueur en voulut descharger / si sen vint eschauffe & mal meu deuers sa bõne fẽme & lui demãda tãtost dou sourdoiẽt tãt de biens cõe ceulx que iay dessus nõmez. Saint iehan mõseigneur ce dist ma dame ce nest pas mal demande / vous auez been cause den tenir telle maniere et de vo9 eschauffer ainsi / il semble q̃ vous

soyes courroucie a vous veoir / ie
suis pas bien a mon aise dist il, car
ie ne vous laisse pas tant dargent
a mon partir et si ne pouez pas tāt
auoir espargne que pour auoir tāt
de vaisselle/de tapisserie & le surplus
de bagues que iay trouue par ceās
il fault & ie nen doubte point/car
iay cause que quelquun se soit de
vous accointe qui nostre mesnage
a ainsi renforce. Et par dieu mon
seigneur respond la simple fēme/
vous auez tort qui pour bien faire
me mettes sur telle villennie / ie
vueil bien q̄ vous saches que ie ne
suis pas telle / mais meilleure en
tous endroits que a vous nappar-
tiēt/et ne esse pas raison auec tout
le mal que iay eu damasser & espar
gner pour acroistre & embellir vos
tre hostel & le mien ien soye reprou
chee et tencee/cest bien loing de cō
gnoistre ma paine comme bon ma
ry doit faire a sa bonne preudefem
me/telle lauez vous meschant ma
leureux dont cest grant domma-
ge par mon ame se ce nestoit pour
mon honneur et pour mon ame.
Ce proces quoy quil fust plus lōg
pour vng temps cessa et sadvisa
maistre mary pour estre acertene
de lestat de sa femme q̄l feroit tāt
auec son cure qui son tresgrāt amy
estoit que delle orroit la deuote cō
fession/ce quil fist au moyen du cu
re qui tout conduist / car vng bien
matin en la bōne sepmaine que de
son cure pour confesser approucha
en vne chapelle deuant il lenuoya
& a son mary vint lequel il adouba
de son abit et lenuoya deuers sa
femme. Se nostre mary fut ioy-
eux il ne le fault ia demāder quāt
en ce point il se trouua / il vint en
la chappelle et au siege du prestre
sans mot dire entra / et sa femme
sapproucher qui a genoulx se mist
deuant ses piez cuidant pour vray
estre son cure et sans tarder com-
menca a dire benedicite/et nostre
sire son mary respondit dominus
au mieulx quil sceut comme le cu-
re lauoit aprins acheua de dire ce
qui affiert. Apres que la bonne fē
me eut dit la generale confession
elle descendit au particulier & vint
parler comment durant le temps
que son mary auoit este dehors
vng escuier auoit este son lieute-
nant dont elle auoit tant en or en
argent que en bagues beaucoup a
mende / et dieu scayt quen oyant
ceste cōfession se le mary estoit biē
a son aise. sil eust ose voulentiers
leust tuee a ceste heure / toutesfois
affin de ouyr le surplus il eut paciē
ce. Quāt elle eut dit tout au lōg de
ce bō escuyer du cheualier sest accu

qui comme lautre lauoit bien baguee / et bon mary q de dueil se crieue ne scet que faire de soy descouurir et bailler labsolucion sãs plus attendre / si nen fist il riens / neantmoins print le loisir descouter ce quil orra. Apres le tour du cheualier le prestre vint en ieu / mais a cest coup bon mary perdit paciẽce et nen peut plus ouyr / si getta ius chaperon et surplis en soy mõstrãt luy dist / faulse et desloyalle or voy ie et cõgnois vostre grant trayson et ne vous suffisoit il de lescuier et puis du cheualier sans a vng prestre vous donner qui plus me desplaist que tout ce q fait auez. Vous deuez scauoir que de prinsault ceste vaillãt fẽme fut esbahye / mais le loisir qlle eut de respondre tresbien lasseura et sa contenãce / si biẽ ordõna de maniere qua louyr a sa respõce plus asseuree estoit que la plus iuste de ce mõde disant a dieu son oroison / si respondit tantost apres comme le saint esperit linspira et dist bien froidement / poure coquart qui ainsi vous tourmẽtez scauez vous bien pour quoy / or oyez moy sil vous plaist / et pensez vous que ie ne sceusse bien que cestiez vous a qui me confessoye / si vous ay seruy cõme le cas le requeroit et sans mentir de mot vous ay tout confesse mon cas / vecy commẽt de lescuyer me suis accusee et cestes vous quant vous meustes en mariage vous estiez escuier et lors feistes de moy ce quil vous pleut / le cheualier aussi dont iay touche cestes vous / car a vostre retour vous mauez fait dame / et vous estes le prestre aussi / car nul se prestre nest ne peut ouyr confession. Par ma foy mamie dist il or mauez vous vaincu et bien monstres que sage vous estes et a tort vous ay chargee dõt ie me repens et vous en cry mercy promettant de lamender a vostre dit. Legierement il vous est pardonne ce dist sa femme puis que le cas vous congnoissez. Ainsi que auez ouy fut le bon cheualier deceu par le subtil engin de sa femme.

¶ La .lxxix. nouuelle racomptee par messire michault de changy

La .lxxix. nouuelle par messire michault de changy

Au bon pays de bourbõnois ou de coustume les bonnes besõgnes se fõt auoit laultre hyer vng medecin dieu scet quel / oncq̃s ypocras ne galien ny practiquerẽt ainsi la science cõme il faisoit / car en lieu de cyros de breuages et de lectuaires et de cent mille autres besongnes que medecins scauent ordonner tant a cõseruer la sante de lhomme que pour la recouurer se elle est perdue. Ce bon medecin de quoy ie vous parle ne vsoit seulement que dune maniere de faire cestassauoir de bailler clisteres / q̃lque matiere quon luy apportast il faisoit tousiours bailler clisteres et touteffois si bien luy venoit en ses besongnes et affaires que chascun estoit bien content de luy et garissoit chascun dont son bruit creut et augmenta tant et en telle maniere que on lappelloit maistre iehan par tout / tant es maisons des princes et seigneurs comme es grosses abbayes et bõnes villes / et ne fut oncq̃s aristote ne galien ainsi auctorise par especial du commun peuple q̃ ce bon maistre dessusdit / et tãt mõta sa bonne renõmee que pour toutes choses on lui demandoit cõseil / et estoit tãt embesongne incessãment q̃l ne scauoit auquel entendre / se vne femme auoit mauuais mary rude et diuers elle venoit au remede vers ce bon maistre. Brief de tout ce dont on peut demander bon conseil de homme / nostre bon medecin en auoit la buee et venoit on a lui de toutes pars pour enseigner les choses perdues. Aduint vng iour que vng bon simple homme champestre auoit perdu son asne / et apres la longue queste dicellui si sadvisa vng iour de tirer vers cellui maistre qui si tressage estoit et a lheure de sa venue il estoit tãt enuironne de peuple q̃l ne scauoit auquel entendre. Ce bon homme neantmoint rompit la presse et en la presence de plusieurs luy cõpta son cas / cestassauoir de son asne q̃l auoit perdu / priant pour dieu quil luy voulsist radrecier. Ce maistre qui plus aux autres entẽdoit qua luy oyant le bruit et son de son langaige se vira deuers luy cuydant q̃l eust aucune enfermete / et affin den estre despesche dist a ses gens baillez luy vng clistere / et le bon simple homme qui lasne auoit perdu non saichant que le maistre auoit dit fut prins des gens du maistre qui tantost comme il leur estoyt chargie luy baillerent vng clistere dont il fut bien esbahy. Car il ne scauoit que cestoit. Quant il eut ce clistere tel quil fut dedans son ventre il picque et sen va sans plus demander de son asne cuydant certainement par ce le retrouuer/il neut gueres alle auāt q̄ le ventre lui brouylla tellement quil fut cōtraint de soy bouter en vne vieille masure inhabitee po^r faire ouuerture au clistere qui demandoit la clef des champs et au partir ql fist il mena si grāt bruyt que lasne du poure hōme qui passoit assez pres comme esgaree commence a reclamer ⁊ crier/ ⁊ bon hōme de sauācier et leuer sus et chanter. Te deū laudamus et venir a son asne quil cuydoit auoir retrouue par le clistere que lui auoit fait bailler le maistre qui eut encores plus de renommee sans comparaison que au parauant/car des choses perdues on le tenoit vray enseigneur et de toute sciēce aussi le parfait docteur cōbien que dung seul clistere toute ceste renommee vint Ainsi auez ouy commēt lasne fut trouue par vng clistere qui est chose aparente et qui souuent aduient

¶La.lxxx.nouuelle racomptee par messire michault.

Es marches dallemaigne cōme pour vray ouy nagueres racompter a deux gentilz seigñrs dignes de foy et de croire/ que vne ieune fille de laage denuiron.xv. a.xvi.ans fut donnee en mariage a vng loial gentil cōpaignon bien gracieux q̄ tout deuoir faisoit de paier le deuoir que voulētiers demandēt les femmes sans mot dire quant en cest aage et estat sont/ mais quoy que le poure hōme fist bien la besōgne ⁊ se efforcast espoire plus souuent quil ne deust/toutessfois nestoit loeuure quil faisoit en aucune manier aggreable a sa femme/ car incessamment ne faisoit que rechigner et souuent plouroit tant tendrement cōme se tous ces amis fussent mors. Son bon mary la voyant ainsi lamēter ne se scauoit assez esbahyr quelle cho se lui pouoit faillir/et lui deman doit doulcement helas mamye et quauez vous/et nestes vous pas bien vestue bien logee ꝛ bien seruie et de tout ce que gens de nostre es tat peuent par raison desirer bien conuenablement partie. Ce nest pas la qui me tient dist elle/ꝛ ques se donc/dictes le moy dist il et se ie y puis mectre remede pẽsez que ie le feray pour y mectre corpsꝰ ꝛ biẽs Le plusꝰ des fois elle ne respondit mot mais tousiours rechignoit ꝛ de plus en plus triste chere matte et mourne elle faisoit/laqlle cho se le mary ne portoit pas bien pa cientement quãt scauoir il ne pou oit la cause de ceste doleance/il en enquist tant quil en sceut vne par tie/car elle lui dist qlle estoit des plaisante quil estoit si petitement fourny de cela que voꝰ scauez/cest assauoir du baston de quoy on plã te les hommes comme dit bocace Voire dist il et esse cela dont tant vous doulez/et par sainct martin vous auez bien cause/toutesfois il ne peut estre autre ꝛ fault q̃ vous en passez tel quil est voire se vous ne voulez aller au change. Ceste vie se continua vng grant temps tant que le mary voyant ceste obs tinacion delle assembla vng iour a vng disner vng grãt tasꝰ des amis delle et leur remonstra le cas com ment il est cy dessus touche et di soit quil luy sẽbloit quelle nauoit cause de soy douloir de lui en ce casꝰ car il cuidoit aussi bien estre party dinstrument naturel que voisin ql eust/ꝛ affin dist il q̃ ien soie mieulx creu ꝛ que vous voyez son tort eui dent ie vous monstreray tout. A donc il mist sa dẽrree auãt sur la ta ble deuãt toꝰ ꝛ toutes/et dist/vecy de quoy. Et sa fẽme de plourer de plus belle. Et par saint iehan di rent sa mere sa seur sa tãte sa cou sine sa voisine/mamye vous auez tort/et que demãdez vous/voulez vous plus demander/qui esse q̃ ne deuroit estre contente dung mary aĩsi oustille/ainsi maist dieu ie me tiẽdroie bien eureuse den auoir au tãt voire beaucoup moins/appai siez voꝰ et faictes bonne chiere do resenauãt/par dieu vous estes la mieulx partie de nous toutes se croy ie. Et la ieune espousee oyãt le colliege des femmes ainsi pler leur dist bien fort en plourãt vecy le petit asnon de ceans qui na gue res auec demy an de aage ꝛ si a lin strument grant et gros de la lon gueur dung bras/et en ce disant te noit son bras par le coute et le brã loit trop bien/et mon mary q̃ a biẽ trente trois ans nen a que ce tant petit quil a monstre/et vous séble il que ien doye estre contéte. Chascun commenca a rire/et elle de pl⁹ plourer tant que lassemblee fut lõguement sans mot dire. Alors sa mere print la parole ⁊ a part dist a sa fille tant dunes et dautres que aucunement se contenta/mais ce fut a grãt paine/Vecy la guise des filles dallemaigne se dieu plaist bien tost seront ainsi en france.

La.lxxxi.nouuelle racomptee par monseigneur de Vaurin.

Puis que les cõptes et histoires des asnes sont acheuez ie vous feray en brief ⁊ a la verite vng gracieux compte dũg cheualier que la plus part de vo⁹ mes bons seigneurs congnoissez de pieca. Il fut bien vray que ledit cheualier sen amoura tresfort comme il est assez biẽ de coustume aux ieunes gens dune tresbelle gẽte ⁊ ieune dame et du du cartier du pays ou elle se tenoit la plus bruiãte la plus mignongne ⁊ la plus renommee/mais toutesfois quelque semblant quelque deuoir ql sceust faire pour obtenir la grace de celle dame/iamais ne peust paruenir destre seruiteur retenu dont il estoit tresdesplaisant ⁊ bien marry/attẽdu que tant ardãment/tant loyallement/⁊ tant entieremẽt lamoyt que iamais fẽme ne le fut mieulx Et nest point a oublier que ce bon cheualier faisoit autant pour elle que oncques fist seruiteur pour sa dame/comme de ioustes/dabillemens/et plusieurs esbatemens/⁊ neantmoins comme dist est tousiours trouuoit sa dame rude ⁊ mal traictable et lui monstroit moins de semblant damours que par raison ne deust/car elle scauoit bien ⁊ de vray que loyallement et chierement estoit de lui aymee/et a dire la verite elle lui estoit trop dure et est assez a penser quil procedoit de fierte dont elle estoit plus chargee que bonne lui feust comme on pourroit dire remplie. Les choses

eſtãs comme dit eſt/vne autre da
me voiſine et amye de la deſſuſdi
te/voyãt la queſte dudit cheualier
fut tant eſpriſe de ſon amour que
plus on ne pourroit/et ꝑ trop bon
ne facon et moyen que trop bonne
ſeroit a deſcrire/fiſt tant par ſub
tilz moyens que en petit de temps
le bon cheualier ſen apperceut dõt
il ne ſe meut que bien a point tant
ceſtoit fort donne au parauant a
ſa rebelle et rigoureuſe maiſtreſſe
trop bien cõe gracieux que il eſtoit
et bien ſaichant/tant ſagement en
tretenoit celle de luy eſprinſe que
ſe a la congnoiſſãce de lautre fuſt
ꝑuenu/ cauſe neuſt eu de blaſmer
ſon ſeruiteur. Or eſcoutez quelle
choſe aduint de ſes amours ⁊ qlle
en fut la concluſion. Ce cheualier
amoureux pour la diſtãce du lieu
neſtoit ſi ſouuent au pres de ſa da
me q̃ ſon loyal cueur ⁊ trop amou
reux deſiroit ſi ſaduiſa vng iour
de prier aucuns cheualiers et eſ-
cuyers ſes bons amys qui toutef
fois de ſon cas rien ne ſcauoiẽt da
ler eſbatre voller et querir les lye
ures en la marche du pays ou ſa
dame ſe tenoit/ſachãt de vray par
ſes eſpies que le mary delle ny eſ
toit point/Mais eſtoit venu a la
court ou ſouuent ſe tenoit cõme ce
lui de qui ce fait ſe cõpte. Comme
il fut propoſe de ce gẽtil cheualier
amoureux et de ces compaignons
ilz partirent le lendemain bien ma
tin de la bonne ville ou la court ſe
tenoit/et tout querant les lieures
paſſerent le temps ioyeuſement
iuſques a baſſe nonne ſans boyre
et ſans manger. Et en grant
haſte vindrent repaiſtre en vng pe
tit village/⁊ apres le diſner lequel
fut court et ſec monterẽt a cheual
et de plus belle ſen vont querant
les lieures. Et le bon cheualier q̃
ne tiroit qua vne menoit touſio⁹s
la brigade le plus ql pouoit arrie-
re de la bonne ville ou ſes compai
gnons auoient grant enuie de reti
ter/ et ſouuent lui diſoient/ mõſei
gnr le veſpre approuche/il eſt heu
re de retirer a la ville/ſe nous ny
aduiſons no⁹ ſerons enfermes de
hors et nous fauldra geſir en vng
meſchant village et tous mourir
de fain. Vous nauez garde ſe di-
ſoit noſtre amoureux/ il eſt enco-
res aſſez hault heure/ et au fort ie
ſcay biẽ vng lieu en ce quartier ou
len no⁹ fera treſbõne chere/⁊ pour
vous dire ſe a vous ne tient/les da
mes nous feſtieront le plus hon-
neſtement du monde. Et comme
gens de court ſe treuuent voulen
tiers entre les dames ilz furent cõ
tens deulx gouuerner a lappetit

de cellui qui les auoit mis en train
et passerent le temps querans les
lieures et volans les perdris tant q̃
le iour si leur dura. Or vit lheure
de tirer au logis si dist le cheualier
a ses compaignons. Tirons tirons
pays ie voꝰ meneray bien. Enui-
ron vne heure ou deux de nuyt ce
bon cheualier et sa brigade arriue-
rent a la place ou se tenoit la da-
me dessusdicte de qui tant estoit se-
ren la guide de la compaignie qui
mainte nuyt en auoit laisse le dor-
mir/on heurta a la porte du chaste-
au/et les varletz assez tost vindrẽt
auant/lesquelz leur demanderent
quilz vouloient/et cellui a q̃ le fait
touchoit le plus print la parolle &
leur commẽca a dire. Messeignrs
monseigneur et ma dame sont ilz
ceans. En verite respondit lung
pour tous monseigneur ny est pas
mais ma dame y est. Vous luy di-
res sil vous plaist que telz et telz
cheualiers & escuiers de la court et
moy vng tel venons desbatre et
querir les lieures en ceste marche
et nous sommes esgaires iusques
a ceste heure qui est trop tard de re-
tourner a la ville/si luy prions q̃l
luy plaise nous receuoir pour ses
hostes pour meshuy. Voulentiers
dist lautre ie luy diray. Il vint fai-
re ce messaige a sa maistresse/laq̃l
le fist faire la respõce sãs venir de-
uers eulx q̃ fut telle. Mõseigneur
dist le varlet/ma dame voꝰ fait sca-
uoir q̃ monseigneur son mari nest
pas icy dont il luy desplaist/car sil
y fust il voꝰ fist bonne chiere/& en
son absence elle noseroit receuoir
personne/si vous q̃ lui pardonnez
Le cheualier meneur de lassẽblee
pensez quil fut bien esbay & treshõ-
teux douyr ceste response/car il cui-
doit bien veoir & a loisir sa maistres-
se et deuiser tout a son cueur saoul
dõt il se treuue arriere & bien loing
et encores beaucoup lui greuoit de
auoir amene ses compaignons en
lieu ou il sestoit vante de les faire
festoier/cõme sachant & gentil che-
ualier il ne monstra pas ce que son
poure cueur portoit/si dist de plain
visaige a ses cõpaignons. Messei-
gneurs pardonnes moy que ie voꝰ
ay fait payer la bayee/ie ne cuy-
doye pas que les dames de ce
pays fussent si peu courtoises que
de refuser vng giste aux cheua-
liers errans/prenes en pacience
Je vous prometz par ma foy de
vous mener ailleurs vng peu au
dessus de ceans ou len nous fe-
ra toute autre chiere. Or auant
donc dirent ilz les autres picques
auant/bõne aduanture nous doint
dieu. Ilz se mettent au chemin.

Et estoit lintencion de leur guide
de les mener a lostel de la dame
dont il estoit le chier tenu et dont
moins de conte il tenoit que par
raison il ne deust/et conclud a ceste
heure de soy oster de tous poins
de lamour de celle qui si lourde-
ment auoit refuse la compaignie
et dont si peu de bien luy estoit ve-
nu estant en son seruice/et se deli-
bera daymer seruir et obeyr tant
que possible lui seroit a celle q̃ tant
de bien luy vouloit / et ou se dieu
plaist se trouuera tantost. Pour a
breger apres la grosse pluye que la
compaignie eut plus dune grosse
heure et demie sur le dos on arriue
a lostel de la dame dont nague-
res parloye /et heurta len de bon
hait a la porte/car il estoit biẽ tard
et entre neuf et dix heures de nuyt
& doubtoient fort quon ne fust cou
che. Varletz & meschines saillirẽt
auant qui sen vouloient aller cou-
cher et demãderent quesse la/ et on
leur dist. Ilz vindrent a leur mais-
tresse qui estoit la en cotte simple &
auoit mis son couurechief de nuyt
& luy dirẽt. Ma dame mõseignr̃ de
tel lieu est a la porte q̃ veult ẽtrer
et auecq̃s luy aucuns autres che-
ualiers & escuiers de la court iusq̃s
au nõbre de trois. Ilz soiẽt les tres
bien venus dist elle/auãt auãt vo⁹
telz & telz acoup allez tuer chappõs
& poulailles et ce que nous auons
de bon en haste. Brief elle disposa
comme femme de grant facon cõ-
me elle estoit/& encores est tout su
bit ses besongnes comme vous or
res tantost. Elle print bien en has
te sa robe de nuyt/& ainsi atournee
quelle estoit le plus gentement q̃l
le peut vint au deuant des seignr̃s
dessusditz deux torches deuant elle
et vne seule femme auec sa tresbel
le fille/& les autres mectoient les
chambres apoint. Elle vint ren-
contrer ses hostes sur le pont du
chasteau/et le gentil cheualier qui
tant estoit en sa grace comme des
autres la guide et meneur se mist
en front deuant/et en faisant les
recõgnoissances il la baisa/et puis
apres tous les autres pareillemẽt
la baiserent. Alors comme femme
bien enseignee dist aux seigneurs
dessusditz. Messeignr̃s vous soyez
les tresbien venus/monseignr̃ tel
cest leur guide ie le cõgnois de pie
ca/il est de sa grace tout de ceans
sil luy plaist il fera mes acointan
ces vers vous. Pour abreger ac-
cointances furent faictes/le soup
per assez tost apres bien apreste et
chascun deulx logie en belle et bon
ne chambre bien appointee et bien
fournie de tapisserie et de toute

chose necessaire. Si vous fault dire que tandis que le soupper sapprestoit la dame et le bon cheualier se deuiserent tant et si longuement et se porta conclusion entreulx que pour la nuyt ilz ne feroiēt que vng lit/car de bonne aduanture le mary nestoit poīt leans/mais plus de quarāte lieues loing de la. Or est heure tandis q̄ le soupper est prest et que ces deuises se font que len souppe le plus ioyeusement quon pourra apres les aduantures du iour que ie vous dye de la dame qui son hostel refusa a la brigade dessusdicte/mesmes a celluy qui bien scauoit que plus laymoit que tout le mōde et fut si mal courtoise que oncq̄s vers eulx ne se monstra. Elle demāda a ses gens quāt ilz furent vers elle retournes de faire son message q̄lle chose auoit respōdu le cheualier/lung luy dist Ma dame il le fist bien court/trop bien dist il quil menoit ses gens en vng lieu plus en sus dicy ou len leur feroit bon recueil & meilleure chere. Elle pensa tantost ce qui estoit & dist. Ha il sen est alle a lostel dune telle q̄ comme bien scay ne le voit pas enuis/leans se traictera ie nen doubte point quelq̄ chose a mon p̄iudice. Et elle estāt en ceste ymaginacion et pensee tātost tout subitement le dur courage que tāt auoit rigoureux ēuers son seruite[r] porte tout change & altere & en tres cordial et bon vouloir transmue/dōt enuie fut po[r] ceste heure cause motif/cōclusion oncq̄s ne fut tāt rigoureuse qua ceste heure trop plꝰ ne soit doulce & desireuse daccorder a son seruite[r] tout ce quil vouldroit requerir & demander. Et doubtāt que la dame ou la brigade estoit ne roupst de celluy que tāt auoit traicte durement escriuit vne lettre de sa main a son seruiteur dont la plꝰ part des lignes estoient de son precieux sang q̄ cōtenoit en effect q̄ tātost ces lectres veues toute autre chose mise arriere il venist vers elle tout seul auec le porteur et il seroit si agreablement receu que oncques seruiteur ne fut plus content de sa dame quil seroit/et en signe de plus grande verite mist dedans la lettre vng dyamant que bien cōgnoissoit. Le porteur qui seur estoit print ladicte lettre et vint au lieu dessusdit et trouua le cheualier aupres de son hostesse au soupper et toute lassemblee. Tantost apres graces le tira dung coste et en luy baillant la lettre dist quil ne fist semblant de rien/mais quil acomplist le contenu de ce.

Ces lectres veues le bon cheualier fut bien esbay et encores plus ioyeux/car combien quil eust conclud et delibere de soy retirer de lamour de celle qui ainsi luy escriuoit/si nestoit il pas si conuerty q̃ la chose que plus desiroit ne luy fust par ceste lectre promise. Il tira son hostesse a part ⁊ lui dist comment son maistre le mandoit hastiuement et que force luy estoit de partir tout a ceste heure et monstroit bien semblant que fort lui en desplaisoit. Celle qui au parauāt estoit la plus ioyeuse attendant ce que tant auoit desire/deuint triste et ennuyeuse. Et sans faire monstre ledit cheualier monte a cheual et laisse ses compaignons leans/⁊ auec le porteur de ces lectres vient tātost arriuer apres mynuyt a lostel de sa dame/de laquelle le mary estoit naguerres retourne de court et sapprestoit pour sen aller coucher dont dieu scait en quel point en estoit celle qui son seruiteur auoit mande querir par ses lectres. Ce bon cheualier qui tout le iour auoit cullete la selle tāt en la queste des lieures comme pour querir logis sceut a la porte que le mary de sa dame estoit venu/dont fut aussi ioyeux que vo⁹ pouez penser. Si demanda a sa guide quil estoit de faire. Ilz sadiuiserēt ensemble quil feroit semblant destre esgare de ses compaignons et que de bonne aduanture il auoit trouue ceste guide q̃ leans lauoit adrecie. Comme il fut dit il fut fait en la male heure ⁊ vint trouuer monseigneur ⁊ ma dame et fist son parsonnage ainsi quil sceut. Apres boire vne fois qui peu de bien luy fist on le mena en sa chambre ou gueres ne dormit la nuyt/et lendemain auec son hoste a la court retourna sans riens acomplir du contenu de la lettre dessusdicte. Et vous dy bien que la na lautre depuis il ne retourna/car tost apres la court se departit du pays et il suyuit le train et tout fut mis a nonchaloir et oubly ⁊ ne sen donna plus de mauuais temps/car assez en auoit il eu cōme assez souuent aduient en telles besongnes.

¶ La .lxxxii. nouuelle racomptee par iehan martin.

Or escoutes sil vous plaist quil aduint en la chastelerie de lisle dung bergier des châps et dune ieune pastourelle qui ensemble ou a six piez lung de lautre gardoient leurs brebis/ marchie se porta entre eulx deulx vne fois entre les autres a la semonce de nature qui les auoit ia esleues en aage de congnoistre que cest de ce mõde que le bergier monteroit sur la bergiere pour veoir de plus loing/pourueu toutesfois quil ne lembrocheroit non plus auant q̃lle mesmes fist le signe de sa main sur linstrumẽt naturel du bergier qui fut enuiron deux dois la teste franche/et estoit le signe fait dune meure noire q̃ croist sur les hayes Cela fait ilz se mectent a louurage de par dieu / et bon bergier se fourre dedans comme sil ne cousta st riẽs sans regarder merche ne signe ne promesse quil eust faicte a sa bergiere/car tout ce q̃l auoit enseuelit iusq̃s au manche/⁊ se pl⁹ en eust eu il trouua lieu assez po^r le loger. Et la belle bergiere q̃ iamais nauoit este a telz nopces tant aise se trouuoit que iamais ne voulsist faire autre chose. Les armes furent asseurees et se tira chascun tãtost vers ses brebis qui desia sestoient deulx fort eslongnees a cause de leur absence. Tout fut rassẽble et mis en bon train/et bon bergier que on appelloit hacquin pour passer temps comme il auoit de coustume se mist en contrepois entre deux hayes sur vne baloichere et la sesbatoit et estoit plus aise q̃ vng roy. La bergiere se mist a faire vng chapelet de florettes sur la riue dung fosse et regardoit tousiours disant la chansonnette iolie se le bergier reuiendroit point a la meure/ mais cestoit la moindre de ses pensees/et quant elle vit quil ne venoit point elle le commence a huchier. Et hacquin hacquin et il respond. Que veulx tu. Vien ca vien ca dist elle si feras cela.

Et hacquin qui en auoit saoul luy respondit / en nom dieu iay aussi chier de nen faire rien / ie mesbas bien ainsi. Et la bergiere lui dist. Vien ca hacquin ie te laisseray bouter plus auant sans faire merche. Saint iehan dist hacquin iay passe le signe de la meure / aussi nen aurez vous plus maintenāt. Il laissa la bergiere a qui bien desplaisoit de demourer ainsi oyseuse.

La.lxxxiii.nouuelle.

Comme il est de coustume p tous pays es villes et villages souuent sespandent les bons religieux mendians tant de lordre des iacobins / cordeliers / carmes ꝛ augustins pour prescher au peuple la foy catholicque. blasmer ꝛ reprocher les vices / les biens et vertus exaulcer et louer. Aduīt que en vne bonne petite ville en la conte dartoys arriua vng carme du couuēt darras par vng dimenche matin ayant intencion dy prescher cōme il fist bien deuotement ꝛ haultemēt car il estoit bon clerc et bon langaiger. Tandis que le cure disoit la grande messe ce maistre carme se pourmenoit attendant q̄ quelquun le fist chanter pour gaigner deux patars / mais nul ne sen aduancoit Et ce voyant vne vieille damoiselle vefue a qui il print pitie du poure religieux le fist dire messe ꝛ par son varlet bailler deux patars / et ēcores le fist prier de disner / ꝛ maistre moyne happa cest argent promettant de venir au disner comme il fist apres le preschemēt et que la grāt messe de la parroisse fut finee La bonne damoyselle qui lauoit fait chanter et semondre au disner se partit de leglise elle et sa chamberiere et vindrent a lostel faire tout prest pour receuoir le prescheur qui en la conduicte dung seruiteur de ladicte damoyselle vint arriuer a lostel ou il fut receu Apres les mains lauees la damoiselle luy assigna sa place et elle se mist au pres de lui/et le varlet et la chamberiere se mirent a seruir et de prinsault apporterent la bel⸗le poree auec le beau lart/et belles trippes de porc/ et vne langue de beuf rostie/dieu scait commēt tantost que damp moyne vit la vian⸗de il tire vng beau lōg et large cousteau bien trenchāt quil auoit a sa sainture tout en disant benedicite et puis se met en besongne a la poree/tout premier quil leut despes⸗chee ⁊ le lart aussi/cy prins cy mis de la il se tire a ces trippes belles et grasses et fiert dedans comme le loup fait dedans les brebis/et auant que la bonne damoiselle son hostesse eust a moictie mēge sa poree/il ny auoit ne trippe ne trippette dedās le plat. Si se prent a ceste langue de beuf et de son cousteau bien trenchant en fist tant de pieces quil nen demoura oncques loppin. La damoiselle qui tout ce sās mot dire regardoit gettoit souuēt loeil sur son varlet et sa chambe⸗riere/et eulx tout doulcement en soubzriant pareillement la regardoient. Elle fist apporter vne piece de bon beuf sallee et vne belle piece de bon mouton et de bon en⸗droit et mettre sur la table. Et ce bon moyne qui nauoit dappetit ne quun chien venant de la chasse se print a la piece de beuf/et sil auoit eu peu de pitie des trippes et de la langue de beuf / encores en eut il moins de ce beau beuf entrelarde Son hostesse qui grant plaisir prenoit a le veoir menger trop plus q̄ le varlet et la meschine qui entre leurs dens le mauldissoiēt luy faisoit tousiours ēplir la tasse si tost quelle estoit vuide. Et pensez quil descouuroit bien viande et nespargnoit poīt le boire. Il auoit si grāt haste de fournir son pourpoint ql ne disoit mot/au moins si peu que rien. Quant la piece de beuf fut cōme toute despeschee ⁊ la plus part de celle de mouton de laquelle lhos⸗tesse auoit vng tantinet menge/elle voiant q̄ son hoste nestoit point encores saoul fist signe a sa cham⸗beriere quelle apportast vng gros iambon cuyt du iour de deuant/la chamberiere tout mauldissant le prestre qui tant gourmandoit fist le commandemēt de sa maistresse et mist le iambon a la table et bon moyne sans demander q̄ viue frappa sus et le naura/car de prinsault il luy trencha le iarest et de tous poins le desmenbra ⁊ ny laissa que les os. Qui adonc eust veu rire le varlet et la meschine il neust eu iamais les fieures/car il auoit des⸗garny tout lostel/et auoient grāt paour ql ne les mãgast aussi. Po abregier la dame fist mectre a la table vng tresbõ fourmaige gras et vng plat bien fourny de tartes et pommes & de fourmage auec la belle piece de beurre fraiz dont on nen reporta si petit que rien. Le disner fut fait ainsi quauez ouy & vit a dire graces que maistre moyne abregea plus tost que vng tiquet se leua sus & dist a son hostesse. Damoiselle ie vous remercie de voz biẽs vous mauez tenu bien aise la vostre mercy. Je prie a celluy qui repeut cinq mille hõmes de troys pains et de deux poissõs dont apres quilz furent saoulez de manger demoura de relief douze corbeilles quil le vous vueille rendre. Sait iehan dist la chamberiere q sauãca de parler/sire vous en pouez bien tant dire/ie croy se vous eussiez este lung de ceulx qui furent repeuz quon nen eust point tãt reporte de relief/car vo eussiez bien tout mãgie et moy aussi se ie y eusse este. Vraiement mamye dist le moyne ie ne vous eusse pas mãgee/mais ie vous eusse bien embrochee et mise en rost ainsi que vous pouez penser quon fait. La dame commenca a rire aussi firẽt le varlet & la chãberiere maulgre quilz en eussent/& nostre moyne qui lauoit pense farcer mercia de rechief son hostesse q si bien lauoit repeu & sen alla en quelque autre village gaigner son souper ne scay si fut tel que le disner.

La. lxxxiiii. nouvelle.

Tandis q quelqun sauancera de dire quelque bon compte ien feray vng petit qui ne vous tiẽdra gueres/mais il est veritable & de nouuel aduenu. Jauoie vng mareschal qui bien & longuemẽt mauoit serui de son mestier/il lui print voulẽte de soy marier/ aussi le fut il a la plus merueilleuse femme q fust en tout le pays. Et quant il vit q par beau ne par layt il ne la pouoit oster de sa mauuaistie il la bandonna & ne se tint pl auec elle mais la fuyoit cõme la tempeste.

Quant elle vit quil la fuyoit ainsi et quelle nauoit a qui toucher ne monstrer sa derreniere maniere/ elle se mist en la queste de lui et par tout le suiuoit/dieu scait disant quelz motz/et lautre se taisoit et picquoit son chemin/et elle le suyuoit tousiours et disoit plus de maulx que vng diable ne scauroit faire a vne ame damnee . Vng iour entre les autres voyant que son mary ne respondoit mot a chose quelle lui proposast/en le suiuant par la rue crioit tant quelle pouoit . Vien ca traistre parle a moy ie suis a toy . Et mon mareschal qui estoit deuant disoit a chascun mot quelle disoit ien done ma part au dyable/et ainsi la mena tout du long de la ville tousiours criant ie suis a toy/ et lautre disoit/ien done ma part au dyable . Tantost apres comme dieu le permist ceste bone femme mourut/et chascun demandoit a mon mareschal sil estoit courroucie de la mort de sa femme et il leur disoit que iamais si grant eur ne lui aduint/et que se dieu lui eust done vng souhait a son desir il eust demande la mort de sa femme/ laquelle il disoit estre si tresmauuaise que se ie la scauoye en paradis ie ny vouldroie iamais aller tant quelle y fust car impossible seroit que paix fust en nulle assemblee ou elle fust/ mais ie suis seur quelle est en enfer/ car oncques chose cree napprouchoit plus a faire la maniere des dyables quelle le faisoit et puis on lui disoit/vrayement il vous fault remarier et enquerre vne bonne et paisible . Me marier disoit il/iaymeroie mieulx me aller pendre au gibet que iamais me rebouter au danger de trouuer lenfer que iay la dieu mercy a ceste heure passe . Ainsi demoura et est encores ne scay quil fera ce temps aduenir .

La . lxxxv . nouuelle .

Depuis cent ans en ca ou enuiron en ce pays de france est aduenu en vne bonne et grosse cite vne ioyeuse aduanture que ie

mectray icy po⁹ accroistre mon nō
bre/et aussi pour ce quelle est digne
destre ou rēc des autres. En ladic
te bōne ville auoit vng orfeure ma
rie de qui la femme estoit belle et
gracieuse ⁊ auec tout ce tresamou
reuse dūg seigneur deglise son pro
pre cure qui ne laymoit rien moīs
que elle lui/mais de trouuer la ma
niere cōment ilz se pourroiēt ioin
dre amoureusement ensemble fut
tresdifficile cōbien que en la fin fut
trouuee/et par lengin de la dame
en la facon que ie vous diray. Le
bon mary orfeure estoit tant allu
me et ardant en couuoitise dargēt
quil ne dormoit vne seule heure de
bon somme pour labourer/chascū
iour se leuoit vne heure ou deux de
uant le iour et laissoit sa fēme prē
dre sa longue crastine iusqs a huit
ou neuf heures ou si longuement
ql lui plaisoit. Ceste bonne amou
reuse voyant son mary continuer
chascun iour la diligence et entēte
de soy leuer pour ouurer et marte
ler sadvisa quelle emploieroit son
temps auec son cure ou elle estoit
abandōnee de son mary/et q̄ a tel
le heure sondit amoureux la pour
roit visiter sans le sceu de son ma
ry/car la maison du cure tenoit a
la sienne sans moyen. La bonne
maniere fut descouuerte et mise
en termes a nostre cure qui la pri
sa tresbien et lui sēbla bien q̄ aysee
ment la feroit. Ainsi doncques q̄
la facon fut trouuee et mise en ter
mes/ainsi fut elle executee ⁊ le pl⁹
tost q̄ les amans peurent/⁊ la con
tinuerēt aucun temps qui dura as
sez longuement/mais comme for
tune enuyeuse peut estre de leur biē
et de leur doulx passe temps/leur
voulut leur cas descouurir en la
maniere que vous orrez. Ce bon
orfeure auoit vng seruiteur qui es
toit amoureux et ialoux tres ame
rement de sa dame/⁊ pour ce que
tressouuent auoit apperceu nostre
maistre cure parler a sa dame il se
doubtoit tresfort de ce quil estoit
Mais la maniere comment se pou
oit faire il ne le scauoit ymaginer
se nestoit que nostre cure venist a
lheure quil forgeoit au plus fort
auec son maistre. Ceste ymagi
nacion luy heurta tāt la teste quil
fist le guet et se meist aux escoutes
pour scauoir la verite de ce quil
queroit. Il feist si bon guet quil ap
perceut et eut vraye experience du
fait/Car vne matinee il veit le cu
re venir tātost apres que lorfeure
fut vuyde de sa chambre et y en
trer puis fermer lhuys. Quant il
fut biē asseure q̄ sa suspicion estoit
vraie il se descouurit a son maistre

et luy dist en ceste maniere. Mon maistre ie vous sers de vostre grace non pas seulement po² gaigner vostre argēt/manger vostre pain et faire bien et loyallemēt vostre besongne/mais aussi pour garder vostre honneur/⁊ se autremēt faisoie digne ne seroye destre vostre seruiteur. Jay eu des pieca suspicion que nostre cure ne vous feist desplaisir et si le vous ay cele iusques a ceste heure/⁊ affin q̄ ne cuydez que ie vous vueille troubler en vain ie vous pry que nous allions en vostre chambre ⁊ ie scay de vray que nous lui trouuerons. Quant le bon homme ouyt ces nouuelles il se tint tresbien de rire et fut bien content de visiter sa chambre en la compaignie de son varlet qui luy fist promettre quil ne tueroit poīt le cure/ Car autrement il ny voulsoit aller. Jlz monterent en la chābre qui fut tātost ouuerte/⁊ le mary entre le premier et vit que mon seigneur le cure tenoit sa fēme entre ses bras et vit quil forgoit ainsi ql pouoit si sescria disāt. A mort ribault qui vous a icy boute. Le poure cure fut bien esbahy ⁊ demāda mercy. Ne sonnez mot ribault prestre ou ie vo⁹ tueray a cest heure dist lorfeure. Faictes de moy ce quil vous plaira dist le poure cure Par lame de mon pere auant que meschappes ie vo⁹ mectray en tel estat que iamais naurez voulente de marteler sur ēclume femenine Le poure maleureux fut lye p ses deux ennemis si bien quil ne pouoit rien mouuoir que la teste/puis il fut porte en vne petite maisonnette derriere la maison de lorfeure/ et estoit la place ou il fondoit son argent. Quāt il fut au lieu lorfeure enuoya querir deux grans cloux a large teste desquelz il atacha au long du banc les deux marteaux qui auoient forge en son absence sur lenclume de sa femme et puis le deslia de to⁹ poins/cy prist apres vne pongnee destrain ⁊ bouta le feu en sa maisonnette/puis il sen fuit en la rue crier au feu/quāt le prestre se vit enuironne de feu et que remede ny auoit quil ne luy faillist perdre ses genitoires ou estre brulle/ si sen courut et laissa sa bourse clouee. Leffroy du feu fut tantost esleuee par toute la rue/ si venoient les voisins pour lestaindre/mais le cure les faisoit retourner disant quil en venoit/et q̄ tout le dōmage qui en pouoit aduenir estoit ia aduenu/mais il ne disoit pas que le dommaige luy compectoit. Ainsi fut le poure amoureux cure sallarie du seruice quil fist a

amours par le moien de la faulse
z traistre ialousie cõme vous auez
ouy.

¶La.lxxxvi.nouuelle.

En la bonne ville de rouen
puis peu de tẽps en ca / vng
ieune hõme print en mariage vne
tendre ieune fille aagee de .xv. ans
ou enuiron. Le iour de leur grant
feste cest assauoir des nopces la me
re de ceste fille pour garder z entre
tenir les cerimonies acoustumees
en tel iour escola z introduit la da
me des nopces et luy aprint com
ment elle se deuoit gouuerner po^r
la pmiere nuyt auec son mary. La
belle fille a qui tardoit lattente de
la nuyt dont elle receuoit la doc
trine meist grosse paine et grande
diligẽce de retenir la lecon de sa bõ
ne mere / et luy sẽbloit bien q̃ quãt
leure seroit venue ou elle deuroit
mectre a execution celle lecon q̃lle
en feroit si bon deuoir que son ma
ry se loueroit delle et en seroit tres
content. Les nopces furent hõno
rablement faictes en grant solen
nite / et vint la desiree nuyt / et tan
tost apres la feste faillie q̃ les ieu
nes gens furẽt retraitz et quilz eu
rent prins le cõgie du sire des nop
ces et de la dame la bõne mere les
cousines / voisines / et autres pri
uees femmes prindrent nostre da
me de nopces et la menerent en la
chãbre ou elle deuoit coucher po^r
la nuit auec son espouse ou elles la
desarmerent de ses atours ioyeux
et la firent coucher ainsi q̃l est de
raison / puis luy donnerent bonne
nuyt lune disant mamye dieu vo^s
doint ioye et plaisir de vostre ma
ry et tellement vous gouuerner
auec lui que ce soit au salut de voz
deux ames / lautre disant mamye
dieu vous doint telle paix z cõcor
de auec vostre mary q̃ puissiez fai
re euure dõt les sains cieulx soiẽt
remplis / et ainsi chascune faisant
sa priere se partit. La mere qui de
moura la derreniere reduit a me
moire son escoliere sur la doctrine
z lecon q̃ aprins lui auoit / lui priãt

que penser y voulsist. Et la bon-ne fille qui nauoit pas son cueur ainsi que len dit communement en sa chausse/respondit que tresbon-ne souuenance auoit de tout & que biẽ retenu lauoit dieu mercy. Cest biẽ fait dist la mere/or ie vous laisse & recommãde a la garde de dieu luy priãt ql vo⁹ donne bõne aduanture/a dieu belle fille. A dieu ma bonne & saige mere. Si tost que la maistresse de lescolle fut vuydee nostre mary qui nattẽdoit a lhuis autre chose entra dedans et la mere lenferma et tira lhuys et luy dist quil se gouuernast doulce-ment auec sa fille/ il promist que aussi feroit il. Et si tost que lhuis fut ferme luy qui nauoit plus que son pourpoint en son dos le rue ius et monte sur le lit et se ioint au pl⁹ pres de sa dame des nopces la lance au poing et luy presente la ba-taille/a lapprouchier de la barrie-re ou lescarmouche se deuoit faire la dame prit & empoingna ceste lã droit et roide comme vng cornet de vachier/et tantost quelle la sen tit ainsi dure et de grosseur tres-bonne elle fut bien esbaye et com-menca a sescrier tresfort en disant que son escu nestoit pas asez puis-sant pour receuoir ne soustenir les horions de si gros fust. Quelque deuoir que nostre mary peust faire ne peut trouuer la maniere de estre receu a ceste iouste/& en cest estrif la nuyt se passa sans riẽs besõgner qui despleut moult a nostre sire des nopces/mais au fort il print en pascience esperant tout recouurer la nuyt prochaine ou il fut autant ouy que a la premiere/ et ainsi a la troisiesme et iusques a la quinziesme ou les armes fu-rent acomplies comme ie vous diray. Quant les quinze iours furent passez que noz deux ieunes gens furent mariez combien quilz neussent encores tenu ensẽble mesnage la mere vint visiter son esco-liere/et apres entre mille deuises quelles eurent ensemble parle elle parla de son mary et luy demanda quel hõme il estoit & sil faisoit bien son deuoir et la fille disoit quil estoit tresbon homme doux et paisi-ble. Voire mais disoit la mere fait il bien ce que len doit faire. Ouy disoit la fille/mais. Quelz mais il ya adire en son fait dist la mere ie lentens bien/dictes le moy et ne le me celes point. Car ie veulx tout scauoir a ceste heure. Est il homme pour acomplir le deu ou il est oblige par mariage & dont ie vo⁹ ay baillee la lecon. La bõne fille fut tant pressee quil luy conuint dire que len nauoit encores riens besongne en son ouuroir/mais elle taisoit quelle fust cause de la vilacion et que tousiours eut refuse la iousterie. Quant la mere entendit ces douloureuses nouuelles dieu scait quelle vie elle mena / disant que par ses bons dieux elle y mettroit remede & brief/et aussi q̄ tant auoit elle bonne accointance a mō seigneur lofficial de rouen quil lui seroit amy & fauorisant a son bon droit. Or ca ma fille dist elle il vous cōuient desmarier/ie ne fais nulle doubte que ie nen treuue bien la facon et soyes seure que auant quil soit deux iours vous le laisseres et de ceste heure vous feray auoir vng autre hōe qui si paisible ne vo⁹ laissera pas/ laissez moy faire. Ceste bonne fēme a demy hors du sens vint compter ce grant meschief a son mary pere de la fille dont ie fais mon compte et luy dist bien comment ilz auoiēt bien perdu leur belle et bonne fille /amenant les raisons pourquoy et comment & concluant aux fins de la desmarier. Tant bien copmta sa cause que son mari se tira de son coste et fut content que len fist citer nostre nouueau marie qui ne scauoit riē de ce quainsi len se plaignoit de luy sans cause toutesfois il fut cite personnellement a comparoir a lencontre de mōseigneur le promoteur a la requeste de sa fēme & par deuant monseigneur lofficial pour quitter sa femme & luy dōner licēce dautre part se marier ou aleguer les causes pourquoy en tant de iours ql auoit este auec elle nauoit monstre quil estoit homme comme les autres & fait ce quil appartient aux mariez. Quant le iour fut venu les parties se presenterent en temps & enlieu. Ilz furēt huchiez a dire leurs causes. La mere a la nouuelle mariee cōmēca a cōpter la cause de sa fille & dieu scait cōme elle alegue les loix que len doit maītenir en mariage / lesqlles son gēdre nauoit ōacplies ne celles vse parquoy requeroit ql fust desioint de sa fille & des ceste heure mesmes sans faire long proces. Le bon ieune homme fut bien esbay quāt ainsi ouyt blasonner ses armes/mais gueres nattendit a respondre aux alegacions de son aduersaire & froidement de maniere rassise compter son cas et comment sa femme luy auoit fait refus quant il auoit voulu faire le deuoir de mariage. La mere oyant ses responces plus marrie que deuant combien que a paine le vouloit croire demāda a sa fille sil estoit vray ce que son mary auoit respondu / et elle dist vrayement mere ouy. Ha ma leureuse dist la mere comment la uez vous refuse/ne vous auois ie pas dit par plusieurs fois vostre lecon. La poure fille ne scauoit q̄ dire tant estoit honteuse. Toutesfois dist la mere ie vueil scauoir la cause pour quoy vous auez fait le refus ou se ne le me dictes vo⁹ me feres courroucier mortellement. La fille dist tout couuertement en iugement que pour ce quelle auoit trouue la lance de son champion si grosse ne lui auoit ose bailler lescu doubtant quil ne la tuast comme encores elle en doubtoit ⁊ ne se vouloit desmouuoir de ceste doubte combien que sa mere luy disoit que doubter nen deuoit. Et apres ce adresse sa parolle au iuge en disant/monseigneur lofficial vou^s aues ouy la confession de ma fille ⁊ les deffences de mon gē dre/ie vo⁹ requier rendez en vostre sentence diffinitiue. Monseigneur lofficial po² appointemēt fist faire vng lit en sa maison et ordōna par arrest que le^s deux mariez yroient coucher ensēble en enioignant a la mariee quelle empoingnast hau demēt le bourdon ou oustil ⁊ qlle le mist au lieu ou il lui estoit ordōne Et quant celle sentēce fut rendue la mere dist/grant mercy monseigneur lofficial/vous auez tresbien iuge. Or auāt dist la mere/ma fille faictes ce q̄ deuez faire et gardez de venir alencontre de lapoinctement de mōseigneur lofficial/ mettez la lāce au lieu ou elle doit estre Et ie suis au fort contente dist la fille de la mettre ou il fault/mais selle y deuoit pourrir ie ne len retirerày ne sacqueray ia. Ainsi se partirent de iugement ⁊ allerent mettre a execution la sentence san^s sergent a masse/car eulx mesmes firent lexecution// par ce moyen nostre gendre vint a chief de ceste ioustrie dont il fut plustost saoul que celle qui ny vouloit entendre.

La.lxxxvii.nouuelle.

En vne bōne ville du pays de hollāde auoit na pa^s cēt

ans vng cheualier logie en vne bel le et bonne hostelerie ou il y auoit vne tresbelle ieune fille chambe-riere seruante de laquelle il estoit tresamoureux/et pour lamour del le il auoit tant fait au fourrier du duc de bourgongne que cest hostel luy auoit deliure affin de mieulx pourchasser sa queste et venir aux fins ou il contendoit et ou amours le faisoient encliner/ quant il eut este enuiron cinq ou six iours en ceste hostelerie luy suruint par accident vne malureuse aduantu-re car vne maladie le print en loeil si griefue quil ne le pouoit tenir ou uert ne en vser tant estoit aspre la douleur/et pour ce q tresfort doub toit le perdre mesmement que ces-toit le membre ou il deuoit plus de guet māda le cirurgien de monsei gneur le duc de bourgōgne q pour ce tēps estoit a la ville. Et deuez scauoir q ledit cirurgien estoit vng gētil cōpaignon escuie tout fait et bien duyt de son mestier/ car si tost q ce maistre cirurgien vit cest oeil il le iugea cōme perdu / ainsi que p aduāture ilz sont coustumiers de iu ger des maladies affin que quant ilz les ont sanez et gueries ilz en re portent plus de prouffit tout pre-mier et secondement plus de louen ge. Le bon cheualier a qui desplai-soit douyr telles nouuelles deman da sil ny auoit point de remede a le guerir. Et lautre respondit q tresdiffile seroit/neantmoins il lo seroit bien entreprendre a guerir auecqs laide de dieu/ mais quon le voulsist croire. Se vous me vou-lez deliurer de ce mal sans perte de mon oeil ie vous donneray bon vin dist le cheualier. Le mar-chie fut fait et entreprint le cirur gien a guerir cest oeil dieu deuant et ordonna les heures quil viēdroit chascū iour pour le mecttre a poit A chascune fois que nostre cirurgi en visitoit ce malade la belle cham beriere le tompaignoit et aidoit a remuer le poure pacient. Se ce bon cheualier estoit feru auāt de ceste chamberiere si fut le cirurgien qui toutes les fois quil venoit faire la visitacion fichoit ses doulx re-gars sur le beau et poly viaire de celle chamberiere/et tant fort si a-heurta quil luy declaira son cas q en eut tresbonne audience/car de prīsault on luy accorda sa requeste mais la maniere cōment len pou-oit mettre a execution ses ardans desirs on ne le scauroit comment trouuer. Or toutesfois a quelque paine que ce fust facon fut trouuee par la prudence du cirurgien qui fut telle. Je donneray dist il a entendre a monseigneur le paci-ent que son oeil ne se peut guerir ce nest que son autre oeil soit cache car lusage quil a au regarder empesche la garison de lautre malade. Sil est content dist il quil soit cache comme lautre/ce nous sera la plus conuenable voye du monde pour prendre noz delitz et plaisances/et mesmement en sa chambre affin q̄ len y prēne moins de suspicion. La fille qui auoit aussi grant desir que le cirurgien prisa tresbien ce conseil ou cas que ainsi se pourroit faire. Nous lessaierons dist le cirurgien. Il vint a lheure acoustumee veoir cest oeil malade/et quant il leut descouuert il fist bien de lesbay. Comment dist il je ne vis oncques tel mal/cest oeil cy est plus lait quil nestoit il ya quinze iours/certainement monseigneur il sera bon mestier que vous ayes pacience. Comment dist le cheualier. Il fault que vostre bon oeil soit couuert et cache tellement quil nayt poīt de lumiere vne heure ou enuiron incōtinent q̄ iauray assis lemplastre et ordonne lautre/car en verite il lempesche a guerir sās doubte. Demandez a ceste belle fille q̄ la veu chascun iour q̄ ie lay remue cōment il amende. Et la fille disoit quil estoit plus lait que par auāt. Or ca dist le cheualier ie vo⁹ abandonne tout/faictes de moy ce quil vous plaist/ie suis content de cligner loeil tant que len voul dra/mais que garison sensuiue. Les deux amans furēt adonc bien joyeux quant ilz virēt que le cheualier estoit content dauoir loeil cache. Quant il fut appointe et quil eut les yeulx bandes maistre cirurgien faint se partir et dist a dieu cōme il auoit de coustume/promettant tātost de reuenir pour descouurir cest oeil. Il nalla gueres loing car assez pres de son pacient sur vne couche gecta sa dame et dautre planete quil nauoit regne sur loeil du cheualier visita les cloistres secretz de la chamberiere/trois ou quatre fois maītint ceste maniere de faire enuers ceste belle fille sans ce q̄ le cheualier sen donnast garde/cōbien quil en ouist la tempeste/mais il ne scauoit que ce pouoit estre jusques a la sixiesme fois quil se doubta pour la continuacion/a laquelle fois quant il ouyt le tabourement et noise des combatans il arracha bende et emplastre et vit les deux amoureux qui se demenoient tellement lung contre lautre que il sembloit proprement quilz deussent manger lung lautre tant ioignoient leurs iambes ensemble. Et quesse la maistre cirurgien dist le cheualier/ mauez vous fait iouer a cligne mussette pour me faire ce desplaisir/mõ oeil doit il estre guery par ce moyen/que dictes vo⁹. Et maistre cirurgien part et sen va et oncques puis le cheualier ne le manda/aussi il ne retourna point querir son payement de ce quil auoit fait a loeil de nostre pacient/car bien salairie se tenoit par sa dame qui fort gracieuse et abandõnee estoit. Et a tant fois fin de ce present compte.

La.lxxxviii.nouuelle.

En vne gente petite ville cy entour que ie ne vueil pas nommer est naguerres aduenu aduanture dont ie vous fourniray ceste nouuelle. Il y auoit vng simple ꝛ rude paisant marie a vne plaisante et assez gente femme laquelle laissoit le boire et le manger po⁹ aymer par amours. Le bon mary auoit dusage de demourer tressouuent es champs en vne maison ql y auoit/aucunesfois trois iours aucunesfois quatre / aucunesfois plus ainsi quil luy venoit a plaisir ꝛ laissoit sa femme prendre du bon temps a la bonne ville/car affin ql le ne sespouentast elle auoit tousiours vng hõme qui gardoit la place du bon homme/et entretenoit son deuãt de paour q̃ le roul ny prit La rigle de ceste bonne bourgoyse estoit de attendre son mary iusques a ce que len ne veoit gueres ꝛ iusq̃s a ce q̃lle se tenoit seure de son mary quil ne retournoit point ne laissoit venir le lieutenant de paour que trompee ne fust. Elle ne sceut mectre si bonne ordonnance en sa rigle acoustumee q̃ trõpee ne fust car vne fois ainsi que son mary auoit demoure deux ou trois iours et pour le quatriesme auoit attendu aussi tard quil estoit possible auant la porte close cuidant que pour ce iour il ne deust point retourner / si ferma lhuis et les fenestres comme les autres iours et mist son amoureux au logis et commence a boire dautant et faire chiere tout oultre. Gueres assis nauoient este a la table que nostre mary vint hachier a lhuys tout esbahy ql le trouuoit ferme/ꝛ quant la bonne dame louyt feist sauuer son amoureux soubz le lit pour le plus abregier/puis vint deman der a lhuys qui auoit heurte. Ouurez dist le mary. Ha mon mary dist elle estes vous la/ie vous deuoyes demain enuoier vng messaige commẽt ne retournissiez point Quelle chose ya dist il/quelle chose dist elle. Helas les sergens ont este ceans plus de deux heures ꝛ demye vo⁹ attendant pour vous mener en prison/en prison dist il/et comment en prison/quelle chose ay ie meffait a qui doy ie/qui se plaint de moy/certes ie nen scay rien dist la rusee/Mais ilz auoient grant vouloir et desir de mal faire il sembloit quilz voulsissent tuer vng caresme si fiers estoient ilz. Voire ce disoit/noz amys ne vo⁹ ont ilz poĩt dit quelque chose quilz me vouloient. Nennil dist elle fors que silz vous tenoiẽt vous neschapperiez de la prison deuãt long temps. Ilz ne me tiennent encores pas dieu mercy/a dieu ie men retourne. Ouurez vous dist celle qui ne demandoit autre chose/dont ie bien dist il/ie pray doncques auec vous dist elle/non ferez gardez biẽ ꝛ gracieusement la maison/et ne dictes point q̃ iaye icy este. Puis q̃ vous voulez retourner aux champs dist elle hastez vo⁹ auant que len fermẽ la porte il est ia bien tard/quãt elle seroit fermee si fera tant le portier dist il pour moy quil la me ouurira tresvoulentiers. A ces motz il se partit/ꝛ quant il vint a la porte il la trouua fermee et pour priere quil sceust faire le portier ne la voulut ouurir/si fut bien mal content de ce quil conuenoit ql retournast a sa maison doubtant les sergẽs/touteffois failloit il quil y retournast sil ne vouloit coucher sur les rues. Il vint arriere heurter a son huys et la dame qui faisoit la ratelee auec son amoureux fut pl⁹ esbahye que deuant/elle sault sus et vint a lhuis toute esperdue disant mon mary nest point reuenu vous perdes temps. Ouurez ouurez dist il mamie ce suis ie. Helas helas vous nauez point trouue la porte ouuerte ie men doubtoye biẽ dist elle/veritablement ie ne voys remede en vostre fait que ne soyez prins/car les sergens me dirent il men souuient maintenant quilz retourneroient sur la nuyt. Or ca dist il il nest mestier de long ser-mon aduisons quil est de faire. Il vous fault mucyer quelque part ceans dist elle / et si ne scay lieu ne retraict ou vous puissiez estre bien asseure. Seroys ie point bien dist lautre en nostre coulombier q̃ me serchoroit la. Et elle q̃ fut moult ioyeuse de ceste inuencion et expedient traictie faingnãt toutesfois dist le lieu nest grain honneste il y fait trop puant / il ne me chaul dist il iayme myeulx me bouter la po[ur] vne heure ou deux et estre sauue q̃ en autre honneste lieu ou ie seroye par aduanture trouue. Or ca dist elle puis que vo[us] auez ce ferme couraige ie suis de vostre oppinion. Le vaillant homme monta en ce coulombier qui se fermoit par dehors a clef et se fist illec enfermer & pria sa femme que se les sergens ne venoient tantost quelle le mist dehors. Nostre bonne bourgoise habandonna son mary et le laissa toute la nuit rãcouler auec les coulons a q̃ ne plaisoit gueres / & tousiours doubtoit ces sergens. Au point du iour quil estoit heure que lamoureux se departist / ceste bonne preude femme vint huchier son mary et lui ouurit luys qui demãda comment on lauoit laisse si longuement tenir cõpaignie aux coulons / et elle qui estoit faicte & pourueue de bourdes luy deist que les sergens auoiẽt toute la nuit veille au tour de leur maison / & que plusieurs foys auoit a eulx deuise et quilz ne faisoient que partir / mais ilz auoient dit quilz viendroient a telle heure quilz le trouueroient. Le bon homme bien esbahy quelle chose sergens lui pouoiẽt vouloir se partit incontinent et retourna aux champs promectant quen lõg temps ne reuiendroit / et dieu scait que la gouge le print bien en gre / combien que sen mõstroit doulou reuse. Et par tel moyen elle se dõna meilleur temps que deuãt / car elle nauoit quelque soing sur le retour de son mary.

La .lxxxix. nouuelle.

La.lxxxix.nouvelle.

EN vng certain petit hamelet ou village de ce monde assis loing de la bonne ville est aduenu vne petite histoire qui est digne de venir en laudience de vous mes bons seigneurs. Ce villaige ou hamelet estoit habite dung mõcelet de rudes et simples paysans qui ne scauoiẽt comment ilz deuoient viure. Et se bien rudes et non saichans estoient/leur cure ne lestoit pas vne once moins/Car luy mesmes faylloit a congnoistre ce qui estoit de necessaire a tous generalement comme ie vous en donneray lexperience par vng cas qui lui aduint. Nous deuez scauoir que ce prestre cure cõme iay dit auoit sa teste affulee de simplesse si pfaicte. ql ne scauoit point anuncer les festes des saincts q viennent chascun an et en vng iour determine cõme chascun scait/et quant ses paroissiens demandoient quãt la feste seroit/il failloit biẽ coup a coup a le dire vraiement. Entre autres telles faultes qui souuẽt aduenoient en fist vne qui ne fut pas petite/Car il laissa passer cinq sepmaines du caresme sans lanũcer a ses paroissiẽs/mais entendez commẽt il se apperceut quil auoit failly.

Le samedy qui estoit la nuyt de la blanche pasque que len dit pasques fleuries/lui vint voulente daller a la bonne ville pour aucune chose q luy besongnoit. Quant il entra en la ville en cheuauchant parmy les rues il apperceut q les prestres faisoiẽt prouision de palmes et autres verdures/et veoit quau marche on les vendoit pour seruir a la procession pour lendemain.

Qui fut bien esbahy ce fut ce cure combien que semblant nen fist. Il vint aux fẽmes qui vendoient ces palmes ou bouys et en acheta faisant semblant que pour autre chose ne fust il venu a la bonne ville/et puis monte hastiuemẽt a cheual charge de sa marchandise et picque a son village et le plus tost que possible luy fut il si trouua/auãt quil fust descendu de dessus son cheual il rencontra aucuns de ses paroissiens ausquelz il commanda q len allast sonner les cloches et q chascun vint a leglise de ceste heure. car il leur vouloit dire aucunes choses necessaires po le salut de leurs ames. Lassemblee fut tantost faicte/et se trouua chascũ en leglise ou monseigneur le cure tout house et esperõne vint bien ẽbesoigne dieu le scait/il mõta en son prosne et dist les motz qui sensuiuent. Mes bõs seigneurs ie vous signifie et vous fais assauoir que au iourdui a este la veille et solennite de la feste de pasques fleuries / Et de ce iour en huit prochain vous aurez la veil- le de la grant pasque que len dit la resurrection nostre seigñr. Quant les bonnes gens ouyrent ces nou uelles commencerẽt a murmurer et eulx esbahir treffort commẽt ce pouoit faire. Mot dist le cure ie vous appaiseray bien tãtost ⁊ vo⁹ diray vraies raisõs pour quoy vo⁹ nauez que huit iours de caresme a faire voz penitences pour ceste an nee et ne vous esmaiez ia de ce que ie vous diray et que le caresme est ainsi venu tard. Je tien quil ny a cellui de vous qui ne sache bien et soit recordz commẽt les froidures ont este longues et aspres ceste an nee merueilleusemẽt plus que onc ques mais / ⁊ long temps a quil ne fist aussi perilleux ⁊ dãgereux che- uaucher comme il a fait tout liuer pour les verglatz et naiges q̃ ont longuement dure / chascun de vous scait cecy estre vray comme leuan gille / pour quoy ne vous donnez merueilles de la longue demouree de caresme / mais esmerueillez vo⁹ aincoys comment il a peu venir / mesmement que le chemin est tres long iusques a sa maison / si vous pry que le vueilles tenir pour exe- cuse / ⁊ mesmes il vous en prie / car au iourduy iay disne auecq̃s lui / ⁊ leur nomma le lieu cest assauoir la ville ou il auoit este. Et pour tãt dist il disposez vous ceste sepmai ne de venir a confesse et de compa roir demain a la pcession comme il est de coustume et ayez pacience ceste fois / lannee q̃ viendra se dieu plaist sera plus doulce par quoy il viendra plus tost ainsi quil a dusa ge chascun an. Ainsi monseigneur le cure trouua le moien de excuser sa simplesse et ygnorãce / et leur dõ na la benediction disant priez dieu pour moy et ie prieray dieu pour vous. Ainsi descendit de son pros ne et sen alla a sa maison appoin- ter son bois ⁊ ses palmes pour les faire le lendemain seruir a la pro- cession et puis ce fut tout.

¶ La . lxxxx . nouuelle .

Pour acroistre ⁊ employer mon nõbre des nouuelles que iay promises compter et descrire ien mectray icy vne dont la venue est fresche. Au pays de Brabant qui est cellui du monde ou les bonnes aduantures aduiennẽt le plus souuẽt auoit vng bon ⁊ loyal marchant de qui la femme estoit tresfort malade et gisante pour la griefuete de son mal continuellement sans habandonner le lit. Ce bon homme voiant sa bonne femme ainsi attainte et languissante menoit la plus douloureuse vie du monde tãt marry ⁊ desplaisant estoit ql ne pouoit plus ⁊ auoit grãt doubte que la mort ne len fist quitte. En ceste doleance perseuerant et doubtant la perdre se vint rendre au pres delle et lui donnoit esperance de garison et la reconfortoit au mieulx quil scauoit, lamonestant de penser au sauuemẽt de son ame. Et apres quil eut aucun petit de temps deuise auec elle ⁊ fine ses admonnestemens et exortacions lui cria mercy en lui reqrant q̃ saucune chose luy auoit meffait quil lui fust par elle pardonne/ entre les cas ou il sentoit lauoir courroucie lui declaira comment il estoit bien recordz quil lauoit trouble plusieurs foys et tressouuent de ce quil nauoit besongne sur son harnois que len peut bien appeller cuyracher toutes les fois q̃lle eust bien voulu/ et mesmes que bien le scauoit dont treshumblement requeroit pardon ⁊ mercy. Et la poure malade aĩsi quelle pouoit parler lui pardonnoit les petis cas et legiers/ mais ce derrain ne pardõnoit elle poĩt voulẽtiers sans scauoir les raisons qui auoiẽt meu et induit son mary a non lui fourbir son harnoys quant mesmes il scauoit bien que cestoit le plaisir delle ⁊ quelle ne appetoit autre chose ne demãdoit. Commẽt dist il voulez vo⁹ mourir sans p̃donner a ceulx qui vous ont meffait. Je suis bien contente de le pardonner: mais ie vueil scauoir qui vo⁹ a meu autrement ie ne le pardonneray point. Le bon mary pour trouuer moien dauoir pardon cuydant bien faire la besongne luy commenca a dire Mamye vous scauez bien que par plusieurs foys auez este malade ⁊ deshaitee cõbien que non pas tant que maintenant ie vous voy/ ⁊ durant la maladie ie nay iamais tãt oze presumer que de vous requerre de bataille/ ie doubtoye quil ne vous en fust du pire et soyez toute seure q̃ ce que ien ay fait amour le ma fait faire. Taisiez vous mẽ leur dist ceste poure paciente/onc ques ne fus si malade ne si deshaitee pour quoy icusse fait reffus de cōbatre a vous q̄rez autre moyen se voulez auoir pardon/car cestuy ne vous aidera ia et puis quil vo⁹ conuient tout dire meschant et lasche homme q̄ vous estes et autre ne fustes oncques/penses vous q̄ en ce monde soit medecine qui plus puisse aider ne susciter la maladie dentre nous femmes que la doulce et amoureuse compaignie des hommes/me voyez vous bien deffaicte et seiche p griefuete de mal/autre chose ne me est necessaire/si non compaignie de vous. Ho dist lautre ie vous gueriray prestemēt

Il sault sur ce lyt et besongna le mieulx quil peut/et tātost quil eut rompu deux lances elle se lieue et se meist sur ses piedz/puis demye heure apres ala par les rues et ses voisins qui la cuidoient cōme morte furent tresesmerueillez iusques a ce quelle leur dist par quelle voie et comment elle estoit rauiuee q̄lz dirent tantost quil ny auoit que ce seul remede. Ainsi nostre bon marchant aprint a guerir sa femme q̄ lui tourna a grant preiudice/Car souuēt faingnoit estre malade po² receuoir la medecine.

La.lxxxxi.nouuelle.

Ainsi que iestoye naguieres en la conte de flandres en lune des plus grosses villes du pays vng gentil cōpaignon me fist vng ioyeux compte dung hōme marye de qui la femme estoit tant luxurieuse z chaulde sur le potage z tāt publicque qua paine estoit elle cōtente quon la coingnast en plaines rues auant quelle ne le fust. Son mary scauoit bien que de celle condicion estoit mais de subtilite po² querir remede a lui donner empeschemēt il ne scauoit trouuer tant estoit a ce iolys mestier rusee. Il la menassoit de la battre et de la laisser seulle ou de la tuer/Mais querez q̄ le face/autant eust il profite a menasser vng chien enrage ou quelq̃ autre beste. Elle se pourchassoit a tous lez ⁊ ne demandoit que butin/il y auoit bien pou dommes en toute la contree ou elle repairoit pour estaindre vne seulle estincelle de son grant feu/et quiconques la barguignoit il lauoit aussi bien a creance que a argent sec fust homme bossu ou vieulx/contrefait ou aultre quelque diffigurance/brief nul ne sen alloit sans desrees reporter. Le poure mary voyant ceste vie continuer et que toutes ses menasses ny prouffitoient riens il sadvisa quil lespouenteroit par vne maniere quil trouua. Quãt il la peut auoir seule en sa maison il luy dist. Or ca iehanne ou beatrix ainsi quil lappelloit ie voy bien que vous estes obstinee en vostre meschance ⁊ que quelque menasse que ie vous face ou punicion vous nen tenez non plus de compte que se ie me taisoye. Helas mon mary dist elle en bõne foy ien suis la plus marrie et trop men desplaist/mais ie ny puis mettre remede/car ie suis nee en telle planete pour estre preste ⁊ seruante aux hommes. Voire dea dist le mary y estes vous ainsi destinee/sur ma foy ie ay bon remede et hastif. Vous me tueres donc dist elle autre remede ny a/laisses moy faire dist il ie scay bien mieulx/⁊ quoy dist elle q̃ ie le sache. Par la mort bieu dist il ie vo⁹ hocheray vng io² tãt que ie vous bouteray vng quarteron denfans dedens le ventre ⁊ puis ie vous abandonneray ⁊ les vous laisseray toute seule nourrir Vous dist elle/voire mais ou prẽs vous nauez pas pour commencer telles menasses mespouente bien pou/ie ne vous crains de cela pas vng niquet/se ien desmarche ie veulx que len me tonde en croix/et sil vous semble que ayez puissance de ce faire aduanciez vous et commẽcez des ceste heure/ie suis preste pour liurer le moule. Au dyable de telle femme dist le mary quon ne peut par quelque voye corriger. Il fut contraint de la laisser passer sa destinee/il se fust plustost esceruelle et fendu la teste pour la reprendre que luy faire tenir coy le derriere parquoy la laissa courre comme vne lisse entre deux douzaines de chiens et acomplir tous ses vouloirs et desordonnes desirs.

¶La.xcii.nouuelle racõptee par monseigneur de launoy.

La. xciiii. nouuelle par monseigneur de launoy.

En la noble cite de mes en lorraine auoit puis certain temps en ca vne bonne bourgoise mariee qui estoit tout oultre de la confrairie de la houlette/riens ne faisoit plus voulentiers que ce io/lis esbatement que chascun scait et ou elle pouoit desployer ses armes elle se monstroit vaillante et pou redoubtant les horions. Or en/tendes quelle chose luy aduint en excersant son mestier elle estoit a/moureuse dug gros chanoine qui a/uoit pl⁹ dargent q̃ vng vieux chien na de puces/mais pour ce quil de/mouroit en lieu ou les gens estoiẽt a toute heure cõme on diroit a vne gueule bee ou place publique/elle ne scauoit cõment se trouuer auecques son chanoine. Tant pensa et subtilla a sa besongne quelle sadui/sa q̃ se descouuriroit a vne sienne voisine qui estoit sa seur darmes touchant le mestier et vsance de la houlette ꝛ lui sembla que elle pour/roit aller veoir son chanoine acom/paignie de sa voisine sãs q̃ len y pẽ/sast nul mal ou suspicion. Ainsi q̃ elle aduisa ainsi fut fait/ꝛ comme se pour vne grosse matiere fust al/lee vers monseigneur le chanoine ainsi honnorablement y alla elle a compaignie comme dist est. Pour le faire brief incontinent que noz bourgoises furent arriuees apres toutes les salutaciõs ce fut la prin/cipale memoire que senclorre auec son amoureux le chanoine/et fist tãt que le chanoine luy bailla vne mouture ainsi comme il scauoit. La voisine voyãt lautre auoir lau/dience ꝛ le gouuernement du mais/tre de leans nen eut pas peu denuie ꝛ lui desplaisoit moult que non ne lui faisoit ainsi cõme a lautre. Au vuider de la chambre celle q̃ auoit sa pitance dist a sa voisine. Nous en prons nous. Voire dist lautre se va len ainsi/se len ne me fait la courtoisie cõme a vous par dieu ie accuseray le mesnage/ie ne suis pas icy venue pour eschauffer la cire. Quant len apperceut sa bõne vou/lente on luy offrit le clerc de ce cha noine qui estoit vng fort et roide galant et hõme pour la tresbien fournir de quoy elle ne tint compte / mais le refusa de tous poins disãt que aussi biẽ vouloit auoir le maistre que lautre / autrement ne seroit elle point ↄtente. Le chanoine fut contraint pour sauluer son hõneur de saccorder / et quant ce fut fait elle voulsist bien adoncques dire a dieu et se partir / mais lautre ne le vouloit pas / ains dist toute courroucee que elle qui lauoit amenee et estoit celle pour qui lassemblee estoit faicte deuoit estre mieulx partie que lautre et quelle ne se departiroit point selle nauoit encores vng picotin dauoine. Le chanoine fut bien esbay quant il entẽdit ces nouuelles et combien quil priast celle qui vouloit auoir le sourcroist touteffois ne se vouloit elle rendre contente. Or ca dist il de par dieu ie suis content puis quil fault que ainsi soit / mais ny reuenes plus pour tel pris ie seroie hors de la ville. Quant les armes furent acomplies ceste damoiselle au sourcroist au dire a dieu dist a son chanoine quil failloit donner aucune gracieuse chose pour souuenãce. Sans se faire trop importuner ne trauailler de requestes et aussi pour estre deliure ce bon chanoine auoit vne piece dung demourãt couurechief quil leur donna et la principale receut le don / ainsi dirent a dieu. Cest dist il ce que ie vous puis maintenant donner prenez chascune en gre. Elles ne furent gueres loing allees q̃ en plaine rue la voisine qui nauoit eu sãs plus que vng picotin dist a sa compaigne quelle vouloit auoir sa porcion de leur don / et bien dist lautre ie suis contẽte combien en voulez vous auoir. Fault il demander cela dist elle / ien doy auoir la moitie et vous autant. Commẽt oses vous demander dist lautre plus que vous naues desserui auez vous point de honte / vous scauez bien que vous nauez este que vne fois au chanoine et moy deux fois / et par dieu ce nest pas raison que vous soyes partie aussi auant que moy. Par dieu ien auray autant que vous dist lautre / ay ie pas fait mon deuoir aussi auant que vous comment lentendez vous. Nesse pas autant dune fois comme de dix / et affin que vous congnoisses ma voulente sans tenir icy halle de neant ie vous conseille que me baillies ma part iustement la moitie ou vous aures incontinent huit / me voulez vous ainsi gouuerner. Voire dea dist la compaignie y voulez vous proceder darmure de fait/et par la puissance dieu vous nen aures fors ce quil sera de raison/cestassauoir des trois pars lune et iauray tout le demourāt/nay ie pas eu deux fois plus de paine que vo⁹. Adōc lautre haulce ꝛ de son poing charge sur le visage de sa compaignie pour qui lassemblee auoit este faicte qui ne le tint pas longuement sans rendre/brief elles sentrebatirent tant ꝛ de si bonne maniere que a bien petit quelles ne sentretuerent/ꝛ lune appelloit lautre ribaulde. Quant les gens de la rue virent la bataille des deux compaignes qui peu de temps deuant auoient passe par la rue ensemble amoureusemēt furēt tous esbahis ꝛ les vindrent tenir ꝛ deffaire lune de lautre. Puis apres les gens qui la estoient hucherent leurs maris qui vindrent tantost/ et chascun deulx demandoit a sa fēme la matiere de leur difference. Chascun comptoit a son plus beau et tant par leur faulx donner a entēdre sans toucher de ce pour quoy la question estoit meue les esmeurent tellement lung contre que ilz se vouloient entretuer/mais les sergens les menerent refroider en prison. La iustice voulut scauoir dont estoit procede le fondemēt de la question entre les deux femmes Elles furent mandees ꝛ contraintes de confesser q̄ ce auoit este pour vne piece de couurechief et cetera. Les gens de conseil voyant que la cognoissance de ceste cause nappartenoit a eulx la renuoierent deuāt le roy de bordelois tant pour les merites de la cause cōme pour ce q̄ les femmes estoient de ses subgectes/et pendant le proces les bons maris demourerent en la prison attendans la sentence diffinitiue qui pour le nombre infini deulx en est taillee de demourer pēdue au clou.

La.xciii.nouuelle.

Tandis que iay bonne audiēce ie vueil compter vng gracieux compte aduenu au pays de haynault. En vng village du pays que iay nõme auoit vne gẽte fẽme mariee qui aymoit plus chier le clerc de la parroisse dont elle estoit parroissienne que son mary et pour trouuer moyẽ destre auec son clerc faignit a son mary quelle deuoit vng pelerinage a vng saint q̃ nestoit gueres loing de la et q̃ promis luy auoit quant elle estoit en trauail lui priant ql fust contẽt ql le y allast vng iour qlle nõma. Le bon simple mary q̃ ne se doubtoit de rien accorda ce pelerinage ꝛ pour ce q̃ le mary demouroit seul il luy dist quelle appointast son disner et soupper tout ensẽble auant qlle se partist/autremẽt il yroit manger a la tauerne. Elle fist son cõmandemẽt ꝛ appointa vng bon poussin ꝛ vne piece de mouton/et quant toutes ces ꝑparatiues furent faictes elle dist a son mary que tout estoit prest ꝛ quelle alloit querre de leaue benoiste pour soy ꝑtir apres. Elle entra en leglise ꝛ le premier hõme qlle trouua ce fut celluy qlle queroit cestassauoir son clerc a qui elle cõpta les nouuelles cõment elle auoit cõgie daller en pelerinage ꝛ cetera pour toute la iournee/mais il y a vng cas dist elle/ie suis seure q̃ si tost q̃ me sẽtira hors de lostel ql sen yra a la tauerne et nen retournera iusqs au vespre bien tard ie le cõgnois tel/et pourtant iayme mieulx demourer a lostel tãdis ql ny sera point q̃ aller hors / et doncqs vous vous rendrez dedãs vne demie heure autour de nostre hostel affin q̃ ie vous mette dedans par derriere sil aduiẽt que mon mary ny soit point et sil y est nous yrons faire nostre pelerinage. Elle vint a lostel ou elle trouua encores son mary dont elle ne fut point contẽte q̃ luy dist. Cõment estes vous encores icy/ie men vois dist elle chausser mes souliers et puis ie ne songeray plus gueres que ie ne parte. Elle alla au cordouennier et tandis qlle faisoit chausser ses souliers son mary passa par deuãt lostel du cordouennier auec vng autre son voisin qui alloit de coustume voulentiers a la tauerne et combien quelle supposast que pour ce quil estoit acompaignie dudit voisin quil sen allast a la tauerne/toutesfois nen auoit il nulle voulente mais il sen alloit sur le marchie pour trouuer encores vng bon compaignon ou deux et les amener disner auec luy au commencement quil auoit dauantage cestassauoir le poussin et la piece de mouton. Or nous lasserons icy nostre mary chercher cõpaignie ꝛ retournerõs a cel le qui chaussoit ses soulliers que si tost que ilz furent chausses reuint a lostel le plus hastiuement quelle peut ou elle trouua le gētil escolier q̄ faisoit la procession tour autour de la maison a qui elle dist. Mon amy no⁹ sōmes les pl⁹ heureux du mōde/car iay veu mon mary aller a la tauerne ien suis seure/car il ya vng sien sortes q̄ le maine par les bras leq̄l ne le laissera pas retourner quant il vouldra/ et pourtant donnons nous ioye. Le iour est nostre iusques a la nuyt / iay appointe vng poussin et vne belle piece de mouton dōt nous ferons gouguettes. Et sans plus riens dire le mist dedās et laissa luy entreouuert affin q̄ les voisins ne sen doubtassent. Or retournons maintenant a nostre mary qui a trouue deux bōs compaignons auec le premier dont iay parle/lesquelz il amaine tous pour descōfire et deuorer ce poussin en la compaignie de beau vin de beaune ou de meilleur sil est possible den finer. A larriuer a sa maison il entra le premier dedans et incontinent que il fut entre il parceut noz deux amans q̄ sestoient mys a faire vng tronson de bonne ouurage. Et quant il vit sa femme qui auoit les iambes leuees il luy dist quelle nauoit garde de vser ses souliers et q̄ sans raison auoit trauaille le cordouēnier puis quelle vouloit faire son pelerinage p telle maniere. Il bucha ses compaignons et dist. Messeigneurs regardez que ma fēme ayme mon prouffit / de paour quelle ne vse ses beaulx souliers neufz elle chemine sur son dos / il ne la pas telle qui veult. Il prent vng petit demourant de ce poussin et luy dist quelle parfist son pelerinage /puis ferma luys et la laissa auec son clerc sans luy autre chose dire ⁊ sen alla a la tauerne de quoy il ne fut pas tence au retourner ne les autres fois aussi quant il y alloit pource quil nauoit rien ou pou parle de ce pelerinage que sa femme auoit fait a lostel auecques son amoureux le cler de sa parroisse

La. xciiii. nouuelle.

Es marches de picardie ou dyocese de therouẽne auoit puis an et demy en ca ou enuiron vng gentil cure demourant en la bonne ville qui faisoit du gorgias tout oultre / il portoit robe courte chausse tirees a la facon de court tant gaillard estoit q̃ len ne parroit plus qui nestoit pas pou desclãdre aux gens deglise. Le promtoeur de therouenne qui telle maniere de gens appelloient le grant dyable soy informa du gouuernement de nostre gentil cure ⁊ le fist citer pour le corriger et luy faire muer ses meurs. Il cõparut es habitz cours comme sil ne tenist compte du promoteur / cuydant par aduanture q̃ pour ses beaulx yeulx on le deliurast / mais ainsi naduint pas / car quant il fut deuant monseigneur lofficial sa partie le promoteur lui compta sa legẽde au long et demãda par sa conclusion que ses habillemens et autres menues manieres de faire lui fussent deffendues et auec ce quil fust condẽne a paier certaines amẽdes. Monseigneur lofficial voyant a ses yeulx que tel estoit nostre cure que on luy baptisoit lui fist les deffẽses sur les paines du canon que plus ne se desguisast en telle maniere q̃l auoit fait et quil portast longues robbes et cheueulx longs et auec ce le condẽna a paier vne bonne somme dargent / il promist que ainsi en feroit il et q̃ plus ne seroit cite pour telle chose. Il print congie au promoteur et retourna a sa cure / et si tost quil y fut venu il fist hucher le drappier ⁊ le parementier / si fist tailler vne robbe qui lui trainoit plus de trois cartiers disant au parementier les nouuelles de therouenne comment cestassauoir quil auoit este reprins de porter courte robbe et que on lui auoit charge de la porter longue. Il vestit ceste robe longue et laissa croistre ses cheueulx de la teste et de la barbe ⁊ en cest estat seruoit sa parroisse / chãtoit messe et faisoit les autres choses appartenans a cure. Le promoteur fut arriere aduerti cõment son cure se gouuernoit oultre la rigle et bonne ⁊ hõneste conuersacion des prestres lequel le fist citer cõme deuant / ⁊ il si comparut es longs habitz. Quesse cy dist monseigneur lofficial quant il fut deuant luy / il semble que vous trompes des estatus ⁊ ordonnãces de leglise / voyez vous point comme les autres prestres sabillent / se ce ne fust pour lamour de vos bons amys ie vous feroie affuler la prison de ceans. Comment monseigneur dist nos tre cure ne mauez vous pas char-gie de porter longue robe et longs cheueux/fais ie point ainsi q̃ vous mauez cõmande/nest pas ceste robe be assez longue/mes cheueux sont ilz pas longs/ que voulez vo⁹ que ie face. Je vueil dist monseigneur lofficial et si vous commande que vous portez robbe et cheueux a demy longs/ne trop ne pou/et pour ceste grande faulte ie vous condẽne a paier dix liures damende au promoteur/vint liures a la fabrique de ceans et autant a monseigneur de therouenne a conuertir a son aumosne. Nostre cure fut bien esbahi/mais toutesfois il faillist quil passast par la/il prent congie et sen reuient en sa maison bien pẽsant cõment il sabilleroit pour garder la sentẽce de monseigneur lofficial. Jl manda le parementier a q̃ il fist tailler vne robbe longue dung coste comme celle dõt nous auons ple et courte cõme la p̃miere de lautre coste/puis il se fist barbeier du coste ou la robe estoit courte/en ce point alloit par les rues ⁊ faisoit son diuin office/et combien quon luy dist que cestoit mal fait toutesfoys si nen tenoit il compte Le pmoteur en fut encores aduerty et le fist citer comme deuant. Quant y comparut dieu scait comment monseigñr lofficial fut mal content/a paine quil ne sailloit de son siege hors du sens quãt il regardoit son cure estre habille en guise de mommeur/se les autres deux foys auoit este bien rachasse il fut encores mieulx ceste cy et condemne a belles et grosses amendes. Lors nostre cure se voiãt ainsi desplume de amendes ⁊ de condemnacions dist a monseigneur lofficial Jl me sẽble saulue vostre reuerẽce que iay fait vostre commandemẽt et entendez moy ie vous en diray la raison. Adonc il couurit sa barbe longue de sa main quil estandit sus et puis dist. Se vous voulez ie nay point de barbe/puis mist sa main de lautre les couurãt la partie tondue ou raise en disant. Se vous voulez iay longue barbe esse pas ce que mauez commande. Mõseigneur lofficial voyant q̃ cestoit vng vray trompeur ⁊ quil se trompoit de lui fist venir le barbier ⁊ le parementier et deuant tous les assistens lui fist faire sa barbe et cheueux et puis coupper sa robe de la longueur quil estoit de mestier et de raison/puis le renuoya a sa cure ou il se conduyt haultement en maintenãt ceste derreniere maniere quil auoit aprinse a la sueur de sa bourse.

La.xcv. nouuelle racõptee par monseigneur de villiers.

Comme il est assez de coustume dieu mercy quen plusieurs communaultez de religiõs ya de bõs compaignons au moĩs quant au ieu des bas instrumens Au propos nagueres auoit en vng couuent de paris vng tresbon frere prescheur q̃ auoit de coustume de visiter ses voisines. Vng iour entre les autres il choisit vne tres belle fẽme qui estoit sa prochaine voisine ieune et en bon point ⁊ sentre aymoient de bon couraige et la ieune fẽme estoit mariee nouuellement a vng bon compaignon et deuint maistre moyne tresbiẽ amoureux delle et ne cessoit de penser et subtiller voies et moyẽs pour paruenir a ses attaintes qui a dire en gros et en brief estoient pour faire cela que vous scauez. Or disoit ie feray ainsi/or conclut autremẽt Tant de propos lui venoient en la teste q̃l ne scauoit sur quoy sarrester/trop bien disoit il que de langage nestoit point de abatre/car elle est trop bonne et trop seure/ force mest que se ie vueil p̃uenir a mes fins que par cautelle ⁊ deception ie la gaigne. Or escoutez de quoy le larron sadiusa et commẽt frauduleusemẽt la poure beste il attrappa ⁊ son desir tres deshonneste comme il proposa acomplit. Il faignit vng iour auoir mal en vng doy celui demprés le poulce qui est le premier des quatre en la main destre et de fait lenueloppa de draps linges et le dora daucuns oignemens tresfort sentãs ⁊ en ce point se tint vng iour ou deux tousiours se mõstrant aual son eglise deuãt la dessusdicte/et dieu scait sil faisoit biẽ la doulẽ. La simplete le regardoit en pitie ⁊ voiant bien a sa contenãce q̃ il auoit grant douleur/ ⁊ pour la grant pitie quelle en eut luy demanda son cas/⁊ le subtil regnart lui compta sĩ trespiteusement quil sembloit mieulx hors du sens que autremẽt. Ce iour ce passa ⁊ a len demain enuiron heure de vespres que la bonne femme estoit a lhostel seulette/ce pacient la vient trouuer ouurant de soye et au pres delle se met faisant si tresbien le malade q̃ nul ne leust veu a ceste heure q̃ ne leust iugie en tresgrant dangier / or se viroit vers la fenestre maintenant vers la femme /tant destranges manieres il faisoit q̃ vous fussiez esbahy ⁊ abuse a le veoir. Et la simplete qui toute pitie en auoit a paine que les lermes ne lui sailloient des yeulx le confortoit au mieulx q̃ elle pouoit. Helas frere henry auez vous ꝑle aux medecins telz et telz. Ouy certes mamie disoit il/il nya medecin ne cirurgien en paris q̃ nait veu mon cas. Et quen disent ilz souffrirez vo⁹ longuemēt ceste douleur/ helas ouy voire encores plus la mort se dieu ne mayde/car en mon fait na q̃ vng seul remede ⁊ iaymeroie autāt a payne mourir que le deceler car il est moins que bien hōneste ⁊ tout estrāge de ma profession. Cōment dea dist la pourette puis ql ya remede et nesse pas mal fait et peche a vous de vous laisser ainsi passionner/si est en verite ce me sēble/vous vo⁹ mettes en danger de perdre sens ⁊ entendemēt a ce q̃ ie voy vostre douleur si aspre ⁊ si terrible. Par dieu bien aspre et terrible est elle dist frere henry/Mais quoy dieu la ma enuoyee loue soit il ie prens bien la maladie en gre et auray pacience ⁊ suis tout asseure dattēdre la mort/car cest le vray remede de ce voire excepte vng dōt ie vo⁹ ay parle q̃ me gueriroit tātost mais quoy comme ie vous ay dit ie noseroie dire quel il est et quant ainsi seroit ql me seroit force a deceler ce que cest ie nauroye point le vouloir de lacomplir. Et par saint martin dist la bonne femme frere henry il me semble que vous auez tort de tenir telz termes/⁊ po² dieu dictes moy quil fault po² vostre garison/ et ie vous asseure que ie mettray paine et diligēce a trouuer ce qui y seruira /pour dieu ne soiez cause de vostre perdicion laissez vous aider et secourir/or dictes moy que cest et vous verrez se ie ne vous aideray/si feray par dieu q̃lme deust il couster pl⁹ que vo⁹ ne pēsez. Damp moyne voiāt la bonne voulente de sa voisine aꝑs vng grant tas dexcusāces ⁊ de reffus q̃ po² estre brief ie trespasse dist a basse voix / puis ql vo⁹ plaist que ie le die ie vo⁹ obeyray / les medecins mōt tous dit dung accord que en mon fait na que vng seul remede/ cest de bouter mon voy malade dedans le lieu secret dune femme nette et honneste et la le tenir asSez bonne piece et apres le oindre dung oignemēt dont ilz mont baille la recepte/vous oyez que cest/ et pour tant que ie suis de ma nature et de propre coustume honteux iay myeulx ayme endurer et souffrir iusques cy les maulx que iay portes quen riens dire a personne viuant/vous seule scauez mon cas et mal gre moy. Helas helas dist la bonne femme ie ne vous ay dit chose que ie ne face/ie vo9 vueil ayder a guerir ie suis contente et me plaist bien pour vostre garison et vous oster de la terrible angoysse qui vous tourmēte que vous prestre lieu pour bouter vostre doy malade/et dieu le vous rende damoiselle dist damp moyne ie ne vous en eusse oze requerir ne autre/mais puis quil vous plaist de me secourir ie ne seray ia cause de ma mort Or nous mettons doncques sil vous plaist en quelque lieu secret que nul ne nous voye/il me plaist bien dist elle/si le mena en vne belle garderobbe et serra lhuis et sur le lit la mist/et maistre moyne lui lieue ses drappeaulx/et en lieu du doy de la main bouta son perchant dur et roide dedans. Et a lentrer quil fist elle qui le sētit si tresgros dist/et comment vostre doy est il si gros ie nouy iamais parler du pareil. En verite dist il ce fait la maladie qui en ce point le ma mys Vo9 me contes merueille dist elle Et durant ses langaiges maistre moyne acōplit ce pourquoy si bien auoit fait le malade. Et elle qui sentit. &c. demanda que cestoit/et il respōdit cest le clou de mon doy qui est enfōdre/ie suis comme guery se me semble dieu mercy & la vostre. Et par ma foy ce me plaist moult/ce dist la dame qui lors se leua/se vous nestes bien gary si retournes toutesfois quil vous plaira/car pour vous oster de douleur il nest riens q̄ ie ne face & ne soyez plus si honteux que vous auez este pour vostre sante recouurer.

¶La.xcvi.nouuelle.

La. xcvi. nouuelle

OR escoutez quil aduint lau
trier a vng simple cure de
villaige. Ce bon cure auoit vng
chien ql auoit nourry & garde q toꝰ
les autres chiẽs du pais passoit sur
le fait daller en leaue querir le vi-
reton/et a locasion de ce son mais
tre laimoit tant quil ne seroit pas
legier acõpter combien il en estoit
assote. Aduĩt touteffois ie ne scay
pas quel cas/ou sil eut trop chault
ou trop froit touteffoys il fut ma
lade et mourut. Que fist ce bon cu
re luy q̃ son presbitaire auoit tout
cõtre le cymetiere/quant il vit son
chien trespasse il pensa q̃ grant dõ
maige seroit que vne si saige & bon
ne beste demourast sans sepulture
et pourtãt il fist vne fosse assez p̃s
de luis de sa maison et la lenfouit
Je ne scay pas sil fist vne marbre
et par dessus grauer vng epitaphe
si men tays. Ne demoura gueres
q̃ la mort du bon chien du cure fut
par le villaige anunce et tant espã
du que aux oreilles de leuesque du
lieu paruint & de sa sepulture saic
te q̃ son maistre lui bailla si le mã
da vers lui venir par vne belle ci-
tacion par vng chicaneur. Helas
dist le cure & quay ie fait qui suis
cite doffice. Quant a moy dist le
chicaneur ie ne scay ql ya se ce nest
pour tant que vous auez enfouy
vostre chien en terre saincte ou len
met les corps des chrestiens. Ha
se pense le cure cest cela/or lui vint
en teste ql auoit mal fait et que sil
se laisse emprissonner quil sera es-
corche/car monseigneur leuesq̃ est
le plus couuoiteux de ce royaulme
et si a gens au tour de lui qui scai-
uent faire venir leaue au moulin
dieu scait comment. Il vint a sa
ioꝛnee & de plain bout sen ala vers
monseigneur leuesque qui luy fist
vng grant prologue pour la sepul
ture du bon chiẽ/et sẽbloit a louyr
que le cure eust pis fait que dauoir
regnie dieu et apres tout son dire
il commanda quil fust mene en la
prison. Quant monseigneur le cu
re vit quon le vouloit bouter en la
boyte aux cailloux il fut plus esba
hy que vng canet et requist a mon
seigneur leuesque quil fust ouy/le
quel lui accorda. Et deuez scauoir
que a ceste calenge estoient grant
foison de gens de bien et de grant
facon comme lofficial/les promo-
teurs/le scribe/notaires aduocas
procureurs & plusieurs autres les
quelz tous ensemble grãt ioye me
noiẽt du cas du bon cure qui a son
chien auoit donne la terre saincte

Le cure en sa deffense et excuse
parla en brief et dist. En verite
monseigñr se vous eussiez autant

congneu mon bon chien a qui dieu pardoint comme iay fait vous ne seriez pas tant esbay de la sepultu re que ie luy ay ordonee come vous estes / car son pareil come iespoire ne fut iamais trouue ne sera / et lors commenca a dire bausme de son chien aussi pareillement sil fut bien sage en son viuant encores le fut il plus a sa mort / car il fist vng tresbeau testamet / et pour ce ql scauoit vostre necessite et indigence il vous ordonna cin quante escus dor q ie vous apporte Si les tira de son sain et les bailla a leuesque leql les receut voulenti ers et lors loua et approuua les sens du vaillant chien ensemble son tes tament et la sepulture ql lui bailla.

La.lxxxvii.nouuelle.

Naguerres que estoit vne as semblee de bons compaignons faisans bone chiere en la tauerne et beuuans dautant / et quat ilz euret beu et mage et fait si bone chiere ius ques a louer dieu et aussi vsqz ad he breos la pluspart et qlz eurent copte et paye leur escot les aucuns comence rent a dire / coment nous serons fes toies de noz femmes quat nous re tournerons a lostel / dieu scait que nous ne seros pas excomuniez on parlera bien a noz barbes. Nostre dame dist lung ie crains bien a my trouuer / aisi maist dieu dist lautre aussi fais ie moy ie suis tout seur doux la passion / pleust a dieu que ma femme fut muette ie beuue roye trop plus hardiment que ie ne fais. Ainsi disoient trestous fors lung deulx qui estoit bon com paignon qui leur alla dire. Et comment beaulx seigneurs vous estes tous bie maleureux qui auez tous chascun femme qui si fort vo reprent daller a la tauerne et est tant mal contente que vous beu uez / par ma foy dieu mercy la mie ne nest pas telle. Car se ie beu uoye dix voire cent fois le iour si nesse pas assez a son gre / brief ie ne vis oncques quelle ne eust voulu que ie eusse plus beu la moytie. Car quant ie reuies de la tauerne elle me souhaitte tousiours le demourant du tonneau dedans le ventre et le tonneau avecques si nesse pas signe que ie boyve assez a son gre. Quant ses compaignōs ouyrent ceste conclusion ilz se prindrent a rire et louerent beaucoup son cōpte et sur ce sen allerent tous chascun a sa chascune. Nostre bon compaignon q̄ le cōpte avoit fait sen vint a lostel ou il trouva pou paisible sa fēme toute preste a tencer qui de si loing quelle le vit venir commenca la souffrāce accoustumee et de fait cōme elle souloit lui souhaitta le demourant du vin du tonneau dedans le ventre. La vostre mercy mamye dist il/encores avez meilleure coustume q̄ les autres femmes de ceste ville/elles enragent de ce q̄ leurs maris boyvent ne tant ne quāt/et vous dieu le vous rende vouldries bien que ie beusse tousiours ou vne bōne fois q̄ tousiours durast. Je ne scay dist elle q̄ ie vouldroye si non q̄ ie prie a dieu q̄ tant beuvez vng iour q̄ crever en puissies. Comme ilz se devisoient ainsi doulcemēt que vous oyez le pot a la poree q̄ sur le feu estoit cōmence a senfouir p dessus pour ce q̄ trop aspre feu avoit/et le bon hōme q̄ voyoit que sa fēme ny mettoit point la main luy dist. Et ne voyes vous dame ce pot q̄ sen fouyt Et elle q̄ encores rapaisee nestoit respondit/si fais sire ie le voys biē Or le haussez dieu vous mette en mal an. Si feray ie dist elle ie le hausseray/ie le metz a.xii. deniers Voire dist il dame esse la responce haussez ce pot de p dieu. Et biē dist elle ie le metz a.vii.soulz/esse assez hault. Hen hen dist il/et par saint iehan ce ne sera pas sās trois coups de baston. Et il choisit vng gros baston q̄ en descharge de toute sa force sur le dos de ma damoiselle en disant/ce marchie vous demeure. Et elle commence a crier a larme tant que les voisins si assemblerent qui demanderent que cestoit q̄ le bon homme racompta listoire cōe elle alloit dont ilz rirēt tresto⁹ fors elle a q̄ le marchie demoura.

La.xcviii.nouvelle.

Es marches et mettes de france entre les autres nobles y auoit vng cheualier riche ⁊ noble tant par lancienne noblesse de ses predecesseurs cōme par ses propres nobles ⁊ vertueux fais/lequel cheualier de sa femme espousee il auoit eu seulement vne fille qui estoit tresbelle ⁊ tresadressee pucelle cōme a son estat appartenoit aagee de.xv.a.xvi.ans ou enuiron Le bon et noble cheualier voyant sa fille estre assez aagee/habille et ydoine pour estre aliee ⁊ conioincte par le sacremēt de mariage/il eut tresgrāt voulente de la ioindre ⁊ dōner a vng cheualier son voysin non toutesfois tāt noble de parentage cōme de grosses puissances ⁊ richesses temporelles/auec ce aussi aage de soixante a quatrevings ans ou enuiron. Ce vouloir rongea tant enuiron la teste du pere dōt iay parle q̄ iamais ne cessa iusques a ce q̄ les aliances et promesses furent faictes entre luy et sa femme mere de la fille et ledit ancien cheualier touchans le mariage de luy auec ladicte fille q̄ des assemblees ꝓmesses et traicties ne scauoit rien ne ny pensoit aucunemēt. Asses prochain de lostel de celluy cheualier pere de la pucelle auoit vng autre ieune cheualier vaillant et preux/riche moyennement non pas tant de beaucoup q̄ lautre ancien dont iay parle qui estoit tresardant et fort embrase de lamour dicelle pucelle/et pareillemēt elle par la vertueuse et noble renommee de luy en estoit tresfort entachee/cōbien que en danger parlassent lung a lautre/car le pere sen doubtoit et leur rompoit les moyens ⁊ voyes quil pouoit/toutesfois il ne les pouoit forclorre de lentiere et tresleale amour dont leurs deux cueurs estoient entreliez et enlacez. Et quāt la fortune leur fauorisoit tāt que ensemble les faisoit deuiser/dautre chose ne tenoient leurs deuises comme de pourpēser le moyen par lequel leur seul ⁊ souuerain desir pourroit estre acomply par legitime mariage. Or sapprocha le tēps que icelle pucelle deust estre donnee a ce seigneur ancien et le marchie luy fut par son pere descouuert et assigne le iour quelle le deuoit espouser dōt ne fut pas peu courroucee/mais elle pensa quelle y donneroit remede. Elle enuoya vers son treschier amy le ieune cheualier et luy manda que il venist celeement le plustost que il pourroit. Et quant il fut venu elle luy compta les aliances faictes delle et de lautre ancien

cheualier/demandant sur ce cõseil
affin de tout rompre/car daultre q̃
de luy ne vouloit point estre espou
see. Le cheualier luy respondit/ma
mye treschiere puis que vostre bon
te se veult tant humilier q̃ de moy
offrir ce que ie noseroye requerir
sans tresgrande vergongne ie vo⁹
remercie/et se vous voulez perse-
uerer en ceste bõne voulẽte ie scay
que nous deuõs faire. Nous pren
drons et assignerons vng iour au
quel ie viendray en ceste ville bien
acompaigne de mes amys/et a cer
taine heure vous rendrez en quelq̃
lieu que vous me direz maintenãt
ou ie vous trouueray seule/vous
monterez sur mon cheual et vous
meneray en mon chasteau et puis
se nous pouons appaiser monsei
gneur vostre pere et ma dame vos
tre mere nous procederons a la cõ
sommacion de noz promesses/laq̃l
le dist que cestoit biẽ aduise et quel
le scauoit cõment on si pouoit con-
uenablement cõduire. Si luy dist
que tel iour et telle heure venist en
tel lieu ou il la trouueroit ⁊ puis
feroit tout bien ainsi quil auoit ad
uise. Le iour de lassignacion vint
et se comparut le ieune cheualier
au lieu ou len luy auoit dit et ou il
trouua sa dame qui monta sur son
cheual et picqua fort tant quilz eu
rent eslongne la place/ce bon che-
ualier craignant ql ne trauaillast
sa treschiere ⁊ parfaicte amie rom
pit son legier pas et fist espandre
tous ses gens par diuers chemins
pour veoir se quelcun ne les sui-
uoit point et cheuauchoit trauers
champs sans tenir voyes ne senti
ers le plus doulcement quil pouoit
et chargea a ses gens quilz se trou
uassent ensemble tous a vng gros
vilage quil leur nõma ou il auoit
intencion de repaistre. Ce vilage
estoit assez estrange et hors la com
mune voye des chemins/et tant
cheuaucherẽt quilz vindrent au vi-
lage ou la dedicasse et generale fes
te du lieu se faisoit a laquelle y a-
uoit gens de toutes sortes ⁊ de grã
de facon/ilz entrerent a la meilleu
re tauerne de tout le lieu ⁊ inconti
nent demanderent a boire et a mã
ger/car il estoit tard apres disner
et la pucelle si estoit fort trauail-
lee. Ilz firent faire bon feu et tres-
bien appointer a manger pour les
gens dudit cheualier qui nestoient
pas encores venus. Gueres neu-
rẽt este en leur hostellerie que voy
cy venir quatre gros loudiers char
retiers ou bouuiers ꝑ aduanture
encores plus villains ⁊ entrerẽt en
ceste hostellerie baudement/demã
dans rigoureusement ou estoit la

ribaulde q̃ vng ruffien nagueres a uoit amenee derriere luy sur son cheual/et quil failloit que ilz beussent auec elle et a leur tour la gouuerner. Loste qui estoit hõme bien congnoissant ledit cheualier saichant que ainsi nestoit pas que les ribaulx disoient il leur dist gracieusement que telle nestoit elle pas quilz cuidoient. Par la mort bieu dirent ilz se vous ne la nous liures incontinent nous abaterons les huis et lẽmenerons par force mal gre vous deux. Quãt le bon hoste entendit leur rigueur ⁊ que sa doulce responce ne lui prouffitoit point leur nomma le nom du cheualier lequel estoit tresrenomme es marches/mais peu congneu des gens a loccasion que tousiours auoit este hors du pays acquerant honneur et renommee glorieuse es guerres et voyages loingtains⁊ leur dist aussi que la fẽme estoit vne ieune pucelle parente audit cheualier/laq̃lle estoit nee ⁊ yssue de grant maison et de tresnoble parentage. He las messeigneurs vous pouez dist il sans dãger de vous ne daultruy estaindre ⁊ passer voz chaleurs desordonnees auecques plusieurs autres qui a locasion de la feste de ce village sont venues ⁊ non pour autre chose que pour vous et voz semblables pour dieu laissez en paix ceste noble fille ⁊ mettes deuant voz yeulx les grans dangiers ou vous vous boutez/penses a voz vouloirs ⁊ le grant mal que vous voulez cõmettre et a petite occasion. Cesses vostre sermon dirent les souldiers tous alumez de feu de concupiscence charnelle/et donnez nous voye q̃ la puissions sans violance auoir autrement vous ferons honte/car en publicque icy nous lamenerons et chascun de nous quatre en fera son plaisir. Les parolles finees le bon hoste monta en la chambre ou le cheualier ⁊ la bonne pucelle estoiẽt/puis hucha le cheualier a part a qui les nouuelles compta lequel quãt il eut tout bien ⁊ constãment entẽdu sans estre gueres trouble il descẽdit garny de son espee parler aux quatre ribaulx leur demandãt tresdoulcemẽt quelle chose il leur plaisoit/et ainsi rudes et maulsades quilz estoient respondirent q̃lz vouloient auoir la ribaulde q̃l tenoit fermee en sa chãbre/et que se doulcement ne leur bailloit ilz luy tolliroient ⁊ rauiroient a son dommaige. Beaulx seigneurs dist le cheualier se vous me congnoissiez bien vo⁹ ne me tiẽdries pour tel qui maine p les champs les fẽmes telles q̃ vous appellez ceste/oncq̃s ie ne fis telle folie la mercy dieu / et quant la voulente me seroit telle que dieu ne vueille iamais ne le feroye es marches dont ie suis / et tous les miens / ma noblesse et la nettete de mon courage ne le pourroient souffrir que ainsi me gouuernasse/ceste femme est vne ieune pucelle ma cousine prochaine yssue de noble maison ꝛ ie vois pour esbatre et passer temps doulcemēt la menant auec moy acompaignie de mes gens lesquelz iasoit ce quilz ne soient cy presens toutesfois viendront ilz tantost ꝛ ie les attens/et ne soiez ia si abusez en voz courages que ie me repute si lasche que ie la laisse villenner ne souffrir lui faire iniure tant ne quant/mais la garderay ꝛ deffenderay aussi auāt et longuement que la vigueur de mon corps pourra durer et iusques a la mort. Auant que le cheualier eust finee sa parolle les villains plastriers luy entrerompirent en nyant tout premier quil fust cellui quil auoit nōme pour ce quil estoit seul / et ledit cheualier iamais ne cheuauchoit q̄ en garnde cōpagnie de gens pourquoy luy conseilloiēt quil baillast ladicte femme sil estoit saige ou autremēt luy roberoient par force quelque chose quil en peust ensuiuir. Helas quant le vaillāt ꝛ courageux cheualier perceut q̄ doulceur nauoit lieu en ses respōces ꝛ q̄ rigueur ꝛ haulteur occupoiēt la place il se ferma en son courage ꝛ resolut q̄ les villains nauroient point la iouyssance de la pucelle ou il y mourroit en la deffēdāt. Pour faire fin lung de ces quatre sauanca de ferir de son baston a lhuis de la chambre/et les autres lensuiuent q̄ furent reboutes vaillamment de celluy cheualier ꝛ ainsi se commenca la bataille qui dura assez longuement / combien que les deux parties fussent despareilles ce bon cheualier vainquit et rebouta les quatre ribaulx / et ainsi quil les poursuiuoit et chassoit pour en estre tout au dessus lūg de ceulx qui auoit vng glaiue se vira subit et le darda en lestomac du cheualier et le perca de part en part/ꝛ du coup incontinent cheut mort dont ilz furent tresioyeux. Ce fait loste fut par eulx cōtraint de lenfouyr au iardih de lostel sans esclandre ne noise. Quant le bon cheualier fut mort ilz vindrent heurter a la chambre ou estoit la pucelle a qui desplaisoit que son amoureux tāt demouroit/et bouterent lhuis oultre/et si tost quelle vit les brigans entrer elle iugea que le cheualier estoit mort disant/helas ou est ma garde/ ou est mon seul refuge/ que est il deuenu dont vient quainsi me blesse le cueur / q̃l me laisse icy seu lette. Les ribaulx voyans quelle estoit moult troublee la cuiderent faulcement deceuoir par doulces paroles en disant que le cheualier si estoit en vne autre maison et q̃l lui mandoit q̃lle y allast auec eulx et que plus seurement si pourroit gardez/mais riẽs nen voulut croi re/car le cue' tousiours luy iugeoit quilz lauoient tue/ si commenca a soy dementer et de crier plus ame rement que deuant. Quesse cy di rent ilz que tu nous fais estrange maniere cuides tu que nous ne te congnoissõs. se tu as souspecõ sur ton ruffiẽ quil ne soit mort tu nes pas abusee/nous en auõs deliure le pays pour quoy soyez toute as seuree que nous quatre aurons to' chascun lung apres lautre ta com paignie. Et a ces motz lung deulx sauance qui la prent le plus rude ment du monde disant quil aura sa compaignie auant quelle lui es chappe. Quant la poure pucelle se vit ainsi efforcee / que la doulceur de son langaige ne lui portoit poĩt de prouffit si leur dist. Helas mes seigneurs puis que vostre mauuai se voulẽte est ainsi tournee et que humble priere ne la peut adoulcir au moins ayez en vous ceste hon nestete de couraige que puis quil fault que a vous ie soye habandõ nee se soit priueement cestassauoir a lung sans la presence de lautre. Ilz luy accorderent ia soit que tres enuis/et puis luy firent choisir et pour eslire cellui deulx quatre qui deuoit demourer auec elle lung deulx lequel cuidoit estre le plus be ning et doulx elle esleut/mais de tous estoit il le pire. La chambre fut fermee et tantost apres la bon ne pucelle se getta aux piedz du ri bault auquel elle feist plusieurs piteuses remonstrances en lui pri ant que il eust pitie delle / Mais tousioure perseuerãt en maligni te dist quil feroit sa voulẽte delle Quant elle le vit si dur q̃ a sa prie re treshumble ne vouloit exaulcer lui dist/or ca puis quil conuient q̃l soit ie suis contente/mais ie vous supplie que cloez les fenestres af fin que nous soyons plus secrete ment. Il accorda bien enuis/ / tan dis q̃l les cloyoit la pucelle sacha vng petit cousteau q̃lle auoit pen du a sa saincture/et en faisant vng trespiteux cry se trencha la gorge et rendit lame. Et quãt le ribault la vit couchee a terre il sen fuit a uec ses compaignons/ et est a sup poser que depuis ilz ont este punis selon lexigence du piteux cas. Ainsi finerent leurs iours les deux beaulx amoureux tãtost lung apres lautre sans perceuoir riẽs des ioyeux plaisirs ou ilz cuidoiẽt ensemble viure et durer tout leur temps

¶La.xcix.nouuelle.

SIl vous plaist auant ql soit plus tard tout a ceste heure ma petite ratelee ⁊ compte abrege dung vaillant euesque de castille despaindray qui pour aucun affaire du roy de castille son maistre ou temps de ceste histoire sen aloit en co't de rome. Ce vaillant plat dõt ientens fournir ceste nouuelle vit vng soir en vne petite villette de lombardie et lui estant arriue par vng vendredy assez de bonne heure vers le soir ordonna a son maistre dostel le faire soupper assez de bonne heure ⁊ le tenir le plus ayse que faire ce pourroit de ce dont on pourroit recouurer en la ville/ car la dieu mercy quoy quil fust gros gras et en bon point et ne se donnast de mauuais temps que bien apoint ⁊ sobrement/ si ne ieunoit il iournee/ son maistre dostel pour lui obeyr sen alla au marchie ⁊ par toutes les poissonneries de la ville sercha pour trouuer du poisson mais pour faire le compte brief il nen peut oncques recouurer vng seul loppin quelque diligence q̃ lui et son hoste en sceussent faire/ Dauanture eulx retournans alhostel sans poisson trouuerent vng bon hõme des champs qui auoit deux bonnes perdris et ne demandoit q̃ marchant/ si se pẽsa le maistre dostel que sil en pouoit auoir bon cõpte quelles ne lui eschapperoiẽt pas et que ce seroit bon pour le dimenche ⁊ q̃ son maistre en feroit grant feste/ il les acheta ⁊ en eut bon pris Il vit vers son maistre ces perdris en sa main toutes viues grasses et bien refaictes ⁊ luy cõpta leclipse de poisson qui estoit en la ville dõt il ne fut pas trop ioyeux ⁊ lui dist Et que pourrons nous soupper.

Monseigneur respondit il ie vous feray faire des oeufz en plus de cent mille manieres / vous aurez aussi des pommes et des poires / nostre hoste a aussy de bon fourmage et bien gras/nous vous tiedrons bien aise/ayez pacience pour meshuy / vng soupper est tantost passe/vous serez demain plus aise se dieu plaist/nous yrons en ville qui est trop myeulx empoissõnee q̃ ceste cy/et dimenche vo⁹ ne pourez faillir destre bien disne/car vecy deux perdris que ie vous ay pourueues qui sont a bon essient bõnes et bien nourries. Le maistre euesque se fist bailler ces perdris et les trouua telles quelles estoient bõnes a bon escient si se pẽsa quelles tendroient a son soupper la place du poisson quil cuidoit avoir dont il nauoit point/car il nen peut oncques trouuer/si les fist tuer biẽ en haste/plumer/larder et mettre en broche quelque chose que son maistre dostel sceust dire ne remõstrer trop bien disoit il. Monseigneur elles sont bonnes tuees/mais les rostir maintenant pour dimenche il ne me semble pas bon. Quelque chose q̃ le maistre dostel lui sceust remonstrer toutesfoys ne le voulut il croire/car elles furent mises en broche et rosties. Le bon prelat estoit la plus part du temps q̃lles mirent a cuyre tousiours present dont son maistre dhostel ne se scauoit assez esbahir/et ne scauoit pas lappetit desordõne de son maistre ql eut a ceste heure de deuorer ces perdris aincois cuidoit quil le fist pour dimenche les auoir plus prestes au disner. Lors les fist ainsi habiller/ quant elles furent prestes et rosties la table couuerte et le vin apporte oeufz en diuerses facons habilles et mis a point/si sasist le prelat et le benedicite dit demanda les perdris auec la moustarde. Son maistre dostel desirãt scauoir q̃ son maistre vouloit faire de ces perdris/si les lui mist deuant lui toutes venãtes de la broche rendantes vne fumee arromatique assez po² faire venir leaue a la bouche dung friant/et bon euesque dassaillir ces perdris et desmẽbrer dẽtree la meilleure qui y fust et commence a trencher menger car tãt auoit haste que oncques ne dõna loisir a son escuier qui deuãt lui trẽchoit quil eust mis son pain ne ses cousteaux a point. Quãt ce maistre dostel vit son maistre sacracher a ces perdris il fut bien esbahy et ne se peut taire ne tenir de lui dire. Ha monseigneur et q̃ faictes vous/estes vous iuif ou sarra sin qui ne gardes autrement le ve dredy/par ma foy ie me dōne grāt merueille de vostre fait. Testoy testoy dist le bon prelat qui auoit toutes les mains grasses et la bar be aussi de ces perdris/tu es beste et ne scais que tu dis ie ne fais poīt de mal. Tu scais et congnois biē que par paroles moy et to⁹ autres prestres faisons dune hostie q̄ nest que de ble et deaue le p̄cieux corps de iesucrist/et ne puis ie doncques par plus forte raison moy qui tāt ay veu de choses en court de rōme et en tant de diuers lyeux scauoir par paroles faire cōuertir ces per dris qui est chair en poisson/ ia soit ce quelles retiennent la forme de perdris/si fays dea/maintes iour nees sont passees que ien scay bien la practique. Elles ne furent pas si tost mises en la broche que p les parolles que ie scay ie les charme tellement que en substance de pois son se conuertirent et en pourriez trestous qui cy estes menger com me moy sans peche/mais pour ly maginacion que vous en pourriez prendre elles ne vous feroient ia biē si en feray tout seul le meschef Le maistre dostel et tous les au tres de ses gens commencerent a rire et firēt semblant de adiouster foy a la bourde de le² maistre trop subtillement fardee et coulouree et en tindrēt depuis maniere du bien de luy/et aussi mainteffois en di uers lieux ioieusemēt le racōpterēt

¶La centiesme nouuelle.

En la puissante et bien peu plee cite de gennes puis cer tain temps en ca demouroit vng gros marchant comble de bien et de richesses duquel lindustrie et ma niere de viure estoit de mener et cō duire grosses marchandises par la mer es estrāges pays especialemēt en alixandrie. Tant vacca et entē dit au gouuernement des nauires et a entasser et amasser tresors et a monceler grandes richesses que du rant tout le temps quil si adonna qui fut depuis sa tēdre ieunesse ius ques a laage de cinquante ans ne luy vint voulente ne souuenance dautre chose faire. Et cõme il fut paruenu a laage dessusdicte ainsi comme vne fois pensoit sur son estat voiant quil auoit despendu et emploie to9 ses iours & ans a riẽs autre chose faire q̃ cuyder accroistre ses richesses sãs iamais auoir en vng seul moment ou minute de temps auql sa nature lui eust donne inclinacion pour le faire penser ou induire de soy marier affin dauoir generacion q̃ aux grans biẽs ql auoit a diligence veille & a grãt labeur amasse et acquis luy succedast et apres lui les possedast conceut en son couraige vne aigre et trespoignant douleur/et desplaisant estoit a merueilles quainsi auoit expose et despendu ses ieunes iours. En celle aigre doleance et regret demoura aucuns iours lesquelz iours pendans aduint que en la cite dessus nommee les ieunes et petis enfans apres quilz auoiẽt solemnise aucũe feste acoustumee entre eulx pour chascun an habillez et desguisez diuersement & assez estrangement/les vngs dune maniere/& les autres dautre se vindrent rendre en grant nõbre en vng lieu ou les publicques et acoustumez esbatemens de la cite se faisoient cõmunement pour iouer en la presence de leurs peres et meres & aussi affin den reporter gloire renõmee et louenge. A ceste assemblee se cõparut et se trouua ce bon marchant remply de fantasies et de soulcy & voyant les peres & meres prendre grant plaisir a veoir leurs enfans iouer & faire soupplesses et appertises aggraua sa douleur ql parauant auoit de soy mesmes cõceue/et en ce point sans les pouoir plus aduiser ne regarder triste et marry retourna en sa maison & seulet se rẽdit en sa chambre ou il fut aucun temps faisant complaintes en ceste maniere. Ha poure maleureux vieillart tel que ie suis & tousiours ay este de qui la fortune et destinee sont dures ameres & mal goustables. O chetif homme pl9 q̃ tous recreant et las par les veilles/paines/labeurs et ententes q̃ tu as prinses & portees tant ꝑ mer que par terre/ta grande richesse et tes cõbles tresors sont bien vains lesquelz soubz perilleuses aduantures en paines dures & sueurs tu as amasse et amoncele et pour lesqlz tout ton temps a despendu et vse sans auoir oncques vne petite espace ne souuenance de penser q̃ sera celui qui toy mort et party de ce siecle les possidera et a qui par loy humaine les duras laisser en memoire de toy et de ton nō. Ha meschant couraige commēt as tu mis en nō chaloir cela a quoy tu deuois donner entēte singuliere/iamais ne ta pleu mariage ꝛ tousiours las craint ꝛ refuse/ mesmement hay ꝛ mesprise les bons ꝛ iustes cōseulz de ceulx qui ty ont voulu induyre affin que tu eusses lignie qui perpetuast ton nom ta louēge ꝛ renommee. O bien heureux sont les peres qui laissent a leurs successeurs bons et saiges enfans. Combien ay ie au iourduy regarde et perceu de peres estans aux ieux de leurs enfans qui se disoient tresheureux ꝛ ingeroiēt tresbien auoir emploie leurs ans se apres leurs deces le'″s pouoient laysser vne petite partie des grās biēs q̄ ie possede/mais q̄l plaisir soulas puis ie iamais auoir quel nom / quelle renōmee auray ie apres la mort/ ou est maintenāt le filz qui maintiendra et fera memoire de moy apres mon trespas Benoist soit ce saint mariage par quoy la memoire ꝛ souuenāce des peres est entretenue ꝛ sont tenus possessions et heritages ont pour leurs doulx enfans a eternelle permanence et duree. Quant ce bon marchant eust a soy mesmes longue espace argue subit donna remede et solucion a ses argumens disant ces motz. Or ca il ne mest desormais mestier non obstant le nombre de mes ans tourmēter ne troubler de douleurs/dangoisses ne de pensement/au fort ce que iay p cy deuant fait prendre semblāce aux oyseaulx qui font leurs nydz et le preparent auant quilz ilz ponnent leurs oeufz/iay la mercy dieu richesses souffisātes pour moy pour vne femme et pour plusieurs enfans sil aduient que ien aye / et ne suis si ancien ne tant defourny de puissance naturelle que ie me doie soussier ne perdre esperāce de non pouoir iamais auoir generacion / si me cōuient arrester ꝛ dōner toute entente veiller ꝛ trauailler aduisant ou ie trouueray fēme propice ꝛ cōuenable a moy. Ainsi fināt son proces vuida de sa chambre et fist venir vers lui deux de ses compaignons mariniers cōme lui ausq̄lz il descouurit son cas tout au plain les priant tresaffectueusemēt q̄lz lui voulsissent aider a trouuoir et querir fēme pour lui q̄ estoit la chose de ce monde que plus desiroit. Les deux marchās entendu le bon propos de leur compaignon le prisent et louerent beaucoup ꝛ prindrent la charge de faire toute la diligence ꝛ inquisicion possible pour luy trouuer femme / et ce temps pendant que la diligence et enqueste se faisoit nostre marchant tant eschauffe de marier que plus il ne pouoit / faisoit de lamoureux cherchant par toute la cite entre les plꝰ belles la plꝰ ieune ⁊ dautres ne tenoit compte. Tant chercha que en trouua vne telle qui la demandoit / car de honnestes parens nee / belle a merueilles / ieune de quinze ans ou enuiron / gēte / doulce ⁊ tresbien adressee estoit. Apres quil eust congneu les vertus et condicions doulces delle il eut telle affection ⁊ desir quelle fust dame de ses biens par iuste mariage quil la demāda a ses parēs et amys / lesquelz apres aucunes petites difficultes ⁊ ligieres qui gueres ne durerent luy dōnerent et accorderent. En la mesmes heure luy firent fiancer et dōner caucion et seurete du douaire dont il la vouloit douer. Le bon marchant auoit prins grant plaisir en sa marchandise pendant le temps quil la menoit / encores leut il plus grant quant il se vit asseure de estre marie / et mesmement auec femme telle que il en pouoit auoir de beaulx enfans. La feste ⁊ solennite de ses nopces fut hōnorablement et en grant sumptuosite faicte et celebree / laquelle feste faillie il mist en oubly et nonchaloir sa premiere maniere de viure cestassauoir sur la mer / il faisoit tresbonne chiere et prenoit grande plaisance auec sa belle et doulce femme / mais le temps ne luy dura gueres que saoul et ennuye en fut / car la premiere annee auāt quelle fust expiree print desplaisance de demourer a lostel en oysance et de y tenir mesnage en la maniere qui conuient a ceulx qui y sont liez / se hoda et ennuya ayant tresgrāt regret a son autre mestier de marinier qui luy sembloit plus aisie et legier a maintenir que celluy quil auoit si voulentiers entreprins a gouuerner nuyt et iour / autre chose ne faisoit que subtiller et penser cōment il se pourroit trouuer en Alexandrie en la maniere quil auoit acoustume et luy sembloit qui nestoit pas seulement difficille de soy abstenir de mariner et non hanter la mer et labandonner de tous poins / mais aussi chose la plus impossible de ce monde et combien que sa voulēte fust plainement deliberee et resolue de soy retraire et remettre a son premier mestier / toutesfoys le celoit il a sa femme doubtant que ne le print a desplaisance / auoit aussi vne crainte et doubte qui le destourboit et donnoit empesche mēt a executer son desir/car il con gnoissoit la ieunesse du courage de sa femme ⁊ luy estoit bien aduis q̄ sil sabsentoit elle ne se pourroit cō tenir/consideroit aussi la muable· te ⁊ variablete de courage femenin ⁊ mesmemēt que les ieunes galans lui present estoient coustumiers de passer souuent deuāt son huys po⁹ la veoir dont il supposoit que en son absence ilz la pourroiēt de plus pres visiter et par aduanture tenir son lieu/et cōme il eust este par lon gue espace point ⁊ esguillōne de ces difficultes ⁊ diuerses ymaginaciōs sans en sonner mot ⁊ q̄l congneust quil auoit ia acheue ⁊ passe la plus part de ses ans il mist a nōchaloir femme ⁊ mariage ⁊ tout le demou rant qui affiert au mesnage et aux argumens et disputacions qui luy auoient trouble la teste dōna brief ue solucion disant en ceste maniere Il mest trop plus cōuenable viure que mourir/⁊ se ie ne laisse ⁊ aban· dōne mon mesnage en briefz iours il est tout certain que ie ne puis lon guement viure ne durer/laisseray ie donc ceste belle ⁊ doulce femme/ ouy ie la laissray/elle ait doresena· uant la cure ⁊ soing de elle mesmes sil luy plaist ie nen vueil pl⁹ auoir la charge. Helas que feray ie/quel deshonneur/quel desplaisir sera ce pour moy selle ne se contient ⁊ gar de chastete. Ho il vault mieulx vi ure que mourir pour prendre soing pour la garder/ia dieu ne vueille q̄ pour le ventre dune femme ie pren gne si estroicte cure ne soing sans a uoir loyer ne salaire et ne en rece· uoir que tormēt de corps et de ame Ostez moy ces rigueurs ⁊ angois ses que plusieurs seuffrent pour de mourer auec leurs femmes/il nest chose en ce monde plus cruelle ne plus greuāte les persōnes/ia dieu ne me laisse tant viure que pour q̄l que aduanture que en mon maria· ge puisse sourdre ie men courrousse ne monstre triste/ie vueil auoir maintenant liberte et franchise de faire tout ce qui me vient a plaisir

Quant ce bon marchant eut dōne fin a ces tresbonnes deuises il se trouua auec ses compaignons ma riniers et leur dist quil vouloit en cores vne fois visiter alexandrie ⁊ charger marchandises comme au· treffois ⁊ souuēt auoit fait en leur compaignie/mais il ne leur declai· ra pas les troubles quil prenoit a loccasion de son mariage. Ilz furēt tantost daccord et lui dirent quil se fist prest pour partir au premier bon vent qui souruiēdroit. Les ma riuieres et bateaulx furent chargez et preparez pour partir et mis es lieux ou il failloit attẽdre vent propice et opportun pour naiger. Le bon marchãt doncq̃s ferme ⁊ tout arreste en son propos cõme le iour precedẽt / cellui doncq̃s q̃ se deuoit partir se trouua seul apres soupper auec sa femme en sa chãbre ⁊ il luy descouurit son intencion ⁊ maniere de son prochain voyage ⁊ affin que tresioyeuse fust lui dist ces parolles

Ma treschiere espouse q̃ iayme mieulx q̃ ma vie faictes ie vo⁹ requier bõne chiere ⁊ vo⁹ monstrez ioyeuse ⁊ ne prenez de desplaisance ne tristesse en ce que ie vous declairerai. Jay ꝑpose de visiter se cest le plaisir de dieu vne fois encores alexandrie en la facon q̃ iay de lõg temps acoustumee / et me semble q̃ nen deuez estre marrie attendu q̃ vous cõgnoissez q̃ cest ma maniere de viure mon art ⁊ mon mestier auq̃lz moyens iay acquis richesses / maisons nom ⁊ renõmee / et trouue grãt nõbre damis ⁊ de familiarite / les beaulx ⁊ riches ornemẽs / aneaulx vestemẽs ⁊ toutes les autres precieuses bagues dont vo⁹ estes paree et ornee plus que nulle autre de ceste cite comme bien scauez ie les ay achaptees du gaing et aduantaige que iay fait en mes marchandises

Ce voyage doncques ne vous doit gueres ennuyer / car le retour en sera brief. Et ie vous prometz que a ceste fois comme iespoire se la fortune me donne eur que iamais pl⁹ ny vueil retourner / ie y vueil prendre congie a ceste fois / il conuient doncques que prenez maintenant courage bon ⁊ ferme / car ie vo⁹ laisse la disposition / administracion et gouuernement de tous les biens que ie possede / mais auãt que ie me parte ie vous vueil faire aucunes requestes. Pour la premiere ie vo⁹ prie que soyes ioyeuse tandis que ie feray mon voyage et viuez plaisamment / et se iay quelque pou dymaginacion que ainsi le facies ien chemineray plus lyement. Pour la seconde vous scauez que entre nous deux rien ne doit estre tenu couuert ne cele / car honneur prouffit ⁊ renommee doiuent estre comme ie tien q̃lz sont cõmuns a tous deux / ⁊ la louenge et honneur de lũg ne peut estre sans la gloire de lautre non plus que le deshonneur de lung ne peut estre sans la honte de tous deux. Or ie vueil bien que vous entendez que ie ne suis si tres despourueu de sens que ie ne pense bien comment ie vous laisse ieune / belle / doulce / fresche et tendre sans soulas domme et que de plusieurs en mon absence seres desiree ꝛ bien que ie cuide fermemēt que auez maintenant nette pensee courage haitie/touteffois quant ie cōgnois quelz sont vostre aage et linclinacion de la secrette chaleur en quoy vous abondez il ne me semble pas possible quil ne vous faille par pure necessite ꝛ contraincte ou tēps de mon absence auoir cōpaignie dhōme dōt cest bien mon plaisir q̄ vous vo⁹ accordez ou vostre nature vous forcera et contraindra. Vecy doncques le point ou ie vous vueil prier/cest q̄ gardez nostre mariage le plus longuemēt que pourres en son entierete/intencion nay ne voulente aucune de vo⁹ mettre en garde daultry pour vo⁹ cōtenir mais vueil que de vous mesmes ayez la cure ꝛ le soing ꝛ en soyes gardiēne veritablemēt il nest si estroitte garde au mōde q̄ puisse destourber la femme oultre sa voulente a faire son plaisir/quāt doncques vostre chaleur vous esguillonnera et poindra ie vo⁹ prie ma chiere espouse que en lexecution de vostre desir vous vo⁹ aduisez prudentemēt ꝛ tellemēt ql nen puisse estre publique renōmee q̄ se autrement le faictes vous moy ꝛ tous noz amys sōmes infames ꝛ deshōnorez/sen fait doncques ꝛ p effect vo⁹ ne pouez garder chastete aumoins mettes paine de la garder tāt quil tou[illegible]e fame cōmune ꝛ renōmee/mais ie vo⁹ vueil apprendre et enseigner la maniere que vous deuerez tenir en ceste matiere se elle suruient. Vous scauez quen ceste bonne cite a tresgrāt nōbre ꝛ foison de beaulx ieunes hommes/dentreulx tous vous en choisires vng seul ꝛ vous en tenez cōtente pour faire ce ou vostre nature vous inclinera/touteffois ie vueil que en faisant lelection vous ayes singulier regard quil ne soit hōme vague/deshōneste et pouvertueux car de tel ne vous deuez accointer pour le grāt peril q̄ vous en pourroit sourdre/car sans doubte il descouuriroit ꝛ publiqueroit a la volee vostre secret/doncques vous esli- res celluy que congnoistres fermement estre saige et prudent affin que se le meschief vous aduient il mette aussi grāt paine a le celer cōme vous/de ceste article vous requiers ie et que me promettes en bonne et ferme leaulte que garderes ceste lecon/si vous aduise que ne me respondez sur ceste matiere en la forme ꝛ facon que ont de coustume les autres femmes quant on leur parle de telz ꝓpos cōme ie vous dis maintenant/ie scay leur responses ꝛ de quelz motz scaiuent vser qui sont telz. He he mon mary qui vous a meu a dire / ou auez vous charge ceste oppinion cruelle plaine de tempeste/par q̃lle maniere ne quant me pourroit aduenir vng si abhominable delit/nenny nenny ia dieu ne vueille que ie vo⁹ face telles promesses a q̃ ie prie q̃l permette la terre ouurir q̃ mẽgloutir z deuore toute viue au io⁹ z heure que ie ne dy pas cõmettray/mais auray vne seule pensee a le cõmettre. Ma chiere espouse ie vo⁹ ay ouuert ces manieres de respondre affin q̃ vers moy en vses aucunemẽt En bonne foy ie croy z tien fermement q̃ vous auez pour ceste heure tresbon z entier propos ouq̃l ie vo⁹ prie que demourez autant q̃ vostre nature en pourra souffrir/ z nentẽdes point que ie vueille que me promettes faire z entretenir ce que ie vous ay monstre fors seulement ou cas q̃ ne pourres dõner resistence ne batailler contre lappetit de vostre fraile et doulce ieunesse.

Quant ce bon marchãt eut fine sa parolle la belle doulce z debõnaire la fẽme la face toute rosee se print a trembler quant deust donner responce aux requestes que son mary luy auoit faictes. Ne demoura gueres toutesfois que sa rougeur esuanouit z print asseurãce en fermant son courage de constance/ et en ceste maniere causa sa gracieuse responce. Mon doulx et tresayme mary ie vo⁹ asseure q̃ oncq̃s ne fus si espouentee ne troublee de mon entendemẽt q̃ iay este presentemẽt par voz polles quant elles me ont dõne la cõgnoissance de ce q̃ oncq̃s ie ouy ne aprins ne pense/ vous cõgnoissez ma simplesse/ ieunesse z innocence/certainement il nest point possible a mõ aage de faire ou pour penser vng tel meshief ou deffaulte cõme vous mauez dit que vous estes seur et scauez vrayement que vous absent ie ne pourroie contenir ne garder lentierete de nostre mariage/ceste parolle me tormente fort le courage z me fait trẽbler toute z ne scay quelle chose ie doy maintenant dire/respondre ne proposer a voz raisons/ ainsi mauez priue z tollu lusage de parler/ ie vo⁹ diray toutesfois vng mot q̃ vuidera de la profõdesse de mon cueur/ z en telle maniere quil y gist en telle vuidera il de ma bouche. Je reqers treshumblemẽt a dieu z a ioinctes mains luy prie q̃l face et cõmande vng abisme ouurir ou ie soye gettee les membres tous arrachies et tourmentee de mort cruelle se iamais le iour vient ou ie soye non seulemẽt commettre desleaulte en nostre mariage/mais sãs plus en auoir vne briefue pensee de le commettre/⁊ cõment ne par quelle maniere vng tel delit ne pourroit aduenir ie ne le scauroie entendre / et pour ce que mauez forclos ⁊ reclus de telles manieres de respondre disant que les fẽmes sont coustumieres den vser pour trouuer les eschappatoires ⁊ alibis forains/affin de vo⁹ faire plaisir et dõner repos a vostre ymaginacion ⁊ q̃ voyes q̃ a voz cõmandemens ie suis preste dobeyr/garder ⁊ maintenir ie vous prometz de ceste heure de courage ferme/arreste et estable oppinion dattendre le iour de vostre reuenue en vraye/pure ⁊ entiere chastete de mon corps ⁊ que dieu ne vueille pas q̃l aduiengne le cõtraire/tenez vo⁹ en tout asseure ⁊ ie le vo⁹ p̃metz / ie tiẽdray la rigle ⁊ doctrine q̃ mauez dõnee en tout ce q̃ ie feray sans la trespasser aucunemẽt/ sil ya autre chose dont vostre courage soit charge ie vo⁹ prie descouures tout ⁊ me cõmandez faire ⁊ acomplir vostre bon desir / autre rien ne desire non pas le mien. Nostre marchãt ouye la response de sa fẽme fut tant ioyeux q̃l ne se peut cõtenir de plourer disant. Ma treschiere espouse puis que vostre doulce bonte ma voulu faire la p̃messe q̃ iay requise ie vo⁹ prie que lentretenez. Le lendemain matin le bon marchãt fut mãde de ses cõpaignons pour entrer en la mer/si print congie de sa femme et elle le cõmanda a la garde de dieu puis mõta en la mer et se mirent a cheminer ⁊ nager vers alexandrie ou ilz paruindrent en briefz iours tant leur fut le vent conuenable ⁊ propice/ouq̃l lieu sarresterent longue espace de tẽps tant pour deliurer leurs marchandises cõe pour en chargier de nouuelles. Pendãt ⁊ durant lequel temps la tresgente et gracieuse damoyselle dont iay parle demoura garde de lostel/et pour toute compagnie nauoit que vne petite ieune fillette qui la seruoit / et comme iay dit ceste belle damoiselle nauoit que quinze ans pourquoy se aucune faulte fist on ne le doit pas tant imputer a malice comme a la fragilite de son ieune aage. Comme doncques le marchant eust este plusieurs iours absent des yeulx delle pou a pou il fut mys en oubly. Si tost que les ieunes gens sceurent ce partement ilz la vindrent visiter / laquelle au premier ne vouloit vuyder de sa maison ne soy monstrer/ mais toutesfois par force de cõtinuacion et frequentacion quotidienne pour le tresgrant plaisir quelle print aux doulx et melodieux chans et armonies de tous instrumẽs dont on iouoit a son huys elle saduanca de venir veyer et regarder par les creuaces des fenestres et secretz traillis dicelle par lesq̃l les tresbiẽ pouoit veoir ceulx q̃ leussent plus voulẽtiers veue. En escoutant les chancons et dances prenoit a la fois si grant plaisir que amour esmouuoit son courage tellemẽt q̃ chaleur naturelle souuẽt linduisoit a briser sa cõtinence. Tant souuent fut visitee en la maniere dessusdicte quen la parfin sa concupiscẽce et desir charnelz la vainquirent et fut touchee du dard amoureux bien auant/ et comme elle pensast souuẽt commẽt elle auoit si a elle ne tenoit tresbonne habitude et opportunite de temps et de lieu/ car nul ne la gardoit/nul ne lui dõnoit empeschement pour mettre a execution son desir/conclud et dist que son mary estoit tressage quant si bien luy auoit acertene que garder ne pourroit sa cõtineuce et chastete de q̃ toutesfois elle vouloit garder la doctrine et auec ce la pmesse q̃ faicte luy auoit. Or me cõuient il dist elle vser du cõseil de mon mary en quoy faisãt ie ne puis encourir a deshonneur puis quil men a baille la licence/ mais q̃ ie ne ysse les termes de la pmesse q̃ iay faicte il mest aduis et il est vray quil me chargea q̃ quãt le cas aduiendroit que rompre me conuiendroit ma chastete que ie esleusse homme qui fust saige bien renomme et de gran de vertu et non autre/en bonne foy aussi feray ie/mais que ie puisse en non trespassant le bon conseil de mon mary il me souffist largemẽt et ie tien quil nentendoit point que lhomme deust estre ancien ains comme il me semble quil fust ieune ayant autant de renommee en clergie et science comme vng autre vieil/ telle fut la lecon cõme il me est aduis. Es mesmes iours que ces argumentacions se faisoient pour la partie de nostre damoiselle et que elle queroit vng sage ieune homme pour luy refroider les entrailles vng tressaige ieune clerc arriua de son cur qui venoit freschement de luniuersite de boulongne la crasse la ou il auoit este plusieurs ans sans retourner tant auoit vacque et donne son entente a lestude quen tout le pays ny auoit clerc de plus grant renommee par les magistraux de la cite et auecques eulx assistoit continuellemẽt Il auoit coustume daller chascun iour sur le marchie a lostel de la ville et iamais ne pouoit passer q̃

par deuant la maison de ladicte da
moiselle a laquelle pleut tresbien
sa doulce maniere/et combien q̄lle
ne leust iamais veu excercer loffice
de clergie touteffois elle iugea tan
tost quil estoit tresgrant clerc aus-
quelz moyens elle ficha toute son
amour en luy disāt quil garderoit
la lecon de son mary/mais par q̄l-
le maniere elle luy pourroit mons
trer son grant et ardant amour et
ouurir le secret desir de son courage
elle ne scauoit dont elle estoit tres
desplaisante. Elle sadvisa neant
moins pour ce que chascun iour ne
failloit point de passer deuant son
huys allant au marchie elle se met
troit au perron parce le plus gente
ment que pourroit affin que au pas
ser quāt il getteroit son regard sur
sa beaulte il la conuoitast et requist
de ce dont on ne luy feroit refus.
Plusieurs fois la damoiselle se mōs
tra combien que ce ne fust au par
auant sa coustume/et iasoit ce que
tresplaisante fust et telle pour qui
vng ieune courage deuoit tantost
estre esprins et alume damours/tou
teffois le saige clerc iamais ne la
apparceut/car il marchoit si graci
eusement que en marchant ne get-
toit sa veue ne ca ne la/et par ce
moyen la bonne damoyselle ne
prouffita rien en la facon quelle a-
uoit pourpensee et aduisee. Selle
fut dolente il nen est ia mestier den
faire enqueste et plus pensoit a son
clerc et plus allumoit et esprenoit
son feu. Afin de piece apres vng tas
dimaginacions que pour abregier
ie passe les reciter conclud et se de-
termina denuoier sa petite meschi
nette deuers luy. Si la hucha et
commanda quelle sen allast demā
der vng tel/cestassauoir de ce grant
clerc/et quant elle lauroit trouue
ou quil fust luy dist que le plus en
haste quil pourroit venist a lostel
dune telle damoyselle femme et es
pouse dung tel/et que sil demādoit
quelle chose il plaisoit a la damoy
selle/elle luy respondist q̄ rien nen
scauoit/mais tāt seulemēt lui auoit
dit q̄l estoit grāde necessite quil ve-
nist. La fillette mist en sa memoi-
re les motz de sa charge et se partit
pour querir celluy q̄lle trouua et ne
demoura gueres/car len luy ensei-
gna la maison ou il māgoit au dis
ner en vne grande compaignie de
ses amys et autres gēs de grāt fa-
con. Ceste fillette entra ens et en sa
luant toute la compaignie se vint
adresser au clerc leq̄l elle demādoit
et oyans tous ceulx de la table luy
fist son messaige bien saigemēt ain-
si que sa charge le portoit. Le bon
seigneur qui congnoissoit de sa

ieunesse le marchāt dont la fillet
te lui parloit ⁊ sa maison aussi biē
comme la sienne/mais ygnorant
quil fust marie ne qui fust sa fem-
me pensa tantost q̄ pour labsence
dudit marchant sadicte femme le
demandoit pour estre conseillee en
aucune grosse cause cōme elle vou
loit/ car ledit clerc scauoit bien que
le bon mary estoit dehors/ et nen
tēdoit point la cautelle ainsi com-
me elle/ toutesfois il dist a la fillet
te/ mamye allez dire a vostre mais
tresse que incontinent q̄ vostre dis
ner sera passe ie yray vers elle. La
messagiere fist la responce telle q̄l
failloit et que on lui auoit enchar
ge/ et dieu scait comme elle fut re
ceue de sa maistresse quant elle en-
tendit les nouuelles q̄ le clerc son
amy par amours deuoit venir/ el
le estoit la plus ioyeuse que oncq̄s
fut femme/ ⁊ pour la grant ioye q̄
elle auoit de tenir son clerc en sa
maison trembloit et ne scauoit te
nir maniere. Elle fist balaiz cour
re par tout/ espādre la belle verdu
re en sa chambre/ courrir le lit ⁊ la
couchette/ desploier riches couuer
tures/ tappis et courtines et se pa
ra ⁊ atourna des meilleurs atours
et plus precieux quelle eust. En ce
point lattēdit aucun petit de tēps
q̄ lui sembla long a merueilles po[ur]
le grant desir quelle auoit. Tant
fut desire et attendu quil vint/ et
ainsi quelle lapperceuoit venir de
loing elle montoit et descendoit de
sa chambre/ alloit et venoit main
tenāt cy maintenāt la/ tant estoit
esmeue quil sēbloit quelle fust ra-
uye de son sens. En la fin monta
en sa chambre et illec prepara ⁊ or
donna les bagues et ioyaulx q̄lle
auoit attains et mis dehors pour
festoyer et receuoir son amoureux
Si fist demourer en bas la fillette
chāberiere po[ur] lintroduire ⁊ le me
ner ou estoit sa maistresse. Quāt il
fut arriue la fillette le receut tres
gracieusement et le mist ens ⁊ fer
ma lhuys laissant ses seruiteurs
dehors ausquelz il fut dit quilz at-
tendissent illec leur maistre. La da
moiselle oyant son amoureux es-
tre arriue ne se peut tenir de venir
en bas a lencontre de lui quelle sa
lua doulcement/ quant elle le vit
le print par la main et le mena en
la chambre qui luy estoit appareil
lee ⁊ ou il fut bien esbahi quāt il si
trouua tāt po[ur] la diuersite des pa-
remens/ belles et precieuses ordon
nances qui y estoient comme aussi
pour la tresgrāt beaulte de celle q̄
le menoit. Si tost q̄l fut en la chā
bre entre elle se seist sur vne esca-
belle au pres de la couchette puis

le feist seoir sur vne autre ioignãt delle ou ilz furent aucune espace tous deux sans mot dire/car chascun attendoit tousio^rs la parole de son cõpaignon/lung en vne maniere/lautre en lautre/car le clerc cuydant que la damoiselle luy deust ouurir aucune grosse & difficile matiere la vouloit laisser commencer Et elle dautre coste pensant quil fust si saige et si prudent que sans rien lui dire ne remõstrer pl^9 auãt il deust entendre pour quoy elle la uoit mande. Quant elle vit q̃ semblãt ne maniere ne faisoit po^r parler elle cõmenca et dist. Mon tres cher parfait amy et tressaige homme ie vous vueil dire presentemẽt la raison pour quoy et la cause qui ma meue a vous mander. Je cuide que vous auez bonne congnoissance et familiarite auec mon mary / en lestat que vo^9 me voies icy ma il laissee & habandonnee pour aler sur la mer et mener ses marchandises en alexandrie comme il a de long temp^s acoustume. Auant son partement me dist que quant il seroit absent il se tenoit tout seur q̃ ma nature et fragilite me cõtraindroient a rompre et briser ma cõtenance & q̃ par necessite me conuiendroit conuerser auec homme affin destaĩdre la chaleur qui en moy deuoit venir apres son partement. En bõne foy ie le repute vng tressage homme/car de ce quil me sembloit adoncques impossible aduenir/ ie voy lexperience veritable / car mon ieune aage ma beaulte/et mes tendres ans ne peuẽt souffrir ne endurer que le temps despende & consume ainsi mes iours en vain Ma nature aussi ne se pourroit cõtenter. Et affin que vous mentendez bien a plain mon sage & bien aduise mary qui auoit regart a mon cas quant il se partit en plus grande diligence que moy mesmes voyant que comme les ieunes et tendres fleurettes se seichent et amatissent quant aucun accident leur aduient et contre lordonnance et inclinacion de leur nature/par telle maniere consideroit il ce q̃l mestoit a aduenir/et voyant clerement que se ma complexion et condicion nestoiẽt gouuernees selon lexigẽce de leurs naturelz principes gueres ne luy pourroie durer/Si me feist iurer et promectre que quant il aduiendroit ainsi que ma nature me forceroit a rõpre et briser mon entierete ie esleusse vng homme sage et de haulte auctorite q̃ couuert & subtil fust a garder nostre secret si est il q̃ en toute la cite ie nay sceu penser pour homme qui soit plus ydoine que vous/car voꝰ estes ieunes et tressaige homme. Or mest il aduis que ne me refuseres pas ne rebouteres/vous voies quelle ie suis et si pouez labsence de mon mary supplier et son lieu tenir voire maintenant se cest vostre bon plaisir/car nul homme nen scaura parler/le lieu/le temps/ toute opportunite nous fauorisent. Le bon seigñr preuenu ⁊ anticipe fut tout esbahy en son couraige de ce que la bonne dame dist combien que semblant nen fist. Il print la main destre a la damoiselle ⁊ de ioyeux viaire et plaisante chiere lui commẽca a dire ces parolles. Je doy bien rẽdre ⁊ donner graces infinies a ma dame fortune qui au iour duy me donne tant deur et me fait parceuoir le fruit du plꝰ grant desir q̃ ie pouoie au mõde auoir / iamais ne me reputeray ne clameray infortune quant en elle treuue si large bonte/ie puis seurement dire que ie suis au iourduy le plus eureux de tous les autres/car quant ie cõcoy en moy ma tresbelle et doulce amye commẽt ensemble passerõs ioyeusemẽt noz ieunes iours sãs ce que personne sen puisse apperceuoir ne dõner garde ie senglantis de ioye. Ou est maintenant homme qui est plus ayme de fortune q̃ moy/se ne fust vne seule chose qui me donne vng petit et legier empeschemẽt a mectre a execucion ce dont la dilacion aigrement me poise et desplaist ie seroye le plus et mieulx fortune de tout le monde/et me desplaist souuerainement q̃ ie ne le puis amender. Quant la bõne damoiselle qui a nul mal ny pẽsoit ouyt quil y auoit aucun empeschement qui ne lui laissoit desployer ses armes elle tresdolente ⁊ bien marrie lui pria quil le declairast pour y remedier selle pouoit. Lempeschement dist il nest point si grant quen petit temps nen soie deliure/et puis quil plaist a vostre doulceur le scauoir ie le voꝰ diray Ou temps que iestoie a lestude en luniuersite de boulonge la grasse le peuple de la cite fut seduit ⁊ meu tellemẽt que par muthemathe se sleua encontre le seigneur/si fus accuse auec les autres mes compaignons dauoir este cause et moyen de la seduction et de muthematherie/pour quoy ie fus mis en prison estroicte / ouquel lieu quant ie my trouuay craignãt perdre la vie poꝛ ce que ie me sentoye innocent du cas ie me dõnay et voue a dieu lui promettãt que sil me deliuroit des prisons ⁊ rendoit icy entre mes parens et amys ie ieuneroie pour la

mour de lui vng an entier chascun
iour au pain et a leaue et durāt ces
te abstinēce ne feroie peche de mon
corps. Or ay ie par son ayde fait
la pluspart de lannee ⁊ ne men res
te gueres / ie voꝰ prie ⁊ requier tou-
tesfois puis que vostre plaisir a es
te moy estre poꝛ vostre que voꝰ ne
me changiez pour nul autre q̄ viue
et ne vous vueille ennuier le petit
delay que ie vous donneray pour
paracomplir mon abstinence q̄ se-
ra brief faicte et qui pieca eust este
parfaicte se ie me eusse ose confyer
en autrui qui men eust peu ayder ⁊
donner secours / car ie suis quicte
de chascune ieune que vng autre fe
roit pour moy comme se ie la fai-
soye / et pour ce q̄ iappercoy vostre
grande amour et confiāce que voꝰ
auez fischee en moy ie mettray sil
vous plaist la fiance en vous que
iamais nay ose mettre sur freres
ne amis ne parens que iaye doub
tant que faulte ne me feissent tou-
chant la ieusne ⁊ vous prieray que
maidiez a ieusne vne ptie des ioꝛs
qui restent a lacomplissement de
mon an affin que plus brief ie vous
puisse secourir en la gracieuse re-
queste que mauez faicte. Ma doul
ce entiere amye ie nay mais q̄ soi-
xante iours lesquelz se cest vostre
plaisir et voulente ie partiray en
deux pties de quoy vous en aurez
lune et moy lautre par telle condi
cion que sans fraulde me promette
rez men acquiter iustement / ⁊ quāt
ilz seront acomplis nous passerōs
plaisamment noz iours / doncques
se vous auez la voulente de moy
aider en la maniere que iay dessus
dicte dictes le moy maintenant.
Il est a supposer q̄ la grande ⁊ lon-
gue espace de temps ne luy pleut
gueres / mais pour ce quelle estoit
si doulcement requise de son amy
et aussi q̄lle desiroit moult la ieus-
ne estre parfaicte ⁊ acomplie affin
quelle peust acomplir ses vouloirs
⁊ desirs auec son amoureux pēsant
aussi q̄ trente iours narresteroiēt
gueres. Elle promist de les faire
⁊ acomplir sans fraulde ne sās de
ception ou mal engin. Le bon ⁊ no
table seigneur dessusdit voyant
quil auoit gaigne sa cause ⁊ que ses
besongnes se portoient tresbien si
print congie a la bonne damoi-
selle qui ny pensoit nul mal en lui
disant que puis que sa voie et son
chemyn si estoit en venant de sa
maison au marchie de passer de-
uant son huys que sans faulte il
la viendroit bien souuent visiter / ⁊
a tant se departit / et la belle dame
commēca le lendemain a faire son
abstinence en prenant ordonnance

son abstinēce en prenant ordonnā-ce que durāt le temps de sa ieusne elle ne mengeroit son pain et son eaue iusques apres soleil reconsce Quant elle eut ieusne trois iours le sage clerc ainsi quil sen alloit au marchie a leure quil auoit acoustumee vint veoir sa dame a qui il se deuisa longuement/puis au dire a dieu il lui demanda se la ieusne es-toit encommencee/et elle respōdit que ouy/entretenez vous ainsi dist il et gardez vostre promesse ainsi que vous lauez faicte. Tout entierement dist elle ne vo⁹ en doubtez Il print congie et se partit/et elle pseuerant de iour en iour en sa ieusne et gardoit lobseruance en la facon que elle auoit promis tant es-toit de bōne nature. Elle nauoit pas ieusne huit iours q̄ sa chaleur naturelle commenca fort a refroider et tellemēt que force lui fut de changer habillemēs/car les mieulx fourrez ⁊ empēnez qui ne seruoiēt quen liuer vindrent seruir au lieu des sengles et tendres quelle portoit auant labstinence entreprinse Au quinziesme iour fut arriere vi-sitee de son amoureux le clerc q̄ la trouua si foible que a grant paine pouoit elle aller par la maison/ et la bōne simplette ne se scauoit dō-ner garde de la tromperie tant ses-toit habandonnee a amours ⁊ parfaictement mis son entente a per-seuerer a celle ieusne et po² les ioyeux et plaisans delis quelle attendoit seuremēt a auoir auecq̄s son grant clerc/lequel quant a lentrer en la maison la veoit aīsi foible lui dist/quel viaire esse la et comment marchez vous/maintenant iapercoy que faictes labstinēce a regret ⁊ cōment ma tresdoulce amye ayez ferme et constant couraige/ nous auons au iourduy acheue la moitie de nostre ieusne se vostre nature est foible vainques la p roideur et constance de cueur et ne rompez vostre lealle promesse. Il lamōnesta si doulcemēt quil lui fist prēdre couraige par telle facon q̄l lui sembloit bien q̄ les autres quinze io²s q̄ restoient ne lui dureroiēt gueres Le vingtiesme vint auquel la simplete auoit perdue toute couleur ⁊ sembloit a demy morte et ne luy es-toit plus le desir si grant comme il auoit este. Il lui conuint prendre le lit et y continuellement demourer ou elle se donna aucunement garde que son clerc lui faisoit faire abstinence pour chastier son desir charnel/si iugea que la facon et maniere de faire estoient sagemēt aduisees et ne pouoient venir que domme bien saige/toutesfois ce ne la desmeut point ne descouurit ql- le ne fust deliberee et arrestee de entretenir sa pmesse. Au penultime iour elle enuoya querir son clerc q quant il la vit couchee au lit demāda se pour vng seul iour qui restoit auoit perdu courage. Et elle entrerompant sa parole lui respondit. Ha mon bon amy vous mauez parfaictement et de loyalle amour aymee non pas deshonnestement cōme iauoye presume vous aymer / pour quoy ie vous tien et tiendray tant que dieu me donnera vie et a vous aussi pareillement mon tres chier et tressingulier amy qui auez garde et moy aprins mon entiere chastete et ma chaste entierete / lonneur et la bōne renommee de moy mon mary mes parens et amys. Benoist soit mon chier espoux de qui iay garde et entretenu la lecon q donne grant appaisemēt a mon cueur. Or ca mon amy ie vous rends telles graces et remercye cōme ie puis du grāt honneur et biēs que mauez faiz pour lesquelz ie ne vous scauroie ne pourroie iamais rendre ne donner suffisantes graces non feroient tous mes amys Le bon et saige seigneur voiāt son entreprinse estre bien acheuee print congie de la bonne damoiselle et doulcemēt lamonnesta ql lui conuint de chastier desormais sa nature par abstinēce et toutes les fois quelle sen sentiroit esguyllonnee / par lequel moien elle demoura entiere iusques au retour de son mary qui ne sceut rien de laduanture Car elle luy cela / si feist le clerc pareillement.

¶ Cy finissent les Cent nouuelles nouuelles composees et recitees par nouuelles gens de puis naguieres et Imprimees a Paris. Par anthoyne verard libraire demourāt a paris sur le pont nostre dame a lymaige saint iehan leuangeliste ou au palais au premier pillier deuāt la chappelle ou on chante la messe de messeigneurs les presidens.

POr PROVOCQVER IHS TA GRACE MISERI
CORDE DE TOVS PECHEVRS FAIRE GRACE ET PARDON
ANTHOINE VERARD HVMBLEMENT
TE RECORDE CE QVIL A TIENT DE TOI PAR DON

www.ingramcontent.com/pod-product-compliance
Lightning Source LLC
LaVergne TN
LVHW010537100826
845148LV00001B/216